本书为教育部哲学社会科学研究重大课题攻关项目“国家治理体系和治理能力现代化中的法治和德治研究”（项目批准号17JZD005）的成果之一

比较公法总论研究

——原理与案例

General Introduction to Comparative Public Law:

Principles and Cases

涂云新　著

WUHAN UNIVERSITY PRESS
武汉大学出版社

图书在版编目(CIP)数据

比较公法总论研究:原理与案例/涂云新著.—武汉: 武汉大学出版社,2021.5

ISBN 978-7-307-22045-4

Ⅰ.比…　Ⅱ.涂…　Ⅲ.公法—对比研究　Ⅳ.D90

中国版本图书馆 CIP 数据核字(2020)第 272878 号

责任编辑:胡　荣　　责任校对:汪欣怡　　版式设计:马　佳

出版发行: **武汉大学出版社**　(430072　武昌　珞珈山)

(电子邮箱: cbs22@ whu.edu.cn　网址: www.wdp.whu.edu.cn)

印刷: 武汉邮科印务有限公司

开本:720×1000　1/16　印张:23.5　字数:474 千字　插页:2

版次:2021 年 5 月第 1 版　　2021 年 5 月第 1 次印刷

ISBN 978-7-307-22045-4　　定价:69.00 元

序　言

这是一本运用比较方法对公法学中的若干基础性问题进行总括性研究与分析的著作，同时，这更是在“生有涯，而知无涯”的时空旅程中的一次艰辛跋涉。

在孟德斯鸠的《波斯人信札》（1721）中，波斯人郁斯贝克（Usbek）和黎伽（Rica）从古代波斯城市伊斯法罕（Isfahan）出发前往法国首都巴黎，从而开启了现代意义上的比较公法研究（抑或是更广义的比较政治制度研究）的漫漫旅程。公元1915年，中国近代著名翻译家林纾（1852-1924）与王庆骥（1882-1941）合译了《鱼雁抉微》，即孟德斯鸠的《波斯人信札》。在林纾看来，“孟氏，孤愤人也”“病法国之敝俗，狂逝而不可救”，孟氏的信札可谓是“幻为与书之体”。在《波斯人信札》第一封书信（郁斯贝克寄友人吕斯当）中，郁斯贝克自陈其欧洲之行的目的在于“求知”——

> 为求知欲所驱使，我和黎伽宁愿离乡背井，置平静生活的安乐于不顾，辛辛苦苦，出来寻求贤智之道；在这样的波斯人之中，我们可能是最早的两个。
>
> 我们出生于一个繁荣的王国，但我们不曾以这王国的疆界作为我们知识的疆界，也不以为东方的光明，是照耀我们的惟一光明。（罗大冈译）

李大钊在评价《波斯人信札》时曾言：“这书在精神上是沉挚而真实的，在目的上是伦理的而建设的，表现出一种描写分析社会生活、习惯、动机的稀有的才能，有许多在《法律的精神》中所推扩的观察，已能觅之于此书中矣。”

现代人类关于政治和法律制度的比较研究的旅程已经绵延了数百年，从孟德斯鸠到马克斯·韦伯（Max Weber），从道格拉斯·诺斯（Douglass North）、罗伯特·达尔（Robert Dahl）到马克·图施奈特（Mark Tushnet）、拉恩·赫希尔（Ran Hirschl），直至无数杰出的比较公法研习者，继受“两希文明”的罗马法传统已经在欧洲和欧洲文明所扩展到的广袤领土上获得了前所未有的拓展和普及。然而，回望比较公法的旅程，我们可知，欧洲本身就是混合诸种法系的巨大熔炉。雷宾南先生（1888—1967）曾言：“诚以天下事理，若就支流推究，常由简而趋于繁，若向源头上溯，常由繁而归宿于简。”若要对现代比较公法的旅程穷源竟委，孟德斯鸠本人可谓是他所处那个时代深谙法律多元主义的杰出代表。孟德斯鸠在《论法的精神》第一编第一章的末尾事实上提出了一种法学意义上的“相对论”（Theory of Relativity）主张——

> 各种法律应该同业已建立或想要建立的政体性质和原则相吻合，其中包括藉以组成这个政体的政治法，以及用以维持这个政体的公民法。法律还应该顾及国家的物质条件，顾及气候的寒冷、酷热或温和，土地的质量，地理位置，疆域大小，以及农夫、猎人或牧人等民众的生活方式等等。法律还应顾及基本政治体制所能承受的自由度，居民的宗教信仰、偏好、财富、人口多寡，以及他们的贸易、风俗习惯等等。最后，法律还应彼此相关，考虑自身的起源、立法者的目标，以及这些法律赖以建立的各种事物的秩序。必须从所有这些方面去审视法律。(许明龙译)

从某种意义上说，比较公法的旅程本身就包含了某种意义上的法律多元主义的假设和前提。此种假设和前提乃植根于人类对真实生活世界的谦卑和诚实。故而，比较公法的研究不应该“以国家的疆界作为我们知识的疆界”，也不可以“以西方的光明或者东方的光明作为照耀我们前行的惟一光明”。

即使吾人在很大程度上依旧身处在一个由平行主权国家所组合而成的威斯特伐利亚式的（Westphalian）国际社会中，比较公法无可避免地将会走向史无前例的国际化和全球化的命运。奥斯维辛（Auschwitz）之后，世界各国在基本权利保障方面的全球融合趋势已经被人权的时代（the Age of Human Rights）印证了（至少是部分印证了），它以雷霆万钧之势唤醒了人类的道德自觉和法律革命。与此同时，权力结构的融合却远比基本权利方面的融合更为困难，人类仍然生活在社会制度和治理方式非常不同的世界中，人类的统治和治理结构的全球融合还远远没有形成，因为，它关涉主权、治权以及在此之下的政府权力配置和运行，这是一项更为复杂和更为宏伟的事业，也是国际宪法主义（Internationalists）、跨国宪法主义（Transnationalists）或全球宪法主义者（Globalists）构建“理想国”（Res Publica）的前进方向。

化用法律经济学的奠基人之一的罗纳德·科斯（RonaldCoase，1910—2013）的话来说，在建立一种理论时，其实，公法学家也常常忽略对其赖以成立的基础的考察。霍姆斯大法官（Oliver Wendell Holmes，Jr.，1841—1935）说“一页历史抵得上一卷逻辑”（A Page of History is Worth A Volume of Logic）。人类社会的生活形态以及建构在生活基础之上的政治和法律制度实际上是极其繁复的。欧洲文明曾经是形塑全球性文明的最为主要的力量之一，功过是非已然成为历史的一部分，而且它仍然在书写的过程中。现如今，在欧洲传统以及深受此影响的法律传统之外，人类还存在那些曾经游离在流行理论范式边缘的政治和法律共同体，无数的人们仍然生活在这些大大小小、形态各异的共同体中。除去欧洲、北美和澳洲，无论在俄罗斯、印度、中国、巴西、南非、沙特阿拉伯，还是在塞浦路斯、突尼斯、刚果、伊朗、帕劳、缅甸、蒙古、朝鲜，由历史、文化、经济和意识形态所塑造出的这些具有某种特质性的政治和法律制度同样是值得比较公法学人投入毕生精力研究的。即使"理想国"是人类矢志不渝的共同追求，普遍性公法理论范式仍然面临重重挑战。此种挑战是双重的：一方面，普遍性公法理论的建构永远不可回避的是横跨五洲、纵贯千年的丰富多元的政治逻辑和法律实践。在这方面，孟德斯鸠的法律"相对论"仍然是公法学人前行道路中一块殊为珍贵的垫脚石。在通往"理想国"的道路上，我们必定会看到这样一幅图景：各类传统理论、现代理论、后现代理论，西方的理论、中国的理论、印度的理论竞相迸发、色彩纷呈……我们所熟悉的理论将会变得陌生，而我们陌生的理论也许会变得熟悉。另一方面，普遍性公法理论的基础仰赖于一定的或者开放或者封闭的认识论和方法论体系。无论将公法视为政治意义上的（政权中心主义的）还是法律意义上的（司法中心主义的）的制度，无论将公法视为主权意义上的（国家中心主义的）还是超越主权意义上（国际主义的）的构建，认识对象的素材和实践却永远是常新的。马克思墓碑上镌刻的那句"哲学家们只是用不同的方式解释世界，问题在于改变世界"仍然是醒世之言。

虽然"人我之限"与"生死之限"造就了"人生实如钟摆，在痛苦与倦怠之间徘徊"，但是，研究人如何治理人自身的这个伟大旅程已经开启，它所呈现的毋宁是这样一种嵌入了共同体生活本身的更为深邃的沉思——

生活的世界成熟了，理论的世界才刚刚启程……

是为序！

涂云新

庚子年冬夜于沪上

目　　录

Table of Contents

第一章　绪　　论

第一节　比较公法的历史概貌

一、大学传统与法学学科

人类文明诞生于古巴比伦、古埃及、古中国以及古印度，在漫长的历史演进中，法治是人类文明进步的重要标志。除了不成文法的历史渊源是扑朔迷离的之外，目前，人类自有文字记载以来的历史所能追溯到的最早的成文法是公元前1754年颁布的《汉谟拉比法典》（*Code of Hammurabi*）①，这是由位于底格里斯河和幼发拉底河之间美索不达米亚平原上的古巴比伦第六代国王汉谟拉比颁布的一部法律。②在古巴比伦文明湮灭于历史的故土之后，西方社会又经历了古埃及文明、古代犹太文明等兴盛的时期，直至以哲学和法学著称的古希腊和古罗马文明。在人类文明的发达史上，人们关于正义的学问和制度构建的努力从未终止过。回溯历史大洪流，大学传统和法学学科无疑可以成为一把打开正义学问这扇大门的钥匙。

---

① David G. Lyon, "The Structure of the Hammurabi Code." Journal of the American Oriental Society, Vol. 25, 1904, pp. 248-265.《汉谟拉比法典》总共282条，涵盖了包括诉讼手续、损害赔偿、租佃关系、债权债务、财产继承、处罚奴隶等。在已知的古老的法律中，《汉谟拉比法典》最早确立了“无罪推定”“证据原则”，最早树立起法官裁判（Trial by Judges）和神明审判（Trial by Ordeal）两种方式，同时，该法典也以“以眼还眼、以牙还牙”这种同态复仇（lex talionis or the law of talion）的理念而著称于世。

② 《汉谟拉比法典》是由古巴比伦王国第六代国王汉谟拉比（Hammurabi）在约公元前1754年颁行的，公元1901年由考古学家在埃兰古城苏萨（今属于伊朗）发现，法典被刻在一个黑色的玄武岩圆柱之上，这件文物的原件现存法国巴黎卢浮宫博物馆，世界其他地区的很多博物馆或者研究机构在不同程度上保存着各类复制品或相关资料。

在古希腊时期①，“文艺七科”构成了古代教育制度的根基。古希腊时期的自由人②需要学习“文艺七科”，它被分为两组：第一组叫做 Trivium 或三艺，包括语法、修辞和逻辑。“三艺”通常被古希腊人认为是做一名政治家或者普通城邦公民所必须接受的教育。③第二组叫做 Quadrivium 或四艺，包括几何、算术、天文和音乐。“四艺”是柏拉图（Plate，ca. 427—347 BC）④和毕达哥拉斯（Pythagoras，ca. 570—495 BC）在他们的教育体系中被赋予核心地位的学科。⑤古希腊时期的思想家群星璀璨，德国思想家卡尔·雅斯贝尔斯（Karl Jaspers，1883—1969）在《历史的起源与目标》一书提出了“轴心时代”⑥的概念来形容这个历史时期。以苏格拉底（Socrates，ca. 470—399 BC）、柏拉图和亚里士多德（Aristotle，ca. 385—323 BC）为代表的思想家们思考和探讨的核心问题之一就是“何为正义”（What is Justice?）。在以《理想国》（*Res Publica*）为代表的古典文献中，柏拉图探讨了正义的本质和起源等问题，同时构造了一个理想城邦，理想城邦以正义为圭臬，城邦的护卫者必须以体育来训练身体，以文艺和教育来陶冶心灵。⑦亚里士多德除了在《政治学》《尼各马可伦理学》等名著中探讨了古希腊的政治、法律制度，还对 158 个古希腊的城邦国家的宪法进行了比较研究，流传了《雅典宪制》

---

① 古希腊时期通常被分为三个历史阶段，第一阶段是“古风时期”（Archaic Greece），约起始于公元前 776 年第一届古希腊奥林匹克运动会（另外有学者认为起始于公元前 800 年），结束于公元前 481 年；第二阶段是经典的古希腊时期（Classical Greece），起始于公元前 480 年，结束于公元前 323 年亚历山大大帝死亡；第三阶段是希腊化时期（Hellenistic Greece），起始于公元前 323 年，结束于公元前 146 年古罗马在格林斯战役中入侵古希腊。

② 古希腊时期的人们生活在地中海沿岸及巴尔干半岛的各个城邦（polis）之中，城邦内部存在着公民（自由人，主要是成年拥有政治权利的男性）、奴隶（非自由人）和外邦人（gentile）等不同的人群，适用于不同人群内部和他们之间的法律和规则也有所不同。

③ ［挪］奎纳尔·希尔贝克、尼尔斯·吉列尔：《西方哲学史——从古希腊到当代》，童世骏、郁振华、刘进译，上海译文出版社 2016 年版，第 180 页。

④ 在拉丁文中，circa 经常缩写为 c. 或者 ca. 其意思是“大约”（相当于英语中的 around，about，roughly，approximately）。史学界对苏格拉底、柏拉图和亚里士多德等思想家的生卒年份尚无确切定论。

⑤ ［挪］奎纳尔·希尔贝克、尼尔斯·吉列尔：《西方哲学史——从古希腊到当代》，童世骏、郁振华、刘进译，上海译文出版社 2016 年版，第 180 页。

⑥ 在公元前 500 年前后在古希腊、以色列、中国和印度等地区同时出现了深刻影响人类社会发展的伟大思想家。

⑦ 参见［古希腊］柏拉图：《理想国》，郭斌和、张竹明译，商务印书馆 2019 年版，第 2 卷。

这部经典之作。①亚里士多德最早提出了法治的根本性问题——我们应该注意到邦国虽有良法，若是人民不能全部遵循，仍然不能实现法治。法治应该包含两重含义：已成立的法律获得普遍的服从，而大家所服从的法律又应该是本身制定得良好的法律。②

希腊化时期结束之后，古罗马③逐渐强盛并且在文化上吸收和继承了古希腊的传统。古罗马人从希腊人那里学习了哲学、宗教、艺术和文化，同时，他们也专门派人学习了古希腊的法律制度。如果说古希腊主要向世界贡献了哲学和文艺，那么古罗马对人类文明最大的贡献之一莫过于它高度发达的法律制度。在古罗马时期，经过罗马法学家的汇编和整理，罗马法已经形成了当时世界上最为成熟的法律体系。从成文的体系来看，罗马法起源于公元前 450 年左右著名的十二铜表法（Law of the Twelve Tables）④，罗马元老院承认了罗马人民大会制定法典的决议，设置了"十人委员会"（Decemviri），并由这个委员会负责制定法律、行使罗马执政官的统治大权。古罗马人相信，法律是他们统治广袤的国土和开展个人生活的福佑和保障。他们把成文的法律刻在了十二块青铜制成的表柱上，这些法律条文涵盖的范围十分广泛，主要包括诉讼制度（前两表规定了传唤、审判的程序）、私法制度（第三表规定债权，第四表规定家庭和亲属权，第五表规定继承及监护，第六表规定所有权及占有，第七表规定地权和刑法，第八表规定侵权和损害）、公法制度（第九表规定了国家组织和运行）、宗教法（第十表）以及补充法律规则（第十一表、第十二表）。⑤真正使得古罗马法律制度获得世界范围内影响的是《国法大全》（亦称为《查士丁尼法典》）。公元 529—565 年，在东罗马帝国皇帝查士丁尼一世

① 《雅典宪制》拉丁语为 Atheniensium Respublica，英语翻译为 The Constitution of the Athenians。参见 Michel Rosenfeld & András Sajó, The Oxford Handbook of Comparative Constitutional Law, Oxford University Press, 2012, p. 9.《雅典宪制》（约成书于约公元前 350 年）的写作时期，古希腊正处于第三次神圣战争期间，克罗库斯平原战役（Battle of Crocus Field）于公元前 352 年爆发。由于年代久远、考古资料的困难，虽然后世学人目前很难精确了解亚里士多德对 158 个城邦国家的研究内容，但《雅典宪制》的成书和流传足以表明亚里士多德对比较宪法之涉足，事实上，比较宪法的研究为亚里士多德撰写《政治学》（*Politics*）提供了极为重要的学术资源。

② Aristotle, Politics, 1310a 14-17. 中文翻译参见［古希腊］亚里士多德：《政治学》，吴寿彭译，商务印书馆 1997 年版，第 199 页。

③ 古罗马通常被分为三个历史阶段，第一个阶段是古罗马王国时期（公元前 753—公元前 509 年）、古罗马共和国时期（公元前 509—公元前 27 年）、古罗马帝国时期（公元前 27—公元 476 年）。西罗马帝国于公元 476 年覆灭后，东罗马帝国直到公元 1453 年由于奥斯曼帝国入侵和攻占君士坦丁堡后才覆灭。

④ 十二铜表法在拉丁语中是"Leges Duodecim Tabularum"。

⑤ Michael Steinberg, The Twelve Tables and Their Origins: An Eighteenth-Century Debate, Journal of the History of Ideas, Vol. 43, No. 3 (Jul. -Sep., 1982), pp. 379-396.

(Justinian I) 的统治下编纂了一部体系庞大的成文法法典。这部成文法典包括四大部分：第一部分是《法典》(*Codex*)，主要内容是自哈德良皇帝（117—138 年）以后的历朝历代的皇帝敕令；第二部分是《学说汇纂》(*Digesta* 或 *Pandectae*)，主要内容是 50 卷左右的有重要影响力的罗马法学家的学说和对法律的解释，古罗马帝国赋予了法学家解释以一种正式的可以约束全体罗马公民的法律效力；第三部分是法学入门教材《法学阶梯》(*Institutiones*)，需要注意的是，这是一本被赋予了法律解释力和约束力的权威法学教科书；第四部分是《新律》(*Novellae Constitutiones Justiniani*)，主要内容是查士丁尼皇帝新颁布的法令。

在古罗马，专门从事法律编纂、注释的法学家数量众多。古罗马的统治者赋予五位最权威法学家对法律的解释拥有和法律本身等同或者类似的法律效力，这就是"罗马法系五大法学家"（Five Capital Lawyers in Roman Law）——乌尔比安（Domitius Ulpianus）、帕比尼安（Papinianus）、保罗（Paul）、盖尤斯（Gaius）、莫迪斯蒂努斯（Modestinus）。作为罗马法系五大法学家之首的乌尔比安（Domitius Ulpianus，170—223）首先提出了公法（Publicum）与私法（Privatum）之区分，前者主要规制国家的公共事务，后者主要规制私人事务。①与此同时，古罗马还按照法律所适用的主体不同区分了市民法（ius civile）和万民法（ius gentium）。市民法适用于罗马市民，成为了近现代民法的雏形，万民法适用于非罗马市民之间或他们与罗马市民之间的关系，被认为是近代国际法的前身。

随着人类社会进入中世纪，大学（Universitas）作为一种社会建制逐渐产生。②人类早期大学的产生和发展与宗教密切相关，"大学"一词的最初的主要含义就是指那些研究宗教神学的学生公会和教师公会。③ 1088 年，人类历史上第一所大学——博洛尼亚大学（Università di Bologna）建立，在这所被誉为"大学之母"（Alma Mater Studiorum）的机构中，大学被划分为四个学院——神学院、法学院、

① 公元 462 年，东罗马的狄奥多西二世和西罗马的瓦伦提尼安三世颁发引证法（Law of Citations of 426 CE），规定只有上述五大法学家对法律问题的解答和著作，具有法律效力。五位法学家对同一问题意见不一致时，采其多数主张，意见均衡时，则以帕比尼安的著作为准。若帕比尼安的著作没有涉及争论的问题，可选择五位法学家中较为公正的意见。乌尔比安关于罗马公法和罗马私法的区分："huius studdii duæ sunt positiones：publicum et privatum. Publicum ius est，quod statum rei Romanæ spectat，privatum，quod ad singulorum utilitatem；sunt enim quædam publice utila，quædam privatim."（Public law is that，which concerns Roman state，private law is concerned with the interests of citizens.）

② 直到今天，中世纪大学传统仍然驱使着优秀的大学和研究机构将"哲学是人生的指引"作为座右铭。例如，PhBK 学生联谊社（Phi Beta Kappa Society，简称 ΦBK）。

③ [挪] 奎纳尔·希尔贝克、尼尔斯·吉列尔：《西方哲学史——从古希腊到当代》，童世骏、郁振华、刘进译，上海译文出版社 2016 年版，第 182 页。

医学院和文学院。该大学的文学院类似于今天的预科和通识教育，它所教授的内容就是古希腊时期的“文艺七科”。在中世纪的大学中，所有学生必须首先进入文学院学习若干年后，才能进入到神学院、法学院或医学院进行专门的学习和研究。从近代大学产生的历史来看，法学作为单独的学科建制于博洛尼亚大学、巴黎大学、牛津大学和萨拉曼卡大学这些最早一批的欧洲中世纪大学的学术组织架构中，法律的重要性可见一斑。随着中世纪大学的建立，与此相对应的情形就是，博洛尼亚、巴黎、牛津和萨拉曼卡成为中世纪时期欧洲法学教育和研究的中心。中世纪时期的法律被分为教会法（Canon Law）与市民法（Civil Law），因此，中世纪时期大学的法学院所教授的内容主要是教会法与市民法。

罗马法成为欧洲法律的基础，也是中世纪大学法学教育的主要对象。罗马法之所以如此发达，不仅仅是由于罗马法本身的理论体系是建立在古希腊高度发达的哲学和文化基础之上，更因为古罗马人对欧洲、亚洲（小亚细亚）和非洲（北非）的统治使得罗马法必须为不同的民族和文化群体创造一个普适性的公共法律制度。在漫长的中世纪，以罗马法为主要内容的市民法和以对《圣经》的阐释为主要内容的教会法成为了早期大学教育的重要内容。中世纪最早完成了法学的职业化，正是职业化的法学教育推动着法学学科本身朝着一门更为精细的规范诠释学的方向发展，法学家在很大程度上就是法学诠释家。法学教育不仅仅涉及成文法的知识（一个好的社会是如何建立的），而且涉及承认一个新案例成为一种特定种类的案例（一件事是如何受到特定法律支配的）所必需的实践判断。①

18世纪后半期，欧洲文化范围内出现了三种独立的价值体系：科学、道德/伦理、艺术。这种思想分化涉及三种不同的有效性主张：科学立足的是“真”的问题，道德/伦理涉及的是规范性问题，艺术的研究则提出特定的审美问题。②在启蒙时期，孟德斯鸠（Charles-Louis Montesquieu，1689—1755）对古罗马以来的法律体系的区分进一步进行了理论上的扩展，孟德斯鸠在《论法的精神》一书中提出了公法、私法和万民法（国际法）的三元划分。到18、19世纪，随着法典编纂运动的发展，大陆法系逐渐形成了现代法律体系的雏形，包括宪法、行政法、刑法、民法、商法、诉讼法、国际法等法律部门。③这种在启蒙运动时期所形成的关于法律部门的划分至今在很大程度上影响着今天海内外法学院校的学术研究以及律师法

---

①［挪］奎纳尔·希尔贝克、尼尔斯·吉列尔：《西方哲学史——从古希腊到当代》，童世骏、郁振华、刘进译，上海译文出版社2016年版，第408页。

②［挪］奎纳尔·希尔贝克、尼尔斯·吉列尔：《西方哲学史——从古希腊到当代》，童世骏、郁振华、刘进译，上海译文出版社2016年版，第408页。

③ 参见朱景文：《中国特色社会主义法律体系：结构、特色和趋势》，载《中国社会科学》2011年第3期；李龙、范进学：《论中国特色社会主义法律体系的科学建构》，载《法制与社会发展》2003年第5期。

律实务的工作。

二、比较法学与比较公法

在现代法学学科体系中，比较法学是一种对人类法律文化的多样性和差异性理论自觉的一门世界性的学问。①蒙塔古·博纳德（Mountague Bernard）在评论英国著名法律史学家梅因的《古代法》时有言：法学本身又包含了一个巨大的领域，那就是比较法。②“比较法学”（Comparative Jurisprudence）是探究“各成熟法律体系共同原则”或“它们之间的各种相似性”的一门学科。③我国著名比较法学家潘汉典先生认为，关于比较法的起源，东西方许多国家的比较法学者几乎普遍地追溯到希腊梭伦所从事的雅典立法、罗马十人团所制定的《十二铜表法》、柏拉图的《法律论》和亚里士多德的《政治学》。这类观点见诸胡格（Hug）的著名论文《比较法的历史》、法国勒内·达维德（R. David）的《当代主要法律体系》、联邦德国茨威格特和克茨（K. Zweigert/H. Kotz）的《比较私法导论》、日本五十岚清的《比较法学的历史与理论》等。苏联比较法学者季列（A. A. тици）在所著的《社会主义比较法学》（1977 年版）一书中论述比较法的历史时，亦援用法国比较法学者安谢尔（M. Ancel）关于比较法学起源于希腊罗马哲人和立法家的观点。④

日本在明治维新之后抛弃了中国古代以律令格式为特征的法律制度的移植和发展道路，转而学习和借鉴了以法国法和德国法为代表的西方近代法律体系。在西方对日本的殖民扩张以及明治维新之后日本对其他国家的殖民扩张的历史中，日本形成了非常独特的“双重殖民性”（Dual Coloniality）⑤。一方面，西方是日本的殖民主义者，日本是在西方的殖民主义扩张中被迫对外开放，走上了法律的近代化道路；另一方面，日本在“西法东渐”之后迅速通过一系列的改革完成了“脱亚入欧”，成为亚洲强国的日本在甲午战争中击败了中国。《马关条约》（1894 年）的签订使得日本正式开始了其对中国台湾长达 50 年的殖民统治，日本的殖民主义扩张到“二战”期间达到了高峰，不仅占领了北至中国东北，南至中国珠江流域的

① 高鸿钧：《全球视野的比较法与法律文化》，清华大学出版社 2015 年版，第 189 页；鲁楠：《迈向东方法律主义？——评络德睦〈法律东方主义〉》，载《交大法学》2017 年第 3 期；鲁楠：《非西方法文化在比较法教学研究中的地位和作用》，载《政法论坛》2018 年第 4 期。

② ［美］波洛克：《比较法学的历史》，载《比较法研究》2012 年第 1 期。

③ ［美］波洛克：《比较法学的历史》，载《比较法研究》2012 年第 1 期。

④ 潘汉典：《比较法在中国：回顾与展望》，载《比较法研究》1990 年第 2 期；白晟：《潘汉典比较法思想初探》，载《比较法研究》2011 年第 1 期。

⑤ Cheng-Yi Huang（黄丞仪），Enacting the“Incomprehensible China”：Modern European Jurisprudence and the Japanese Reconstruction of Qing Political Law, Law & Social Inquiry（33）4：995-1001（2008）.

广袤领土，更是占领了中南半岛、菲律宾、印度尼西亚等东南亚的领土。签订《马关条约》之后，为了统治台湾之需要，日本国会通过立法的形式成立了“临时台湾旧惯调查会”（1901 年 10 月 25 日—1919 年 5 月 6 日），该调查会由日本民政长官后藤新平出任会长，并聘请京都帝国大学教授冈松叁太郎和织田万（Yorozu Oda，1868—1945）① 主持大规模的惯例法方面的调查。该调查委员会分为三个具体的功能部门，第一部门负责“与公私法相关旧惯”，第二部门专事于“与农工商经济相关旧惯”之调查，第三部门负责“台湾总督所指定之有关旧惯法案的起草审议”。“临时台湾旧惯调查会”最为人所知的研究成果就是《台湾私法》和《清国行政法》，尤其是织田万主持下的《清国行政法》。《清国行政法》（*The Administrative Law of the Qing Empire* [*Shinkoku Gyōseihō*]）共分六卷，于 1905 年至 1913 年间分别出版，其目的在以近代欧陆公法概念，厘清台湾日治时期前的官府行为在日本统治后具有何种法律上效力，并且进一步解明大清帝国的立法体例、政府组织、各种行政类型的法律关系。②

自清末政治家端方于 1907 年出版《欧美政治要义》和《列国政要》后，中国近代的比较公法的研究就踏上了一段不平凡的旅程。在百余年的比较公法的旅程中，王世杰和钱端升的《比较宪法》、萨孟武的《政治学与比较宪法》、龚祥瑞的《比较宪法与行政法》、何华辉的《比较宪法学》无疑均沉淀为时代的经典，至今仍然泽被后世。改革开放之后的比较宪法研究极大地开拓了国人的眼界，滋养了宪法学研究的沃土。③近年来，比较公法的研究呈现多元化的趋势。在比较宪法领域，美国纽约叶史瓦大学（Yeshiva University）米歇尔·罗森菲尔德（Michel Rosenfeld）和匈牙利中欧大学安德拉斯·绍约（András Sajó）两位教授主编的《牛津比较宪法手册》④ 和英国杜伦大学罗杰·马斯特曼（Roger Masterman）主编

① 织田万是日本著名的法学家，专长于行政法、中国法。1899 年至 1930 年担任京都帝国大学（Tokyo Imperial University）教授，1921 年织田万担任常设国际法院（Permanent Court of International Justice）法官。

② ［日］织田万：《临时台湾旧惯调查会第一部报告：清国行政法》，日本巖松堂书店 1936 年版。

③ 改革开放之后还涌现了许多比较宪法方面的著作。例如，张光博教授的《比较宪法纲要》、赵树民教授的《比较宪法学新论》、李步云教授主编的《宪法比较研究》、宋玉波教授的《民主政制比较研究》、沈宗灵教授的《比较宪法》、韩大元教授主编的《比较宪法学》、秦前红教授的《比较宪法学》、王广辉教授的《比较宪法学》。改革开放以来，我国有关外国宪法的著作和教材有 40 多部，并有相当多的研究外国宪法的论文问世。参见韩大元：《中国宪法学的学术使命与功能的演变——中国宪法学 30 年发展的反思》，载《北方法学》2009 年第 2 期；熊继宁：《钱端升及其〈比较宪法〉》，载《比较法研究》2008 年第 2 期。

④ Michel Rosenfeld & Andras Sajo, The Oxford Handbook of Comparative Constitutional Law, Oxford University Press, 2013.

的《剑桥比较宪法辞典》① 是两本世界著名的工具类图书，是比较宪法研究百科全书类的必读书目。在行政法领域，较早对行政法学进行比较研究的学者首推美国政治科学协会的首任会长、约翰·霍普金斯大学前校长古德诺（Frank Johnson Goodnow，1859—1939），早在1893年他就出版了《比较行政法》一书，对美国（包括联邦和州）、英格兰、法国和德国的行政法体系进行了比较。②近年来致力于研究比较行政法的学者包括杰里·L. 马肖、苏珊·罗斯·阿克曼、皮特·L. 施特劳斯、Vincenzo Falco等学者。③杰里·L. 马肖侧重于从行政法的体系和历史方面进行比较研究，苏珊·阿克曼（Susan Rose-Ackerman）、康涅狄格大学法学院皮特·林塞特（Peter L. Lindseth）、加州大学洛杉矶分校布雷克·爱默生（Blake Emerson）合著有《比较行政法》④。荷兰马斯特里赫特大学内勒·西尔登（René Seerden）著有《比较行政法：欧盟、欧盟成员国及美国的行政法》⑤。英国牛津大学保罗·克雷格教授（Paul Craig）著有《欧盟行政法》⑥。以纽约大学法学院国际法与正义研究中心为基地，全球行政法的研究成为比较公法研究的前沿领域，萨比

---

① Roger Masterman, The Cambridge Companion to Comparative Constitutional Law, Cambridge University Press, 2019.

② Frank Johnson Goodnow, Comparative Administrative Law: An Analysis of the Administrative Systems, National and Local, of the United States, England, France and Germany, New York: G. P. Putnam's Sons, 1893 (Originally published), recently reprinted by Franklin Classics, 2018.

③ Jerry L. Mashaw, Creating Administrative Constitution: The Lost One Hundred Years of American Administrative Law, Yale University Press, 2012. 中文参见［美］杰里·L. 马肖：《创设行政宪制——被遗忘的美国行政法百年史（1787—1887）》，宋华琳、张力译，中国政法大学出版社2016年版；Jerry L. Mashaw et al., Administrative Law, The American Public Law System, Cases and Materials, 7th ed., West Academic Publishing, 2014; Philip Hamburger, Is Administrative Law Unlawful? University of Chicago Press, 2015; Susan Rose-Ackerman, Peter L. Lindseth & Blake Emerson, Comparative Administrative Law, 2nd ed., Edward Elgar Publishing, 2019; Susan Rose-Ackerman & Peter L. Lindseth, Comparative Administrative Law: Outlining a Field of Study, 28 Windsor Y. B. Access Just. 435 (2010); Peter L. Strauss et al., Gellhorn and Byse's Administrative Law, Cases and Comments, Foundation Press, 2011; Vincenzo Falco, Administrative Action and Procedures in Comparative Law, Eleven International Publishing, 2018.

④ Susan Rose-Ackerman, Peter L. Lindseth & Blake Emerson, Comparative Administrative Law, 2nd ed., Edward Elgar Pub, 2019.

⑤ René Seerden, Comparative Administrative Law: Administrative Law of the European Union, Its Member States and the United States, 4th ed., Intersentia, 2018.

⑥ Paul Craig, EU Administrative Law, 3rd ed., Oxford University Press, 2018.

诺·卡赛斯（Sabino Cassese）等学者著有《全球行政法》① 当代比较公法领域学者还包括劳伦斯·却伯②、马克·图示纳特③、布鲁斯·阿克曼④、阿希尔·里德·阿马⑤、罗纳德·罗汤达⑥、埃尔温·切莫林斯基⑦、艾伦·德肖维茨⑧、理查德·法侬⑨、汤姆·金斯伯格⑩、拉恩·赫希尔（Ran Hirschl）等人。

第二节　比较公法的对象和方法

公法在最一般意义上是一种规范国家和人民之间关系的法律。古罗马法学家乌尔比安（Domitius Ulpianus，170—223）最早比较系统地提出了公法（Publicum）与私法（Privatum）之区分。乌尔比安在《学说汇纂》中有一句关于公法和私法划分的名言："Publicum ius est, quod ad statum rei Romanae spectat, privatum quod ad singulorum utilitatem"，这句话译为汉语就是"公法是关于古罗马国家秩序的法律制度，私法是关于个人利益的法律制度"。盖尤斯在《法学阶梯》中也说道："法律学习分为两部分，即公法与私法。公法涉及罗马帝国的政体，私法则涉及个人利益。"⑪孟德斯鸠在《论法的精神》一书中继承了古罗马人的公法与私法二分论，

① Sabino Cassese, Research Handbook on Global Administrative Law, Edward Elgar Pub., 2016; Eleonora Cavalieri & others, Global Administrative Law: The Casebook (3rd ed.), IRPA-IILJ, 2012; Edoardo Chiti & Bernardo Giorgio Mattarella, Global Administrative Law and EU Administrative Law: Relationships, Legal Issues and Comparison, Springer, 2011.

② Laurence H. Tribe, Constitutional Choices, Harvard University Press, 1986; Laurence H. Tribe, The Invisible Constitution, Oxford University Press, 2008.

③ Mark Tushnet, Advanced Introduction to Comparative Constitutional Law (2nd ed.), Edward Elgar Pub., 2018.

④ Bruce Ackerman, We the People, Vol. I, II & III, Harvard University Press, 1993—2014.

⑤ Akhil Reed Amar, America's Constitution: A Biography, Random House, 2006.

⑥ Ronald Rotunda & John Nowak, Principles of Constitutional Law (5th ed.), West Academic Publishing, 2016; Ronald Rotunda, Modern Constitutional Law: Cases and Notes (11th ed.), West Academic Publishing, 2015.

⑦ Erwin Chemerinsky, Constitutional Law: Principles and Policies (6th ed.), Wolters Kluwer, 2019.

⑧ Alan Dershowitz, Rights from Wrongs: A Secular Theory of the Origins of Rights, Basic Books, 2005.

⑨ Richard H. Fallon, Jr, The Dynamic Constitution: An Introduction to American Constitutional Law and Practice, Cambridge University Press, 2013.

⑩ Tom Ginsburg, Comparative Constitutional Design, Cambridge University Press, 2014.

⑪ [美] 艾伦·沃森：《民法法系的演变及形成》，中国政法大学出版社 1997 年版，第 206 页；江平、米健：《罗马法基础》，中国政法大学出版社 1991 年版，第 9 页。

进一步提出了“国际法”“公法”“私法”三分论的解释架构。①

公法和私法的区分是法学研究中的一个古老话题，近代学者区分标准学说众多，主要包括“利益说”（以法律保护的法益作为区分标准）、“目的说”（以法律规则的目的为标准进行区分）、“隶属说”（因法律关系的隶属不同而进行区分）、“主体说”（因法律关系主体的地位不同进行区分）。②在“公法和私法二分论”的模式下，“利益理论”（Interest Theory）、关系理论（Subjection Theory）、主体理论（Subject Theory）以及各种不同类型的综合理论（Combination Theory）在很大程度上影响了今天法律人对法律部门类型化的思考。通常来说，公法规制国家和人民的关系以及国家机关之间的关系，最广义的公法包括了宪法、行政法、刑法以及诉讼法等重要的法律部门，私法规制社会中个人之间的法律关系，民法、商法属于典型的私法。③

21世纪初期，以加拿大的大卫·戴岑豪斯（David Dyzenhaus）为代表的法学家提出了统一公法学的命题。④我国学者也指出，现代公法的崛起要求建立统一的公法学，它需要以整体公法规范、共性公法特征和一般公法规律等内容为主要研究对象，以公共权力与公民权利关系为主线形成理论基础。⑤公法学的独特性来自于其特殊的研究对象。⑥宪法和行政法主要是以国家和人民的关系作为其核心的研究对象，属于典型的公法学范畴。尽管关于国家和人民关系方面的研究涉及宪法和行政法的方方面面，囿于篇幅和论域，本书所探讨的问题大体属于传统比较宪法研究的领域。本书并非要提供一个比较公法领域百科全书式的介绍，而是希望以比较公法中的若干重要的基础问题为总纲提供一个学理上的思考框架。

正如社会学法学派创始人埃利希（Eugen Ehrlich，1862—1922）所言：“一切

① Montesquieu, Charles-Louis de Secondat, Baron de La Brède et de (1989). The Spirit of the Laws. Cambridge, UK: Cambridge University Press, p. 7.

② 参见王泽鉴：《民法总则》，中国政法大学出版社2001年版，第12~13页；朱庆育：《民法总则》（第二版），北京大学出版社2016年版，第8~11页；但见亮：《中国公法与私法的关系——以“美浓部理论”为线索》，凌维慈译，载《交大法学》2013年第1期。

③ Elizabeth A. Martin, Oxford Dictionary of Law (7th ed.), Oxford: Oxford University Press, 2003; Cornu, Gérard, Vocabulaire Juridique (in French) (10 ed.), Paris: PUF, 2014.

④ David Dyzenhaus, The Unity of Public Law, Hart Publishing, 2004.

⑤ 参见袁曙宏：《论建立统一的公法学》，载《中国法学》2003年第5期；张弘、于虹：《对统一公法学理论的质疑与反思》，载袁曙宏：《公法学的分散与统一》，北京大学出版社2007年版；袁曙宏等：《现代公法制度的统一性》，北京大学出版社2009年版；袁曙宏、宋功德：《统一公法学原论：公法学总论的一种模式》，中国人民大学出版社2005年版。

⑥ ［英］洛克林：《公法与政治理论》，郑戈译，商务印书馆2002年版，第8页。

研究的首要职责就是找到一种适合它的研究对象的方法。"①因而，比较公法总论的研究也必须建立在一定的科学方法之上。彼得·德·克鲁斯（Peter De Cruz）提出了比较法的"八步骤法"（1）确定问题；（2）确定要比较的法律制度，以及如有可能，找出它们所属于的法系；（3）选择法源；（4）收集材料；（5）根据这些法律制度的法律哲学和观念组织材料；（6）试着探索出问题的答案；（7）根据其固有的价值批判性地分析法律的原则；（8）得出结论。②我国比较宪法研究领域的奠基人王世杰先生指出："关于比较宪法之著作，通常俱系择取若干国家，分别说明各该国宪法之内容。"③王世杰先生首开不以国别而以现代一般宪法上所规定之问题为标准研究比较宪法的先河。本书尝试沿循王世杰、钱端升在《比较宪法》一书所开创的传统，以宪法问题所牵涉的基本理论问题为主干，运用"原理+案例"的方法进行比较研究。事实上，研究比较宪法就是研究法本身，④它将有助于我们在法治文明的相互交流和借鉴中建设一个更加公平和正义的世界。

一、法系比较

法系（Legal System/ Legal Family）是指在特定历史和文化背景下，由那些具有共同特征或者分享相似传统、原则的法律制度所组成的体系。⑤法国著名比较法学家勒内·达维（René David）将全世界的法律体系分为六类：（1）西方法律体系（此体系下具体分为罗马日耳曼法系和普通法系）；（2）苏维埃法律体系；（3）伊斯兰法系；（4）印度法系；（5）中华法系；（6）犹太法律体系。⑥德国著名比较法学家康拉德·茨威格特（Konrad Zweigert）和海因·克茨（Hein Kötz）在他们合著

① Eugen Ehrlich, Fundamental Principles of the Sociology of Law, China Social Sciences Press, 1999, p. 9.

② Lena Peters, Peter De Cruz, Comparative Law in a Changing World, Cavendish Publishing Limited, London/Sydney (2nd ed.), 1999, Uniform Law Review, Volume 5, Issue 4, December 2000, p. 871.

③ 王世杰、钱端升：《比较宪法》，商务印书馆 2010 年版，第 7 页。

④ ［美］马克·图什奈特：《为什么比较宪法》，载《华东政法大学学报》2012 年第 5 期。原文载于 Mark Tushnet, Weak Courts, Strong Rights: Judicial Review and Social Welfare Rights in Comparative Constitutional Law, Charter 1, Princeton University Press, 2008, pp. 3-17.

⑤ H. Patrick Glenn, Comparative Legal Families and Comparative Legal Traditions, in Mathias Reimann & Reinhard Zimmermann eds., The Oxford Handbook of Comparative Law, Oxford University Press, 2006, pp. 421-440; Mariana Pargendler, The Rise and Decline of Legal Families, 60 AM. J. COMP. L. 1043, 2012; 李步云：《关于法系的几个问题——兼谈判例在中国的运用》，载《中国法学》1990 年第 1 期；孙笑侠：《法理学》，中国政法大学出版社 1996 年版，第 47 页。

⑥ René David, Traité Élémentaire de Droit Civil Comparé: Introduction à l'Étude de Droits Étrangers et à la Méthode Comparative, Paris: R. Pichon et R. Durand-Auzias, 1950.

的《比较法总论》中论述了罗马法系（以法国和意大利为代表）、德意志法系（以德国和奥地利为代表）、普通法系（以英国和美国为代表）、斯堪的纳维亚法系（以瑞典、丹麦、挪威为代表）、社会主义法系（以苏联和中国为代表）、伊斯兰法系、印度教法系等全世界主要的法律体系。①1904年，穗积陈重提出了“七大法族论”，将当时的世界各地的法律分为至少七大法系，即中国法系、印度法系、伊斯兰法系、罗马法系、日耳曼法系、斯拉夫法系、英美法系。一般来说，世界上的法系主要可以被划分为普通法系（Common Legal System）、大陆法系（Continental Legal System）、伊斯兰法系（Islamic Legal System）、犹太法系（Jewish Legal System）、传统中华法系（Traditional Chinese Legal System）、社会主义法系（Socialist Legal System）以及混合法系（Mixed Legal System）等类型。②

在全世界诸多的法律体系中，普通法系、大陆法系、伊斯兰法系一般被认为是当今世界主要的三大法系。在学理和实务中，普通法系和大陆法系之间的比较和借鉴对于汉语学术界影响尤为深刻。

早在古罗马时期，罗马人就发展出了一种试图统治广袤领土的普通法（Jus Commune）体系。中世纪时期，自英格兰发源的普通法理念在某种意义上继承了罗马人的雄心，它成为英国殖民扩张和建立世界体系最重要的制度依托。1066年诺曼征服之后，古代英格兰的法律制度历经数百年的发展中形成了普通法（Common Law）与衡平法（Equity）两套系统。英文中的普通法（Common Law）包含了多重含义，它可以是（1）作为法律体系的普通法系，在此意义上，普通法是与大陆法系相对的；（2）作为非成文法的判例法（Case Law），在此意义上，它与立法机关通过的制定法相对应；（3）作为一种以特定方式运作的判例法，在此意义上，它与衡平法③相对应；（4）作为具有共通性的普遍性的法律，在此意义上它区别于那些仅仅适用于个别区域的“地方法”。④就普通法的法理定义来看，普通法（Common Law）是指发轫于英格兰，由拥有高级裁判权的王室法院依据古老的地方

① Konrad Zweigert, Hein Kötz: Einführung in die Rechtsvergleichung, 3., neubearbeitete Auflage, Tübingen : Mohr 1996; Konrad Zweigert & Hein Kötz, An Introduction to Comparative Law, Revised Ed., Tony Weir Trans., Clarendon Press, 1998.

② John Henry Wigmore, A Panorama of the World's Legal Systems, West Publishing Company, 1928.

③ 衡平法（equity）是指法院在判例法及成文法之外采用的一系列法律原则。与普通法相比，衡平法发展了新的救济措施。在进行金钱赔偿可能不适当时，类如土地或较为独特的财产的转让，法院可能会要求违反合约的一方强制履行合同。此外，信托和禁制令也源自衡平法。在英格兰，独立的衡平法院由1873年最高司法院法令正式废除，法院同时适用普通法及衡平法。

④ Peter Wesley-Smith, An Introduction to the Hong Kong Legal System (3rd ed.), Oxford University Press, 1998, p. 37.

性习惯，或是理性、自然公正、常理、公共政策等原则，通过“遵循先例”（Stare Decisis）的司法原则，在不同时期的判例的基础上发展起来的、具备司法连贯性特征并在一定的司法共同体内普遍适用的各种原则、规则等的总称。①

与普通法系相对应的另一种法律体系是大陆法系，大陆法系又被称为民法法系，它最主要的特征就是其法律体系的建构依赖于成文化的法典。大陆法系的典型代表是法国和德国。《法国民法典》（*Code civil des Français*）又称《拿破仑法典》，是法国拿破仑时期于1804年的制定的一部较早的大陆法系的民事基本法典。法国1791年宪法通过后，法国大革命时期的国民议会（Asamblea Nacional）于1791年9月4日通过决议，承诺起草一部统一的民法典。1800年在法国政治家和法学家让-雅克·雷吉斯·德·冈巴塞雷斯（Jean-Jacques-Régis de Cambacérès，1753—1824）的领导下，特龙谢（François Denis Tronchet）、普雷阿梅纳（Félix Julien Jean Bigot de Préameneu）、波塔利斯（Jean-Étienne-Marie Portalis）、马尔维尔（Jacques de Maleville）四人正式起草《法国民法典》，最终《法国民法典》于1804年3月21日正式公布。《法国民法典》受到了罗马法《国法大全》中的《法学阶梯》（*Institutes*）对人、物、诉讼规定的深刻影响，采用三编制②，分别为：人法（Des personnes）、财产及所有权的各种形态（Des biens et des différentes modifications de la propriété）、所有权取得的各种方式（Des différentes manières dont on acquiert la propriété）。《德国民法典》（*Bürgerliches Gesetzbuch*，BGB）是德国在帝国时期编纂的一部对大陆法系国家具有深远影响意义的民事法典，德意志帝国1881年开始研究编纂，1896年8月公布，1900年1月1日施行了该民法典。《德国民法典》受到罗马法《国法大全》中的《学说汇纂》的编纂体系影响，采用五编制，分别为总则（Allgemeiner Teil）、债法（Schuldrecht）、物权法（Sachenrecht）、亲属法（Familienrecht）和继承法（Erbrecht）。中国属于社会主义法系国家，在法律体系的建构过程中深受大陆法系传统的影响。1954年中华人民共和国第一部宪法通过后，民法典的起草工作则从1956年起绵延了半个多世纪之久，中国分别于1956年、1962—1964年、1980—1985年、2001—2002年、2015—2020年五次起草《民法典》（草案），最终于2020年形成了七编制的结构，分别为民法总则、物权、合同、人格权、婚姻家庭、继承、侵权责任，与传统的法、德等大陆法系民法典的结构相比，中国《民法典》的人格权法独立成编，形成了与传统大陆法系既有继承又有区别的新型体系。

大陆法系和普通法系的区别可以从两位著名的法学家的评论中窥见一斑。德国

① Common Law, Black's Law Dictionary（10th edition），2014.

② 初期的《法国民法典》还有第四编，即民事诉讼（La procédure civile），该部分于1806年独立于民法典之外。

原则违反宪法条款则都是无效的，不能在南非适用。①

二、案例分析

曾经相继担任哈佛法学院院长的两位著名的法学家和法学教育家克里斯托弗·兰代尔（Christopher C. Langdell，1826—1906）和詹姆斯·埃姆斯（James Barr Ames，1846—1910）将法学视为一门科学（Law as Science），在他们的倡导下，哈佛法学院在教学中广泛采取了“苏格拉底诘问法”（Socratic Method），开拓了著名的案例教学法（Case Study Method），极大地影响了20世纪的法学教育和法学研究。② 德国虽然在传统上属于成文制定法国家，但是案例分析（Fallloesung）亦逐渐获得了特殊的重要地位，在实务上，包括德国联邦宪法法院在内的很多法院越来越多地在案件的审理和判决书的制作中综合运用法律解释、学说、判例进行推理和法律适用。在法学研究和教学中，案例分析法也成为一种重要的方法。无论是在讲座课（Vorlesung）还是在研讨课（Seminar），抑或是在习题课（Übung）、辅导课（Tutorium），甚至是在学术讨论课（Kolloquium）中，案例分析法都是不可或缺的。案例分析法的精髓实质通常包括三个方面：第一，运用法学基础理论知识掌握现行教科书的体系以及对其作出最高概括；第二，从历史的角度研究现行的原则原理是怎样演变而来的；第三，尽最大的努力去思考这些规则将达到什么目的，为什么会达到这些目的，为了达到这些目的我们将牺牲什么以及我们有没有必要去牺牲那些东西。③

案例分析的方法在思维模式上表现为一种“IRAAC模式”。所谓的“IRAAC模式”就是通过Issue（问题）—Rules（规则）—Analysis（分析）—Application（适用）—Conclusion（结论）的论证模式全面展开对特定的案例或事例的分析的法律分析方法，其要点如图1-1所示。

在娴熟运用案例分析法的过程中，总结和凝练案件的事实往往是第一步骤，在真实的案件中，事实本身可能成为诉讼双方争论的焦点，事实也并非是我们想当然的所谓“绝对客观”的，而是在一个法律结构中依赖于我们对事实及法律的认知（knowledge of facts and law）。所以我们必须区分事实问题（de facto）和法律问题（de jure），同时区分事实问题中的关键性事实和一般性事实。有的时候，事实的确

① UN Doc. HRI/CORE/ZAF/2014, para. 73.

② Nancy Cook, Law as Science: Revisiting Langdell's Paradigm in the 21st Century, 88 N. D. L. Rev. 21 (2012); Toni M. Massaro, Constitutional Law as Normal Science, 21 Const. Comment. 547 (2004).

③ 黄继香：《美国法学教育中的案例分析法简介》，载《法律学习与研究》1987年第6期。

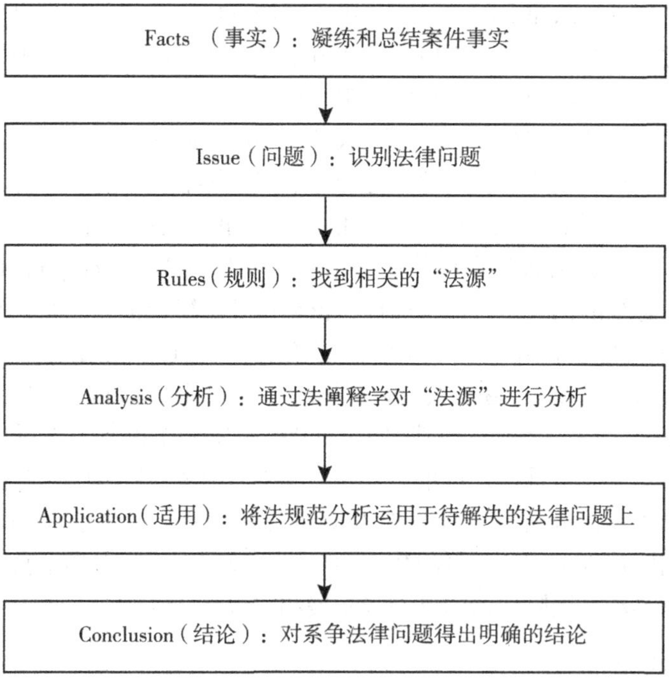

图 1-1　案例分析方法的思维导图

立依赖于特定的时空条件；有的时候，事实的澄清需要借助证据。在逻辑上相关的事实之间，我们可以推导出事实和事实之间的关联，这种关联需要一种诠释性事实来加以确立。在中国法院的裁判文书中，我们发现原被告双方往往提交了大量的证据来证明其主张的事实，法院则会对证据进行司法审查来认定其中的关键事实。案例分析法的第二步是法律问题的识别和法律争点的确定。法律问题和法律争点的区别在于前者可能是一个法理上的问题，而后者则一定是真实案件中诉讼双方的争议焦点。在当事人对抗主义（adversarial system）和法院职权探知主义（doctrine of ex officio）两种诉讼模式下，法律争点的确定呈现不同的特点。在当事人主义模式下，律师在诉讼争点的凝固中发挥了极为关键的作用，在职权主义模式下，法院可依据其司法职权积极主动地固定案件的争点。案例分析法的第三步是寻找“法源”，法律渊源包括初级法源和次级法源。在普通法系和大陆法系的传统中，法源的呈现形式不同。普通法的法源不仅包括成文法还包括判例法，大陆法系则主要依赖于制定法，判例法被认为是一种次级法源或者辅助性的法源。案例分析法的第四步是法律解释和法律分析，这项工作主要依靠司法者综合运用文义解释、目的解释、体系解释等方法对“法源”进行进一步的分析。案例分析法的第五步是法律适用，法律适用是一个典型的“三段论”的运用，司法者必须把案件事实涵摄（Subsumption）到法律规范之后进行法律上的运用和适用。案例分析法第六步是得出法律结论，也就是说，经过上述的几个步骤之后，司法者最终对系争法律问题得出明确的结论。

案例分析法广泛运用在诸如行政法学、民法学、刑法学、诉讼法学、国际法学等多个部门法学领域。在行政法学中，法教义学的行政法案例分析要求将被适用法律规范的论证过程和结论系统性地表达出来，其基本的分析模式是：（1）行政行为是否合法；（2）是否合理；（3）是否侵犯了当事人权利。①在民法中，我国学术界和实务界引入了德国法学家拉伦茨的请求权基础（Anspruchsgrundlage）的案例分析模式，其思维的模式是，谁得向谁，依据何种法律规范，主张何种权利。② 在民事诉讼法中，我国有学者主张采用“六步分析法”，即“锁定诉讼标的→确定构成要件要素（包括抗辩、再抗辩、再再抗辩）→识别特殊诉讼要件→事实主张与证据证明→证明责任（客观）→其他拓展问题”。案例不仅是民事诉讼理论的试验场，而且也为本土民事诉讼理论的发展和创新提供了燃料与动力。③在刑法中，我国学者也借助了案例分析方法极大地推动和发展了刑法教义学。④在国际法学中，虽然特定的国际裁判机构的判例的数量和规模不及国内法院那样丰富，但正是那些标志性的判例推动了国际法治的进一步发展和完善。

三、法律推理

公元前350年左右，古希腊哲学家亚里士多德在《前分析篇》第一卷第一章中提出了符合逻辑的三段论推理（Syllogism），他建立起了一种通过两个命题（大前提和小前提）推导出第三个命题（结论）的一种逻辑思维的结构。欧洲进入中世纪后，亚里士多德的三段论成为逻辑学的主流理论，意大利经院哲学家兼神学家安瑟伦（Anslem，1033—1109）和法国经院哲学家兼神学家阿伯拉尔（Pierre Abélard，1079—1142）在亚里士多德理论的基础上对逻辑学进行了进一步的发展。

---

① 张吕好：《德国公法案例分析方法及其评价》，载《法律适用·司法案例》2017年第18期。

② 请求权基础又被称为“请求权规范基础”，是指在事实构成满足前提下，直接赋予当事人某项请求权的制定法规范。王泽鉴教授《民法思维：请求权基础理论体系》将请求权基础的类型归纳为契约上给付请求权、返还请求权、损害赔偿请求权、补偿及求偿请求权、支出费用偿还请求权、不作为请求权六种。参见王泽鉴：《民法思维：请求权基础理论体系》，北京大学出版社2009年版。

③ 任重：《论民事诉讼案例分析框架：案例教学与研究方法》，载《法治现代化研究》2020年第1期。

④ 陈兴良：《刑法教义学方法论》，载《法学研究》2005年第2期；田宏杰：《中国刑法教义学研究的若干误解与误区》，载《法学》2020年第2期。

亚里士多德的三段论在后世的逻辑学中形成了多达24种有效形式的直言三段论。①本书在此介绍与法律推理和论证关系比较紧密、也是最为著名的两种逻辑思维推理模式——芭芭拉模式（Barbara）和塞拉伦特模式（Celarent）②。

亚里士多德的“三段论”中的关键词是全称（Universal）、特称（Particular）及肯定、否定。我们最为熟悉的“三段论”是一种所谓的全称肯定形式，学理上叫做芭芭拉模式或者AAA形式，在这个思维模式下，任何的推理都是有效的（真的）。芭芭拉模式或者AAA形式的典型例子如下：

前提1：所有人（M）都会死去的（P）。
前提2：并且苏格拉底（S）是一个人（M）。

结论：　那么苏格拉底（S）是会死去的（P）。

在芭芭拉模式或者AAA形式下，逻辑推理所使用的三项包括人（M）、会死去（P）、苏格拉底（S），每一个前提都包含至少两项，其所推导出来的结论也包括两项。要确保芭芭拉模式的有效性，就必须确保（1）大前提（Major Premise）是真的；（2）大前提和小前提（Minor Premise）存在一个公共项。在上述例子中，大前提所有人（M）都会死去的（P）是真的，大前提和小前提有一个共同项：人（M）。最后的结论是必然的、唯一的、有效的——苏格拉底是会死去的。我们把芭芭拉模式的三段论抽象出来，其表达式如下：

$M \rightarrow P$

$S = M$

$S \rightarrow P$

与芭芭拉模式（Barbara）不同的是，还有一种逻辑思维是全称否定模式，学理上也叫做塞拉伦特模式（Celarent）或者EAE形式。

---

① 亚里士多德的《前分析篇》（*Prior Analytics*）中实际上提出了14个三段论式。

② 中世纪的学者将这些有效论式分别取了对应的拉丁语名字。为了进一步以拉丁字母表示这些拉丁名字，每个名字的元音即是对应的语气组合起来形成另一种简称。例如，Barbara代表AAA，因为Barbara中的三个元音分别是AAA，Celarent代表EAE，因为Celarent的三个元音分别是EAE。

前提 1：没有任何人类（M）是永生的（P）。
前提 2：所有的希腊人（S）都是人类（M）。

结论：那么，没有任何一个希腊人（S）是永生的（P）。

在塞拉伦特模式或者 EAE 形式下，前提 1 是以否定的形式出现的，结论也是以否定的形式出现的。要确保塞拉伦特模式的有效性，就必须确保（1）大前提是真的；（2）大前提和小前提存在一个公共项。我们把塞拉伦特模式的三段论抽象出来，其表达式如下：

$$
\begin{array}{l}
—M \rightarrow P \\
S = M \\
\hline
—S \rightarrow P
\end{array}
$$

当代法学方法论受到了亚里士多德开创的三段论推理的强烈影响，法学家将上述的芭芭拉模式引入司法案件中，形成了所谓的“司法三段论模式”。德国法哲学家、“基尔学派”（Kieler Schule）成员之一的卡尔·拉伦茨（Karl Larenz，1903—1993）在《法学方法论》中系统地提出了司法三段论形式化，如下①：

大前提：$T \rightarrow R$ （对 T 的每个事例均赋予法律后果 R）
小前提：$S = T$ （S 为 T 的一个事例）

结论：$S \rightarrow R$ （对于 S 应赋予法律后果 R）

在拉伦茨的司法三段论模式下，大前提是法律规范，小前提是具体的符合法律构成要件的案件事实，结论是将案件事实涵摄（Subsumption）到法律规范之后进行司法推理和司法适用的一个结果。要理解拉伦茨的司法三段论，就必须对涵摄（Subsumption）这一关键的概念有清晰的了解。一般来说，涵摄的基本含义是司法者将制定法的一般规则与抽象规范适用于个案事实，最终得出唯一确定的结论。涵摄一般包括两个层级论证或推理：一是寻找可资适用的制定法规范，并将个案事实置于该法律规范之下，对个案事实是否符合其构成要件即构成何种行为作出裁决并

① 参见［德］卡尔·拉伦茨：《法学方法论》，陈爱娥译，商务印书馆 2004 年版，第 150 页。

加以论证，称为事实涵摄推论。二是根据法律对符合构成要件之事实该担何责作出裁决并加以论证，即根据法律确定其法律后果，称为适用法律推理。典型的司法三段论可以表述为：符合法定构成要件的行为是应当承担法律后果的，本案当事人行为是符合构成要件的；因此，本案当事人行为是应当承担法律后果的。其中，大前提是一般法律，小前提是行为符合法律构成要件，结论是法律后果。①王泽鉴教授将法律思维总结为一种“将抽象的法律规范，适用于具体案件，以确定当事人之间的权利义务关系”的过程，法律人所进行的工作就是“从事实寻找规范，从规范回到事实，来回穿梭”的法律思考。

在英国、爱尔兰、美国、加拿大（魁北克是例外）、印度、南非、巴基斯坦、孟加拉国、澳大利亚、新西兰、新加坡、马来西亚、中国香港、英属维尔京群岛、开曼群岛等适用普通法系的国家或者地区，先例（Precedent）本身就是一种具有法律拘束力的规则。普通法系的法官通常在先例和待审案件中进行对比，然后结合成文法和制定法进行法律推理和适用。在法律推理的过程中，普通法法官通常根据遵循先例（Stare decisis②）的原则，待审案件的裁判需要遵循已决先例中所形成的规则。普通法上的先例本身包含两个部分：判决依据（Ratio decidendi，简称 ratio）和附带意见（Obiter dictum，简称 dictum）。其中，判决依据是法官在对案件进行裁决时候所依据的法律或者规则，这种规则对后案具有法律上的拘束力；附带意见是法官对案件进行裁决的过程中所作出的对相关法律问题的说明、阐释和评论，这种法理性质的评论对后案不具有严格的法律上的拘束力。普通法最常采取的是一种类比法律推理，法官通过比较某个或某些先前案件与当下案件之后，若认定存在一个或一些先前案件与当前案件相似，此时，按照遵循先例原则，常见的司法推理的情况如下：

大前提：$C1 \rightarrow R$　（已决先例 C1 中树立的判决依据 R）

小前提：$C1 = C2$　（已决先例 C1 和待审案件 C2 的案情相同或者相似）

结论：　$C2 \rightarrow R$　（待审案件 C2 页适用判决依据 R）

普通法上的先例制度实际上极为复杂，法官对于先例通常情况下是“适用”。但是随着社会情势的发展和变迁，法官也可以“不适用”或者“推翻”某个先例。第一，法院认为该先前判决存在明显的错误。具体来说，如该判决违反了一个法典

① 王洪：《逻辑能解法律论证之困吗?》，载《政法论坛》2019 年第 5 期。

② Stare decisis 来自于拉丁法谚，它的原本含义是“坚持决定，而且不要去扰乱不应该被扰乱的”（Stare decisis et non quieta movere）。

法规则，或违反了今日的一个法典法规则，又或者违反了普通法的基本精神或基本原则；又如，该判决与上一级法院的另一个类似案件判决相悖；再如，该判决理由已经明显不适合于情势已经发生明显变迁的今日，等等。第二，当前法院或法官给出了强有力且清楚、充分的说理、论证。显然，如果当前的法院或法官在否决先例的过程中同时把如上两项工作做好，那么，当然不宜简单地斥之为“主观擅断”或“独断专行”。在普通法的实践中，尽管法官不常使用先例否决方式，但必须承认的是，几乎每一次英美法的发展、跳跃，不管这种变化是大还是小，往往关联着某个或某些法官对先前判决的否决。① 在何种程度上已决先例和待审案件具有相似性决定了先例的司法适用。普通法的法官在判断中往往区分“关键事实”和“非关键事实”，法律职业共同体由此形成了一套实践性较强的“区分技术”(Distinguishing)。②

从逻辑学上看，法律推理中的谬误分为形式谬误（Formal Fallacies）与非形式谬误（Informal Fallacies）。形式谬误指的是某一个推理犯了论证结构和语法上的错误；非形式谬误意指某一个推理犯了论证结构以外的错误。在形式谬误上，法律推理常见的错误是违背法律三段论推理得出的结果，这种错误叫做“三段论谬误”(Syllogistic Fallacy)。有的时候，人们进行法律推理的时候，大前提错误、小前提正确，那么，推理结果是错误的。也有的时候，大前提正确，小前提错误，那么推理结果也是错误的。在非形式谬误上，法律推理的错误常常出现在法庭辩论中，这些类型的错误主要包括：(1) 自我矛盾（Self-contradiction），提出的多个主张或论证前提无法同时为真。(2) 稻草人（Straw man）论证，在辩论的时候，一方攻击另一方在法庭辩论中并未提出的论点。(3) 诉诸人身（Argumentum ad hominem）宣称某人有某些个人特质，以明示或暗示其主张可取或不可取。这些个人特质可以是人格、动机、态度、地位、阶级或处境等。(4) 相似非难（tu quoque），宣称某人反对某事，但他自己也做了某事，因此其反对是虚假伪善的，某事并没有错。(5) 诉诸年代错误（Chronological snobbery），宣称某观念或事物起于较早的年代，因此不如现今的好。(6) 时髦术语（Buzzwords），使用新奇、有趣、时髦的词语，以诱导他人支持某些想法。(7) 诉诸后果（Argumentum ad consequentiam），根据一命题导致的后果决定它是真是假。(8) 诉诸权威（Appeal to authority），主张某专家支持某事，因此某事是对的，但该专家说法的可靠性令人怀疑。(9) 破釜逻辑（Kettle logic），提出多个理由防卫某论点，但这些理由无法同时为真。例如，某人被指控拿了房间里的100元，先是说他没进过房间，后来又说他进房间时没看

---

① 周赟：《普通法先例制度基本问题研究——一种通识性的论说》，载《法律方法》2012年第1期。

② 高鸿钧主编：《英美法原论》，北京大学出版社2011年版，第191~195页。

到钱。(10) 权宜主义谬误 (Fallacy of expediency) “应该就别求完美”，主张某方案是为了重要的目的，因而无论有多少缺陷都应该做。(11) 转移举证责任 (Shifting the Burden of proof)，不为自己的论点提出理由，而要求质疑的人提出理由证明自己的论点是错的。(12) 循环推理或循环论证 (Circular argument)，论点的正确性最终由自身支持的推理。

法律推理是在法律争辩中运用法律理由的过程，是一种寻求正当性证明的推理。①中国学者大多认为，典型的法律推理有以下特点：第一，它通常在司法判决中出现。第二，它表现为或至少可以重构为三段论的形式，即由大前提、小前提与结论所构成。第三，法律三段论的大前提通常是对法律内容的陈述，并表现为由“事实构成”作为前件、“法律后果”作为后件的条件句；另外的前提则通常断言了某个特定的对象满足上述条件句的前件。第四，法律三段论旨在确定某个特定对象的法律后果。②近年来，最高人民法院强调，法院应该在司法判决文书中“释明法理，说明裁判所依据的法律规范以及适用法律规范的理由”。增强法律推理和论证的目的在于提高裁判的可接受性，实现法律效果和社会效果的有机统一。最高人民法院认为，对于诉讼各方对案件法律适用无争议且法律含义不需要阐明的，裁判文书应当集中围绕裁判内容和尺度进行释法说理。对于诉讼各方对案件法律适用存有争议或者法律含义需要阐明的，法官应当逐项回应法律争议焦点并说明理由。③值得注意和说明的是，当下，中国仍然属于成文法和制定法国家，中国的司法实践否认了普通法上的“法官造法”④。最高人民法院颁布的“指导性案例”⑤是经过特定程序审核后确认和颁布的对今后的案例处理能产生一定指导意义的案例。指导性案例与普通法上的“先例”的主要差异在于：第一，并非所有的先前判决都可能成为案例指导制度中的“案例”，只有最高人民法院经过特定程序认定并经过正式渠道公布的案例才属于“案例指导”的范畴；第二，对于最高人民法院公布的指导性案例，各级人民法院在类似案件的审判中，应当“参照适用”，指导性案例

---

① 张骐：《法律推理与司法公正》，载《法制日报》2003年9月18日。

② 陈坤：《法律推理中的独特思维倾向及其可能的误区》，载《现代法学》2020年第1期；陈金钊：《司法过程中的法律方法论》，载《法制与社会发展》2002年第4期。

③ 《最高人民法院关于加强和规范裁判文书释法说理的指导意见》，法发〔2018〕10号。英文翻译为 Notice of the Supreme People's Court on Issuing the Guiding Opinions on Strengthening and Standardizing the Analysis and Reasoning in Adjudicative Instruments, No. 10〔2018〕of the Supreme People's Court.

④ 关于普通法上的“法官造法”，参见［英］鲁伯特·克罗斯、J. W. 哈里斯：《英国法中的先例》，苗文龙译，北京大学出版社2011年版，第33~44页。

⑤ 最高人民法院：《关于案例指导工作的规定》，法发〔2010〕51号；最高人民法院：《〈关于案例指导工作的规定〉实施细则》，法〔2015〕130号。

本身并不是直接进行判案的依据。①

第三节 比较公法学的功能

鲁道夫·冯·耶林（Rudolf von Jhering，1818—1892）曾言："一个民族的繁荣就像个人的繁荣一样，要不断地从外部吸收养料……继受外国法律制度的问题不是一个民族性问题，而是一个简单的合目的性的问题，一个需要的问题。"②比较公法学的功能大体来说可以从四个方面考察：公法叙事功能、公法设计功能、公法解释功能以及公法研究功能。③

一、公法叙事功能

比较公法能够在一个开阔视野下，提供一个完整和全面的公法叙事语境和结构。公法的生长虽然是植根于本民族特定的历史和文化之中，是一种黑格尔意义上的"国家和民族精神"的体现，但是人类社会的发展是一个纵贯几千年、横跨五大洲的漫长而复杂的过程，比较公法正是在一个更加开阔的语境下提供了本民族国家公法叙事的宏大语境。古代的罗马法成为了近代欧洲法律制度的基础，也随着欧洲的扩张，其精神和原则被广泛传播到今天全世界的许多国家和地区。缘何罗马法在近现代复兴得以成功、罗马法为何能够对人类的法律文明作出极大的贡献？要回答此问题，并非易事。其中，除了政治、经济、文化等方面的原因外，这与罗马法试图为具有不同民族和文化群体的人民创设一个共同的法律制度框架有着莫大的关系。直到今天，《查士丁尼法典》《法学阶梯》《法学汇编》《查士丁尼新律》仍然是比较法学研究的重要资料。近代以来，西方的法律制度和中国传统法律文化不断碰撞、融合，要认识我们当下的法律制度必须从历史中吸取经验和教训，比较公法研究恰好提供了我们自己进行公法叙事的比较语境。

二、公法设计功能

比较公法研究能够为一个国家或者地区的政治和法律制度设计提供有益的借鉴

---

① 周赟：《普通法先例制度基本问题研究——一种通识性的论说》，载《法律方法》2012年第1期；刘作翔：《"法源"的误用——关于法律渊源的理性思考》，载《法律科学》2019年第3期；孙跃：《指导性案例与抽象司法解释的互动及其完善》，载《法学家》2020年第2期。

② ［德］鲁道夫·冯·耶林：《法学的概念天国》，柯伟才、于庆生译，中国法制出版社2009年版，第30、31页。原文参见 Rudolf von Jhering, Der Geist des Roemischen Rechts auf den Verschiedenen Stufen seiner Entwickelung, Teil 1, Leipzig, 1907, S. 8-9.

③ 参见 Michel Rosenfeld & Andrús Sajó, The Oxford Handbook of Comparative Constitutional Law, Oxford University Press, 2012, p. 9.

和参考。“他山之石，可以攻玉。”在一个由许多政治和法律秩序构成的社会里，尤其是近现代独立的民族国家兴起之后，对于很多国家，无论是宪法制定还是宪法修改，抑或是宪法改革都直接或者间接地受惠于比较公法研究。美国独立战争之后，制宪国父们，如麦迪逊、汉密尔顿等人均对古罗马政治制度有着较为深刻的研究，制宪之父们借鉴、参考和扬弃了欧洲的诸多政治和法律制度，这些思考或多或少都反映在了《联邦论》（*The Federalist Papers*）当中。当人类社会进入20世纪后，随着两次世界大战的结束，新兴民族国家从殖民主义的锁链下解放，新的主权国家建立起来之后，纷纷进行了宪法制定和修改活动。例如，1920年首创于奥地利的宪法法院很快成为全球宪法发展史上一个重要的制度变革，汉斯·凯尔森（Hans Kelsen）成为了宪法法院制度最重要的贡献者和守护者。第二次世界大战之后，一些国家或者地区在其宪法制度设计中，受到“奥地利模式”的影响，纷纷成立了宪法法院，这些具有代表性的国家包括联邦德国、意大利、南非、韩国等。“二战”后，许多战后国家都努力矫正历史之不公，处理了大量的转型正义（Transitional Justice）① 问题。比较宪法在转型正义方面发挥着至关重要的作用。以南非为例，南非宪法法院建立后的早期处理了大量的“转型正义”的宪法争议，宪法法院正是通过一系列的宪法判例重新使得公平正义得以重见天日。

三、公法解释功能

比较公法能够为一个国家或者地区的公法解释活动提供法理上的参考和借鉴，通过充分的论证和说理，澄清公法的疑惑。宪法解释系释宪机关根据宪法之基本精神和原则对宪法规范及其附随的情况进行具有宪法效力的说明。宪法解释机关和宪法解释体制因各国的宪制架构和政治现实的不同而不同，但对于具有极强的司法性质的普通法院的宪法解释或者宪法法院的宪法解释活动而言，宪法诉讼包括书面诉状和言辞辩论，宪法法院或最高法院往往是以判决书的形式对于一个宪法争议定纷止争。很多情况下，一国的宪法法院或最高法院在判决书的推理和论证中会援引和参考比较宪法的原理和案例。一方面，在普通法传统之下，各个国家或地区的宪法判例往往遵守着一切共同的普通法的原则，各个司法管辖区之间往往频繁地参考和借鉴彼此的“先例”；另一方面，宪法传统悠久和法治发展水平较高的国家或地区的宪法判例往往成为其他司法管辖区争相借鉴和研习的对象。诸如爱德华·柯克爵士（Sir Edward Coke，1552—1634）的《法律总论》（*the Institutes*）以及威廉·布莱克斯通爵士（Sir William Blackstone，1723—1780）的《英国法释义》（*Commentaries on the Laws of England*）曾经影响和孕育了一大批英属北美殖民

① “转型正义”是指以南非为代表的国家对其历史上种族隔离政府实施的违法行为进行追责并且补偿受害者的一种涉及政治、经济、法律、文化等方面的现象。

地各邦伟大的律师、法学家。美国建国之后的早期，联邦最高法院频繁援引了英国的普通法原则和学说，作为其推理的依据。在著名的 1803 年“马伯里诉麦迪逊案”(Marbury v. Madison)① 中，马歇尔大法官就引用了爱德华·柯克爵士所判决的著名的“博纳姆医生案”(Dr. Bonham's Case, 1610)②，“马伯里诉麦迪逊案”也借此奠定了合众国的司法审查制度。在“马伯里诉麦迪逊案”之后的两百多年的时间里，联邦最高法院的很多宪法判例逐渐成为了其他普通法司法管辖区法官们借鉴和参考的对象。比较宪法的借鉴和参考最终是为了本国或本地区宪法法理的自我生长和壮大。1929 年，英国枢密院司法委员会③大法官桑基勋爵 (Lord Sankey) 在“爱德华滋诉加拿大案”(Edwards v. Canada)④ 中判决：宪法犹如一棵正在生长的树 (a living tree)，是一个成长的历程，宪法解释应该适应转变中的社会环境。在南非的宪法解释中，比较法和国际法的法理甚至是宪法解释理所当然的一部分。在 1995 年“S v. Mhlungu and Others”一案中，⑤ 南非宪法法院大法官奥比·萨克斯 (Albie Sachs) 在判决书中写道：“……南非宪法必须被置于一个全球宪制主义和人权发展的一部分来加以理解和考虑。”⑥

四、公法研究功能

比较公法能够为一个国家或者地区的法学研究提供有益的参考和借鉴。公法研究的对象和范畴十分广泛，它既包括政治和政治现象，又包括法律及法律现象，还

① Marbury v. Madison, 5 U.S. (1 Cranch) 137 (1803).

② Dr. Bonham's Case (Thomas Bonham v. College of Physicians) 8 Co. Rep. 107; 77 Eng. Rep. 638 (winter, 1610).

③ 枢密院 (Privy Council) 是英国君主的咨询机构，在历史上，对英国的殖民地具有巨大的政治权力及影响力。枢密院司法委员会 (Judicial Committee of the Privy Council) 是英国枢密院下属的一个司法机构，其性质属于英国的终审法庭之一，它是英国海外领地、皇家属地和部分独立英联邦成员的最终上诉司法机构。

④ Edwards v. Canada (AG), A.C. 124, 1929 UKPC 86 该案涉及的法律问题是，女性能否根据当时的法律成为加拿大参议院的一员。

⑤ S v. Mhlungu and Others (CCT25/94) [1995] ZACC 4; 1995 (3) SA 867 ; 1995 (7) BCLR 793 (CC) (8 June 1995), para. 127.

⑥ We are a new court, established in a new way, to deal with a new Constitution. We should not rush to lay down sweeping and inflexible rules governing our mode of analysis. We need to develop an appropriately South African way of dealing with our Constitution, one that starts with the Constitution itself, acknowledges the way it came into being, its language, spirit, style and inner logic, the interests it protects and the painful experiences it guards against, its place in the evolution of our country, our society and our legal system, and its existence as part of a global development of constitutionalism and human rights.

涵盖了那些深深影响和塑造人民生活的生生不息的文化和传统。公法研究者实际上一直以来都在致力于廓清公法学的基本范畴和研究领域。对于公法研究起步较晚的地区而言，公法学总体表现为通过相对确定的领域划分，使其成为一门相对独立的“科学”。而公法研究最为发达和活跃地区的学者往往成为了公法学研究的边界的“巡逻者”，他们致力于探索和发现新的领域。在比较公法中，法治先发展地区的宪法和法理较为成熟，它们往往较少借鉴和参考法治后发展地区的宪法理论和实践。而近年来，随着公法学的发展，欧美等国的大学和科研机构也将比较公法作为重要的研究方向。虽然法律制度离不开一定的文化背景和政经结构，各种不同视角的法学研究都与一定的“问题意识”密切相关，但是比较公法学都提供了一个超越司法管辖区之上的各个国家和地区相互借鉴和交流的场域，正是在这种反复不断的借鉴和交流中，人们对各个司法管辖区上的法律观点可以形成一种具有动态特征的“法律共振峰”（Legal Formants）。① 凡是法律文化和法律制度较为成熟的地区，其法学研究也必定是发达的，反之亦然。法律制度的构建与人类社会对法律制度的思考总是同时的，没有对法律制度的深刻思考，人类创设法律本身的努力将会失去精神和思想的指引。无论是全球化快速推进的时代还是逆全球化抬头和回流的时期，人类对于不同法律制度的思考能力始终都是存在的，比较公法学正是在这种意义上为人类提供了反思不同类型公法制度的可能性。

---

① Rodolfo Sacco, Legal Formants: A Dynamic Approach To Comparative Law, The American Journal of Comparative Law, Volume 39, Issue 1, Winter 1991, pp. 25-26.

第二章　宪法的概念、特征与类型

第一节　宪法的概念

一、宪法的古典理念

王世杰先生在《比较宪法》中认为，一切治宪法学的人，必须首先对于“宪法”这个词语的含义有相当的了解。①虽然宪法是近代人类政治和法律文明的产物，但是人类关于宪法的观念却可以追溯到古代社会。从词源上看，中文的“宪法”一词很早就出现在春秋战国时期的经典文献中。左丘明在《国语·晋语九》说道：“赏善罚奸，国之宪法也。”东汉的大学问家许慎在《说文解字》说道：“憲，敏也。从心，从目，害省聲。”“灋，刑也，平之如水，从水；廌，所以触不直者去之，从去。”通说认为，在中国古代的典籍中，人们是在三个意义上使用“宪法”一词。第一，它指一般的法律、法度。《尔雅》有言：“宪，法也”。《诗·小雅·六月》中记载“万邦为宪”。《左传·襄公二十八年》记载“此君之宪令”。第二，它指优于刑法、民法等一般法律的基本法律。《中庸》中说道：“祖述尧舜，宪章文武。”《管子·立政》有言：“君乃出令，布宪于国。五乡之师，五属大夫，皆受宪于太史？首宪既布，然后可以布宪。”《汉书·萧望之传》记载“作宪垂法，为无穷之宪”。第三，它指颁布法律、实施法律。《唐韵》《集韵》《韵会》中对“宪”字的解释是“许建切，音献。悬法示人曰宪，从害省，从心，从目，观于法象，使人晓然知不善之害，接于目，怵于心，凛乎不可犯也”。

柏拉图在《理想国》中借助苏格拉底之口提出了“什么是好的城邦”“正义是什么”的问题，以苏格拉底、柏拉图为代表的古典思想家提出核心问题就在于什么是最好的政治生活和城邦制度。在古希腊语中，νομός 一词可以表示“法律”，转写为拉丁文就是 nomós。πολιτεία 一词可以表达“宪法”的含义，它转写为拉丁字母形式就是 Politeia。亚里士多德曾研究了他所处时代的 158 个城邦的政治制度，这些城邦既有希腊人的，也有所谓野蛮人的。亚里士多德关于城邦政治制度的思考

① 王世杰、钱端升：《比较宪法》，商务印书馆 2010 年版，第 7 页。

保留在《政治学》一书中。该书使用 πολιτεία（Politeia）一词约 102 次，它的含义大体可以包括以下几个层面：（1）宪法或政体；（2）城邦，即公民团体和国土。前者是人的因素，后者是物的因素；（3）政府，即宪法框架下政策的执行机关。① 到了古罗马时期，宪法（constitution）在拉丁文里被写做“constitutio”。拉丁语中的“constitutio”源于动词“constituere”，con 是“一起”（together），stituere 是“设置”（set）。拉丁语中的“constitutio”作动词时，指的是用许多部件或成分组织建构某种事物。拉丁语中的“constitutio”作名词则是指事物构造的方式、结构和气质。②总的来说，在古罗马法中，宪法（constitution）一词具有多重含义，它可以指：（1）中世纪及罗马帝国时期的基本法律，如查士丁尼新律（Novel Constitutions of Justinian）或者克拉伦敦法（Constitution of Clarendon）；（2）社团、政党、工会、公司等组织所制定的组织原则、宗旨和规章制度；（3）关于政府组织体系和个人基本原则保护的法律；（4）政体。

除了需要理解宪法一词的词源外，对“法律”一词源流的梳理和澄清也是必要的，其最根本的理由就在于宪法也是法律之一种，且宪法是一种更为高级的“法”和更为根本的“法”。东汉的许慎在《说文解字》说：“灋，刑也，平之如水，从水；廌③，所以触不直者去之，从去。法，今文省。”黄源盛先生认为古代汉语中的“法”是一种通过裁判而向人们宣布的一种公平正义的行为准则。中国古代对“律”字解释通常是“律起于黄钟”，它与音乐的韵律有关，引申为规范和协调的意思。公元前 359 年，商鞅以《法经》为蓝本，制定《秦律》6 篇，这就是中国古代法制史上著名的“改法为律”。在古代印度，以《梨俱吠陀》（*Rigveda*）为法律渊源的“法”在梵文中是“达摩”（Dharma），“达摩”在含义和功能上相当于今天的“法”。此外，古印度法律传统中的“达摩”在更广义上还意味着一种生活方式或者宇宙秩序。④

在西方语言中，“法”这个词的表达形式是多样且非常复杂的。希伯来语中的“法”是“הלכה”（Halakha），古希腊文化中的“法”是“νόμος”（nómos），古罗马上使用“jus”和“lex”表示法律，英语中的“法”是“law”，德语中的“法”是“recht”或者“gesetz”，法语中的“法”是“droit”或者“loi”，西班牙语中的“法”是“derecho”或者“ley”，斯堪的纳维亚人用“jura”“rätt”“lag”

① 参见徐国栋：《宪法一词的西文起源及其演进考》，载《法学家》2011 年第 4 期。

② 参见王人博：《宪法概念的起源及其流变》，载《江苏社会科学》2006 年第 5 期。

③ “廌”（音 zhì）有三名：一曰獬豸；二曰独角兽；三曰神羊。许慎在《说文解字》中继续解释：“廌，解廌兽也，似山牛，一角；古者决狱，令触不直；象形，从豸省。”

④ Ainslie Thomas Embree, Stephen N. Hay, William Theodore De Bary, Sources of Indian Tradition: Modern India and Pakistan, Columbia University Press, 1988, p. 215.

“lov”表示“法”，意大利人用“diritto”或者“legge”指代“法”。在这些关于“法”的多元化表达中，拉丁语词源意义上的“法”影响最为深远，意义也最为重大。

古罗马时期的思想家、修辞学家和法学家西塞罗（Cicero）在《法律篇》（*De Legibus*）中论述道：法律是植根于自然的、智慧应然行为并禁止相反行为的最高理性（reason）……这一理性，当它在人类的意识中牢固确立并完全展开后，就是法律。因此，他们认为法律就是智识，其自然功能就是指挥（command）正确行为并禁止错误行为。①古罗马法学家乌尔比安在《学说汇纂》中将 jus 看做是一般意义上的正义原则或者在一个法律体系中的普遍规则。②法学家盖尤斯在《法学阶梯》中则使用了 lex 一词，指那些罗马人民建立或者形成的一般性规则（“populus orders and establishes”）。③查士丁尼明确记载：“法的准则是诚实生活、不犯他人、各得其所。”④ 在查士丁尼时代，古罗马法学家及其罗马人在使用 jus 和 lex 两个词语时候的语义中心有所不同，这种语义上的细微差别延续到后世并影响到了西方法学的发展。中世纪时期的神学家和法学家托马斯·阿奎那（St. Thomas Aquinas）认为正义是法律目的（utrum ius sit obiectum iustitiae），而托马斯·阿奎那正是用“jus”来指代正义的。⑤到了近代启蒙时期，孟德斯鸠认为，从最广泛的意义来说，法是源于万物本性的必然关系。就此而言，一切存在物都各有其法。上帝有其法，物质世界有其法，超人智灵有其法，禽类有其法，人类有其法。有人说，我们在世界上所看到的一切，都是盲目的必然性造成的，这种说法异常荒谬，试想，还有比声称具有智慧的存在物也产生于盲目的必然性更加荒谬的言论吗？由此可见，存在着一个初元理性，法就是初元理性和各种存在物间的关系，也是各种存在物之间的相互关系。⑥英国哲学家、政治学家和法学家托马斯·霍布斯认为“jus”是一种超越“lex”的“行为或者不行为”的道德自由（liberty to do or to forbear）。⑦由此，我们可以看到自古罗马以来的西方法律传统中，jus 侧重于指代那种抽象意义的公平、正义或者权利，lex 侧重于指政治共同体或者国家通过民主的程序而订立的形

---

① Cicero: law (lex) is the highest reason, inherent in nature, which enjoins what ought to be done and forbids the opposite. When that reason is fully formed and completed in the human mind, it, too, is law (De legibus 1. 18). 中文翻译参见［古罗马］西塞罗：《国家篇、法律篇》，沈叔平、苏力译，商务印书馆 2013 年版，第 158 页。

② Justinian, Digest 1. 1. 0.

③ Justinian, Institutiones iuris civilis, I, § 3, 25.

④ The Institutions of Justinian, Oxford: The Clareindon Press, 1949, p. 3.

⑤ James Bernard Murphy, The Philosophy of Positive Law: Foundations of Jurisprudence, Yale University Press, August 2, 2005, pp. 62-65.

⑥ ［法］孟德斯鸠：《论法的精神》（上卷），许明龙译，商务印书馆 2015 年版，第 9 页。

⑦ Thomas Hobbes, Leviathan, 12-16.

诸文典形式的规则、规范。①随着实证主义思潮的兴起，人们越来越将法认为是一种可以裁判的规则，使得法律和道德在严格意义上有了一定的区分。对于一个适用法律的法庭（a court of law），只有当道德原则以法律形式充分地表现出来时，法院才可以适用它；法律的存在是为了社会的需要，但也正因为如此，它只能通过一定的手段在其原则限度内发挥上述作用。② 人道考虑可成为制定法律规则的动机，但其本身却不构成法律规则。③ 从实证主义的角度来看，道德原则的法定化才能使得它具有可裁判性。

二、宪法的近现代概念

从词源学意义上讲，宪法作为一个名词古已有之。我们今天在宪法学意义上所使用的“宪法”一词毋宁说是一项现代制度安排和制度现象，随着人类社会政治结构、经济结构和观念系统的变革，宪法的内涵和意义在新的时空条件下得到现代化的表达。德国法学家卡尔·施密特（Carl Schmitt）在《论法学思维的三种模式》中提出了规范论、具体秩序论和决断论三种理解“法”（Recht）的理论模式，在规范论者（Regeln- oder Gesetzesdenken/Normativismus）看来，法是一种规范人类行为的客观秩序规范体系，它是由立法机关通过的法律和规则构成的；在具体秩序论者（Konkretes Ordnungsdenken）看来，法是一个体现事务之本质且形成了秩序的一种自我系统；在决断论者（Entscheidungsdenken/Dezisionismus）看来，法实际上是主权者的一种决断。④当代著名法学家德沃金区分了四种法律的概念：社会学意义

---

① Eric Engle, Law: Lex vs. Ius, 1 J. Juris 31 (2008); Theo Mayer-Maly, The Limits of the Law (Ius) and the Lex, 36 Persona & Derecho 221 (1997). 中文学者，请参见毕彦华：《何谓法学》，中央编译出版社2015年版，第一章。

② It is a court of law, and can take account of moral principles only in so far as these are given a sufficient expression in legal form. Law exists, it is said, to serve a social need; but precisely for that reason it can do so only through hand within the limits of its own discipline. Otherwise, it is not a legal service that would be rendered. See South West Africa (Eth. v. S. Afr.; Liber. v. S. Afr.), 1966 I. C. J. 6 (July 18), para. 49.

③ Humanitarian considerations may constitute the inspirational basis for rules of law, just as, for instance, the preambular parts of the United Nations Charter constitute the moral and political basis for the specific legal provisions thereafter set out. Such considerations do not, however, in themselves amount to rules of law. See South West Africa (Eth. v. S. Afr.; Liber. v. S. Afr.), 1966 I. C. J. 6 (July 18), para. 50.

④ Carl Schmitt, Über die drei Arten des rechtswissenschaftlichen Denkens. Hamburg 1934. Hanseatische Verlagsanstalt. 7-24 S; Georg Dahm, die Drei Arten des Rechtswissenschaftlichen Denkens, Zeitschrift Für Die Gesamte Staatswissenschaft / Journal of Institutional and Theoretical Economics, Vol. 95, No. 1, 1935, pp. 181-188. See further, On the Three Types of Juristic Thought, trans. by Joseph Bendersky, Praegar, 2004, pp. 43-69.

上（sociological）的法律、教义学意义上的（doctrinal）法律、分类学的（taxonomic）法律、理想性的（aspirational）法律。正如“法律是什么”是法律哲学的核心问题，“宪法是什么”也是宪法学的基础问题。如果要准确理解宪法一词的近现代含义，我们就必须在不同的意义和维度上认识宪法本身。从现有的研究来看，人们一般是在规范意义、政治意义、社会意义、文化意义和阶级分析意义上解释宪法一词的含义的。

（一）规范意义的宪法

宪法无可争辩地被认为是一种规制政治的法律，但是，从法律和政治的区分来看，法律和政治（管理）的区分就在于，法律明确地区分了正义和不正义、合法和不合法，而政治（管理）时常被权宜之考量主导，意在通过手段实现特定目标，它区分了实际的和不实际的、有效的和无效的。如此观之，法律的判断不允许在正义和不正义之外选择第三种可能（tertium non datur）；政治（管理）则不同，从权宜或者效率的角度上，它允许人们作出多种可能的选择。政治总是对渐进变迁存疑，法律则总是明确的和绝对的。①

法律实证主义大师哈特（H. L. A. Hart）认为法律是一种使得人类行为服从控制的规则体系，法律规则体系本身可以分为初级规则（the primary rule）和次级规则（the secondary rule）。新自然法学派代表人物德沃金（Ronald Dworkin）主张法律是一种建构性的诠释，诠释者提供的是一种基于自身理解的最佳诠释（the best interpretation）。耶鲁大学法学家斯科特·夏皮罗（Scott. J. Shapiro）试图超越哈特和德沃金的争论指出，法律是一种社会计划（social plan）。②无论如何宪法是法律的一种，所以宪法也分享了法律作为一种规范的所有特征。我国学者认为宪法

① Dissenting Opinion of Judge Tanaka, South West Africa (Eth. v. S. Afr.; Liber. v. S. Afr.), 1966 I. C. J. 6 (July 18).

② Scott J. Shapiro, Legality, Harvard University Press, 2dn ed., 2013; Scott J. Shapiro, Law, Morality, and the Guidance of Conduct, 6 LEG 127 (2000); Robert Alexy, Scott J Shapiro between Positivism and Non-Positivism, Jurisprudence, Vo. 7, No. 2, 2016, pp. 299-306; Thomas Bustamante, Interpreting Plans: A Critical View of Scott Shapiro's Planning Theory of Law, 37 Austl. J. Leg. Phil. 219, 2012; A. Sajo, Social Planning and the Law: Contribution to the History of Theory, 26 Acta Juridica 299, 1984; Laura Nader, Law and the Theory of Lack, 28 Hastings Int'l & Comp. L. Rev. 191, 2005; Damiano Canale and Giovanni Tuzet, eds, The Planning Theory of Law: A Critical Reading. Springer, 2013. David Plunkett, "The Planning Theory of Law I: The Nature of Legal Institutions" and "The Planning Theory of Law II: The Nature of Legal Norms," Philosophy Compass. Vol. 8, Iss. 2, 2013, pp. 149-158 and 159-169. 中文翻译参见［美］斯科特·夏皮罗：《合法性》，郑玉双、刘叶深译，中国法制出版社2016年版。

现象的逻辑结构主要包括四大要素：（1）宪法规范，主要包括宪法典、宪法性附属文件、宪法判例等；（2）宪法意识，其中包括宪法学说、宪法思想以及人们的宪法感觉等；（3）宪法制度，指的是根据宪法规范，并为了将宪法规范付诸实现而被组织出来的国家的代表机关、行政机关、司法机关以及地方政权机关等机关组织的有关制度；（4）宪法关系，即围绕规范、意识和制度三要素所展开的特定社会关系。在上述四大要素中，宪法规范处于轴心的地位。①在规范意义上，以研究宪法规范为核心的宪法学包括三层结构：第一层，在方法技术上，它表现为一种法解释学，是一种涉及对法条加以解释和运用的学问，这是规范主义在法学领域的对世形态。第二层，在规范立场上，规范主义秉持一种法教义学（legal doctrine）的立场，倾向于对法规范秩序保持必要的信赖与遵从。第三层，在思想观念上，规范主义主张以法规范为准据，去约束现实中的公共秩序，尤其是规范公共权力的运行。②

（二）政治意义的宪法

著名的英国公法学家戴雪（A. V. Dicey，1835—1922）认为宪法是一种“政治法”（political law），从政治意义上认识宪法的理论框架包括：（1）就宪法的概念而言，宪法是关于“主权权力之分配与行使”的所有规则；（2）就宪法的范围而言，它包括“宪法性法律”（law of the constitution）和“宪法惯例”（conventions of the constitution），二者共同组成了完整意义上的“英国宪法”（the English constitution）；（3）就“宪法”与“宪法惯例”区分的角度来看，“宪法性法律”是严格意义上的“宪法”（constitutional law），“宪法惯例”不是“法律”（laws），但属于“英国宪法”的组成部分；“宪法性法律”可被法院承认和适用，“宪法惯例”不被法院适用，而由其他政治机构适用。③从政治意义上理解宪法最根本的理由就在于它是一种规范政治权力运行的法律，而政治权力运行必须建立在一种合法

---

① 参见林来梵：《从宪法规范到规范宪法：规范宪法学的一种前沿》，商务印书馆2017年版。

② 参见林来梵：《从宪法规范到规范宪法：规范宪法学的一种前沿》，商务印书馆2017年版。白斌：《论法教义学：源流、特征及其功能》，载《环球法律评论》2010年第3期；张翔：《宪法教义学初阶》，载《中外法学》2013年第5期；张翔：《形式法治与法教义学》，载《法学研究》2012年第6期；李忠夏：《宪法教义学反思：一个社会系统理论的视角》，载《法学研究》2015年第6期；杜强强：《法学方法与我国宪法学研究的转型》，载《法学研究》2012年第4期；雷磊：《法教义学的基本立场》，载《中外法学》2015年第1期。

③ 参见田飞龙：《英国议会主权的思想史演变》，载《环球法律评论》2014年第3期；A. V. Dicey, Introduction to The Study of The Law of The Constitution, Macmillan。（10th Edition），1959, pp. 23-24.

和正当的基础之上。

第一，宪法的概念与以公共权力为核心特征的国家权力的合法性紧密连在一起。国家权力的正当性必须建立在一定的基础之上，从宪法的意义上讲，国家权力的正当性基础就是人民。人民主权是现代宪法的基本原则。通过这一根本原则，我们可以看到现代宪法与古代宪法是不同的，现代宪法更加强调国家权力来源和运行的合法性控制。

第二，宪法的概念与宪法的价值追求密切相关。在落实国家权力的正当性的同时，宪法还必须追求一定的价值，现代宪法无一例外地都将公民权利的保障视为法律制度的根本价值。故，宪法在现代意义上讲不单单是一种制度安排，还体现为一种对人权保障的价值追求。

第三，宪法的概念必须被置于国家权力与公民权利的关系论视角来进行理解。人类文明的历史告诉我们：人类社会不可能在无政府主义的状态下存在，国家权力的建制是一种人类生活的必然。在处理国家权力与公民权利的关系方面，人类一方面必须承认以公共权力为核心的政府存在的必要性，另一方面还必须对国家权力进行控制。国家权力必须得以有效地运行，同时，它的运行是有一定的边界，这个边界就是尊重和保障公民的基本权利。

（三）社会意义的宪法

自埃米尔·涂尔干（Émile Durkheim）、卡尔·马克思（Karl Marx）、马克斯·韦伯（Max Weber）开创了现代意义上社会学以来，社会学理论将“制度的科学、起源和运行”① 作为其基本的研究对象。事实上，以社会学的方法研究和反思现代宪法与政治结构的历史源远流长。孟德斯鸠在《论法的精神》写道：“各种法律应该同业已建立或想要建立的政体性质和原则相吻合，其中包括藉以组成这个政体的政治法，以及用以维持这个政体的公民法。法律还应该顾及国家的物质条件，顾及气候的寒冷、酷热或温和，土地的质量，地理位置，疆域大小，以及农夫、猎人或牧人等民众的生活方式等。法律还应顾及基本政治体制所能承受的自由度，居民的宗教信仰、偏好、财富、人口多寡，以及他们的贸易、风俗习惯等等。最后，法律还应彼此相关，考虑自身的起源、立法者的目标，以及这些法律赖以建立的各种事物的秩序。必须从所有这些方面去审视法律。……我一一考察这些关系，所有这些关系组成了我所说的法的精神。”②韦伯在《法律社会学》一书中指出：“依照社会学的划分法，公法，就其在法秩序规定下的意义而言，可简单定义为：约制国家机

---

① Émile Durkheim, The Rules of Sociological Method, 8th ed., Trans. by Sarah A. Solovay & John M. Mueller, Ed. by George E. G. Catlin, 1964, p. 45.

② ［法］孟德斯鸠：《论法的精神》（上卷），许明龙译，商务印书馆2009年版，第12页。

构相关行动的总体规范。所谓国家机构的相关性行动，是指使国家机构的各种目的得以维持、伸张和直接遂行的行动，而这些目的必须是根据法规或基于共识方为妥当。"①现代意义上的西方法社会学，诞生于19世纪末20世纪初的西欧和北美，其创始人主要有德国法学家耶林（R. von Jhering，1818—1892），波兰籍奥地利法学家贡普洛维茨（L. Gumplowicz，1838—1909），法国犯罪学家塔尔德（G. Tarde，1843—1904）、社会学家迪尔凯姆（E. Durkheim，1858—1917）、公法学家狄骥（L. Duguit，1859—1928），美国最高法院法官霍姆斯（O. W. Holmes，1841—1935）、法学家庞德（R. Pound，1870—1964），德国社会学家马克斯·韦伯（Max Weber，1864—1920）、法学家坎特罗维茨（H. Kantorowicz，1877—1940）和奥地利法学家埃利希（Eugen Ehrlich）②。在《法社会学的基础理论》（*Grundlegung der Soziologie des Rechts*）中，埃利希③认为社会科学领域的研究应建立在人类社会这一基础之上。法律是一种社会现象，必须在社会中对它进行探讨。在埃利希看来，"社会是彼此相互联系的人类团体（human association）的总和"。埃利希提出了"活的法律"（Lebendes Recht）的概念，是指在日常生活中为各种社会团体中的成员所认可并在实际上支配社会一般成员之间行动的规则。它并不存在于制定法法典的条文中，而是存在于各种民间的契约以及团体章程中。④埃利希认为："无论是现在或者是其他任何时候，法律发展的重心不在立法，不在法学，也不在司法判决，而在社会本身。"⑤20世纪90年代，在《法治及其本土资源》《送法下乡》等著作中，法学家朱苏力较为系统地引入和吸收了格尔茨、福柯、吉登斯等人的社会理论来解释中国法律制度的本土构建问题。宪法不只是政治与法律边界及正当性的确认，而是在事实上跨越了不同的社会系统，为分化了的各系统划定独立运作的自由空间。⑥将社会理论的方法运用于宪法学中就形成了宪法社会学，它是宪法学与社会学交叉

---

① ［德］韦伯：《法律社会学　非正当性的支配》，康乐、简惠美译，广西师范大学出版社2010年版，第3~4页。

② 何勤华：《埃利希和现代法社会学的诞生》，载《现代法学》1996年第3期。

③ 埃利希（1862—1922），欧洲社会学法学、自由法学的创始人之一，生于奥地利布科维纳省（Bukowina）省会切尔诺维茨（Czernowitz）的一个犹太人家庭。

④ 何勤华：《埃利希和现代法社会学的诞生》，载《现代法学》1996年第3期；吕建高：《埃利希的法社会学思想》，载《当代法学》2002年第11期。

⑤ Eugen Ehrlich, Grundlegung der Soziologie des Rechts, Duncker & Humblot, München, Leipzig 1913; Eugen Ehrlich, Fundamental Principles of the Sociology of Law, Transaction Publishers, New Brunswick, 2001.

⑥ 桑田：《论宪法社会学视野下的近代国家建构与法律演化》，载《行政法论丛》2017年第2期。

融合的产物，是法社会学的一个组成部分。①

（四）文化意义的宪法

广义的法包括“法律意识”和“法律制度”两个不可分割的组成部门，从文化的角度看，法是一种文化要素。② 在“用法律去阐明文化，用文化去阐明法律”视野下，宪法深深嵌入了人类文化的发展史当中，它可以被视为一种文化意义上的建构。文化和文明不同，如果说文明的概念侧重于人类活动的外在表达，文化的观念就更加侧重于人类活动的精神内核。《周易·贲卦·彖传》云：“贲亨，柔来而文刚，故亨。分刚上而文柔，故小利有攸往，天文也。文明以止，人文也。观乎天文，以察时变。观乎人文，以化成天下。”文化有极其广义上的内涵即大写的文化（Culture with a capital “C”），也有非常狭义上的内涵即小写的文化（Culture with a small “c”），更有介于广义和狭义层面上所谓中义的内涵。英国人类学家泰勒（E. B. Tylor）是第一个为文化下定义的学者，他在《原始文化》一书中从狭义的角度界定文化的概念：文化是包括知识、艺术、道德、法律、习俗以及其他由社会成员所习得的能力与习惯所构成的复合体。③从广义的角度来看，汤恩比（A. J. Toynbee）认为文化是人类生活的总体；史宾格勒（O. Spengler）认为文化是世界历史的总体，文化是歌德式活生生的自然，而不是牛顿式死沉沉的自然。当代哲学大家罗纳根（Bernard J. F. Lonergan）则认为文化是共同体中关于人们生活方式的一整套意义和价值体系，这些意义和价值被嵌入在诸如传统、习俗、故事、艺术等文化符号中。④ 麦基文认为：“宪法并不是创造，而是生长，不是国家法典，而是民族遗产。现代人把所有法律等同于立法，这使得人们不再像遵守私法那样去服从宪法。我们也不再像中世纪那样，把宪法看作习惯，其所以有拘束力，因为它来自人类最初的无法追索的记忆。”⑤

美国著名政治学家丹尼尔·帕特里克·莫伊尼汉（Daniel Patrick Moynihan, 1927—2003）曾言：“保守地说，真理的中心在于，对一个社会的成功起决定作用的，是文化，而不是政治。开明地说，真理的中心在于，政治可以改变文化，使文

① 喻中：《欧美宪法社会学比较透视》，载《比较法研究》2014年第2期。

② 参见梁治平：《法辨：法律文化论集》，广西师范大学出版社2020年版。

③ E. B. Tylor, Primitive Culture: Researches into the Development of Mythology, Philosophy, Religion, Art and Custom, Gloucester, MA: Smith, 1958 (first published in 1871), p. 1.

④ Bernard J. F. Lonergan, “Revolution in Catholic Theology,” in A Second Collection, ed. by William F. J. Ryan and Bernard J. Tyrrell, Toronto: University of Toronto Press, 1996, p. 232.

⑤ ［美］C. H. 麦基文：《宪政古今》，翟小波译，贵州人民出版社2004年版，第16页。

化免于沉沦。”①著名政治学家林尚立解读道：在现代化过程中，一个国家与社会进步，既离不开其文化的作用，也离不开其政治的作用，其文化只有能够支撑新政治才能发挥作用；其政治只有契合文化之精神才能发挥作用。②国家建设的过程，就是民族国家内部的各个历史文化共同体凝聚为一体的过程，要打造一个强健的民族，就要从文化和国家或政治两个层面下苦功夫。③将宪法视为一种文化现象的意义就在于挖掘宪法的社会基础和文化根基，从而使得宪法制度安排能够契合人类文明的现实。第二次世界大战末期，美国政府为了解决战后对日本的管理问题就曾聘请著名的人类学家鲁思·本尼迪克特（Ruth Benedict，1887—1948）运用文化模式理论对日本国民的性格进行深入研究。本尼迪克特的《菊与刀》④ 对美国亚太政策和麦克阿瑟主导下的日本战后宪法的制定都提供了人类学上的支撑。

（五）阶级分析意义的宪法

在形式意义上看，宪法是一个国家政府构建方面的基本法律规范，它界定了政府权力的边界，确保了个人的权利和自由。⑤除了从形式上界定宪法之外，我们还需要进一步把握宪法的实质。把握宪法概念的实质就需要深刻揭示宪法所体现的阶级意志。西方学术界长期存在着神意论、全民意志论、意志调和论等观点。但是，直到马克思主义诞生之前，西方的法哲学和国家哲学都没有从阶级意志的角度解释宪法的本质。阶级分析法是马克思、恩格斯按照他们所创立的辩证唯物主义与历史唯物主义的世界观和方法论观察和分析人类社会发展的结果。⑥ 与黑格尔将国家当作是一种所谓的“绝对精神”不同，马克思认为，国家是人类社会发展到一定历史阶段时才产生的，是阶级斗争不可调和的产物。恩格斯进一步在《家庭、私有制和国家的起源》中指出：国家在本质上是一种与大众相分离、与社会相异化的公共权力。马克思对德国的政治制度以及与这种政治制度相联系的德国法哲学和国家哲学进行了批判，在《〈黑格尔法哲学批判〉导言》中，马克思深刻地指出：“德国人的解放就是人的解放。这个解放的头脑是哲学，它的心脏是无产阶级。哲

---

① 参见［美］塞缪尔·亨廷顿、劳伦斯·哈里森：《文化的重要作用》，程克雄译，新华出版社2002年版。

② 林尚立：《协商民主：中国特色现代政治得以成长的基础——基于中国协商民主功能的考察》，载《湖北社会科学》2015年第7期。

③ 参见张会龙、朱碧波：《族际整合与国家建设》，云南大学出版社2016年版。

④ Ruth Benedict, The Chrysanthemum and the Sword: Patterns of Japanese Culture, Mariner Books, 2006.

⑤ Farrah Ahmed, Adam Perry, Constitutional Statutes, Oxford Journal of Legal Studies, Vol. 37, Iss. 2, 2017, pp. 461-481.

⑥ 张庆福、王文彤：《关于宪法本质的理论》，载《外国法译评》1995年第1期。

学不消灭无产阶级，就不能成为现实；无产阶级不把哲学变成现实，就不可能消灭自身。”① 列宁认为：“宪法的实质在于：国家的一切基本法律和关于选举代议机关的选举权以及代议机关的权限等等的法律，都表现了阶级斗争中各种力量的实际对比关系。当法律同现实脱节的时候，宪法是虚假的；当它们是一致的时候，宪法便不是虚假的。”②从阶级分析的观点来看，宪法是规定国家根本制度和公民基本权利与义务、集中体现掌握国家政权的阶级或集团的根本意志和利益的国家根本大法。③宪法所体现和反映的阶级力量对比关系主要体现在三个方面：第一，宪法本身是阶级斗争的产物，确切地说，宪法是由在阶级斗争中取得胜利并且掌握国家政权的阶级制定的能够总结和确认阶级斗争成果的产物。第二，宪法规定了社会各个阶级在国家中的地位及其相互关系，宪法的首要任务就是使得统治阶级的统治地位及统治关系合法化。第三，宪法随着阶级力量对比关系的变化而变化。④

从规范意义、政治意义、社会意义、文化意义和阶级分析意义上理解宪法一词的含义体现了各种不同研究方法独特的视角，在这些视角中，阶级分析法深刻揭示了宪法的本质，科学回答了“宪法是什么”这一根本的问题。在中国共产党带领中国人民进行革命、建设和改革的历程中，中国共产党人创造性地继承和发展了马克思主义，不断赋予马克思主义新的含义。我国现行《宪法》序言明确规定：中国各族人民将继续在中国共产党领导下，在马克思列宁主义、毛泽东思想、邓小平理论、“三个代表”重要思想、科学发展观、习近平新时代中国特色社会主义思想指引下，坚持人民民主专政，坚持社会主义道路，坚持改革开放，不断完善社会主义的各项制度，发展社会主义市场经济，发展社会主义民主，健全社会主义法治，贯彻新发展理念，自力更生，艰苦奋斗，逐步实现工业、农业、国防和科学技术的现代化，推动物质文明、政治文明、精神文明、社会文明、生态文明协调发展，把我国建设成为富强民主文明和谐美丽的社会主义现代化强国，实现中华民族伟大复兴。

在实现中华民族伟大复兴的历史进程中，宪法学为法治中国的建设发挥着重要的作用。宪法学与其他社会科学，如经济学、政治学、社会学、历史学、哲学等学科之间存在着密切的联系。这种与其他学科之间的交流与合作，一方面为宪法学研究提供了丰富的知识素材和理论基础，另一方面宪法学与其他学科之间研究领域的

---

① 参见［德］卡尔·马克思：《〈黑格尔法哲学批判〉导言》，载《马克思恩格斯文集》(第一卷)，人民出版社2009年版，第18页。

② 《列宁全集》(第15卷)，人民出版社1959年版，第309页。

③ 参见《宪法学》编写组：《宪法学》，高等教育出版社、人民出版社2011年版，第26页。

④ 参见《宪法学》编写组：《宪法学》，高等教育出版社、人民出版社2011年版，第25~26页。

交叉与重合，也促成了宪法经济学、宪法社会学、宪法史学、宪法哲学等新的边缘性学科的发展。在研究方法上，解释学、经济学、哲学等学科的研究方法亦可运用到宪法学的研究之中，这种宪法学研究方法的多样化与综合化，有利于以宪法价值为基础的知识共同体的建立。现代法治文明展示了一个多样和包容的世界。宪法的规范意义、政治意义、社会意义和文化意义从来不是静止不变的，也绝非是教条的。在现代文明中，不同的法律体系都将宪法看做是一种具有基础作用的制度安排，人类对于宪法的理解始终处在一个在不断发展的具体的历史情景中，人类社会正是在不同国家的制度建构的过程当中展现着宪法概念的发展性、成长性和开放性。

第二节　宪法的特征

在成文宪法的传统中，宪法和普通法律分享了法的一般特征，在文本表现形式方面，宪法所使用的语言具有高度的概括性和抽象性。从比较的观点来看，世界上大多数国家的宪法语言都具备一种高度的概括性和简洁性，宪法文本的篇幅常常短于民法典或者刑法典，就世界范围来看，美国和印度的宪法分别居于宪法文本篇幅的两个极端，前者最短，后者最长。就成文宪法的文本表现形式来看，美国宪法最为简短，印度宪法最为冗长。美国宪法历经两百多年，原初的 7 个条文 4543 字，加上这两百多年间通过的所有 27 条宪法修正案，文本的字数总量仅仅是 7762 字。① 与美国宪法相比，现行的印度宪法的篇幅巨大，印度宪法的文本分为 25 部分、448 条、12 个附表和 5 个附录，总字数超过 10 万字。要深刻把握宪法的特征，我们必须通过各种不同的宪法文本理解文本背后所蕴含的一般规律和一般特征。综合海内外学说，结合中国宪法的实际，本书认为宪法的特征表现为三个方面：第一，宪法是法律的法律；第二，宪法是国家的根本大法；第三，宪法是国家治理的总章程。兹分述之。

一、宪法是法律的法律

马克思曾深刻指出，宪法是“法律的法律”。在一国法律体系的构建和运行当中，宪法和其他普通法律显然都分享了法律的一般特征，宪法和法律体系的其他部门法一样都是具有法律的约束力的。宪法和其他法律一样都体现了一个现代国家特定的利益诉求，或者说特定的阶级利益关系。从宪法和其他普通法律的区别来看，对于任何一个国家来说，宪法都属于治国安邦的总章程，法治国家构建的高阶形态

① 美国有的州宪法非常冗长，例如，阿拉巴马州（Sate of Alabama）的宪法长达 30 多万字且经历上百次的修订。

就是“依宪治国”。宪法是整个法律体系中的“更高的法”，它具有统帅者的法律地位，因此，在一国法律体系中，宪法是任何其他法律制定、修改和解释的依据。从宪法和普通法律的区分来看，无论是中央立法机关制定和颁布的法律，还是地方立法机关制定的地方性法规，抑或是行政机关制定的行政法规、行政规章和其他规范性法律文件都不得与宪法相抵触和违背。宪法的至上性不仅仅体现在立法的过程中，还体现在法律的解释中。以刑法为例，违反宪法的刑法条文是否有效？与实现宪法的目的与任务相违背的刑法法条是否有效？答案显然是否定的。在司法上，刑法解释必须具有合宪性，违反宪法的解释当然是无效的解释。①

著名的奥地利法学家汉斯·凯尔森认为，任何一个国家的法律秩序都预定了宪法这一基础规范，它构成了国内法律秩序的最终推定和假设性基础。实在法是由凭借基础规范的造法行为（基础行为）得来。这里的基础规范是预定的，意味着超越纯实证主义的境界，它要涉及最低限度的自然法，但这种内容是全部经验知识之上的先验条件，而不是超出全部经验和知识之外的先验形而上学，因此本质上仍是客观的产物而不是纯主观的思辨，因此不是一般所谓的自然法。由于实在法需要其效力所必需的实效性程度，它的内容就不过是一种社会均衡的表示或者说是和平的秩序。②汉斯·凯尔森所谓的“基础规范”就是“第一部宪法的效力是最后的假设，是法律秩序中一切规范效力所根据的最后假设，即人们应当像第一个宪法创立者所命令的那样行为。这就是该法律秩序的基本规范”。

现代国家的发展历史表明，从19世纪以来，法治国家的构建事实上是以不同的方式、不同的方法、不同的制度建构去落实宪法作为“更高的法”的地位。以宪法监督制度为例，法治国家发展出的“合宪性审查”制度就是要捍卫宪法作为“法律的法律”这一基本理念。无论是以美国、英国式的以普通法院为主导的合宪性审查制度，还是以德国、南非、俄罗斯为代表的宪法法院主导的合宪性审查制度，抑或是以法国为代表的宪法委员会为主导的合宪性审查制度，合宪性审查所建立的根本理念就在于：宪法是法律的法律。在中国，全国人民代表大会及其常务委员会担负了监督宪法实施的神圣使命，致力于维护宪法的尊严和权威，确保宪法真正成为“法律的法律”。

二、宪法是国家的根本大法

《布莱克法律词典》这样定义了根本法（fundamental law）一词：“确立一个民族或国家的统治原则的组织法；尤其是宪法——也称为组织法。”③著名公法学家詹

① 张明楷：《刑法理论与刑事立法》，载《法学论坛》2017年第6期。

② ［奥］凯尔森：《法的一般理论》，中译本，附录，第457~488页。

③ Black’s Law Dictionary, West Group, St Paul, Min., 1999, p. 683.

宁斯在《法与宪法》一书中指出：成文宪法作为国家的根本法，在一种意义上是对法治学说的明确体现。所有公共机构——立法、行政、司法——的权力都直接或间接地源于宪法。宪法性法律是有关宪法的法律，是决定这些机构及其行使的一般权力的根本法。① 我国学者莫纪宏认为，宪法作为根本法，它通过法律的形式体现了人民主权原则对立法机关的立法权正当性的一种价值控制。在现代法治社会中，宪法是一个国家所有法治原则的集中体现，也是一个国家其他法律形式合法性的起点。②

事实上，根本法（lex fundamentalis）的观念很早就出现在罗马法和教会法之中了。③我们今天在使用根本法这个词语的时候更多指的是世俗法律体系中的基础规范。对于不同的法律体系而言，根本法所蕴含的内容是不同的。以英国为例，根本法的内容大体可以分为：（1）习惯宪法；（2）自然法——自然权利；（3）普通法；（4）一些成文的法律，如《自由大宪章》。1368 年，爱德华三世宣示：任何成文法规的通过，如果与《自由大宪章》相悖，则“必然无效”。④我国学者陈端洪提出中国宪法内含五项根本法，按优先秩序分别为：中国人民在中国共产党的领导下、社会主义、民主集中制、现代化建设、基本权利保障。这五项根本法是中国民族整合、政治认同的根本原则，所谓的宪法实施，具体地说就是对上述五项根本法的实施。⑤

在根本意义上，宪法作为规定国家根本制度的根本大法，在内容上、效力上以及制定和修改程序上与普通法律是不同的，具体如下：

第一，就内容而言，宪法规定着一个国家有关社会制度和国家制度的一些根本、重大的问题。宪法规范内容的根本性表现在它规定了国家性质、政治制度、国家结构形式、社会经济文化制度、公民的基本权利和义务，以及国家机构的组织系统、职责权限、工作原则和制度。

第二，就法律效力而言，宪法具有最高的法律效力。宪法在效力上的至上性包括两层含义：（1）宪法在国家整个法律体系中处在最高地位，与普通法律相比较，其效力最高。（2）宪法是一国之内所有组织和个人的最高行为准则，也是人们进行各项活动的依据和基础。举例而言，我国 1982 年《宪法》的序言明确规定：“本宪法以法律的形式确认了中国各族人民奋斗的成果，规定了国家的根本制度和

① ［英］W. Ivor. 詹宁斯：《法与宪法》，龚祥瑞、侯健译，三联书店 1997 年版，第 43~45 页。

② 莫纪宏：《论宪法与其他法律形式的关系》，载《法治论丛》2007 年第 6 期。

③ A General Analysis of the Proposed Scheme of the Lex Fundamentalis, 31 Jurist 342-360, 1971.

④ 陈端洪：《论宪法作为国家的根本法与高级法》，载《中外法学》2008 年第 4 期。

⑤ 陈端洪：《论宪法作为国家的根本法与高级法》，载《中外法学》2008 年第 4 期。

根本任务，是国家的根本法，具有最高的法律效力。全国各族人民、一切国家机关和武装力量、各政党和各社会团体、各企业事业组织，都必须以宪法为根本的活动准则，并且负有维护宪法尊严、保证宪法实施的职责。”《美国联邦宪法》第6条规定宪法为“所在领土上的最高法律”。1803年，首席大法官马歇尔在“马伯里诉麦迪逊案”中明确判定：宪法是国家的基本和至高无上的法律，并且“解释宪法显然是法院的职责所在”。

第三，就制定和修改的程序而言，宪法较普通法律更为严格。以我国1982年《宪法》规定的修改程序为例，我国宪法的修改需由全国人民代表大会常务委员会或者1/5以上的全国人大代表提议，并由全国人大以全体代表的2/3以上的多数通过。严格的程序是为了确保宪法的相对稳定性，以维护它的严肃性和权威性。

三、宪法是国家治理的总章程

宪法是治国理政的总章程，宪法为构建和保障国家治理体系和治理能力提供总依据。1989年世界银行（World Bank）针对撒哈拉以南的非洲面临的经济和社会转型困境，发布了题为《撒哈拉以南非洲：从危机到可持续增长》的报告，首次明确提出“治理危机”（Crisis in Governance）的问题。①联合国全球治理委员会（Commission on Global Governance）于1995年发布了题为《我们的全球伙伴关系》（*Our Global Neighborhood*）的报告，根据这份报告，所谓治理是指各种公共或私人的机构管理其共同事务活动中诸多方式的总和。治理是使相互冲突的或不同的利益得以调和，并且采取联合行动的持续过程。治理既包括有权迫使人们服从的正式制度和规则，也包括各种人们同意或以为符合其利益的非正式的制度安排。②

在一般意义上看，国家治理体系主要指的是以治理权威、治理形式、治理规则、治理机制和治理水平等为内容的各种正式与非正式的制度的综合。③国家治理

---

① World Bank, Sub Saharan Africa from Crisis To Sustainable Growth: A Long-Term Perspective Study (English), Washington, DC : The World Bank, 1989.

② Governance is the sum of many ways individuals and institutions, public and private, manage their common affairs. It is a continuing process through which conflicting or diverse interests may be accommodated and co-operative action taken. It includes formal institutions and regimes empowered to enforce compliance, as well as informal arrangements that people and institutions either have agreed to or perceive to be in their interest. The Commission on Global Governance, Our Global Neighborhood, Oxford: Oxford University Press, 1995, p. 4. 中文翻译参见俞可平主编：《全球化：全球治理》，社会科学文献出版社2003年版，第5~6页。

③ 参见薛澜、张帆、武沐瑶：《国家治理体系与治理能力研究：回顾与前瞻》，载《公共管理学报》2015年第3期。

能力则是指“制定和实施政策以及制定法律的能力，高效管理的能力，控制渎职、腐败和行贿的能力，保持政府机关高度透明和诚信的能力以及（最重要的）执法能力。”①2013年，党的十八届三中全会作出《中共中央关于全面深化改革若干重大问题的决定》指出，全面深化改革的总目标是完善和发展中国特色社会主义制度，推进国家治理体系和治理能力现代化。该决定构筑了以“国家治理体系”和“国家治理能力”为基本内涵的全面深化改革的总目标。2019年，党的十九届四中全会强调，“依法治国首先要坚持依宪治国，依法执政首先要坚持依宪执政”。坚持依宪治国、依宪执政，是坚持和完善中国特色社会主义法治体系的基础性工作。习近平总书记在主持十九届中央政治局第四次集体学习时强调指出：决胜全面建成小康社会、开启全面建设社会主义现代化国家新征程、实现中华民族伟大复兴中国梦、推进国家治理体系和能力现代化、提高党长期执政能力，必须更加注重发挥宪法的重要作用。

列宁同志说：“宪法就是一张写着人民权利的纸。”② 毛泽东同志认为：“一个团体要有一个章程，一个国家也要有一个总章程，宪法就是一个总章程，是根本大法。”③ 全面推进依法治国是国家治理领域一场广泛而深刻的革命。在全面推进依法治国中，习近平总书记多次强调：“依法治国，首先是依宪治国；依法执政，关键是依宪执政。”④法治作为我们党治国理政的基本方式，不仅意味着实现党、国家、社会各项事务治理制度化、规范化、程序化，而且要求一切法律规则符合宪法，全国各族人民、一切国家机关和武装力量、各政党和各社会团体、各企业事业组织，都必须以宪法为根本活动准则。我国宪法以国家根本法形式，确认了中国共产党领导中国人民进行革命、建设、改革的伟大斗争和根本成就，确立了工人阶级领导的、以工农联盟为基础的人民民主专政的国体和人民代表大会制度的政体，确定了国家的根本任务、领导核心、指导思想、发展道路和奋斗目标，规定了中国共产党领导的多党合作和政治协商制度、民族区域自治制度和基层群众自治制度，爱国统一战线，社会主义法治原则，民主集中制原则，尊重和保障人权原则等，反映了我国各族人民的共同意志和根本利益。

从比较的角度来看，宪法提供了“制度之治”的法理基础。对于任何一个国家而言，宪法都规范了一个国家的根本制度、基本制度和重要制度。国家治理能力是一个国家运用一系列的制度管理国家、社会各方面事务的能力，它表现为一种制

① ［美］弗朗西斯·福山：《国家构建：21世纪的国家治理与世界秩序》，黄胜强、许铭原译，中国社会科学出版社2007年版，第9页。

② 《列宁全集》（第12卷），人民出版社1987年版，第50页。

③ 《毛泽东选集》（第5卷），人民出版社1991年版，第129页。

④ 《习近平谈治国理政》，外文出版社2014年版，第141页。

度执行能力。宪法作为国家治理的总依据一方面为国家治理体系提供了正当化的法理基础，另一方面，宪法又引领着国家治理能力的展开，使得国家的治理能力逐渐变为一种国家的治理效能。

第三节 宪法的类型

一、宪法类型化及其区分实益

宪法的类型化是指依据一定的法学标准将世界范围内的不同宪法进行区分的一种活动。总体而言，宪法的类型可以依据形式标准和实质标准进行分类。就形式意义的宪法分类而言，宪法可以依据其文本结构、制定主体、修改程序等特征进行分类，这种宪法分类更多体现了宪法的规范特征。就实质意义的宪法分类而言，宪法可以按照其背后所体现的阶级力量对比关系的不同而进行实质化的分类，从实质意义理解宪法分类体现了马克思主义法学中的阶级分析方法的运用。

宪法的类型化是人类认识和理解一个国家法律秩序的有力武器。从规范的角度来看，类型化可以减轻人类思维的负荷，将那些具有同一属性的宪法的共性提炼出来进行整体化观察和研究。从比较的角度来看，类型化可以使得人们对不同类型的宪法进行横向的比较，判断每一部宪法的优劣长短，从而为法治的进步增益知识。从认识事物之本质的角度来看，类型化有利于人们认清不同宪法的实质及其所体现的政经力量对比关系的变化。

二、成文宪法与不成文宪法

成文宪法和不成文宪法是依据宪法是否有统一的法典形式而进行的分类。这种分类实际上与古罗马法中的成文法（lex scripta）和不成文法（lex non scripta）的区分密切相关。在古罗马法中，成文法是指由立法机关通过立法程序制定的具有文本形式的法律，不成文法是由法理、法律原则、判例、习惯法所组成的不以法律文本形式表现出来的法律。自英国公法学家戴雪提出不成文宪法的概念之后，弗里曼、梅特兰、布莱斯、詹宁斯、惠尔等英国宪法学者都明确提及成文宪法和不成文宪法的分类。① 英国宪法学家惠尔区分了广义的宪法和狭义的宪法。广义的宪法是指“用来确立和规范或治理政府的规则的集合体。这些规则部分是法律，部分不是法律或处于法律之外，主要形式有习惯、风俗、默契或惯例”。狭义的宪法“不是用来描述法律规则的整个集合体，而是这些规则的选集，通常体现在某个文件或

① 参见翟志勇：《英国不成文宪法的观念流变——兼论不成文宪法概念在我国的误用》，载《清华法学》2013 年第 3 期。

少数联系紧密的文件中”。①我国著名的法学家王宠惠先生、王世杰先生、徐道邻先生很早就引入了成文宪法和不成文宪法的分类。例如，王世杰先生认为凡将关系国家根本组织之事项，以一种或数种文书规定者，谓之成文宪法，所以成文宪法亦有称为文书式的宪法（documentary constitution）者。反之，如关系国家根本组织之规定，未尝并诸一种或数种文书之内，而是散见于习惯法和多种文书（即单行法律）中者，则为不成文宪法。② 成文宪法（written constitution）的核心含义是指将国家根本组织事项以一种或者数种文书规定在宪法性法律文件所形成的宪法典。在成文宪法的传统中，1787 年《美利坚合众国宪法》被广泛认为是人类近代立宪史上第一部成文宪法，1814 年《挪威王国宪法》被认为是近代立宪史上第二部成文宪法。③当前世界上绝大部分国家都采用了成文宪法的模式，例如，美国、德国、法国、俄罗斯、日本、印度、巴西、南非等国家都拥有各自的宪法典。《中华人民共和国宪法》以法律的形式确认了中国各族人民奋斗的成果，规定了国家的根本制度和根本任务，是国家的根本法，具有最高的法律效力。中国属于典型的成文宪法国家。所谓的不成文宪法（unwritten constitution）是指将国家的根本大法不以一部单一的宪法典的方式加以规定，而是通过散见的历史文件、法典、惯例或者法院判例而构成的一种宪法秩序。④ 不成文宪法不具有统一法典形式，它最显著的特征在于法律文件并未冠以宪法典之名，但其内容符合宪法的特征，并具有宪法的功能。当今世界上，英国和以色列属于典型的不成文宪法国家。在英国和以色列，它们的宪法主要是由宪法性法律、宪法惯例、宪法判例三个部分构成。⑤成文宪法和不成文宪法的区分如表 2-1 所示。

表 2-1　**成文宪法和不成文宪法之区分**

比较	成文宪法	不成文宪法
宪法典方面	拥有统一的宪法典	没有统一的宪法典

① 参见［英］K. C 惠尔：《现代宪法》，翟小波译，法律出版社 2006 年版，第 1~2 页。

② 参见王世杰、钱端升：《比较宪法》，商务印书馆 2010 年版，第 16 页。

③ Malcolm Langford & Beate Kathrine Berge, Norway's Constitution in a Comparative Perspective, Oslo Law Review, Vol. 6. No. 3, 2019, pp. 198-228; Rune Slagstad, "The Breakthrough of Judicial Review in the Norwegian System" in Eivind Smith (ed.), Constitutional Justice Under Old Constitutions, Kluwer Law International, 1995, p. 81.

④ 参见《宪法学》编写组：《宪法学》，高等教育出版社、人民出版社 2011 年版，第 27 页；陈新民：《宪法学释论》（修正八版），台湾三民书局 2015 年版，第 11 页。

⑤ 参见《宪法学》编写组：《宪法学》，高等教育出版社、人民出版社 2011 年版，第 27 页。

续表

比较	成文宪法	不成文宪法
灵活性方面	灵活性相对较低	灵活性相对较高
与法律之区分方面	宪法与法律区分明显	宪法与法律区分不明显
政治权威方面	宪法至上	议会至上
历史渊源方面	1787 年《美利坚合众国宪法》	1215 年《英国自由大宪章》

（图表来源：作者自制）

成文宪法和不成文宪法各自具有自身的优缺点。对于成文宪法而言，它的优点在于：（1）它具有清楚而明确的宪法典，便于适用；（2）习惯法和判例法都必须服从宪法典；（3）成文宪法一般而言修宪门槛较高，难以在短时间内变更。成文宪法的缺点在于其宪法条文在制宪之初已经固定，严格的修宪程序致使其宪法的文本可能与社会现实疏离。对于不成文宪法而言，它的优点在于：（1）不成文宪法严重依赖习惯法和判例法，而习惯法和判例法可以与时俱进。（2）不成文宪法与成文宪法相对而言，修宪门槛较低，只要议会通过法案，相关宪制就可以应对新的现实需要。不成文宪法的缺点也很明显，即它缺乏一个具有最高纲领性的宪法典，导致其宪法规则不明确，只能借助宪法惯例和宪法判例进行确定。值得注意的是，成文宪法国家中存在着大量的不成文法，例如，美国和印度属于成文宪法国家，但是两国都存在包括习惯法和判例法在内的大量的不成文法。同时，不成文宪法国家中也存在着大量的成文法，例如，英国、以色列两国都有大量的具备宪法功能的议会立法。①

现代以色列于 1948 年 5 月 14 日宣告建国②，该国曾尝试通过一部成文宪法，但是却由于各种历史原因被否决了。自 1948 年之后，以色列通过一系列的基本法来规制国家和社会生活中最重要的内容，例如 1958 年的议会法案、1960 年的领土法案、1980 年的耶路撒冷首都法案、2001 年的政府法案、2018 年的犹太民族国家法案。从以色列的宪法发展历程上看，以色列是一个典型的不成文宪法国家，其最主要原因就在于以色列缺乏一部类似于德国、法国、美国、俄罗斯等国一样的成文宪法典。从学理上看，新西兰也属于不成文宪法国家。英国议会在 1933 年通过了

① Akhil Reed Amar, American Constitutionalism—Written, Unwritten, and Living, 126 Harv. L. Rev. F. 195 (2012-2013); Jiang Shigong, Written and Unwritten Constitutions: A New Approach to the Study of Constitutional Government in China, Modern China, Vol. 36, No. 1, pp. 12-46; Emlin McClain, Written and Unwritten Constitutions in the United States, 6 Colum. L. Rev. 69 (1906).

② Declaration of the Establishment of the State of Israel, 14 May 1948.

《威斯敏斯特法案》后，新西兰在 1947 年获得了法律上的独立。1986 年新西兰通过了《新西兰宪法法案》①，正式成为完整意义上的独立主权国家，并继续保留在英联邦中，承认英国女王是新西兰象征性的国家元首。1990 年新西兰通过了《权利法案》，从此有了自己独立的基本权利保护体系。② 2003 年新西兰议会通过了最高法院法案（The Supreme Court Act），建立了新西兰最高法院，2016 年新西兰议会再次通过《高级法院法案》③，重构了新西兰的司法体系。新西兰法律发展史的旅程表明它缺乏一个类似美国、德国、法国、印度或者中国一样的最高性质的宪法典，宪法的原则是通过很多的议会立法而树立的。所以，新西兰可以被视为英国不成文宪法传统的一个继续。但是，同属于英联邦、同样位于大洋洲的澳大利亚的宪法特征与新西兰却是不同的。在宪法的分类上，澳大利亚属于成文宪法国家。1900 年英国议会同意和通过了《澳大利亚联邦宪法法案》④，该法案于 1901 年 1 月 1 日生效，从那以后，虽然普通法和英国议会的立法在澳大利亚继续有效，但是澳大利亚也因 1900 年法案的通过而拥有了一个最高性质的宪法性法律文件。1942 年《威斯敏斯特法案》⑤ 的通过标志着澳大利亚在法律上成为独立国家。1986 年《澳大利亚法案》⑥ 的通过则使得澳大利亚继续以独立的主权国家的身份保留在英联邦大家庭中。获得完全独立的澳大利亚并未抛弃 1900 年《澳大利亚联邦宪法法案》，而是继续将之作为其根本大法，同时澳大利亚的法院在很多的宪法个案中行使司法审查权解释宪法，使得古老的宪法文本的含义能够适应不断变化的社会现实。

三、刚性宪法与柔性宪法

按照宪法与普通法律的修改程序是否相同，世界上的宪法可以被分为刚性宪法和柔性宪法。英国公法学家戴雪（A. V. Dicey，1835—1922）和詹姆斯·普莱士（James Bryce，1838—1922）最早发展出这种宪法的分类方法。⑦ 1888 年，詹姆斯·普莱士出版了三卷本的《美国宪制》（*The American Commonwealth*），在书中，他认为刚性宪法和柔性宪法的分类更能够解释英国和美国宪法的不同。⑧所谓刚性

---

① Constitution Act 1986.

② New Zealand Bill of Rights Act of 1990.

③ Senior Courts Act 2016.

④ Commonwealth of Australia Constitution Act 1900.

⑤ Statute of Westminster Adoption Act 1942.

⑥ Australia Act 1986.

⑦ A. V. Dicey, The Law of the Constitution (1885) (Oxford University Press edition), ed. J. W. F. Allison, 2013, p. 69; James Bryce, Flexible and Rigid Constitution, Studies in History and Jurisprudence, Oxford: Clarendon Press, 1901, pp. 124-213.

⑧ 詹姆斯·普莱士曾于 1907—1913 年担任英国驻美国大使。

宪法（Rigid Constitution）是指制定和修改的程序显然比普通法律制定和修改严格的宪法。所谓柔性宪法（Elastic/Flexible Constitution）是指制定和修改的程序与一国法律体系当中其他普通法律相同的宪法。

通常来说，不成文宪法国家由于没有统一的居于最高法律地位的宪法典，其宪法的发展往往通过议会立法、宪法判例和宪法惯例实现，因此，不成文国家的宪法属于柔性宪法。相比而言，许多实行成文宪法的国家往往对宪法修改规定了较为严格的程序，因而这些国家通常被视为刚性宪法国家。① 典型的刚性宪法国家包括美国、德国、法国、俄罗斯、日本、印度、巴西、南非等国。举例而言，《美利坚合众国宪法》（以下简称美国宪法）第5条规定了非常严格的修改程序，宪法修正案可以通过以下两种方式提出：（1）国会在两院三分之二议员认为必要时；（2）根据联邦三分之二州议会的请求，召开制宪会议提出。同时，美国宪法第5条还规定了宪法修正案的两种批准程序：（1）联邦四分之三州议会批准；（2）四分之三州制宪会议批准。美国宪法的修改非常困难，在两百多年的历史中，美国一共通过了27条修正案。1791年，美国国会一次性通过了10条修正案，这些修正案也被称为权利法案（Bill of Rights）。美国宪法第27条修正案于1789年9月25日由国会提出，直到1992年5月7日才得到四分之三的州批准生效。对于中国而言，我国《宪法》第64条规定："宪法的修改，由全国人民代表大会常务委员会或者五分之一以上的全国人民代表大会代表提议，并由全国人民代表大会以全体代表的三分之二以上的多数通过。"通过宪法的明确规定，我们可以看到我国《宪法》的修改程序远比普通法律严格，因此，中国也属于刚性宪法国家。

四、源生宪法与派生宪法

按照宪法的来源不同，世界上的宪法可以被划分为源生宪法与派生宪法。所谓源生宪法（Original Constitution）是指基于一国自身的历史和文化传统而原始地从本国发展出的宪法。德国宪法学家卡尔·罗文斯坦（Karl Loewenstein，1891—1973）认为1787年美国宪法、1791年法国宪法、1831年比利时宪法、1919年德国魏玛宪法、1918年苏俄宪法以及1924年苏联宪法都属于源生宪法的典型。②所谓派生宪法（Derived Constitution）又被称为"移植性宪法"或者"传来宪法"，它是一种借鉴和移植国外宪法并吸取其适合本国现时需要的内容而制定的宪法类型。卡尔·罗文斯坦认为"二战"结束后很多欧洲国家新制定的宪法都属于派生宪法

① 意大利1947年宪法是一个特例，它没有规定特别的宪法修改程序，故仍然以普通的议会立法程序进行修改。

② Karl Loewenstein, Verfassungslehre, Tübingen, 3. Aufl. 1975, S. 144.

的范畴。与派生宪法相关联的一个概念叫做“外造宪法” (Externally Imposed Constitution/aufgezwungene Verfassung)，外造宪法是在国际秩序介入一国的宪法体制之后而形成的一种宪法类型。基于德国和日本在“二战”中所犯有的严重危害人类和平与安全的罪行，以同盟国为代表的国际社会强烈介入了德日战后宪法的制定过程，从这个意义上讲，无论是德国基本法还是日本国宪法都可以被称为“外造宪法”。另外，如前南斯拉夫、东帝汶、阿富汗、伊拉克等国的宪法均属此类。①

五、规范宪法、名义宪法和语义宪法

早在古罗马时期，罗马法学家就从法律实施之效果将法律分为完全法律（lex perfecta）、次完全法律（lex minus quam perfecta）、不完全法律（lex imperfecta）、最完全法律（lex plus quam perfecta）四类。②法律的制定并不意味着法治的实施。规范宪法、名义宪法和语义宪法是从宪法规范的实施角度来进行的一种分类。这种分类是由德国宪法学家卡尔·罗文斯坦（Karl Loewenstein，1891—1973）首创的。罗文斯坦按照宪法的存在论（ontology）不同将世界上的宪法分为三类。第一类是所谓的规范宪法（Normative Constitution），它是一种能够反映政治运行的现实秩序的真实的宪法。在此情形之下，宪法规范不仅可以约束国家的公权力运行，而且国家的公共权力分配也必须符合宪法的规范。宪法犹如“一件合身的、并且经常被穿着的衣服”。罗文斯坦认为大多数西欧国家和北美国家的宪法都属于规范宪法。第二类是所谓的名义宪法（Nominal Constitution），它由于缺乏适当的条件而导致政治运行的实际不总是和宪法规范保持一致，宪法的规范力量在大多数情况下尚不能够约束政治权力。名义宪法像一件过于宽大而不合身，因此需要放入柜底等待“国民的身体”成长的那种衣服，但它具有教育的功能（educational value）。最后一类是所谓的语义宪法（Semantic Constitution），这种宪法徒有宪法之名，其目的在于使得政治现实得以正当化，宪法仅仅停留在语义性装饰的层面。罗文斯坦评

① Andrew Arato, Constitution Making Under Occupation: The Politics of Imposed Revolution in Iraq (1st ed.), Columbia University Press, 2009; Noah Feldman, Imposed Constitutionalism, 37 Conn. L. Rev. 857; Simon Chesterman, Imposed Constitutions, Imposed Constitutionalism, and Qwnership, 37 Conn. L. Rev. 947; Mark W. Janis, Human Rights and Imposed Constitutions, 37 Conn. L. Rev. 955. 另参见柳飒、涂云新：《宪法修改的限制理论与宪法核心之保障——以德国和日本为例》，载《政治与法律》2013 年第 8 期。

② 参见苏永钦：《私法自治中的经济理性》，中国人民大学出版社 2004 年版，第 30 页以下。

价：语义宪法是一种虚假的宪法，它绝不是真正的服装，而只是一种化装罢了。①

六、钦定宪法、协定宪法与民定宪法

钦定宪法、协定宪法和民定宪法，是以制定宪法的机关为标准为宪法所作的分类，体现的是传统力量与现代力量在宪法制定中的对比关系。现代宪法的发展随着政治机构、经济机构和观念系统这三个基本核心要素之间的张力变化而有所不同。按照马克思主义的基本原理，阶级力量对比关系决定了宪法的实质，反映在宪法形式上，宪法的制定主体就有所不同。反观人类立宪史，我们可以发现，当传统力量在政治制度变革过程当中占据主导地位的时候，宪法也表现出一种传统的形式。当现代力量在政治制度变革过程当中占据主导地位的时候，宪法也表现出一种现代的形式。所谓的钦定宪法，是指由君主自上而下制定并颁布的宪法。②例如，法国国王路易十八在波旁复辟后不久颁行的1814年法国宪法、德国普鲁士的1850年和1871年宪法、1889年日本明治天皇颁布的《大日本帝国宪法》、1908年清政府颁布的《钦定宪法大纲》都属于钦定宪法的典型。所谓协定宪法就是指君主与人民或民选的议会协商和妥协而共同制定的宪法。③在人类走出中世纪迎来现代文明的这个发展的过程中，我们可以发现传统力量和新生的现代力量之间的斗争和博弈往往充满着妥协，国家立宪往往是通过阶级妥协而达成的。协定宪法就是阶级妥协最典型的产物，英国在资产阶级革命时期通过的宪法性文件大多属于协定宪法，此外法兰西第二共和国的1830年宪法也属于协定宪法。所谓民定宪法，是指由人民或者民选的议会、制宪机构通过民主表决的方式制定的宪法。从历史来看，传统力量和现代力量之间的力量的对比关系最终体现为人民主权制宪理念的全面胜利。在民主主义兴起之后，传统的经济结构、政治结构、观念系统发生了全面性的危机，这种

① Karl Loewenstein, Verfassungslehre, Tübingen, 3. Aufl. 1975, S. 152; Karl Loewenstein, Constitutions and Constitutional Law in the West and in the East, The Indian Journal of Political Science, Vol. 30, No. 3, 1969, pp. 203-248; Karl Loewenstein, Reflexions on the Value of Constitutions in Our Revolutionary Age, in Arnold J. Zurcher (hrg.), Constitutions and Constitutional Trends after World War II (New York 1951), S. 191 ff; Albert H. Y Chen, The Achievement of Constitutionalism in Asia: Moving Beyond Constitutions Without Constitutionalismm, in Albert H. Y Chen, Constitutionalism in Asia in the Early Twenty-First Century, Cambridge University Press, 2016. 中文参见林来梵：《规范宪法的条件与宪法规范的变动》，载《法学研究》1999年第2期；[德] 卡尔·罗文斯坦：《现代宪法论》，王锴、姚凤梅译，清华大学出版社2017年版。

② 参见《宪法学》编写组：《宪法学》，高等教育出版社、人民出版社2011年版，第28页。

③ 参见《宪法学》编写组：《宪法学》，高等教育出版社、人民出版社2011年版，第28页。

危机最终是以暴力为表征的剧烈的革命进行化解的，现代立宪制度的成长导致传统力量的淘汰出局和现代力量完全掌握现代制度建构的话语权，由此我们迎来民定宪法的时代。从统计学意义上看，民定宪法成为全球宪法之林中最主要的样态。例如，1787 年美国宪法、1791 年法国宪法、1918 年的苏俄宪法、1958 年法国宪法、1947 年日本宪法、1949 年德国基本法、1996 年南非宪法都属于民定宪法的范畴。

七、社会主义宪法与资本主义宪法

根据宪法所赖以产生和存在的经济基础的性质以及国家政权的性质的不同，我们可以将当今世界的宪法分为社会主义宪法和资本主义宪法两种类型。以阶级分析的观点对宪法进行划分是马克思主义法学的贡献，这种分类最鲜明的特点在于它揭示了宪法的本质属性，直接体现了阶级力量的对比关系，反映了宪法的阶级属性。马克思主义的创始人、第一国际的组织者和领导者、马克思主义政党的缔造者卡尔·马克思（Karl Marx，1818—1883）和弗里德里希·恩格斯（Friedrich Engels，1820—1895）在《共产党宣言》中明确指出："至今一切社会的历史都是阶级斗争的历史。""无产者在这个革命中失去的只是锁链。他们获得的将是整个世界。"①阶级分析的观点深刻揭示出了建立在生产资料所有制之上资本主义宪法和社会主义的宪法的本质不同。列宁指出："宪法的实质在于：国家的一切基本法律和关于选举代议机关的选举权以及代议机关的权限等等的法律，都表现了阶级斗争中各种力量的实际对比关系。"②资产阶级革命胜利以后，资本主义国家通过宪法将资产阶级的生产关系和政治关系确定下来，构成了资产阶级国家的社会制度和政治制度。而苏联十月社会主义革命成功以后，又改变了资产阶级的生产关系和政治关系，建立了保护劳动人民利益的社会主义的生产关系和工人阶级对资产阶级进行统治的政治关系，苏联用宪法把这种新的生产关系和政治关系确定下来，便形成了苏联的社会制度和国家制度。资产阶级类型的宪法，是代表资产阶级的利益和反映资产阶级意志的，就其本质来说是剥削阶级的意志，是反人民的宪法。而社会主义类型的宪法，是代表劳动人民的利益和反映劳动人民的意志的，按其本质来说，是反剥削者的宪法，是人民的宪法。③

---

① 马克思、恩格斯：《共产党宣言》，中共中央马克思恩格斯列宁斯大林著作编译局译，人民出版社 2018 年版，第 27、65 页。

② 《列宁全集》（第 15 卷），人民出版社 1959 年版，第 309 页。

③ 韩大元：《对 20 世纪 50 年代中国宪法学基本范畴的分析与反思》，载《当代法学》2005 年第 3 期。

第三章　国家与主权

第一节　国家及其构成要素

一、国家学说的任务

一切治宪法学的人，自应首先对于宪法与国家这两个名词有相当的了解。①在初步厘定宪法一词的含义之后，厘定国家的概念和要素的含义就成为一个极为基础性的工作。传统宪法教科书大多事先假设了国家的概念、径行从宪法本身来研究和理解宪法，并未对国家及其构成要素进行详细的分析和解读，这种状况似乎使得"何为国家""国家由哪些要素构成""如何形成国家"等问题逃脱了宪法学的理论关照，又有很多理论家认为厘定国家的含义乃是政治科学的范围或者属于国际法的范畴。事实上，国家问题，在马克思主义法学看来，可以被视为宪法和政治学的核心内容，是关系到全部政治的主要的和根本的问题。②本书认为，今人若治比较宪法，必须对形成宪法学的核心概念和基础范畴进行厘定，更进一步还必须从国家存在的历史学、政治学、法理学基础对我们认为理所当然的国家这一概念做一番检讨，形成一套具有解释力和规范力的一般"国家学说"［General State Theory / Allegemeine Staatslehre/ Théorie générale de l'État（TGE）］。历史上，直接以国家为研究对象从而对国家学说作出过重要理论贡献的著名的思想大家包括马基雅维利（Niccolò Machiavelli）、让·博丹（Jean Bodin）、霍布斯（Thomas Hobbes）、孟德斯鸠（Montesquieu）、卢梭（Jean-Jacques Rousseau）、黑格尔（Friedrich Hegel）、马克思（Karl Marx）、恩格斯（Friedrich Engels）、韦伯（Marx Weber）、马尔伯格（Raymond Carré de Malberg）、耶利内克（Georg Jellinek）、赫尔曼·黑勒（Hermann Heller）、凯尔森（Hans Kelsen）、斯门德（Rudolf Smend）、施密特（Carl Schmitt）、哈特（H. L. A. Hart）、罗温斯坦（Karl Loewenstein）、末冈精一（Seiichi Sueoka）、齐佩利乌斯（Reinhold Zippelius）、奥利维耶·伯（Olivier Beaud）等人。

---

① 王世杰、钱端升：《比较宪法》，商务印书馆2010年版，第7页。

② 王邦佐等：《新政治学概要》（第2版），复旦大学出版社2006年版，第62页。

启蒙运动之后，较早从宪法学说的角度研究国家的学者是耶利内克（Georg Jellinek，1851—1911），他在著名的《一般国家法学》中指出，从社会心理学的角度来看，人类成为社会科学的研究对象无外乎两种方式：要么是作为个体的人类，要么是作为一种社会存在的人类（entweder als Individuum oder als geselliges Wesen）① 宪法学需要通过国家去研究作为社会存在的人类，也就是说人类是如何组织起来的、组织是如何运行的。德国宪法学家赫尔曼·黑勒（Hermann Heller）在《国家法学》中进一步明确道：国家学说理论的任务（Die Staatslehre hat die Aufgabe）乃是去研究和认识那些环绕于我们周围的国家生活的真实世界，它的目的是通过国家的结构、功能、历史存在性和发展趋势去理解国家本身。②

二、国家的词源含义

中国古代的国家观通常要借助“国”“家”“邦”“社稷”等观念来进行建构。在古文中，“国”字被写成“囗、国、囯、囶、或、𢧢”等几种形式。“国”字的构字法中既有国土的地理范围“囗”，也有保卫城池土地的武力“戈”。所以古人说：国之大事，在祀与戎。③中国古代文献还记载：“掌建国之法，以分国为九州。”④《周礼》注曰：大曰邦，小曰国，邦之所居亦曰国。《说文解字》记载：国，邦也。纵观“国”在中国古典文献中的意思，不外乎有以下几种含义：（1）国家；（2）一国最高政权机关所在地或者都城；（3）古代王、侯的封地；（4）某一个地方、地域；（5）家乡。

古代中国的国家通常被认为是一种“家国天下”的连续体，家国天下作为传统中国意义框架的连续体，其出发点是自我。孟子曰：“天下之本在国，国之本在家，家之本在身。”（《孟子·离娄上》）所谓的家国天下，乃是以自我为核心的社会连续体。⑤赵汀阳先生认为古代中国的“家”不仅是个家庭概念，同时也是一个自然神学概念。天地无穷延伸并且兼容万物，以天地为准之家同构地复制了天地的无穷兼容性，天地也被复制为不同规模而同构的家园：家庭是最小规模的家，国家是较大规模的家，天下是所有人的家。这种以天地为本的同构复制也同时复制了天地的神学性质，因此，“天下—国—家—国—天下”的双向循环复制，进一步构成了中国概念的神性，使其具有政治神学的意义。⑥

---

① Georg Jellinek：Allgemeine Staatslehre. 1900，S. 3.

② Hermann Heller，Staatslehre. 6. Auflage，Tübingen 1983（Erstauflage 1934），S. 12.

③ 《左传·成公·成公十三年》。

④ 《周礼·夏官·量人》。

⑤ 许纪霖：《现代中国的家国天下与自我认同》，载《复旦学报（社会科学版）》2015年第5期。

⑥ 赵汀阳：《中国作为一个政治神学概念》，载《江海学刊》2015年第5期。

欧洲在古典时代并不存在“国家”这样一种现代的概念和构造，古希腊时期，人们生活在城邦（polis）之中，城邦就是一种非常古典意义的“城市国家”（city state）。古罗马人将这种城市国家称为 civitas。随着古罗马的强大，罗马人以武力和法律统治了地中海及其周围的广大欧亚非地区，建立起了人类历史上第一个帝国，帝国在拉丁语中就是 imperium。无论是古希腊的城邦（polis），还是古罗马的帝国（imperium）在政治和法律的原理上还不能称之为是现代意义上的国家。真正近代意义上的“国家”的概念是 1648 年《威斯特伐利亚和约》（*Peace of Westphalia*）之后才形成的。

古典德国哲学家康德（Kant）强调国家的政治民主和法治构建，黑格尔（Hegel）则努力试图使得国家这一概念神圣化、绝对化、永恒化。①黑格尔认为“国家就是在地上的行进的神”（es ist der Gang Gottes in der Welt）②，他对于国家理念的论断包括：“国家是具体自由的现实性”“国家是伦理理念的现实”“国家是绝对自在自为的理性东西”。黑格尔说：“国家是理性自由的体现，这自由在客观的形式中实现并认识自己。……国家是人的意志及其自由的外在表现中的精神的理念。”③

西方语境下的“国家”这个词语是由马基雅维利（Niccolò Machiavelli）创造出来的，他首次使用 statos 一词来指代欧洲的民族主权国家，而 statos 这个词是由拉丁文 status 演化而来。④英语中国家的翻译是 State，德语中是 Staat，法语中是 État。这只是通常的翻译，严格说来，现代意义上的“国家”有多重翻译的方式：（1）State 是政治意义上的国家，它通常是指拥有政治主权，根据宪法原则而产生的国家。（2）Country 是地理意义上的国家，它通常指拥有一定领土范围的国家。（3）Nation 是民族意义上的国家，它通常是由那些具有“共同感情”（Common Sympathy）的人民、民族所组成的一个共同体。（4）Government 是政权组织意义上的国家，很多时候，Government 在狭义层面上指的是政府（行政实体），但是在广义层面却可以指代包括立法、行政、司法、监察等机构共同组成的国家。（5）Union 是联合意义上的国家，它通常指的是政治实体之间的联合。欧盟虽然不是经典意义上

---

① Rüdiger Voigt, “Hegels Idealstaat”, in Der moderne Staat. Essentials, Springer VS, Wiesbaden, 2015, pp. 23-24.

② The State is the Divine Idea as it exists on Earth.

③ Grundlinien der Philosophie des Rechts. In Georg Wilhelm Friedrich Hegel: Werke. Band 7, Frankfurt a. M. 1979, S. 406-429. (Der Staat ist die Wirklichkeit der konkreten Freiheit. § 260) (Der Staat ist die Wirklichkeit der sittlichen Idee.) (es ist der Gang Gottes in der Welt, dass der Staat ist, sein Grund ist die Gewalt der sich als. Wille verwirklichenden Vernunft.)

④ 孙关宏、胡雨春、任军锋：《政治学概论》（第 2 版），复旦大学出版社 2008 年版，第 56~57 页。

的主权国家，但却是朝着“世界国家”（World State）理想而迈进的一种政治和法律实体。在国际社会的条约缔结中，缔约国之间也可以组成一个基于某种目的的联合体（Union）。除以上的翻译之外，Commonwealth 也可以在某种意义上被称为一种特殊的“国家”，Civilization 是文明和文化意义上的国家。

三、马克思主义的国家观

在国家学说的发展史上，马克思和恩格斯首次从辩证唯物主义的角度科学地揭示了国家的内涵。在《家庭、私有制和国家的起源》一书中，恩格斯考察了三种类型的国家的起源——古希腊时期的氏族和国家、古罗马时期的氏族和国家以及德意志主权国家的诞生。①恩格斯写道：“一句话，氏族制度已经走到了尽头。社会一天天成长，越来越超出氏族制度的范围；即使是最严重的坏事在它眼前发生，它也既不能阻止，又不能铲除了。但在这时，国家已经不知不觉地发展起来。……这种设置对氏族制度起了双重的破坏作用：第一，它造成了一种已不再直接等同于武装起来的全体人民的公共权力；第二，它第一次不依亲属集团而依共同居住地区为了公共目的来划分人民。”②恩格斯认为古典意义的政治共同体和近代意义上国家的区别就在于：（1）地缘共同体取代了血缘共同体；（2）职业化的军队取代了民兵。③恩格斯认为国家并不是从来就有的，而是历史发展到一定阶段的产物。国家是“最强大的、在经济上占统治地位的阶级的国家，这个阶级借助于国家而在政治上也成为占统治地位的阶级，因而获得了镇压和剥削被压迫阶级的新手段”④。在马克思、恩格斯看来，国家具有鲜明的阶级性，国家在本质上是一种与大众相分离、与社会相异化的公共权力。

四、国家的政治和法律含义

究竟什么是国家？我们应当如何去分析国家这样一个概念？我们应当如何去定义和认识国家？德国著名的哲学家、法学家和政治学家马克斯·韦伯（Max Weber，1864—1920）在《政治作为一种志业》一文中认为：国家是一个在给定的领土上“拥有合法使用暴力的垄断地位”的实体（monopoly of the legitimate use of

① Der Ursprung der Familie, des Privateigenthums und des Staats: im Anschlub an Lewis H. Morgan's Forschungen.

② 《马克思恩格斯文集》（第 4 卷），人民出版社 2009 年版，第 131 页。

③ 孙关宏、胡雨春、任军锋：《政治学概论》（第二版），复旦大学出版社 2008 年版，第 56~57 页。

④ 《列宁选集》（第 3 卷），人民出版社 1995 年版，第 119 页。

physical force within a given territory)。①韦伯的国家定义核心要义有三：第一，国家是一个政治组织或者政治实体；第二，国家必须占据一定的空间结构，即它必须拥有一定的地理领土；第三，国家拥有合法使用暴力的垄断权。

如何解释历史上出现的形形色色的国家和国家现象呢？韦伯还提出出了三种正式的政治支配和权威的形式（详见表 3-1）：（1）魅力型权威（Charismatic Authority）：政治权威来源于家族和宗教；（2）传统型权威（Traditional Authority）：政治权威来源于宗主、父权、封建制度；（3）法理型权威（Rational-legal Authority）：政治权威来源于现代的法律和国家、官僚体系。②

表 3-1　　**马克斯·韦伯的三类政治支配和权威的形式**

类型	核心含义	合法性基础	领导
魅力型权威	政治权威建基于领袖“超凡的个人特质、神奇的洞见或成就，并吸引跟随者尽忠和服从”之权力	合法性来源政治胜利或者共同体利益的获取	统治者和追随者
传统型权威	统治者权力归因于人民对传统的信仰，统治权力的基础，来自历史悠久的习俗与传统，重大决策与行动往往依循成规	合法性来源于遵守传统所延伸的权威	被建构的社会契约
法理型权威	统治者以法律为依据进行统治与管理，同时，国家建立了一个依附中央单位的官僚系统，现代科层组织得以建立	合法性来自于法律秩序	法律而非统治者

（图表来源：作者自制）

韦伯认为，国家是一个拥有统一政府的强制性的政治组织，国家是一种政治组织，只不过这一种政治组织拥有合法使用暴力的垄断权。这种理论使我们联系到国家的根本的问题——合法性和正当性的问题，也就是说，为什么国家可以对一定领土上的居民或者其人民使用这种合法的暴力，而且是由国家来垄断了这种暴力？韦伯认为，在法理型权威的统治下，政府的合法性应当是基于人民的同意，这是近代

① Max Weber, “Politics as Vocation”, in Weber's Rationalism and Modern Society, edited and translated by Tony Waters and Dagmar Waters, 2015, pp. 129-98. Daniel Warner, An Ethic of Responsibility in International Relations, Lynne Rienner Publishers, 1991, p. 9.

② Wolfgang J. Mommsen, The Political and Social Theory of Max Weber: Collected Essays, University of Chicago Press, 1992, p. 46.

政治文明的一个标志。也就是说，无论如何我们会发现所有的国家或者称之为国家的那些政治组织都可以合法地使用暴力，比如说可以通过军队、监狱、警察等暴力机关来对违反一定法秩序的对象使用暴力，而且这种暴力的使用是可以被允许的，是正当的，是合法的。

虽然在政治学、社会学和古典学的意义上，国家具有不同的含义，在日常用语中，人们通常也不区分国家含义的不同维度，而用一个非常笼统和模糊的词语——国家来指代我们所要讲述的内容或者我们的“所指”，但是国家这个词语的法律含义是需要宪法学加以廓清和厘定的。所以，宪法学有的时候被称为国家法学。然而，宪法上的“国家”究竟是什么含义呢？在 1868 年“得克萨斯州诉怀特案”中，联邦最高法院解释道，语言的贫乏常常迫使一个术语在很多方面的意义纷呈。①柴斯法院（Chase Court）发现，“国家”一词在有些时候指代的由个人组成的共同体或者人民（a people or community of individuals），有的时候它指代的是共同体的人民所生活下的领土（country or territorial region），更多的时候它指的是由人民、领土和政府共同组成的一种理念。而宪法上的“国家”经常是在一种复合理念的意义上被使用的，“国家”一词经常表达的意思是将人民、领土、政府结合在一起的观念，是由自由公民组成的、拥有确定疆域的领土、在由宪法授权并限制的政府组织下、经由被统治者同意而建立起来的政治共同体。②国家一词被用来表达人民或政治共同体的观念，因此国家是有别于政府的。③

有时候在欧陆法系的公法学意义上，人们通过法人拟制的观点来分析和观察国家，将国家视为一个公法团体或者公法人，那么这种国家的法人拟制便于我们从人民和国家两个维度的法学的角度来分析它们之间的权利义务关系。在比较宪法的视野中，给国家下一个非常精准的定义，实际上是一个众说纷纭的问题，人们在很多的时候是通过国家的要素或者构成要件来分析和把握国家这个概念的。

很多宪法教科书都对国家有一个描述性的定义，如何从宪法学的角度来理解国家的政治和法律含义是比较宪法研究的重要任务。国家是一个拥有主权，在一定的领土上行使统治权和治理权的政府以及由接受这种统治权和治理权的政府的人民所组成的政治实体。简而言之，国家是通过一套制度体系将主权、领土与人民有机组

① The poverty of language often compels the employment of terms in quite different significations. Texas v. White, 74 U.S. 700, 720 (1868).

② A "state," in the ordinary sense of the Constitution, is a political community of free citizens, occupying a territory of defined boundaries, and organized under a government sanctioned and limited by a written constitution, and established by the consent of the governed. Texas v. White, 74 U.S. 700, 721 (1868).

③ 参见韩大元：《论中国宪法上的国家安全与人权的关系》，载《人权》2019 年第 5 期。

合起来的政治共同体。①

五、国家的法理构成要素

在公法理论的发展史上，著名的公法学家、维也纳大学耶林内克（Georg Jellinek，1851—1911）在1900年出版的《一般国家学》（*Allgemeine Staatslehre*）一书中就提出了国家的三要素论（Drei-Elemente-Lehre）。在耶林内克看来国家是由三要素组成的：领土（Staatsgebiet）、人民（Staatsvolk）、主权（Staatsgewal）。这种公法理论也影响到了诸如伊恩·布朗利（Ian Brownlie）、詹姆斯·克劳福德（James Crawford）等著名的国际法学家对国家的认识。② 1933年12月26日，第七届美洲国家国际会议期间在乌拉圭首都蒙得维的亚所签署了一项著名的法律文件——《蒙得维的亚国家权利义务公约》（*Montevideo Convention*）。该文件首次以国际条约的形式规定了国家的要素。③《蒙特维多公约》第1条定义了“国家”的要素，该条款内容确立了国际组织所承认之国家的四项标准，同时也成为国际习惯法的准确称述。该公约规定，作为一个国际法所承认之国家应具备以下资格：（1）永久的居民（a population）；（2）一定的领土（a defined territory），也就是国家要有一个一定地表幅度上的领土；（3）一定的政府组织（government）；（4）参与国际关系的能力（capacity to enter into relations with the other states），即一个政治实体若要成为国家，则必须具备有一种法律上和政治上的能力参与国际关系。《蒙特维多公约》所规定的四个要素可以被视为国家的构成要件，这种要件适用于解释我们所所常见的国家类型。在这些要素中，需要特别解释的是第四个要素，即国家必须具备参与国际关系的能力，通常来讲，这种能力意味着国家需要在法律上（de jure）和事实上（de facto）具备一种所谓的国际法律人格（international legal personality）。权威的《奥本海国际法》认为主权国家是所谓的“国际人格者”。同时，奥本海认为主权国家作为“国际法律人格者”在一定的条件下（譬如国家领土的分离、分立、合并或者殖民地人民取得独立）就会发生国家的继承问题。亦即当一个国际人格由于本身的情况的某些变动的结果被一个或一个以上国际人格者

---

① 林尚立：《协商民主：中国特色现代政治得以成长的基础——基于中国协商民主功能的考察》，载《湖北社会科学》2015年第7期。

② Falco Federmann, Die Konstitutionalisierung der Europäischen Union: Überlegungen vor dem Hintergrund des andauernden europäischen Verfassungsprozesses, Josef Eul Verlag GmbH, 2007, S. 28.

③ Montevideo Convention on the Rights and Duties of States art. 1, opened for signature. Dec. 26, 1933, 165 L. N. T. S. 19 (entered into force Dec. 26, 1934).《蒙特维多公约》于1934年12月26日起开始生效，并于1936年1月8日登记于《国际联盟条约汇编》（*League of Nations Treaty Series*）。

所代替时，就发生国际人格者的继承。① 周鲠生在《国际法》一书中认为："国际人格者，国际法主体和国际社会成员，这三个名称同时并用，而其所指，都是国际法主体。"②

总而言之，国家一般来说是由四个要素构成的：第一，国家是由一定的永久的居民组成的；第二，国家需要拥有一定的领土；第三，国家需要拥有一定的政府组织；第四，国家应该具备国际法律人格，能够以自己的名义参与到国际关系当中。如果一个政治实体同时具备这四个要素，它就是一个完整的主权意义上的国家。欠缺这四个要素中的任何一项，这种政治实体就不能被称为是一个完整的主权意义上的国家。

第二节　主权理论及其发展

一、主权的概念及历史

从主权的词源来看，主权（Sovereignty/Souveraineté/ Souveränität）来源于拉丁语。主权在古代的拉丁语中是由 supreanus 和 supremitas 两个词演变而来的，它指的是一种不受限制的最高权威。主权的概念经过几百年的发展和变迁，已经在公法中被牢固树立。从政治学和宪法学意义上来看，主权的观念有一个概念内核。一般认为，主权是指在一定领土上的最高权威（Supreme Authority Within a Territory），亦即主权意味着在一个划定的空间的领土之上存在的最高的或者叫至高无上的权威。

主权（Imperium）的概念肇端于罗马帝国的初期，属于公法（Lex Regia）上的一种构造。③古罗马《国法大全》中比较明确的地方就是王权法条款（D. 1. 1. 9）中指明罗马人民将治权（imperium）和权力（potestas）转让给了皇帝。④《国法大

---

① ［英］劳特帕特修订：《奥本海国际法》（上卷第 1 册），王铁崖、陈体强译，商务印书馆 1981 年版，第 124 页。

② 周鲠生：《国际法》，商务印书馆 1981 年版，第 58 页。除了国家以外，国际组织一般情况下也具备国际法律人格（international legal personality）。国际法院（ICJ）在"为联合国服务而受损害的赔偿案"的咨询意见中肯定了联合国本身具备国际法律人格，同时指出："国家享有国际法承认的一切国际权利和义务，但一个国际组织作为国际人格者所享有的权利和义务则取决于其特定的宗旨与职能"。Reparation for injuries suffered in the service of the Nations, Advisory Opinion, [1949] ICJ Rep 174, ICGJ 232 (ICJ 1949), 11th April 1949, United Nations [UN]; International Court of Justice [ICJ].

③ 参见狄骥：《公法的变迁》，商务印书馆 1933 年版，第 19~23 页。

④ 孔元：《罗马法与主权政治的萌芽——以意大利法学家为中心的考察》，载《私法》2019 年第 2 期。

全》的评注法学派还在法理上处理了罗马帝国统治的广袤的土地上的各类关于主权的问题，由此，法学家引申出一种关于主权政治的等级结构。在这个主权的等级结构中，顶层是皇帝在世俗事务中享有普遍法律（de iure）上的主权，除此之外的所有其他主权在实质上都是事实性的（de facto）。其次是主权国王，他们除了受到皇帝的直接统治之外，还作为基督教王国的帝国的一部分而存在。最后是城市和意大利僭主（signori），享有相当于主权的事实独立地位。①古罗马法学家乌尔比安在《学说汇纂》（*Digest*）中就指出主权者不受国家法律之约束，其原因就在于主权者是最高的政治和法律权威，不应该受到其本身所制定的实在法律之约束。在漫长的中世纪，在宗教的统治之下，近代意义的民族主权国家实际上并没有产生，中世纪时期的主权概念与今天的大相径庭。在中世纪后期，宗教改革的浪潮席卷欧洲。1517 年，德意志神学家马丁·路德（Martin Luther，1483—1546）在维滕贝格诸圣堂门前贴出了《九十五条论纲》掀起了宗教改革的序幕。基督教在欧洲被分成了天主教（Catholicism）与新教（Protestantism）两大阵营。在法国，忠于罗马圣座的天主教徒和主张宗教改革的胡格诺派（Huguenots）爆发了宗教战争。在公元 1562 年至 1598 年间，八次法国宗教战争对欧洲传统社会的破坏极大。据统计，大约 300 万居民死于战乱与因战争带来的饥荒和瘟疫。在法国宗教战争时期，著名政治家思想家和法学家让·博丹（Jean Bodin，1530—1596）出版了《国家论六卷》（*Les Six livres de la République*），在此书中，让·博丹首次阐明并使用了现代意义上的主权概念。②让·博丹认为主权是“在臣民之上，不受法律节制的最高权力”。依据让·博丹的见解，主权除了受到神法和自然法的约束外，不受任何人定之法的束缚，因而，主权在世俗领域可以被视为国家对内和对外的一种至高无上的权力（the absolute and perpetual power of a Republic）。通常认为，让·博丹是近代主权观念的开拓者。③ 近代意义上主权概念的确立还与另外一场宗教战争密不可分，这就是三十年战争（Thirty Years' War）。1618—1648 年，神圣罗马帝国的内战逐渐演变成一场规模巨大的宗教战争。这场战争开始于波希米亚人反抗哈布斯堡家族（House of Habsburg）的统治，结束于 1648 年签订的威斯特伐利亚和约（Peace of Westphalia/Westfälischer Friede）。

威斯特伐利亚和约并非是单一的法律文本，而是一系列的法律文本的集合。该

---

① Joseph Canning, Ideas of Power in the Late Middle Ages（1296—1417）, Cambridge: Cambridge Universtiy Press, 2011, p. 148. 转引自孔元：《罗马法与主权政治的萌芽——以意大利法学家为中心的考察》，载《私法》2019 年第 2 期。

② Howell A. Lloyd, Jean Bodin, This Pre-Eminent Man of France: An Intellectual Biography, Oxford University Press, 2017.

③ 参见王世杰、钱端升：《比较宪法》，商务印书馆 2010 年版，第 40~41 页。

合约实际上包括了1648年5月至10月间在威斯特伐利亚地区内的奥斯纳布吕克市（Osnabrück）和明斯特市（Münster）签订的一系列国际条约。威斯特伐利亚和约的签订不仅结束了神圣罗马帝国内部长达三十年的动荡时期，还开启了以主权秩序为核心的近代国际关系的新时代。威斯特伐利亚和约对欧洲的政治、经济、文化、历史有着深远影响，国际学术界通常认为威斯特伐利亚和约至少有两个方面的重大意义。首先，威斯特伐利亚和约终结了宗教对于国家的绝对统治，它引领着欧洲渐渐走出了漫长的中世纪。其次，威斯特伐利亚和约意味着近代的民族国家逐渐形成，例如，荷兰和瑞士成为了近现代意义上的独立主权国家。

人们通常是在不同维度上使用主权这一概念的。从国内法和国际法相互区分的意义上，宪法上的主权和国际法上的主权的重心是不同的。宪法上的主权强调一个国家对内统治和治理的最高权威，国际法上的主权侧重于国家在国际社会中的独立自主性。19世纪末学者戴雪（Albert Venn Dicey）认为政治主权和法律主权的区分至关重要，政治主权是国家最高权力之所在，而法律主权则在法律上决定着国家最高意志。通常来说，政治意义上的主权（Political Sovereignty）侧重于强调政治权威的正当性，也就是国家最高统治权威和治理权威的正当性，法学意义上的主权（Legal Sovereignty）可以被认为是一种规范概念，由此延伸出一系列关于主权的法律概念、法律规范和法学解释。从事实主权和法律主权区分的角度来看，事实主权（de facto sovereignty）强调的是政治实体实际能够控制和统治一定领土上的居民的状态，法律主权（de jure sovereignty）侧重强调的是在法理意义上政治机关能够合法地代表人民并且行使其权威的法律状态。如果说事实主权强调的是主权存在的事实状态，那么法律主权则强调主权权威来源上的正当性。

二、主权的意义及其分类

主权属于一种公法上的构造，从公法和私法比较的意义上看，主权对于国家之意义可以类比于私法上物之所有权。一般而言，物权法律制度是一种固有法，它与一个国家固有文化和历史传统密切相关，确立一定国土上物之归属通常属于宪法与国家物权法律制度的任务。①国家与国家之间也可能围绕着特定物之归属产生争端，最为常见的就是领土争端和争议，领土之主权归属在很大意义上属于国际法需要解决的问题，但是这并不妨碍一国在其宪法上对领土范围的界定。例如，《俄罗斯联邦宪法》规定："俄罗斯联邦主权及于其全部领土，俄罗斯联邦宪法和联邦法律在

① 《中华人民共和国民法典》第114条规定："物权是权利人依法对特定的物享有直接支配和排他的权利，包括所有权、用益物权和担保物权。"第205条还规定："本编调整因物的归属和利用产生的民事关系。"

俄罗斯联邦全境拥有至高无上的地位，俄罗斯联邦保证自己的领土完整和不可侵犯。"①国家的主权及其归属是一个国家的根基，近现代国家一般都接受、承认和宣示人民主权（Popular Sovereignty）的宪法原则。我国《宪法》明确规定："中华人民共和国的一切权力属于人民。"②

主权之归属问题是一个非常复杂的问题，就该问题的不同回答，人类社会曾出现过包括君主主权说、人民主权说、国家主权说、议会主权说等不同的理论来解释"主权之所在"的问题。

君主主权说是近代资产阶级革命发生之前的一种理论。君主主权学说建立在君权神授（Divine right of kings）的基础之上，它的基本含义是指君主拥有行使国家统治权的至高无上的权力，亦即封建君主可以通过统治国家和人民而享有一种至高无上的权力。法国君主路易十四（Louis XIV，1638—1715）是西欧绝对君主制时代的一位典型代表，他公开宣称"朕即国家"（L'État，c'est moi）。路易十四认为"法皇的王冠是由上帝和宝剑得来的"。日本《明治宪法》第 1 条规定："大日本帝国由万世一系之天皇统治。"清政府于 1908 年颁布的《钦定宪法大纲》第 1 条规定："大清皇帝统治，大清帝国万世一系，永永尊戴。"在封建君主专制时代，国家的统治最高权力归于君主。绝对君主制是历史的产物，随着近代人类政治文明的发展，君主主权说逐渐失去了理论市场。

在近现代的人类政治和法律文明发展过程中，人民主权的思想取得了胜利。西方近代资产阶级革命以后，以洛克、卢梭、孟德斯鸠等人为代表的启蒙思想家通过社会契约论证了"主权在民"。人民主权又被称为国民主权，其核心含义就是指国家的主权属于人民。人民主权思想最重要的来源之一是瑞士裔法国思想家卢梭于 1762 年发表的《社会契约论》（*Du contrat social ou Principes du droit politique*）。在这部划时代的历史巨著中，卢梭认为，人类从自然状态过渡到社会状态之后，人民和政府就形成了一个社会契约，政府依据这个社会契约通过法律来统治治理人民。在卢梭看来，主权是公意的运用，不可转让、不可分割。主权由共同利益所决定和约束，借着法律而行动。法律是以公共利益为依归的公意的行为。历史上，体现卢梭式的人民主权思想的重要的法律文件包括 1776 年美国的《独立宣言》（*United States Declaration of Independence*）和 1789 年法国的《人权宣言》（*Déclaration des Droits de l'Homme et du Citoyen*）。1776 年美国《独立宣言》规定："我们认为下面这些真理是不证自明的：人人生而平等，造物主赋予他们若干不可剥夺的权利，其中包括生命权、自由权和追求幸福的权利。为了保障这些权利，人们才在他们之间建立政府，而政府之正当权力，则来自被统治者的同意。"1789 年法国《人权宣

① Constitution of the Russian Federation，Art. 4.

② 《中华人民共和国宪法》第 2 条。

言》规定："在权利方面，人们生来是而且始终是自由平等的""任何政治结合的目的都在于保存人的自然的和不可动摇的权利""整个主权的本原主要是寄托于国民。任何团体、任何个人都不得行使主权所未明白授予的权力"。人民主权学说认为政府的正当权力必须建立在被统治的人民的同意之上。人民主权学说和君主主权学说在"主权之所在"的问题上产生了截然对立的区分，人民主权说主张主权在民，君主主权说主张主权在君主。从历史的纵向对比来看，人民主权学说无疑具有历史的进步意义，它为人类近代政治文明的进步提供了重要的思想渊源。

与君主主权说、人民主权说不同的，国家主权学说建立的基础是德国公法学者耶利内克（Georg Jellinek，1851—1911）所主张的国家法人说。国家主权学说将国家视为作为一个公法人，认为国家是主权的拥有者。在这种理论看来，国家可以被拟制为一个公法人，公法人具有人格意志、可以成为权利义务的主体。国家主权学说主要流行于19世纪、20世纪初的德国，受到了国家主义思潮的强烈影响。日本宪法学者美浓部达吉（Tatsukichi Minobe，1873—1948）曾受到国家主权说的影响，他提出了"天皇机关说"，认为国家是一个公法人，天皇是国家公法人之下的一个机构。①

议会主权（Parliamentary Sovereignty）有的时候也被称为是国会主权。议会主权的基本含义是指享有国家最高立法权力的议会是国家主权的拥有者。主张议会主权或者国会主权的代表性学者主要是约翰·奥斯丁（John Austin）和戴雪（Albert Venn Dicey）。两位著名的宪法学家区分了"法律主权"和"政治主权"，他们主张议会是国家最高权力之所在。议会主权的核心要点在以下三个方面：第一，议会拥有绝对的立法权，可以对任何事项进行立法；第二，议会不能约束将来的议会立法，也就是现在的议会是不能够约束将来的议会立法的（No Parliament can bind a future parliament）；第三，议会是最高的立法者，任何有效的议会立法一般不能够被司法权通过司法审查的方式推翻。英国是议会主权制度的典型代表，除英国外，以色列、荷兰、瑞典、挪威、丹麦、芬兰、新西兰、牙买加都可以被视为受到了议会主权的强烈影响。对比英国和美国的宪法体制，我们可以发现：在议会主权之下，立法机关的权力凌驾于行政权力和司法权力之上。但是，在大西洋对岸的美国，立法机关（国会）的权力与行政权力和司法权力形成了相互制衡的关系。

① "在有关国家的学说中，有一种国家法人说，即将国家视为法律上的一个法人。如果将国家视为法人，那么君主、议会、法院等都是该法人的一个机关。将这学说适用于日本，那么日本国家就是一个法人，自然，天皇就是法人——日本国家的一个机关。这就是所谓的'天皇机关说'或简称为机关说。"参见［日］宫泽俊义：《天皇机关说事件：史料は语る》（上下），有斐阁，1970年。

三、主要的主权理论和学说

纵观学术界关于主权的主流性的代表性的理论观点，发端于法国思想家和法学家让·博丹的古典的主权理论，经历了数百年的发展已经呈现出不同的理论流派，兹约略分述之。

1. 让·博丹的主权理论

法国思想家和法学家让·博丹（Jean Bodin，1530—1596）是古典主权理论的开拓者和代表人物。博丹的主权理论的核心在于以下两个方面：第一，主权是国家对内对外的一种至高无上的权力。博丹虽然是以拉丁文写作的一位著名的学者，但是他却赋予了主权这个词语以一种现代含义，可以说，直到今天我们仍然受到博丹主权理论的影响。第二，主权的四大特征是最高性、绝对性、永久性和不受法律拘束性。关于主权的最高性、绝对性和永久性比较容易理解，这里需要解释的是主权还具有不受法律拘束性。在博丹的主权理论之下，至高性是主权的一个特征，但是主权的至高性仅仅在世俗国家的领域内有效，它并不意味着国家不受自然法和宗教法的约束。博丹认为主权不受人定之法（Lex Humana）的约束，不受实证法（positive Law）的约束，但是主权仍然受到神法（Divine Law）或者自然法（Natural Law）的约束。根据法国著名宪法学家莱昂·狄骥对博丹主权理论的总结和研究，一般来说，主权的内容包括有八项：立法权、战争和媾和权、高级官员的任命权、司法终审权、国民忠诚与服从命令权、特赦权、货币权和租税权。

2. 托马斯·霍布斯的主权理论

托马斯·霍布斯（Thomas Hobbes，1588—1679）是一位英国的政治学家、法学家，在英国内战期间，霍布斯完成了《利维坦》（*Leviathan*）这一著作（见图3-1），这本书的全称是《利维坦，或教会国家和市民国家的实质、形式和权力》。霍布斯是社会契约论的代表。在霍布斯所描述的“自然状态”（state of nature）下，每个人都需要世界上的每样东西，也就有对每样东西的权力。由于世界上的东西是有限的，所以会存在争夺权力的“所有人对所有人的战争”（bellum omnium contra omnes）①，而人在这种自然状态下便是“孤独、贫困、污秽、野蛮又短暂的”（solitary，poor，nasty，brutish and short）②。人们为了摆脱这种自然状态下“所有人

① 也有英文翻译为 every man is enemy to every man 或者 everyone agaist everyone.

② In such condition, there is no place for industry; because the fruit thereof is uncertain: and consequently no culture of the earth; no navigation, nor use of the commodities that may be imported by sea; no commodious building; no instruments of moving, and removing, such things as require much force; no knowledge of the face of the earth; no account of time; no arts; no letters; no society; and which is worst of all, continual fear, and danger of violent death; and the life of man, solitary, poor, nasty, brutish, and short. Chapter XIII: Of the Natural Condition of Mankind As Concerning Their Felicity, and Misery. Leviathan.

对所有人的战争”，因此需要缔结一个社会契约进入政治社会。霍布斯认为，社会是一群人服从于一个人（Single-ruler form）的威权之下，每个个人（individual）将自然权利交付给这个威权，让它来维持内部的和平并抵抗外来的敌人。这个主权，无论是君主制（Monarchy）、贵族制（Aristocracy）或民主制（Democracy）（霍布斯较倾向君主制）都必须是一个强而有威信的“利维坦”，即在一个绝对的威权之下，方能令社会契约实行。对霍布斯而言，法律的作用就是要确保社会契约的执行。

图 3-1　《利维坦》初版封面①

霍布斯在理论上的巨大贡献就在于他以“政治契约说”代替了“君权神授说”。国家建立的目的在于，出于人的理性，人们相互间同意订立契约，放弃各人的自然权利，把它托付给某一个人或一个由多人组成的集体，这个人或集体能把大家的意志化为一个意志，能把大家的人格统一为一个人格；大家则服从他的意志，服从他的判断。②

① Thomas Hobbes. Leviathan. London: Andrew Crooke, 1651. Holmes Collection, Rare Book & Special Collections Division, Library of Congress.

② Eric Engle, Law: Lex vs. Ius, 1 J. Juris 31 (2008); Theo Mayer-Maly, The Limits of the Law (Ius) and the Lex, 36 Persona & Derecho 221 (1997). 中文学者，请参见毕彦华：《何谓法学》，中央编译局 2015 年版，第一章。

霍布斯认为主权者受到全民的委托，按照自己的意志来维持社会秩序的。在这个意义上说，主权者享有最高的绝对权力。主权者是唯一的，具有不可分性、绝对性、最高性、永久性。与博丹主权论类似，霍布斯认为，主权者本身不受实定法约束，但受宗教法和自然法之约束。

3. 卢梭的主权理论

让-雅克·卢梭（Jean-Jacques Rousseau，1712—1778）是一位生活在法国的法学家。卢梭在1762年出版了《社会契约论或政治权利原理》（*Du contrat social ou Principes du droit politique*）（见图3-2）。在这本著作中，卢梭系统地提出了“人民主权”的学说，这也被认为是现代民主制度在理论上的一块基石。在《社会契约论》中，卢梭说道：“要寻找出一种结合的形式，使它能以全部共同的力量来卫护和保障每个结合者的人身和财富，并且由于这一结合而使每一个与全体相联合的个人又只不过是在服从自己本人，并且仍然像以往一样地自由。”对于卢梭来说，从自然状态到社会状态的过程中，人们政治结合的办法就是形成一个约定，使每个人都把自身的能力置于“主权者”的指导下。在卢梭看来，人民通过缔结社会契约来制定法律约束和治理自己，人民仍然像以往未缔结社会契约的自然状态下一样的自由。

图3-2 卢梭《社会契约论》初版封面①

① Jean-Jacques Rousseau, Du Contrat Social: ou Principes du Droit Politique (The Social Contract). Amsterdam: ca. 1762. Rare Book & Special Collections Division, Library of Congress.

卢梭说道："法律究竟是什么呢？……我说法律的物件永远是普遍性的，我的意思是指法律只考虑臣民的共同体以及抽象的行为，而绝不考虑个别的人以及个别的行为。……根据这一观念，我们立刻可以看出，我们无须再问应该由谁来制定法律，因为法律乃是公意的行为；我们既无须问君主是否超乎法律之上，因为君主也是国家的成员；也无须问法律是否会不公正，因为没有人会对自己本人不公正；更无须问何以人们既是自由的而又要服从法律，因为法律只不过是我们自己意志的记录。"在卢梭在的主权理论中，主权是公意（general will）的运用。公意是不可转让的，也是不可分割的，主权由共同利益所决定和约束，它是靠着法律去行动的法律，又是以公共利益为归依从而达到公意。

4. 康托洛维茨的主权理论

康托洛维茨（Ernst Kantorowicz，1895—1963）是一位德裔美籍的历史学家。他对主权理论也作出过重要的理论贡献。1957 年，康托洛维茨出版《国王的两个身体》（*The King's Two Bodies*）。在这本书中，康托洛维茨考察了伊丽莎白一世时期英国法学家创制的概念，也就是所谓的"国王的两个身体"。在这种理论解释下，国王有两个身体，一个身体我们称它为"自然之体"（corpus naturale），国王也是拥有肉身的个体的存在，这个身体是一个自然之体。一方面，国王是个体的肉身，个体的肉身会生病，会腐朽，会死亡；另一方面，国王还有另外一个身体叫做"政治之体"（corpus mysticum），国王的政治之体永远存续，是不可腐朽的。亦即，即使国王自然之体死亡，他的政治之体仍然是永续的。①

5. 其他主权理论

在西方学术界，各种关于主权的理论层出不穷。晚近以来，西方学术界产生了新兴主权理论。这些理论包括主权可让渡理论、主权概念的双层性理论、主权的可约束性理论、双重主权理论、主权分裂理论等。

主权的可让渡理论指的是在区域性国家整合的背景下，欧洲国家开展了由经济整合到政治整合的历史进程，欧盟（European Union）成为一种超国家的政治实体。欧盟的出现使得其成员国（Member States）的主权受到了一定的限制，换而言之，欧盟各个成员国部分地将其固有的主权在事实上或者法律上让渡给了一个超国家的政治实体。欧盟法对于欧洲的整合至关重要，欧盟法通过一系列重要的判例确立了两个原则：第一个是欧盟法的直接效力原则（Direct Effect of European Union Law），即欧盟法对各成员国具有直接的法律约束力，该原则是欧共体法院在 1963

---

① Ernst Kantorowicz，The King's Two Bodies：A Study in Medieval Political Theology，1957. ［德］恩斯特·康托洛维茨，《国王的两个身体》，徐震宇译，华东师范大学出版社 2018 年版。

年的 Van Gend en Loos Case 中确立的一个原则。①第二个原则是欧盟法优先原则（Primacy of European Union Law），该原则是欧共体法院在 1964 年的 Flaminio Costa v. ENEL② 中确立的。就国家实践的层面而言，德国基本法第 23 条规定："欧洲联盟承认民主、法制、社会福利和联邦制的原则以及补充多样性的原则，保障实行与本基本法实质内容相类似的基本权利保护制度，为实现统一的欧洲，德意志联邦共和国参与欧洲联盟的发展。"德国基本法第 24 条规定："联邦可通过法律将国家主权转让给有关国际机构。"在欧盟法的语境下，各个成员国如果要加入欧盟则需要将它们原来所拥有的主权部分让渡到欧盟这个超国家的政治实体。

主权概念的双层性理论（Zweischichtigkeit des Souveränitätsbegriffs）是德国公法学家提出的一种理论，这种理论试图解释欧盟和成员国的关系。主权概念的双层性理论的基本含义是指国家主权可以分为两个层次，即较高的层次的主权和较低的层次的主权。较高层次的主权受到国际条约或者超国家政治实体的约束，较低层次的主权则属于国家主权没有受到国际条约或者超国家政治实体约束的那种统治权。在没有受到国际条约或者超国家政治实体约束的领域，欧盟国家仍然享有主权的完整性或者独立性。主权概念的双层性理论的出现打破了古典主权理论的藩篱，避免了欧盟各成员国之间因利益冲突而导致的分裂，它的用意在于解释欧盟的整合，从理论上为欧盟整合提供一种正当化的理论视角。

主权的可约束性理论与主权的可让渡性理论有一定的关联度。主权的可约束理论主要是为了解释例如德国、日本这些"外造宪法"（Externally Imposed Constitution/Aufgezwungene Verfassung）国家的主权受到一定限制的现象。主权的可约束性理论的基本含义就是国家主权在一定条件下受到国际社会所遵循的国际条约与原则的约束。在理论上看，主权的可约束性理论的难题在于解释主权本身的至上性和可约束性之间的天然矛盾。为什么主权是最高的，同时主权是受到一定的约束的？如何去解释这种逻辑上的矛盾，如何解释这种语言上的悖反？从国家实践来看，法兰西第四共和国的宪法前言规定："为保障和平之必要，在相互条件下，法国承认对其主权之限制。"德国基本法第 26 条规定："（1）可能扰乱各国人民和平相处和具有此种意图的行为，特别是准备发动侵略战争的行动，均属违反宪法，对此种行为应予以惩处。（2）只有经联邦政府的批准，方可制造、运输和销售战争武器。具体由联邦法律予以规定。"日本国宪法第 9 条规定："日本国民衷心谋求基于正义与秩序的国际和平，永远放弃以国权发动的战争、武力威胁或武力行使作为解决国际争端的手段。为达到前项目的，不保持陆海空军及其他战争力量，不承认国家的交战

---

① Van Gend en Loos v. Nederlandse Administratie der Belastingen（1963）Case 26/62；ECLI identifier：ECLI：EU：C：1963：1.

② Flaminio Costa v. ENEL（1964）Case 6/64；ECLI Identifier：ECLI：EU：C：1964：66.

权。”德国基本法和日本战后宪法均对其军事权有着明文的限制，承认和接受国际社会的和平秩序。德国和日本同为《联合国宪章》《罗马规约》的缔约国，两国都承担惩处准备或者正在发动侵略战争行为的国际义务。

双重主权理论在以美国为代表的联邦制国家比较典型，其基本含义是指美国联邦和美国各州可以在同一事项上均享有合法利益，这种理论认为联邦和州对同一行为先后起诉并不一定违反宪法所禁止的“一罪不二罚”、“禁止双重追诉”（ne bis in idem；non bis in idem）原则。双重主权理论是由美国联邦最高法院在其判例当中树立的。在1985年的希斯诉阿拉巴马州案①中，刑事犯罪嫌疑人希斯（Larry Gene Heath）是阿拉巴马州的公民，1981年他前往佐治亚州雇佣凶手，然后返回阿拉巴马实施了杀妻行为。1982年，希斯在佐治亚州认罪并按照佐治亚州的刑法被判处终身监禁。之后，阿拉巴马州的大陪审团（grand jury）控诉希斯触犯了阿拉巴马州州法上的“一级谋杀罪名”，阿拉巴马州的最高法院根据州法判处希斯死刑。1985年，联邦最高法院根据宪法第五修正案中判定，“禁止双重惩罚”（Double Jeopardy）并不排除各州根据自己的州法律来控诉和审判同一犯罪嫌疑人。最终，希斯被判处了死刑，并于1992年执行完毕。在本案中，奥康纳大法官（Sandra Day O'Connor）在多数司法意见书中借助了历史上的先例②，较为详细地阐发了双重主权理论（Dual-Sovereignty Doctrine）。奥康纳大法官认为：联邦和各州可以在同一事项上均享有合法利益，同一个犯罪行为可能违反不同州的法律以及联邦法律，联邦和州对同一行为先后起诉并不一定违反宪法禁止对同一罪行双重追诉的规定。但是，需要注意的是，在“双重主权理论”下，一州的公民却不能以另外一州的政府为被告在联邦法院提起诉讼（除非经过另外一州的同意或者默示），这是因为各州还享有一定的主权豁免（State Sovereign Immunity）。宪法第十一修正案规定：“合众国的司法权，不得被解释为可以扩展到受理由他州公民或任何外国公民或臣民对合众国一州提出的或起诉的任何普通法或衡平法的诉讼。”在1999年的阿尔登诉缅因州案中，联邦最高法院判定，联邦主义要求国会必须尊重各州的剩余主权，同时，各州有权参与到国家的治理之中。③在这份5∶4的多数判决意见书中，安东尼·肯尼迪大法官（Anthony McLeod Kennedy）执笔撰写了判词，他认为“州权豁免并不只来源于第十一条修正案，而是包含在宪法原本的意图之中”。

在国家分裂或者解体的语境中，主权分裂理论也是一种比较重要的学说。国家

① Heath v. Alabama, 474 U.S. 82 (1985).

② Hans v. Louisiana, 134 U.S. 1 (1890); United States v. Lanza, 260 U.S. 377, 382, 43 S. Ct. 141, 67 L. Ed. 314 (1922).

③ Alden v. Maine, 527 U.S. 706, 709 (1999). Federalism requires that Congress accord States the respect and dignity due them as residuary sovereigns and joint participants in the Nation's governance.

主权是有可能在某些时空条件下被分裂的，国家主权的分裂可以被区分为两种情况：一种叫做永久性分裂，另外一种叫暂时性分裂。国家主权的永久分裂是指国家已经分裂成了数个独立的国家，每个独立的国家都拥有了完整的、不受拘束的至高无上的主权。例如，奥匈帝国的分裂、苏联的解体。无论对于奥匈帝国分裂之后的奥地利和匈牙利，还是对于苏联解体之后的独立国家联合体的成员国，分裂后的国家都拥有了完全不受之前奥匈帝国和苏联所限制的独立的完整的主权。在国家的暂时分裂的语境下，由于国际性的战争、外敌入侵或者内乱等原因，原有的国家内部出现了不同的政治实体，这些政治实体可能都主张自己具有政治统治的合法性，从而否认其他政治实体政治统治的正当性。例如，一国的军事政变（Coup d'état）可能造成事实上有效控制的政府和法律上被国际社会承认的政府之间的对峙。这样一来，国家的暂时分裂就导致了国际法上的承认（recognition）问题。

四、主权豁免理论

主权豁免（Sovereign Immunity）也被称为国家豁免或者国家及其财产豁免，它的通常含义是指国家在领土内实施的主权行为未经该国同意免受另一国家法院的管辖和执行的一种法律特权。① 自罗马法以来，“平等者之间无管辖权”（par in parem non habet jurisdictionem）成为主权国家在国际交往中的一项重要的法律原则。从法学概念上看，主权豁免包括管辖豁免和执行豁免两个方面，所谓的管辖豁免是指除非一国明示或默示放弃，另一国司法机关不得受理和审判以该国家、国家财产、国家元首和政府首脑等代表国家的高级官员为被告的民事和刑事诉讼；所谓的执行豁免是指即使一国已放弃了司法管辖豁免，如未经该国放弃执行豁免，另一国法院不得对该国国家财产采取强制措施，不得对该国的政府高级官员采取民事、刑事强制措施。②在理论和实务上，人们由主权豁免又延伸出了外交豁免（Diplomatic Immunity）和领事豁免（Consular Immunity）的问题。③根据《维也纳外交关系公

---

① 参见何志鹏：《主权豁免的中国立场》，载《政法论坛》2015 年第 3 期。

② 参见何志鹏：《主权豁免的中国立场》，载《政法论坛》2015 年第 3 期；孙劼：《论国家主权豁免与我国民事诉讼管辖制度的衔接》，载《武大国际法评论》2018 年第 4 期；王铁崖主编：《国际法》，法律出版社 1995 年版，第 93 页；黄进：《国家及其财产豁免问题研究》，中国政法大学出版社 1987 年版，第 1 页；龚刃韧：《国家豁免问题的比较研究——当代国际公法、国际私法和国际经济法的一个共同课题》，北京大学出版社 2005 年版，第 1 页；车丕照：《国际经济法概要》，清华大学出版社 2003 年版，第 54 页；贾兵兵：《国际公法：理论与实践》，清华大学出版社 2009 年版，第 245~246 页；［意］安东尼奥·卡塞斯：《国际法》，蔡从燕等译，法律出版社 2009 年版，第 133 页。

③ United States Diplomatic and Consular Staff in Tehran (US v. Iran), ICJ Reports, 1980.

约》① 和《维也纳领事关系公约》②，一个主权国家的外交使领馆享有不受驻在地司法管辖的特权，相应地，外交代表在进出国界时免受海关搜查、免交关税。③1990年第七届全国人民代表大会常务委员会通过的《中华人民共和国领事特权与豁免条例》明确规定，在华的领事官员和领馆行政技术人员执行职务的行为享有司法和行政管辖豁免。国际上，关于外交豁免的重要案例是著名的皮诺切特引渡案（Pinochet Case），在此案中，智利前总统皮诺切特在西班牙被指控犯有种族灭绝、酷刑等严重的国际犯罪，④皮诺切特在英国旅居住院期间，英国审理皮诺切特引渡案，案中的法律问题之一就是皮诺切特是否享有外交豁免，英国最后没有同意西班牙等国关于引渡皮诺切特的请求，而是将皮诺切特引渡回智利受审。⑤

为什么国家的主权行为需要豁免呢？学术上通常有四种主流的学说予以解释，这四种学说分别是治外法权说（extra-territority）、国际礼让说（international comity）、互惠说（reciprocity）和国家主权说（sovereignty）。⑥国家主权说就是建立

① Vienna Convention on Diplomatic Relations, 500 U. N. T. S. 95, 18 April 1961.

② Vienna Convention on Consular Relations, 596 U. N. T. S. 261, 24 April 1963.

③ 外交代表，又称外交使节，是一个国家派往其他国家或国际组织的代表，他（她）们代表国家，负责办理外交事务，有常驻和临时两种。根据1815年维也纳会议上通过的《关于外交人员等级的章程》，常驻外交代表有四类：特命全权大使（Ambassador Extraordinary and Plenipotentiary）、特命全权公使（Envoy Extraordinary and Minister Plenipotentiary）、常驻公使（Minister Resident）和代办（Chargé d'affaires）。除了常驻外交代表外，临时外交代表也称特使，是为临时执行某项使命而被派遣的外交代表。临时的外交代表一般指的是“特使”，一般由国家元首或者政府派出、赴他国履行特定礼仪性或者政治性任务的正式代表。《中华人民共和国驻外外交人员法》中将外交人员定义为驻外国使馆、领馆以及常驻联合国和其他政府间国际组织代表团等机构中具有外交衔级的人员，馆长是上述机构的行政首长。中国的外交衔级有大使（Ambassador）、公使（Minister）、参赞（Counselor）、一等秘书、二等秘书、三等秘书、随员（Attaché）。参见外交部网站：https：//www.fmprc.gov.cn/web/ziliao_674904/lbzs_674975/t9044.shtml，2020年6月30日最后访问。

④ 1998年10月，在皮诺切特旅行英国治病期间，英国当局根据一直在试图引渡皮诺切特去西班牙接受反人类罪审判的西班牙法官加尔森（Garzon）的请求，于10月18日逮捕了皮诺切特。西班牙指控曾有77位上层人士在皮氏独裁统治期间在智利被谋杀或失踪，西班牙法律授权其法院对此类犯罪有普遍管辖权，皮诺切特在西班牙被指控有谋杀、恐怖主义和非法结社、实施酷刑等罪名。参见罗云霞：《皮诺切特案的国际法思考》，载中国法院网：https：//www.chinacourt.org/article/detail/2016/02/id/1803071.shtml. 2020年6月30日最后访问。

⑤ Marcos Barbosa Pinto, The Pinochet Case: A Legal and Constitutional Analysis, 26 Yale J. Int'l L. 286 (2001). 余民才：《论皮诺切特引渡案对国际法发展的影响》，载《国际法学论丛》2004年第1期。

⑥ 参见黄进：《国家及其财产豁免问题研究》，中国政法大学出版社1987年版，第4~5页。

在“平等者之间无管辖权”这一古老的法律原则基础之上的。为什么主权国家的外交使领馆及相关的外交人员也需要享有豁免呢？主流的理论有“代表说”（personal representation）、“治外法权说”（extra-territority）和“职务需要说”（functional necessity）三种解释范式。这三种学说都与主权的观念密切相关。由于主权的观念和制度是近现代民族国家建立的基础，当今国际社会也主要是由平行的主权国家构成的，各个国家的宪法或者宪法性法律对于主权豁免的范围均有不同的规范。从国际社会和各国立法的实践来看，各国根据不同的国情分别采取了“绝对豁免”（absolute immunity doctrine）和“限制豁免”（restrictive immunity doctrine）两种主要的理论，绝对豁免论者认为凡是主权国家及其代理机构所从事的行为都享有司法管辖和执行方面的豁免。限制豁免理论区分了统治行为（acta jure imperii）和商业行为（acta jure gestionis），在此基础上，限制豁免论者认为主权机关及其代理机构所进行的统治行为享有不受任何他国司法机关管辖的特权，但是他们在外国所从事的商业活动则不享有所在国司法管辖和执行方面的豁免特权。①

在主权豁免的国家实践方面，美国在其国家主权豁免制度的发展过程中大致经历了三个阶段，第一阶段为绝对豁免时期（1812—1952），第二阶段是泰特公函时期（1952—1976），第三阶段是主权豁免国会立法时期（1976 年至今）。②在第一阶段，美国的国家实践采用了绝对豁免理论。美国联邦最高法院在 1812 年判决的“交易号诉麦克法登号案”是主张绝对豁免的典型案例。③首席法官马歇尔在该案中首次阐述

① Sienho Yee, Foreign Sovereign Immunities, Acta Jure Imperii and Acta Jure Gestionis: A Recent Exposition from the Canadian Supreme Court, 2 Chinese JIL (2003), 649-653.

② 孙劼：《论国家主权豁免与我国民事诉讼管辖制度的衔接》，载《武大国际法评论》2018 年第 4 期。

③ The Schooner Exch. v. McFaddon, 11 U.S. 116, 136 (1812). “交易号”原是一艘由两个美国公民共同拥有的私人帆船，其中一个所有者为 John McFaddon。1810 年 12 月，当该船在法国水域上航行时，被法国军队拿捕，被装上军用设备充作法国的战舰，改名“Balaou”。1812 年，该船在一次航行过程中，由于天气恶劣的原因，被迫进入美国宾夕法尼亚州费城港。John McFaddon 在联邦地区法院起诉，声称对该船拥有所有权。因为船舶已为法国战舰，McFaddon 就在美国法院体系内起诉法国。法国政府没有派人出庭应诉，宾夕法尼亚州检察官代表美国政府到庭陈述意见，认为即使该船是从原告那里非法没收的，其所有权也已于没收当时转属法国皇帝，因而请求法院驳回原告起诉并释放该船。地区法院驳回了原告的请求。原告上诉到联邦巡回法院，巡回法院推翻了地区法院的判决。宾夕法尼亚州检察官遂上诉至联邦最高法院。联邦最高法院于 1812 年作出判决，认为“交易号”具有公船的性质，作为法国财产享有在美国法院免于管辖。宾夕法尼亚地区法院不具有管辖权，因为该船是根据法国法在法国的水域被征用的。对于 John McFaddon 的财产，最高法院爱莫能助，因为船舶被另一主权实体合法捕获，从技术上讲，法国政府遵守了法律，并无任何可以控告之处，故撤销巡回法院的判决，并确认了地区法院的判决。中文翻译参见梁淑英主编：《国际法教学案例》，中国政法大学出版社 1999 年版，第 31 页。

国家主权豁免是一种国际礼让行为，宪法必须予承认。在第二阶段，泰特公函的发布标志着战后美国主权豁免理论的转向。1952 年 5 月 19 日，美国国务院发表了代理法律顾问泰特致司法部长的公函，即著名的泰特公函（Tate Letter）。①这份公函阐明了美国在战后主权豁免理论的巨大转变，肯定了绝对豁免或相对豁免均具有合理性。泰特公函对于涉及主权豁免案件的解决思路是当法院受理了针对外国政府的诉讼后，联邦政府有权在宪法第 2 条之下介入相关的外交问题，决定是否给予相关国家豁免。从 1976 年之后，美国的主权豁免实践进入一个新的时期。1976 年 10 月 21 日，美国国会通过了《外国主权豁免法》（*Foreign Sovereign Immunities Act*, FSIA）。这部国会立法对主权豁免的范围、适用规则、例外等事项进行了比较详尽的规范，成为一部具有重要影响的立法例。《外国主权豁免法》规定对外国国家公法行为（jure imperii）给予豁免，而对外国参与商贸等私法行为（jure gestionis）不再给予豁免。国会立法使得主权豁免实践形成了两项例外：（1）商业行为例外（commercial activity exception）②；（2）恐怖主义例外（terrorism exception）③。一方面国会通过了《针对恐怖主义资助者正义法》④ 和《外国人侵权法》⑤ 等法案进一步处理了主权豁免例外方面的规则；另一方面，美国联邦最高法院在下述一系列的案件中进一步发展了主权豁免的相关法理：维林登诉尼日利亚中央银行案⑥、阿根廷诉美国阿美拉达赫斯公司案⑦、奥地利诉阿尔特曼案⑧、萨曼塔诉尤瑟夫案⑨、奥地利联邦铁路诉萨克斯案⑩、

① Letter from Jack B. Tate, Acting Legal Adviser, U. S. Dept. of State, to Acting U. S. Attorney General Philip B. Perlman (May 19, 1952), reprinted in 26 Dept. State Bull, 984-985 (1952), and in Alfred Dunhill of London, Inc. v. Republic of Cuba, 425 U. S. 682, 711-715 (1976) (App. 2 to opinion of White, J.).

② 28 U. S. C. § 1605 (a) (2). 另参见黄进、李庆明：《2007 年莫里斯诉中华人民共和国案述评》，载《法学》2007 年第 9 期。

③ 28 U. S. C. § 1605 A (a) (1). 国家豁免“恐怖主义例外”是指外国官员、雇员或代理人在其职权范围内实施的酷刑、法外处决、劫持航空器、劫持人质行为，或为上述行为提供资助所导致的人身伤害、死亡或财产损失，在受害者对其提起的民事赔偿诉讼中，该国在美国法院不享有豁免。中文翻译参见王蕾凡：《美国国家豁免法中“恐怖主义例外”的立法及司法实践评析》，载《环球法律评论》2017 年第 1 期。

④ Justice Against Sponsors of Terrorism Act (JASTA) (Pub. L. 114-222).

⑤ Alien Tort Statute (28 U. S. C. § 1350; ATS).

⑥ Verlinden B. V. v. Central Bank of Nigeria, 461 U. S. 480 (1983).

⑦ Argentine Republic v. Amerada Hess Shipping Corp. , 488 U. S. 428 (1989).

⑧ Republic of Austria v. Altmann, 541 U. S. 677 (2004).

⑨ Samantar v. Yousuf, 560 U. S. 305 (2010).

⑩ OBB Personenverkehr AG v. Sachs, 577 U. S. (2015).

苏丹共和国诉哈里森案①、欧帕蒂诉苏丹共和国②。

1972 年，欧洲国家通过缔结条约的方式签署了《欧洲国家豁免公约》③，1978 年英国议会通过了《国家豁免法案》（*State Immunity Act* 1978）。正如丹宁勋爵（Lord Denning）在特兰德克私贸易公司诉尼日利亚中央银行案中判决书所言，欧洲国家从早期的绝对豁免转向了相对豁免的趋势可以被形容为“初为涓滴，后成溪涧，终至洪流”。④尽管西方国家在主权豁免理论方面逐渐转向了限制豁免理论，国际社会就主权豁免的限度问题仍然没能够达成共识。基于这种现实，2004 年国际社会通过了《联合国国家及其财产豁免公约》⑤，迈出了在主权豁免问题上试图达成共识的重要一步。⑥《联合国国家及其财产管辖豁免公约》是在 2004 年 12 月 2 日由联合国大会第 59/38 号决议通过的。截至 2020 年 12 月 31 日，该公约已有 22 个缔约方，不足该公约第 30 条规定的生效所需的 30 个缔约方。尽管如此，事实证明，《联合国国家及其财产管辖豁免公约》对国家豁免法的发展产生了影响，某些规定被视为对习惯国际法的编纂。近年来，国际社会围绕着“二战”受害者索赔的诉讼在各当事国持续不断，其中比较重要的法律问题就是主权豁免问题。⑦2012 年 2 月 3 日，国际法院在“德国诉意大利国家豁免案”⑧ 的判决中，裁定德国对“二战”期间的严重侵犯人权所造成的民事侵权行为不得在受害国的国内法院审理，意大利不顾德国的反对强行在“二战”结束多年后审理相关的案件侵犯了德国的主权豁免。我国学者评论，此案进一步降低了“二战”受害者通过司法

① Republic of Sudan v. Harrison, 587 U. S. (2019).

② Opati v. Republic of Sudan, 590 U. S. (2020).

③ European Convention on State Immunity, Council of Europe, CETS No. 074.

④ Trendtex Trading Corporation v. Central Bank of Nigeria, Appeal decision, [1977] QB 529, [1977] 1 All ER 881, [1977] 2 WLR 356, ILDC 1735 (UK 1977), 13th January 1977, United Kingdom.

⑤ United Nations Convention on Jurisdictional Immunities of States and Their Properties, UN Doc A/59/508.

⑥ 参见张乃根：《国家及其财产管辖豁免对我国经贸活动的影响》，载《法学家》2005 年第 6 期。

⑦ 在中国也同样能存在着，“二战”受害人的后代向日本国政府提出的赔偿诉讼。例如，唐光琴、唐光荣诉日本国政府案，黄代蕙诉日本政府案，董志等诉日本政府及日本三菱综合材料株式会社（原三菱矿业株式会社）案。

⑧ Jurisdictional Immunities of theState, (Germany v. Italy; Qreece Intervening), Judgment, I. C. J. Reports 2012.

途径解决战争赔偿问题的可能性。①

在中国近现代的历史上，帝国主义列强以武力为后盾逼迫中国政府签订了一系列的不平等条约，香港和澳门被割让，同时西方国家在上海、广州、天津、汉口等地开辟了大量的租界，国家主权在一个积贫积弱的年代无法得到应有的尊重和保护。中华人民共和国成立之后，我国确立了"和平共处五项基本原则"的外交政策，极大地捍卫了中国在海外的国家主权。②改革开放后，我国在主权豁免领域的法律主要包括《外交特权与豁免条例》（1986 年）、《领事特权与豁免条例》（1990 年）、《外国中央银行财产司法强制措施豁免法》（2005 年）以及全国人民代表大会常务委员会关于批准《上海合作组织特权与豁免公约》的决定。事实上，1927 年 9 月上海临时法院民事庭对李柴爱夫兄弟诉苏维埃商船队（Rizaeff Freers v. The Soviet Merchantile Fleet）一案的判决是中国近代较早涉及主权豁免的司法案件。1949 年中华人民共和国成立以来，我国在国家主权豁免方面的案件时有发生，例如，1951 年永灏号油轮案，1953 年纽约运通银行存款案，1957 年贝克曼诉中华人民共和国案，1967 年光华寮案，1977 年海后一号案、烟花案，1979 年湖广铁路债券案，1985 年美国空难家属诉中国民航总局案，1992 年列车颠覆案，1993 年中国马牌烟花案、沃尔特斯夫妇案，2003 年仰融案，2005 年天宇案，2007 年莫里斯案、2011 年刚果金案等。在这些案件中，改革开放之后的几起典型个案对主权豁免的研究具有极大的意义。1986 年美国联邦第十一巡回上诉法院审理的杰克逊（Jackson）等人诉中华人民共和国是一起涉及清政府为修建湖广铁路发行债券的历史案件，这是中华人民共和国成立以后涉及中国国家主权豁免的一起重要的案

① 1998 年，意大利人费利尼（Ferrini）在意大利阿雷佐（Arezzo）法院起诉德国，要求德国对其在 1944—1945 年被德军逮捕并强迫劳动给予赔偿。地区法院以德国享有国家豁免为由驳回原告起诉。费利尼上诉到意大利最高法院，最高法院支持了费利尼的诉求，认为德军对原告的行为构成国际罪行，不应享有国家豁免。2005 年，希腊的"二战"受害者在"斯多摩案"胜诉后因判决在希腊和德国无法执行，而向佛罗伦萨法庭请求执行德国在意大利的财产，佛罗伦萨法庭认可了该判决在意大利有执行效力，并对德国在意大利境内的一处不动产采取强制措施。2008 年，德国向国际法院起诉意大利，提出意大利国内法院受理针对德国的此类赔偿诉讼侵犯了德国在国际法下享有的国家豁免权，要求国际法院判决意大利立即终止上述所有诉讼程序的效力并保证意大利法院以后不得就此事项采取对抗德国的法律行为。案情介绍和法律分析参见王蕾凡：《德国诉意大利"国家豁免案"中的价值选择——国际法院判决与意大利宪法原则冲突探析》，载《中国国际法年刊》2015 年第 1 期。

② Xue Hanqin & Jin Qian, International Treaties in the Chinese Domestic Legal System, 8 Chinese J. Int'l L. 299, 308 (2009); CAI Congyan, International Law in Chinese Courts During the Rise of China, 110 Am. J. Int'l L. 2, 269 (2016).

例。① 2006 年美国哥伦比亚特区上诉法院审理的仰融等人诉辽宁省人民政府一案是涉及辽宁省政府征收“华晨中国”的股份这一主权行为的案例。② 2007 年，美国纽约南区联邦地区法院（简称 S. D. N. Y.）审理了一起涉及 1913 年袁世凯政府时期为了落实“善后大借款”而由国际银行财团在华发行债券的纠纷，2002 年，在美的债券持有人莫里斯（Marvin L. Morris，Jr.）等人起诉中国政府要求支付债券本金 1.8 亿美元，法院最终以主权豁免驳回了起诉。③ 2008 年美国联邦第十巡回上诉法院审理的天宇网络公司诉四川省人民政府一案是涉及商业豁免例外的纠纷。④ 2011 年美国联邦第二巡回上诉法院审理沃特斯夫妇（Debbie Walters 和 Max Walters）诉中国工商银行、中国银行、中国建设银行及中华人民共和国案是涉及执行豁免的一起案件。⑤ 2011 年香港特别行政区终审法院审理的刚果民主共和国诉美国基金公司 FG Hemisphere Associates LLC 案（刚果案）是一起涉及“一国两制”下国家豁免规则的适用问题的案件。⑥该案的核心法律问题是香港法院到底适用绝对豁免还是限制性豁免。2008 年 4 月 22 日，中铁母公司向香港交易所发出通函。通函表明，

---

① Jackson v. People's Republic of China, 794 F. 2d 1490, 1491 (11th Cir. 1986). 1911 年 5 月 20 日，中国清政府为了修建湖北至广东的铁路，向英国汇丰银行、法国东方汇理、德国德华银行和美国花旗银行借款 600 万金英镑。1911 年借款合同约定：上述各银行得以清政府名义发行债券销售；铁路器材须向上述国家购买；各段铁路总工程师由这些国家的国民担任；铁路财务由各银行派人审查；以中国厘金、盐税为担保，如有拖欠，即交出海关管理等苛刻条件。这次借款银行以清政府名义发行的债券即所称的湖广铁路债券。该债券票面额分为 100 英镑和 50 英镑两种，年利 5 厘，半年付息一次。该债券通过金融市场分散到私人手中。债券利息从 1938 年起停付，本金 1951 年到期未付。1979 年 11 月，美国持券人杰克逊（Jackson）等 9 人代表 243 名持券者，在美国阿拉巴马州地方法院北区东部分庭（以下简称“美国地方法院”），对中华人民共和国提出起诉，要求中国政府偿还他们的债券本息。美国地方法院受理了此案。1983 年 8 月 12 日，中国通过聘请当地律师特别出庭，提出撤销缺席判决和驳回起诉的动议。同时，美国司法部和国务院向亚拉巴马州地方法院出具了美国利益声明书，表示支持中国的动议。在此情况下，1984 年 2 月，该法院重新开庭，以 1976 年《外国主权豁免法》不溯及既往为理由，裁定撤销上述判决；1984 年 10 月，法院判决驳回原告起诉。1986 年 7 月，杰克逊等人不服，继续提出上诉，被上诉法院驳回。1987 年 3 月，美国最高法院驳回原告复审此案的请求。至此，湖广铁路债券案终于获得圆满终结。参见高伟威、金奇男：《从国家主权豁免原则看湖广铁路债券案》，载《法律适用》1987 年第 12 期。

② Yang Rong et al v. Liaoning Province Gov't, 452 F. 3d 883, 885 (D. C. Cir. 2006).

③ Morris v. People's Republic of China, 478 F. Supp. 2d 561 (S. D. N. Y. 2007).

④ Big Sky Network Canada, Ltd. v. Sichuan Provincial Gov't, 533 F. 3d 1183, 1184 (10th Cir. 2008).

⑤ Walters v. Indus. & Commercial Bank of China, Ltd., 651 F. 3d 280, 284 (2d Cir. 2011).

⑥ Democratic Republic of the Congo and Others v. FG Hemisphere Associates LLC [2011] HKCFA 41; (2011) 14 HKCFAR 95; [2011] 4 HKC 151; FACV 5/2010 (8 June 2011).

中铁母公司和另一所内地公司——中国水利水电建设集团公司已与刚果订立合作协议。依据这份合作协议，一家刚果国有采矿公司（Gecamines）和一个中国财团订立了一份联营协议。这个中国财团包括中铁附属公司在内。在符合若干先决条件之后，该份联营协议便会生效。根据该联营协议，中铁附属公司会支付2.21亿美元给刚果，作为在刚果一项采矿工程计划的部分“入门费”。总部位于美国的一家“秃鹰基金”① 公司（FG Hemisphere Associates LLC）在香港法院起诉刚果政府要求执行刚果政府在香港的财产。2011年6月8日，香港终审法院以3：2多数判决支持了刚果政府的诉讼请求，判定在主权豁免问题上香港需要根据《基本法》第158条第3款请求“人大释法”。2011年8月26日，第十一届全国人大常委会第二十二次会议通过决议，对刚果民主共和国实施“绝对主权豁免”。②

第三节 领土制度

领土是国家的构成要素之一，它与人民、政府和国家能够参与国际社会的能力这三个方面共同构成了国家的四个要素。拥有一定的领土是任何国家都必须具备的。什么是宪法上的领土？如何从宪法上认识领土的重要意义？领土的取得或者获得方式有哪些？包括领海制度、领空制度以及围绕着领土或者领海领空所产生的相关案例都是宪法学予以探讨的。

一、领土主权的概念

领土作为国家的构成要素意味着国家可以在一定的物理空间范围内来行使其统治权或者治理权限。领土（Territory）包括领地（Land and Islands）、领海（Sea）和领空（Airspace）三个主要的空间领域。从公法和私法类比的角度看，领土之于主权的关系可以类比于物之于物权的关系。在传统的罗马法中，物权是一种“上达天宇、下及地心”的绝对权利，与此类似，领土在罗马法中也适用于“上达天宇、下及地心”这一规则。与领土相关的另一个概念是领土主权，这是因为国家的主权总是与领土密切相关的，而当今世界各国的领土争议实际上在某种程度上也是关于领土主权的争端。所谓的领土主权是指国家对其领土行使的最高的和排他性的权利，它包括领土的所有权、领土的管辖权、领土不容侵犯的权利等。

了解一个国家的领土制度，必须对无主地、共有物、时效等基础概念进行一个

① 秃鹫基金（Vulture Hedge Fund），是指那些通过收购违约债券，通过恶意诉讼，谋求高额利润的基金。

② 《全国人民代表大会常务委员会关于〈中华人民共和国香港特别行政区基本法〉第十三条第一款和第十九条的解释》。（2011年8月26日）

厘定或者廓清。无主地（Terra Nullius）是指在法律上不属于任何人的土地，该土地可以被他国占领控制和占有。与无主地相对的概念是共有物或者人类共同财产，罗马法上把它叫做 res communis。所谓共有物或者人类共同的财产是指不属于任何单个国家而属于人类共同所有的财产，例如，公海、外层空间都属于共有物或者人类共同的财产。在领土制度中，时效（Prescription）是指无权占有人以行使主权的意思表示，公然的、和平的、持续的特定的领土到达一定的时间而取得其被占有领土的一种制度。

在一般法理意义上，领土的取得方式包括先占（Occupation of Terra Nullius）、时效（Prescription）、征服（Conquest）、添附（Accretion）、割让（Cession）五种主要的形式。

占有是领土取得的古老方式，它是指国家有意识地通过占有的方式取得无主地领土的主权。占有的要件包括两个：其一，占有的对象必须是无主地；其二，占有必须是以和平的方式进行有效的占有。占有取得物权的方式在罗马法当中就已经确立。①在公法上，占有曾经是领土取得的一种古老的方式。在 1928 年帕尔马斯岛仲裁案②当中，仲裁员 Max Huber 明确了以占有方式取得领土的法律要求：第一，发现无主地本身只能构成一种初步的权利（inchoate title）；第二，构成无主地的先占要求在一定的时间内和平地有效地、持续地占领该无主地（effective and continuous display of state authority）。帕尔马斯岛仲裁案当中对于领土制度发展具有重要的法理意义，如果一片陆地或者一个海岛被公认为是无主地，那么国家对该无主地的领土取得必须发现（discovery）它，然后是有效地和平地控制它。在 1933 年东格陵兰岛案③当中，国际常设法院对先占取得领土的裁判要旨如下：第一，先占必须具有占领的意思表示（animus occupandi/possidendi）；第二，必须确保占领国对无主地主权权威的充分行使。在 1932 年的克利伯顿岛案④当中，仲裁庭对于先占取得领土的裁判核心要旨也包括两个方面：第一，占有和占领是两个不同的步骤，占有是权利的拥有，而占领是权利的行使；第二，占有必须经过实际的占领才能完成占有的全部过程或者全部程序。

时效（Prescription）是领土取得的第二种方式。领土法中的时效是指一国对于

---

① 盖尤斯（Gaius）论证：§ 66. Another title of natural reason, besides Tradition, is Occupation [occupatio], whereby things previously the property of no one become the property of the first occupant, as the wild inhabitants of earth, air, and water, as soon as they are captured.

② Island of Palmas Case (or Miangas), United States v. Netherlands, PCA Award, (1928) II RIAA 829.

③ Legal Status of Eastern Greenland (Den. v. Nor.), 1933 P. C. I. J. (ser. A/B) No. 53 (Apr. 5).

④ The Clipperton Island Case (France v. Mexico) (1931) 2 R. I. A. A. 1105.

不属于自己的领土的占有已经到达长期而安稳的程度，他国予以默认（Acquiescence）或者没有任何的抗议，此时，占有国可以合法地取得被占领土的主权。时效制度不同于先占制度，时效可以适用于非无主地，先占只能适用于无主地。一般来说，一个国家通过时效取得领土必须满足以下三个方面的要件：第一，占有必须是以主权行使的方式进行，这种占有必须是公开的、和平的和不受到他国挑战的，而且这种占有必须是持续的；第二，获得他国或国际社会的默认；第三，一国通过时效取得领土不得违背禁止反言（Estoppel）的原则。①

征服（Conquest）是指一国以武力的方式兼并他国全部或者部分领土的方式。征服作为一种领土取得的方式受到了近现代国际法发展的严格限制和排斥。从1928年的《巴黎非战公约》②到1945年《联合国宪章》③，禁止使用武力或者以武力相威胁已经成为处理国际关系的一种基本原则。从历史上看，许多国家之前都存在着领土争端，最著名的领土争端纠纷是巴勒斯坦和以色列之间的冲突。随着国际秩序不断朝着文明和法治的方向前进，征服已经不能成为一种领土取得的合法方式。

添附（Accretion）是指由于自然的或者人为的原因而使得一国拥有了新的领土。添附作为取得领土方式在国际社会也是常见的，例如，土地的突然转位、河流的改道而产生新的领土都可以被视为领土的添附。

割让（Cession）是指一国根据条约或者协定将领土转让给他国从而使得接受国取得领土的一种方式。一般来说，通过割让取得领土需要遵守两个原则：第一，一国根据条约或者协定将领土转让给他国不得有违被割让领土的民族自决权（Self-determination）；第二，任何一个国家通过条约或者协定将领土转让给他国都不能将其本身所不属于自己的领土割让给他国。罗马法规定：任何人不能给予其所未有者（nemo dat quod non habet）。如果将罗马法上的这一规则进行类比和转化，我们就可以看到国家不能将本不属于自己的领土通过条约或者协定给予他国。在“二战”之后，第三世界的国家和人民纷纷取得了反对帝国主义和殖民主义的胜利，随之而来的法律问题就是殖民地独立之后的边界问题，在1986年边界争端案中，国际法院适用了“保持占有原则”来解决这一难题。保持占有原则（uti possidetis principle）的基本含义是国际社会承认殖民地独立国家在独立时已经占有的领土。

除了上述取得领土的方式外，国家实践中还存在着租借和国际地役制度。所谓

---

① Sovereignty over Certain Frontier Land, Belgium v. Netherlands, Merits, Judgment,（1959）ICJ Rep 209.

② Kellogg-Briand Pact（1928），中文翻译为《关于废弃战争作为国家政策工具的普遍公约》，亦称《巴黎非战公约》或《凯洛格—白里安公约》。

③ Charter of United Nations, Art. 2（4）.

租借（Lease）是指一国根据条约将其领土的一部分租借给另一国，在条约规定的期间内，用于条约所规定的目的。所谓地役（Servitudes）是指一国根据条约将其特定领土在一定范围内提供给他国为某种目的而永久使用。租借制度在历史上是殖民主义的产物，尤其是帝国主义列强通过不平等条约将特定领土纳入其版图的做法受到了国际社会的强烈批判。由于历史、地理和政治方面的原因，现代国际社会还存在着一些关于飞地之上的地役权的争议，在这方面，最著名的例子就是 1960 年代葡萄牙和印度关于特定飞地之间的争端。①

二、领海和领空制度

随着人类生活空间的拓展，领土制度早已不再局限于陆地，而是扩展到了包括海洋和空域等范围。领海（Territorial Sea）是指距离一国海岸线以外一定范围内的水域。根据 1982 年《联合国海洋法公约》② 第 3 条的规定，领海的宽度是 12 海里。《中华人民共和国领海及毗连区法》第 3 条规定：中华人民共和国的领海宽度从领海基线量起为 12 海里。在领海制度中，领海、内水、海湾、海峡和公海属于不同的法律概念。内水是一个国家陆地所环绕或者包含的水域空间，当然属于一国的领土。领海是按照国际公约或者习惯法而将一国领海基线以外的水域划为一国领土的制度，目前，国际上很多国家采取的是 12 海里规则（12 miles rule）。在领海制度中，沿海国的权利义务和外国的权利义务是非常复杂的。一般来说，外国军舰和船只进入一国的领海需要经过沿海国的事前同意。对于外国的商用船只而言，沿海国一般承认了其无害通过权（Innocent Passage）。外国的非军用船舶可以在不损害沿海国和平安全或者良好秩序的原则下通过一国领海。国际上存在着围绕着无害通过权的很多争端和纠纷，从法律上看，这些纠纷的核心在于确保沿海国的权利义务以及外国无害通过国权利义务之间的平衡。与领海相关的另外一个概念叫毗邻区或毗连区（Contiguous Zone）。一般来说，毗邻区适用的是 24 海里规则，亦即，领海之外的 12 海里范围内被划定为沿海国的毗连区。在毗连区之外是专属经济区（Exclusive Economic Zone，EEZ），专属经济区是领海以外并邻接领海的一个区域。按照《联合国海洋法公约》之规定，专属经济区一般从测算领海宽度的基线量起，不应超过 200 海里（370.4 公里）。在专属经济区范围内，沿海国拥有勘探、开发、

① Right of Passage over Indian Territory（Portugal v. India），1960 I. C. J. 6（Apr. 12）.

② United Nations Convention on the Law of the Sea，Dec. 10，1982，1833 U. N. T. S. 397.《联合国海洋法公约》（UNCLOS）于 1982 年 12 月 10 日在牙买加蒙特哥湾（Montego Bay）开放签署，1994 年 11 月 16 日生效。该公约含有与领海、毗连区、大陆架、专属经济区以及公海有关的条款。国际海洋法法庭（International Tribunal for the Law of the Sea，缩写 ITLOS），是根据《联合国海洋法公约》建立的，是专门审理海洋法案件的，总部位于德国汉堡市。2020 年 6 月，新加坡成为国际海洋法法庭首个总部外审理地点。

使用、养护、管理海床和底土及其上覆水域自然资源的权利，其他国家则享有航行和飞越的自由。大陆架是陆地领土向海洋的自然延伸。在 1969 年的北海大陆架案和 1985 年的大陆架案中，国际法院就大陆架的划界原则、标准方法以及应该考虑的情况进行了法律说明。国际法院认为应该根据公平原则并考虑一切相关因素获得公平结果。① 公海（High Sea）属于全人类的共同财产，任何国家都拥有通行的权利，同时承担不得破坏公海的自然环境的义务。

领空是领陆和领海之上的空气空间，它位于外层空间以内②。根据《巴黎航空公约》规定，国家对于其领空享有主权。1944 年 12 月 11 日在芝加哥签署的《国际民用航空公约》重申：各国对于领空拥有主权。依据芝加哥公约，国际社会成立了国际民航组织（International Civil Aviation Organization），国际民航组织的总部位于加拿大的蒙特利尔，蒙特利尔成为领空法发展历史中一个重要的地理位置。《蒙特利尔公约》（*Montreal Convention*）规定了在国际的航班的飞行中如何去认定一些非法活动以及国家的权利、义务、责任等一系列的问题。国际上关于领空方面著名案例是洛克比空难案（Lockerbie Cases）和鲁斯特事件（Mathias Rust Incident）。中国在领空方面的法律主要包括《中华人民共和国民用航空法》和《中华人民共和国国家安全法》。

近年来，南海仲裁案成为学术界关注的一个焦点。2013 年 1 月 22 日在菲律宾总统贝尼尼奥·S. 阿基诺三世（Benigno S. Aquino III）执政期间，菲律宾向位于荷兰海牙的常设仲裁法院（Permanent Court of Arbitration）③ 提起了针对中国所属的南沙群岛（Spratly Islands）、黄岩岛（Scarborough Shoal）、赤瓜礁（Johnson South Reef）、渚碧礁（Subi Reef）等海洋权益的诉讼。菲方聘请了专长于国际公法尤其是海洋法的弗雷·霍格（Foley Hoag LLP）律师事务所的保罗·莱克勒（Paul Reichler）、美国迈阿密大学伯纳德·奥克斯曼（Bernard H. Oxman）教授、英国伦敦大学学院菲利普·桑兹（Philippe Sands）教授、爱丁堡大学埃伦·波义尔（Alan Boyle）教授等为其辩护。同年，常设仲裁法院（Permanent Court of Arbitration）首席仲裁员、加纳籍法官托马斯·门萨（Thomas Mensah）等五名法官组成了仲裁庭。2014 年 12 月，中国发布了《中华人民共和国政府关于菲律宾共和国所提南海仲裁案管辖权问题的立场文件》，明确表示菲律宾向仲裁庭提出仲裁的

① North Sea Continental Shelf (F. R. G. v. Den.; F. R. G. v. Neth.), 1969 I. C. J. 3 (Feb. 20); Continental Shelf (Libya v. Malta), 1985 I. C. J. 13 (June 3).

② 国际航空联合会以 100 公里高度作为地球大气层与外层空间的分界，称为卡门线（Kármán Line）。

③ 常设仲裁法院根据第一届海牙和平会议的建议于 1899 年建立，与联合国国际法院共享位于海牙的和平宫的办公地址。

行为，已经违反了中华人民共和国与东南亚国家联盟在 2002 年签署的《南海各方行为宣言》①。2015 年 10 月 29 日，仲裁庭作出《管辖权和可受理性裁决》，申请其有权受理本案。② 2016 年 7 月 12 日，在中国缺席的情况下，海牙国际仲裁法庭对南海仲裁案作出“最终裁决”，支持菲律宾在此案相关问题上的全部诉求，并否定了“九段线”（Nine-dash Line）。③ 2016 年 7 月 12 日，中国政府发布了《中华人民共和国政府关于在南海的领土主权和海洋权益的声明》明确表示：中国南海诸岛包括东沙群岛、西沙群岛、中沙群岛和南沙群岛。④中国法学会也于 2016 年 7 月 13 日发表了《关于菲律宾共和国单方面提起的南海仲裁案的声明》，从法律层面有力地支持了中国政府的观点和立场。⑤中国针对菲律宾单方面提起的仲裁案的立场非常明确，即中国不接受、不参与仲裁，不承认任何裁决，中方这一立场表明了维护和捍卫国家主权和领土完整的决心。⑥中国不接受、不参与和不承认南海仲裁案的法理依据在于：（1）中国对仲裁程序的已经作出过明确的排除性声明。2006 年 8 月 25 日，中国根据《联合国海洋法公约》第 298 条的规定向联合国秘书长提交声明。该声明称，关于《联合国海洋法公约》第 298 条第 1 款（a）、（b）和（c）项所述的任何争端（即涉及海域划界、历史性海湾或所有权、军事和执法活动以及安理会执行《联合国宪章》所赋予的职务等争端），中华人民共和国政府不接受《联合国海洋法公约》第十五部分第二节规定的任何程序。⑦（2）临时仲裁庭的组成及管辖权、公信力存在巨大争议。（3）中国拥有对南海诸岛的历史性权利（Historic Rights）。中国人民在南海的活动已有 2000 多年历史，中国最早并持续、和平、有效地对南海诸岛及相关海域行使主权和管辖，确立了在南海的领土主权和

① 2002 年 11 月 4 日，中华人民共和国和东盟 10 国（10+1）在柬埔寨金边签署《南海各方行为宣言》（*Declaration on the Conduct of Parties in the South China Sea*）。该宣言共 10 条，第 7 条规定：“有关各方愿通过各方同意的模式，就有关问题继续进行磋商和对话，包括对遵守本宣言问题举行定期磋商，以增进睦邻友好关系和提高透明度，创造和谐、相互理解与合作，推动以和平方式解决彼此间争议。”

② The South China Sea Arbitration (Phil. v. China), PCA Case No. 2013-19, Award on Jurisdiction and Admissibility (Oct. 29, 2015).

③ The South China Sea Arbitration (Phil. v. China), PCA Case No. 2013-19, Award (July 12, 2016).

④ 载中国外交部网站：https：//www. mfa. gov. cn/nanhai/chn/snhwtlcwj/t1380021. htm.

⑤ 张文显等：《“南海仲裁案”法律评析及后续应对笔谈》，载《中国法学》2016 年第 5 期。

⑥ 参见中国国际法学会：《菲律宾所提南海仲裁案仲裁庭的裁决没有法律效力》，载《中国国际法年刊》2016 年第 1 期。

⑦ United Nations Convention on the Law of the Sea, Dec. 10, 1982, 1833 U. N. T. S. 397 [UNCLOS].

相关权益。①

第四节　公民和国籍

公民的概念源于古希腊城邦国家，在古希腊的城邦国家当中符合一定条件的成年男性被认为是公民。按照亚里士多德在《政治学》一书中的观点，在古希腊，凡是有权参加议事或者审判职能的人就是城邦的公民。在古希腊宪制语境之下，法律意义上的公民有两类：其一，能够有资格作为陪审员成员参加审判的人；其二，能够有资格参加城邦正式的政治和议事活动的人。从另一个角度来看，古希腊的自然人要成为公民需要具备两个条件，要么他能够成为陪审团成员，要么他能够有权利参加国家的政治议事活动。②在古希腊时期，奴隶、妇女、儿童以及外邦人都不属于城邦的公民。根据学者王绍光的研究，在雅典全盛时代，享有充分权利之公民总数约有 4 万人，他们的妻儿约有 5 万人，还有 4 万名左右外邦人，以及 35 万名左右奴隶，公民人数大概只占到全部雅典城邦总人口的十分之一。公民概念在罗马法当中得以继受。在罗马法下，罗马的公民之间适用的是市民法（Jus Civile），罗马公民与异邦人之间适用的是万民法（Jus Gentium）。人类进入近现代的政治文明以来，公民的概念是在一个宪法的语境当中被建构起来的。人们通常认为公民是具有一国国籍的自然人。在宪法规范结构中，公民的定义一般如下：凡是具有一国家国籍的人，就是国家的公民。公民的身份意味着一个人在国家当中的法律地位，它至少和三个方面的问题是直接相关的：第一个就是国籍问题，公民意味着国籍的取得；第二就是公民的权利，包括公民在政治、经济和文化等方面的权利；第三，公民还必须承担一定的义务。

---

① Zhiguo Gao & Bing Bing Jia, The Nine-Dash Line in the South China Sea: History, Status, and Implications, 107 AM. J. Int'l L. 98, 123-24 (2013); Sienho Yee, The South China Sea Arbitration (The Philippines v. China): Potential Jurisdictional Obstacles or Objections, 13 Chinese J. Int'l L. 663 (2014); Chinese Society of International Law, The South China Sea Arbitration Awards: A Critical Study, Chinese Journal of International Law, 17 Chinese J. Int'l L. 207 (2018); Sreenivasa Rao Pemmaraju, The South China Sea Arbitration (The Philippines v. China): Assessment of the Award on Jurisdiction and Admissibility, 15 Chinese J. Int'l L., 265 (2016); Bernard H. Oxman, The South China Sea Arbitration Award, 24 U. Miami Int'l & Comp. L. Rev. 235 (2017); S. Jayakumar et al. eds. The South China Sea Arbitration: The Legal Dimension, Edward Elgar Publishing, 2018; Yoshifumi Tanaka, The South China Sea Arbitration: Toward an International Legal Order in the Oceans, Hart Publishing, 2019; Lingqun Li, China's Policy towards the South China Sea: When Geopolitics Meets the Law of the Sea, Routledge, 2019.

② 参见王绍光：《民主四讲》，生活·读书·新知三联书店 2008 年版，第 3 页。

拥有一国国籍的人才能够成为一个国家的公民。我们要理解什么是公民就必须理解什么是国籍，要理解什么是国籍必然需要知道公民的概念。从某种意义上看，国籍是理解公民概念的一把钥匙。通常认为一个人属于某一个国家的国民或者公民的法律资格叫做国籍。国籍在本质上在政治实体和个体之间建立了一种宪法和法律上的联系。国籍与国家的管辖权的行使、公民基本权利的保障、公民基本义务的承担密切相关。国籍使得一个公民拥有自由进出国境的权利。国籍在国际社会还意味着外交保护的适用①。

《世界人权宣言》第 15 条明确宣示：人人有权享有国籍，任何人的国籍不得任意剥夺，亦不得否认其改变国籍的权利。② 哈佛法学院拟订的 1929 年《关于国籍问题的公约草案》（哈佛草案）将国籍界定为"由于效忠关系附属于一国的自然人的地位"。③根据詹宁斯（Robert Jennings）和瓦茨（Arthur Watts）修订的《奥本海国际法》第九版的观点，个人的国籍是他作为某国国民的特质。④按照法国学者亨利·巴迪福（Henri Batiffol）和保罗·拉加德（Paul Lagarde）编著的《国际私法》的见解，国籍可以被定义为"某人对构成一国的一个组成部分的人口的法律附属关系。这种附属关系使国民必须受该国所谓属人职权管辖，而这种职权是可以对别国强制执行的"。⑤《欧洲联盟条约》（马斯特里赫特条约）还规定了"联盟公民身份"。根据《欧洲联盟条约》第 8 条的规定，"每一个拥有一个成员国国籍的人应为联邦的公民"。⑥ 但是，欧盟公民身份最终仍然取决于成员国的宪法和国籍法的规定。

国籍问题一般需要根据一国的宪法和国籍法来加以确定，每个国家根据自己本国法律确定谁为其国民的原则。换而言之，关于谁是公民、谁不是公民的问题，必须由每一国家的国内法确定，而非由国际法确定。这一原则在 1930 年《关于与国

① United Nations, Draft Articles on Diplomatic Protection with Commentaries, Yearbook of the International Law Commission, 2006, Vol. II, part 2.

② Universal Declaration of Human Rights, G. A. res. 217A (III), U. N. Doc A/810 at 71 (1948), Art. 15.

③ Draft of Contention on Nationality (1929), American Journal of International Law, *23* (S5), 12-20.

④ Robert Jennings & Arthur Watts eds., Oppenheim's International Law, Volume 1 Peace, Harlow: Longman Group UK limited, 1992, p. 851.

⑤ UN Doc. A/CN. 4/SER. A/1997/Add. 1 (Part 1); Henri Batiffol & Paul Lagarde, Droit International Privé, Vol. I. 8th ed. Paris, Librairie Générale de Droit et de Jurisprudence, 1993, p. 60.

⑥ Consolidated Version of the Treaty on European Union, Mar. 30, 2010, 2010 O. J. (C 83/13) (TEU or Maastricht Treaty), Art. 8.

籍法冲突有关的某些问题的公约》第 1 条中得到确认。①该原则在常设国际法院“关于突尼斯和摩洛哥所颁布国籍法令的意见”② 和“关于取得波兰国籍问题的意见”③ 中也得到肯定，而国际法院在“诺特博姆案”④ 中也得以重申。

国籍的取得一般有两种方式：一种叫做固有取得，即依据出生和血统来取得国籍；另外一种取得国籍的方式叫做传来取得，又被称为继受取得或者继有取得，它是通过归化的方式来取得一个国籍。

固有取得具体分为两种路径，一种叫做属人主义（jus sanguinis），另一种叫做属地主义（jus soli）。所谓的属人主义是指的是不论出身为何地只要其父母一方为本国人则子女就获得父母一方或者双方的国籍。所谓的属地主义是指不论父母的国籍是什么，只要出生在该领土范围内，则子女自动获得该国的国籍。属地主义就是我们所说的“生于斯土，即为斯民”。

传来取得主要指的是归化（Naturalization），归化是某个人在出生国国籍以外，自愿、主动地取得他国国籍的一种公法行为。归化可以分为一般归化和特殊归化。宪法一般只是原则性规定了公民条款，国籍法和移民法则是对宪法公民条款的具体化。举例而言，美国于 1965 年通过了《移民和国籍法》(*Immigration and Nationality Act*)，该法案又被称为“哈特-塞勒法案”（*Hart-Celler Act*），英国于 2016 年通过了《2016 年移民法案》(*Immigration Act* 2016)，加拿大于 2002 年通过了《移民和难民保护法案》(*Immigration and Refugee Protection Act*)，澳大利亚于 1958 年通过了《1958 年移民法案》(*Migration Act* 1958)，新西兰于 2009 年通过了《2009 年移民法案》(*Immigration Act* 2009)。从一般意义上看，各个国家的国籍法或者移民法在一般归化方面的具体要求各异，但大体来讲，一般归化的法律要求包括真实意思表示、居住时间要求、遵守法律要求、财产要求语言要求、宣誓要求等。例如，美国公民及移民局（United States Citizenship and Immigration Services）主要是通过一定配额的居留签证、移民签证（Immigrant Visa）的审核来决定申请人是否可以取得该国的国籍。特殊归化是通过婚姻关系或者收养关系来改变一个人的国籍取得方式。国籍的问题在中国的法律依据有二：首先是现行宪法，现行《宪法》第 33 条规定：凡具有中华人民共和国国籍的人都是中华人民共和国公民。其次是 1980 年的《国籍

① Convention on Certain Questions Relating to the Conflict of Nationality Laws Art. 1, Apr. 12, 1930, 179 L. N. T. S. 89.

② Nationality Decrees Issued in Tunis and Morocco, , Advisory Opinion, (1923) PCIJ Series B, No. 4, p. 24.

③ Question Concerning the Acquisition of Polish Nationality, Advisory Opinion, (1923) PCIJ Series B, No. 7, p. 16.

④ Nottebohm, Liechtenstein v. Guatemala, Preliminary Objection (Second phase), Judgment, [1955] ICJ Rep 4, ICGJ 185 (ICJ 1955), 6th April 1955, p. 4.

法》，规定了中国国籍的取得、丧失、恢复等法律规则。根据现行的中国《国籍法》，中国国籍的取得一般采用属人主义方式，也就是父母双方或者一方为中国公民的子女，一般可以取得中国国籍。在例外的情况下我国也适用了特殊的属地主义，比如说父母是无国籍的或者父母的国籍不明确，则孩子取得出生地中国的国籍。中国《国籍法》不承认双重国籍。对于外国来申请中国国籍的，中国《国籍法》设定了一系列的法律要求：第一，外国人为中国人的近亲属；第二，外国人定居中国并以中国作为经常居住地和生活场所；第三，存在其他正当理由。

在国籍问题方面，理论和实务上还面临着无国籍（Stateless）人员地位和待遇问题。①所谓无国籍是指某一个人不被任何一个国家的法律认为是其国民从而没有任何国籍，或者说不属于任何国家的状态。无国籍人员的出现与历史的、政治的、法律的以及个人因素有关。就法律因素而言，在跨国民商事领域，由于国籍法的冲突就可能造成无国籍现象。典型的例子就是婚姻关系导致的国籍冲突。如果A国法律规定，本国人（A国公民）与外国人（B国公民）结婚，即丧失本国国籍，但B国法律规定，不因同本国人结婚，而获得本国国籍。国际社会共同体有义务减少无国籍的状态或者为这类人士提供某种保护，早在国际联盟时期，南森国际难民办公室②就致力于为无国籍人员提供国际承认的难民旅行证件。“二战”后，联合国于1954年和1961年分别通过了《关于无国籍人地位的公约》③和《减少无国籍状态公约》。④这些公约旨在确保国家当局为无国籍人员提供公共救济、身份证件、财政征收和入籍等方面的便利。

---

① William Thomas Worster, The Obligation to Grant Nationality to Stateless Children Under Customary International Law, 27 Mich. St. Int'l. L. Rev. 441, 474 (2019).

② 该机构以挪威科学家、外交家、人道主义者弗里乔夫·南森（Fridtjof Nansen, 1861—1930）命名，曾获得1938年诺贝尔和平奖。

③ Convention Relating to the Status of Stateless Persons, Sept. 28, 1954, 360 U. N. T. S. 117.

④ Convention on the Reduction of Statelessness, Aug. 30, 1961, 989 U. N. T. S. 175.

第四章　世界宪法的历史与发展

第一节　英国及部分英联邦国家宪法的历史概述

英国宪法属于典型的不成文宪法，它是一系列规范英国政治体制的规则和惯例共同组成的。英国虽然没有一部居于最高法律地位的宪法典，但是在长期的不成文的传统中形成了一系列重要的立宪性质和宪法性质的法律文件（详见表4-1）。

表4-1　英国宪法史上的关键宪法文件

王权名称	起止时间	代表性的宪法性文件
亨利一世(Henry I)	1100—1135	1100年《豁免特许状》①
约翰国王(John)	1199—1216	1215年《自由大宪章》②
亨利三世(Henry III)	1216—1272	1225年《自由大宪章》
爱德华一世(Edward I)	1272—1307	1297年《自由大宪章》
查理一世(Charles I)	1625—1649	1628年《权利请愿书》
查理二世(Charles II)	1649/1660—1685	1679年《人身保护法案》③
威廉和玛丽(William & Mary)	1689—1694	1689年《权利法案》④、1689年《君主拨款法案》、1689年《王位及议会承认法案》

① Carta Libertatum，英文是 Charter of Liberties

② Magna Carta (1215).

③ Habeas Corpus Act 1679.

④ Bill of Rights 1688.

续表

王权名称	起止时间	代表性的宪法性文件
威廉三世(William III)	1694—1702	1700 年《王位继承法》①
安妮女王(Anne)	1702—1714	1706 年《苏格兰合并法案》②、1707 年《苏格兰合并法案》(修正案)
乔治三世(George III)	1760—1820	1800 年《大不列颠和爱尔兰联盟法案》③
维多利亚(Victoria)	1837—1901	1832 年《选举法》、1873 年《司法法》、1876 年《上诉管辖权法案》、1887 年《上诉管辖权法案》
乔治五世(George V)	1910—1936	1911 年《议会法》、1918 年《国民参政法》④、1928 年《国民参政（男女平等）法》、1931 年《威斯敏斯特法案》、1922 年《北爱尔兰自由法案》、1920 年《爱尔兰政府法案》、1911 年《议会法案》
乔治六世(George VI)	1936—1952	1936 年《陛下退位声明法》⑤、1946 年《联合国法案》⑥、1948 年《人民代表法》、1949 年《议会法案》、1943 年《议会（选举和会议）法案》、1946 年《法规规范法案》⑦
伊丽莎白二世(Elizabeth II)	1952 年至今	1958 年《终身贵族爵位法案》⑧、1964 年《紧急权力法案》、1972 年《欧洲共同体法》、1978 年《国家豁免法案》、1978 年《苏格兰法案》、1978 年《威尔士法案》、1981 年《最高法院法》、1981 年《英国国籍法案》、1998 年《威尔士法案》、1998 年《苏格兰法案》、1998 年《北爱尔兰法案》、1998 年《人权法案》、1999 年《上议院法案》、2005 年《宪法改革法案》、2013 年《王位继承法案》、2018 年《欧盟（退出）法案》⑨、2020 年《欧盟（退出协议）法案》⑩

① Act of Settlement 1700.
② Union with Scotland Act 1706.
③ Act for the Union of Great Britain and Ireland, 2 July 1800.
④ Representation of the People Act 1918.
⑤ His Majesty's Declaration of Abdication Act 1936.
⑥ United Nations Act 1946.
⑦ Statutory Instruments Act, 1946.
⑧ Life Peerages Act 1958.
⑨ European Union (Withdrawal) Act 2018.
⑩ European Union (Withdrawal Agreement) Act 2020.

1100年英王亨利一世（Henry I，约1068—1135）加冕，为了赢得教会和贵族的支持，他颁布了一份由14个条款组成的《豁免特许状》（*Carta Libertatum*，英文是 *Charter of Liberties*），赋予教会和贵族相当多的豁免权和法权。①公元1215年6月15日，在英国温莎城堡附近泰晤士河畔一处叫兰尼米德（Runnymede）的草场上，诞生了西方乃至世界政治史上具有里程碑意义的一份法律文件，那就是英王约翰（King John，1166或1167—1217）与造反的男爵们在坎特伯雷大主教斯蒂芬·朗顿（Stephen Lang-ton，1150—1228）斡旋下达成的一份书写在一张羊皮张上的拉丁文特许状（Charter），这份实际上相当于一份和平协议的特许状就是闻名于世的《自由大宪章》（*Magna Carta*）②。该法律文件一共有63条，它的基本精神和核心要旨是限制王权。《自由大宪章》凝结了两个方面的这种政治诉求或者宪法的原则。第一，限制国王的权力，确立了国王的权力也必须受制于法律的约束这样一种原则；第二，《自由大宪章》承认了市民所拥有一系列的人身和财产权利。《自由大宪章》是普通法自由的奠基石，它是正当法律程序的肇始者，是英国议会形成的驱动器。历经800多年的洗礼，《自由大宪章》至今仍然是英国宪法中具有重要宪法渊源地位的法律。1628年，英格兰议会通过了《权利请愿书》（*Petition of Right*）。《权利请愿书》继承了《自由大宪章》的核心法律原则和精神并规定："凡自由人除经其同侪之合法裁判，或依国法外，皆不得加以拘捕、监禁，或剥夺其管业权、各项自由及自由习惯，或置诸法外，或加以放逐，亦不得以任何方式加以毁伤。"1649年，英国国王查理一世（Charles I）由于试图挑战阻碍议会的权威继续实施君主专制而被送上了断头台。查理二世时期，英国议会颁布了《1679年人身保护法》（*Habeas Corpus Act of* 1679），该法案修正了普通法令状中的不足，为被羁押人的个人权利提供了强大的法律救济。③"光荣革命"的次年，英国国会两院于西敏寺宫制定了人类历史上的第一部承认和确保人民基本自由的法案——《1689年权利法

---

① 陈国华：《宪法之祖〈大宪章〉：800年后的回顾与解读》，载《中华读书报》2015年7月8日，第17版。

② 《自由大宪章》的中文译本有五个比较著名的版本：（1）国民政府立法院编译处1933年译的《英国大宪章》，收录当年8月出版的《各国宪法汇编》中。（2）张君劢于1944年译的《英国大宪章提要》，该译本属于编译，对原文的顺序和内容做了不少改动，发表于《东方杂志》第40卷第14期。（3）康树华译的《英国大宪章》，收录［日］木下太郎编、康树华译（1981年）的《九国宪法选介》。（4）台湾辅仁大学雷敦龢于2002年译的《英国大宪章今译》，收录《和平丛书》第26期。（5）网络上的通行《自由大宪章》中文版本。

③ 按照韦伯法律字典（1996年版）的解释，Habeas Corpus的拉丁语字面含义"你掌握着（被要求交出）人的身体"。人身保护令（writ of Habeas Corpus）是指法官基于被监禁或限制自由者认为该行为非法并向其请求而颁发的特别令状文书。参见邓智慧：《人身保护令与人权保障——以刑事诉讼为主视角》，载《中国法学》2004年第4期。

案》(Bill of Rights 1689)，该法案主要内容包括：国王无权废除法律或停止法律实施；非经议会同意，国王不得征税；国王不得干涉议会的言论自由；人民有向国王请愿的权利；人民有佩戴武器用以自卫的权利；人民有选举议会议员的权利；国王不得干涉议会的言论自由；人民有不遭受残酷惩罚的自由；人民有在未审判的情况下不被课以罚金的自由。1701 年，英国议会通过了《王位继承法》明确了英国君主的继承顺位。《王位继承法》进一步限制了国王的权力，它规定："鉴于英国法律是英国人民与生俱来的权利，因此，凡得登上英国王位的国王和女王，都应依照英国法律的规定管理政务，他们所属官吏和大臣也都应按照同样的法律为国王效力。" 1707 年，英国国会根据英格兰王国和苏格兰王国两国之间的《联合条约》(*Treaty of Union*) 通过了《1707 年联合法案》(*Acts of Union* 1707)。1800 年，大不列颠议会和北爱尔兰议会分别通过了《1800 年联合法案》(*Act of Union* 1800)，大不列颠和爱尔兰联合王国正式建立。除了上述重要的法律文件外，英国宪法发展史上的重要立法还包括 1832 年的《选举法》、1911 年的《议会法》、1918 年的《国民参政法》、1928 年的《国民参政（男女平等）法》、1948 年的《人民代表法》、1931 年的《威斯特敏斯特法》、1972 年的《欧洲共同体法》、1998 年的《人权法案》、2005 年的《宪法改革法案》、2020 年的《欧盟（退出协议）法案》等一系列的宪法性法律。

1867 年，英国议会通过了《英属北美法案》①，确立了加拿大的自治领 (Dominion) 地位，加拿大联邦由此诞生。在 20 世纪初期，更多的英国前殖民地逐渐获得独立地位，1901 年澳大利亚联邦（Commonwealth of Australia）成立，1907 年新西兰自治领成立，1907 年南非联邦（Union of South Africa）② 成立，1922 年爱尔兰自由邦（Irish Free State）成立。随着英国殖民体系的瓦解，英国保守党政治家阿瑟·贝尔福（Arthur Balfour，1848—1930）在 1926 年发表了著名的《贝尔福宣言》，宣称英国和各自治领都是英联邦之内的自治共同体，各个自治领地位平等，在它们的内政和外交事务各方面互不从属，共同效忠英王。③ 1931 年 12 月 11

---

① The British North America Act, 1867, also known as the BNA Act.

② 南非于 1961 年改制为共和国，并退出英联邦。但是，南非于 1994 年又重新加入英联邦。

③ 贝尔福两次以他命名的宣言著称于世。一个是 1917 年《贝尔福宣言》，另外一个是 1926 年《贝尔福宣言》。1917 年 11 月 2 日，时任英国外交大臣贝尔福写信给罗斯柴尔德勋爵 (Lord Rothschild)，表示英国支持犹太人在巴勒斯坦地区建立一个犹太人的"民族家园"（a national home for the Jewish people)，同时不得有任何行为，是可能会伤害已经存在于巴勒斯坦的非犹太社群的公民和宗教权利，以及犹太人在其他国家享有的各项权利和政治地位。1917 年《贝尔福宣言》虽然仅有 67 个英文单词，但却对犹太锡安主义运动（Zionism movement）、中东局势乃至世界格局产生了深刻的影响。

日，《贝尔福宣言》获得英国议会认可并转化为著名的《威斯敏斯特法案》（Statute of Westminster 1931），正式承认了加拿大自治领、纽芬兰自治领①、澳大利亚联邦、新西兰自治领、南非联邦、爱尔兰自由邦的独立地位。根据《威斯敏斯特法案》第 2 条之规定，自治领取得了独立的立法权，它们所订之法律或规定，不会因为与英国将来可能制定之法律、规定或根据法律制定的规章抵触而无效。英国政府从此不再以主权者名义介入或干涉自治领的内政。

1788 年 1 月 26 日，英国殖民者在澳大利亚东南部建立第一个殖民地“新南威尔士”，澳大利亚成为英国的殖民地。19 世纪 90 年代，在时任新南威尔士殖民地总理、后来被尊称为“联邦之父”的亨利·帕克思（Henry Parkes）倡议下，各殖民地领导人在墨尔本（1890 年）、悉尼（1891 年）两次举行会议讨论组建新的联邦。1900 年，《澳大利亚联邦宪法法令》由英国议会通过。在 1931 年《威斯敏斯特法案》通过后，澳大利亚获得了法理上的完全自治权，但是澳大利亚仍然受到英国法律的强烈影响。1986 年《澳大利亚法令》的通过结束了英国国会对澳大利亚的立法权力，这部法律也终止了英国枢密院对澳大利亚司法案件的最终上诉权。澳大利亚至今仍然保留在英联邦中且承认英国君主是该国象征性的国家元首。现行《澳大利亚宪法》主要涉及联邦政府机构的设立以及联邦和州政府之间宪法权力的分配。宪法把基于威斯敏斯特模式的负责任的民主议会政府以及联邦政府与州政府之间的立法权力划分结合起来，给予联邦政府一系列具体的权力，州政府则保留未定义的剩余权力。②澳大利亚的联邦模式运行如下：各个不同的联邦机构以及根据联邦法律形成的六个州——新南威尔士、维多利亚、昆士兰、西澳大利亚、南澳大利亚、塔斯马尼亚和三个自治地区——澳大利亚首都地区、北部地区和诺福克岛地区共享和分配立法、行政和司法权力。其中每个政治单位都设有一个由人民选举产生的议会，一个对由多数党形成的议会负责的行政机构以及一个独立的司法机构。③澳大利亚联邦的司法权归属于澳大利亚高等法院、联邦议会设立的其他联邦法院以及议会授予联邦司法管辖权的州和地区法院。《澳大利亚宪法》授予高等法院两类管辖权：原诉管辖权和上诉管辖权。原诉管辖权是根据《宪法》第 75 节授予的，高等法院对以下纠纷享有原诉管辖权：（a）任何条约引起的纠纷；（b）影响到与其他国家的领事或其他代表；（c）联邦或代表联邦的人是诉讼一方当事人；（d）州之间、不同州的居民之间的纠纷或一州与另一个州居民之间的纠纷；以及（e）对联邦政府或联邦法院官员发布的命令状、中止令或禁止令引起的纠纷。④根

① 纽芬兰自治领于 1949 年加入加拿大联邦。

② UN Doc. HRI/CORE/AUS/2007, July 22, 2008.

③ UN Doc. HRI/CORE/AUS/2007, July 22, 2008.

④ UN Doc. HRI/CORE/AUS/2007, July 22, 2008.

据《澳大利亚宪法》第76节，联邦议会也可以制定法律，授予高等法院对其他特定纠纷案的原诉管辖权，包括宪法适用或宪法解释引起的纠纷。根据该节规定，澳大利亚高等法院（High Court of Australia）是澳大利亚的终审法院。①

1840年2月6日，新西兰的土著毛利人和英国政府签订了《怀唐伊条约》(*Treaty of Waitangi*)，新西兰由此成为英国殖民地。1846年新西兰殖民政府制定了《新西兰宪法法案》(*New Zealand Constitution Act*)，这是新西兰历史上第一个宪法性法律文件。1930年英国的殖民体系开始松动和瓦解，英国议会通过了《威斯敏斯特法案》授予殖民地独立的地位。1947年英国议会和新西兰议会分别通过了《新西兰宪法修正法案》②，英国确认了新西兰的法律独立。1986年新西兰通过了《新西兰宪法法案》，该法案于当年生效，新西兰成为完整意义上的主权国家，并继续保留在英联邦中，承认英国君主是新西兰象征性的国家元首。在1987年新西兰毛利委员会诉总检察长案（New Zealand Maori Council v. Attorney-General）中，新西兰著名的大法官罗宾库克（Robin Cooke，1926—2006）行使了司法审查权，裁定毛利人对土地的所有权和使用权必须受到宪法保护，同时应该越过《怀唐伊条约》文本上的语言分歧诚实而善意地解释宪法。1990年新西兰通过了《权利法案》，从此有了自己独立的基本权利保护体系。③ 2003年新西兰议会通过了《最高法院法案》(*The Supreme Court Act*)，建立了新西兰最高法院，终结了英国枢密院对新西兰司法案件的终审管辖权，依据此决议，2004年1月1日，新西兰最高法院正式建立，且从7月1日开始审理上诉案件。2016年新西兰议会再次通过《高级法院法案》④ 整合了全国的司法机关，至此新西兰的司法体系迈入新的历史时期。

第二节 美国宪法的历史概述

一、殖民特许状和北美殖民地合约概述

北美洲（North America）位于世界的西半球，在这一片土地上主要有加拿大、美国和墨西哥三个各自独立的主权国家。在远古时期，印第安人生活在这一片广袤和相对独立的大陆板块上。1492年，来自欧洲的意大利裔探险家克里斯托弗·哥伦布（Christopher Columbus，1451—1506）在西班牙王国的资助下首次成功地跨越了大西洋，从欧洲抵达了北美洲。15世纪欧洲殖民者将北美洲称为“新世界”（新

① UN Doc. HRI/CORE/AUS/2007, July 22, 2008.

② The New Zealand Constitution Amendment (Request and Consent) Act 1947.

③ New Zealand Bill of Rights Act of 1990.

④ Senior Courts Act 2016.

大陆）并以此区别于古老的欧洲“旧世界”（旧大陆）。“地理大发现”揭开了北美原住民与欧亚大陆文明相互接触、碰撞和融合的序幕。西班牙、葡萄牙、荷兰在早期对北美洲和南美洲的殖民扩张中居于领先和主导地位。从 17 世纪起，英国渐渐展开了与西班牙在北美洲殖民势力的较量。到了 18 世纪，工业革命成功后的英国成为一个全球性的帝国，取得了对北美洲的殖民主导权。

类似于英国在印度设立的不列颠东印度公司，英国殖民者也是通过近代的殖民公司在北美洲创建殖民地的。在英国对北美洲殖民扩张的早期，英国政府主要是通过殖民公司、个体经营及合约经营等方式来管理这些领土面积广袤的殖民地。英属北美殖民地相应受到各自所领受的特许状和所签订的合约内容的制约。

在所有类型的英属北美殖民地中（详见表 4-2），弗吉尼亚殖民地（Colony of Virginia）是最早设立的，也是最为重要的一块殖民地。1606 年《弗吉尼亚第一特许状》规定：

> 我们为自己、上帝及子孙宣告，所有人与每一个人皆为我们国民，可以在上述几个殖民地和自治领内居住或定居。他们在上述殖民地或自治领内的任一地区所生的每一个子女，以及在我们其他任一支配地区内，为了一切目的，应拥有并享受自由、选举、豁免之权利。正如他们在我们这个英王国或其他任一领地内居住和繁衍一样。

表 4-2 **英属北美殖民地的类型**

类型	内容	举例
公司型殖民	英国政府通过成立股份公司，授权公司管理殖民地事务。这是最主要的一种殖民地形式。	弗吉尼亚殖民地 （英国在北美大陆上设立的第一个殖民地）
领主型殖民地	英国政府授权殖民者在北美开拓新的自治侯国，侯国内部实行自我管理。	马里兰殖民地 （英国在北美大陆建立的一个自治的侯国）
合约型殖民地	逃离英国的清教徒基于共同的信仰和信奉的生活理念，通过契约、合同建立起新的殖民地。	普利茅斯殖民地 康涅狄格殖民地

（图表来源：作者自制）

根据《弗吉尼亚第一特许状》，致力于开拓北美事业的英国殖民者在 1607 年设立了弗吉尼亚公司（Virginia Company）。这是英国在北美的第一家殖民机构，以股份公司的形式运行，一个分支位于伦敦，被称为弗吉尼亚伦敦公司（Virginia

Company of London），另外一个分支位于朴茨茅斯，被称为弗吉尼亚朴茨茅斯公司（Virginia Company of Plymouth）。弗吉尼亚公司（Virginia Company）于1624年获得英国法律上的正式承认，升格为英国皇家殖民地。

从法律上看，英国王室颁给公司的殖民特许状在很大程度上可以被视为明确英国王室与殖民者之间权利和义务关系所达成的共同协议或契约。殖民特许状是英国政府和北美大陆人民发生政治和法律上联系的桥梁和中介。伦敦弗吉尼亚公司根据王室殖民特许状的规定组建了弗吉尼亚殖民政府，殖民地政府内部设立了总督、参事会、议事会等。殖民特许状不仅具有商业上的功能，还具备了一种组织法的功能，也就是说，殖民政府的权力是英国政府授予的，同时，授权者和被授权者共同受到英国宪法和普通法的约束。

除了殖民特许状之外，在英国备受歧视和迫害的清教徒们还在北美建立了一种合约型殖民地。大批的清教徒不能忍受本国的宗教迫害，他们的宗教理想在“旧世界”不能实现，所以清教徒开垦北美殖民地的目的就是要在“新世界”实现他们的梦想。清教徒建立合约型殖民地虽然与英国政府的关系相对比较疏远，但是，清教徒们却把英国的普通法的精神和理念带到了北美洲，他们相互约定遵守自己订立的契约。

公元1620年11月11日，101名英国清教徒乘坐著名的五月花号（Mayflower）从英国本土出发越过大西洋驶向新大陆，在五月花号到达北美洲之前，船上的41名成年男子在五月花号登陆北美大陆之前宣示签订一个根本性质的契约，用以宣示其宗教、政治和法律理想，同意创建并服从一个新的政府，这就是著名的《五月花号公约》（*Mayflower Compact*）。①《五月花号公约》规定：

> 我们这些签名者，为上帝的荣耀、基督教的进步和我们君主与国家之荣耀，已决心远航弗吉尼亚北部，去开垦第一个殖民地。兹由在场者在上帝面前、在彼此面前庄严地相互承诺，把我们自己联合为一个公民团体，以便更好地实施、维护和推进上述计划；并根据公认为最适于和最有利于殖民地普遍福利的原则，随时随地出于至诚地制定、设立和构造出如此正义和公平的法律、条例、措施、组织和机构。

《五月花号公约》以极其简明的语言构筑起了逃难到北美的清教徒们必须遵循的根本规则——所有人必须遵守正义和公平的法律。《五月花号公约》也创设了一个新的政治理念——任何的统治必须经过被统治者的同意，且统治本身必须依靠法律。后世宪法学家、政治学家和历史学家经常以《五月花号公约》为例来说明美国宪法最早的历史渊源。

---

① 《五月花号公约》签订于今天美国的马萨诸塞州鳕鱼角普罗威斯顿港。

二、美国独立和美国宪法的历史概述

1606年的《弗吉尼亚第一特许状》、1620年的《五月花号公约》、1639年的《康涅狄格根本法》、1649年的《马里兰宽容法案》都是在17世纪签订的，属于北美殖民地时期的具有某种立宪性质的法律文件。当然，我们更加熟知的是，美国宪法的产生要归功于美国独立战争。美国独立战争后，获得独立地位的殖民地政治实体制定了很多重要的法律文件：（1）1776年《独立宣言》是一个宣告殖民地与其宗主国脱离政治联系并宣布独立建国的重要法律文件。（2）1777年《邦联条例》是在合众国成立之前北美大陆会议运行的基础性的法律文件。（3）1787年《美利坚合众国宪法》，这是人类历史上第一部成文宪法，它是美国的立国根基，其重要意义堪比《圣经》。

（一）1776年《独立宣言》

《独立宣言》（*Declaration of Independence*）是美国建国史上的一个极为重要的基础性法律文件，这份文件是北美洲13个英属殖民地宣告脱离大不列颠王国的一份政治和法律宣言。第二届大陆会议在1775年5月10日召开。1776年，第二届大陆会议代表齐聚费城，7月4日，来自13个英属殖民地的56名代表签署了《独立宣言》，这一天成为美国独立纪念日。

1776年6月28日《独立宣言》草案由托马斯·杰弗逊上呈到第二届大陆议会。《独立宣言》草稿的起草者是五位建国先贤——马萨诸塞州的约翰·亚当斯、宾夕法尼亚州的本杰明·富兰克林、弗吉尼亚州的托马斯·杰弗逊、纽约州的罗伯特·李文斯顿、康涅狄格州的罗杰·谢尔曼。这五位先贤被后世称为五人小组（Committee of Five）。五人小组中，弗吉尼亚州的托马斯·杰弗逊贡献甚伟，他最先提交了作为蓝本的初稿，供其他四人修改。

从内容结构上看，《独立宣言》可以被分为五个不同的组成部分——序文、前言、控诉英王乔治三世、谴责英人、最终总结。《独立宣言》的末尾是56名与会者的署名。《独立宣言》的序言非常简明，如下：

> 在有关人类事务的发展过程中，当一个民族必须解除其和另一个民族之间的政治联系，并在世界各国之间依照自然法则和自然神明，取得独立和平等的地位时，出于对人类公义的尊重，必须宣布它们不得不独立的原因。①

① 任东来、陈伟、白雪峰：《美国宪政历程：影响美国的25个司法大案》，中国法制出版社2004年版，第555页；［美］汉密尔顿、杰伊、麦迪逊：《联邦论》，尹宣译，译林出版社2015年版，第609页。

《独立宣言》的前文是众所周知的对自然权利的宣示：

> 我们认为下面这些真理是不证自明的：人人生而平等，造物主赋予他们若干不可剥夺的权利，其中包括生命权、自由权和追求幸福的权利。为了保障这些权利，人们才在他们之间建立政府，而政府之正当权力，则来自被统治者的同意……过去的一切经验也都说明，任何苦难，只要尚能忍受，人类都宁愿容忍，而无意废除他们久已习惯了的政府来恢复自身的权益……①

《独立宣言》对英国国王乔治三世的控诉占据了大部分的篇幅，控诉的起始如下：

> 这就是这些殖民地过去逆来顺受的情况，也是它们现在不得不改变以前政府制度的原因。当今大不列颠国王的历史，是一再损人利己和强取豪夺的历史，所有这些暴行的直接目的，就是想在这些邦建立一种绝对的暴政。为了证明所言属实，现把下列事实公正地向世界宣布……②

《独立宣言》从立法、司法、行政、军事、外交等方面历数英国在北美殖民统治者给这边土地上的人民带来的不公和不义，它向世界最高裁决者申述了北美殖民地善良的人民追求正义的目标，它庄严宣布了北美殖民地自此之后解除效忠英国王室的一切义务。

《独立宣言》虽然从政治上将北美殖民地与英国殖民者进行了切割，但是这份划时代的宣言却深深体现了发源于英国普通法的自由之精神、独立之诉求。英国著名政治家温斯顿·丘吉尔（Winston Churchill）于1946年在美国富尔顿威斯敏斯特学院发表演讲时指出："我们绝不能放弃以大无畏的声调宣扬自由的伟大原则和基本人权。这些英语世界的共同遗产，继大宪章（Magna Carta）、人权法案（Bill of Rights）、人身保护法（Habeas Corpus）、陪审团审讯制（Trial by Jury）以及英国普通法（English Common Law）之后，又在美国《独立宣言》中得到举世闻名的表现。"③

---

① 任东来、陈伟、白雪峰：《美国宪政历程：影响美国的25个司法大案》，中国法制出版社2004年版，第555页；［美］汉密尔顿、杰伊、麦迪逊：《联邦论》，尹宣译，译林出版社2015年版，第609页。

② 任东来、陈伟、白雪峰：《美国宪政历程：影响美国的25个司法大案》，中国法制出版社2004年版，第555页；［美］汉密尔顿、杰伊、麦迪逊：《联邦论》，尹宣译，译林出版社2015年版，第612页。

③ Winston Churchil, Iron Curtain speech, on Mar. 5, 1946, at Westminster College, Fulton, Missouri; Marco Duranti, The Conservative Human Rights Revolution: European Identity, Transnational Politics, and the Origins of the European Convention, Oxford University Press, 2017, p. 350.

（二）1777 年《邦联条例》

《邦联条例》的全称是《邦联和永久联合条例》（*Articles of Confederation and Perpetual Union*），这是北美 13 个殖民地宣告脱离英国后共同承认并遵守的第一部宪制性文件。

从起源上看，《邦联条例》最早在 1754 年的“奥尔巴尼大会”（Albany Convention of 1754）就曾提出，本杰明·富兰克林（Benjamin Franklin）博士最早提出了一个“奥尔巴尼方案”（Albany Plan），在这个方案下，富兰克林认为北美地区的 13 个殖民地基于它们共同的历史联系和地理毗邻的原因，应该组成一个大型的政治联盟，同时各个殖民地应该保持各自的独立主权。

1776 年《独立宣言》发布之后，北美地区 13 个殖民地与英国的矛盾可谓与日俱增，于是，英帝国加紧了对北美殖民地的镇压。第二届大陆会议扮演了一个重要的角色——它成为协调北美 13 个新独立的殖民地共同抵御外敌入侵的重要领导机构。但是，古老而强大的英帝国借助其在加拿大的殖民势力，对 13 个新独立的殖民地的镇压活动愈演愈烈。1776 年 12 月及 1777 年 9 月，英军曾两次大规模地进攻宾夕法尼亚地区，第二届大陆会议难以招架，被迫逃离费城。当此之时，独立后的殖民地纸币不断贬值，人民生活陷入困难，同时第二届大陆会议也出现财政危机，以至于无法清偿士兵的服役及退役薪资。这种内忧外患的境况使得第二届大陆会议难以为继、岌岌可危。现实情况的发展使得制定《邦联条例》的必要性变得非常紧迫。第二届大陆会议于 1777 年着手起草一部《邦联条例》，但是，由于各个独立后的殖民地都拥有自己的武装、军队，各自面临的困境都不尽相同，《邦联条例》直到 1781 年才被邦联的 13 个独立后的殖民地政府正式批准。《邦联条例》试图设计一个永久性的邦联，一个基于各个主权国家联合而组成的联盟，是一个具有宪法性质的法律文件。但是，《邦联条例》设计的政治联盟还不是一个联邦，因为邦联会议没有权力向 13 个殖民地的人民直接征税，邦联不存在最高行政领导人，邦联也没有自己的司法系统，邦联的任何行为都必须基于拥有主权的各邦的授权。历史学家和宪法学家对《邦联条例》的评价褒贬不一。例如，美国宪法学家就曾提出“邦联条例被认为是构建了一个不能越过各州政府行使主权的相对弱势的全国政府，而经常被联邦党人，甚至是反联邦党人批评，当代的评论者大多也持这种观点。”①

《邦联条例》包含序言、13 个条款、一个总结，最后部分是与会代表的署名。《邦联条例》第 1 条规定，本邦联定名为“美利坚邦联”。第 2 条规定，各邦保留

① Douglas G. Smith, An Analysis of Two Federal Structures: The Articles of Confederation and the Constitution, San Diego Law Review, Vol. 34, No. 1, 1997, p. 249.

自己的主权、自由和独立，以及每一项没有明确授予邦联的权力。第3条规定，美利坚邦联是一个坚固的、友好的联盟，是签署此条例的各州基于共同的防卫、自由的保障和彼此间与全民的福利决定成立的。按照《邦联条例》的规定，各个邦仍然保留自己的主权，同时各个邦参加邦联议会具有平等的投票权和否决权。

（三）制宪会议和《美利坚合众国宪法》①

1783年9月3日，英国国王乔治三世的代表和北美新独立的殖民地的代表于法国签订了《巴黎条约》（*Treaty of Paris*）②，英国承认了北美殖民地的独立，美国独立战争正式宣告结束。1783年12月23日，美国独立战争之父、大陆军总司令乔治·华盛顿（George Washington）抵达安纳波利斯（Annapolis），发表了著名的演讲，实现了权力的和平交接。

1787年5月25日至9月17日，乔治·华盛顿（George Washington）奔赴费城，参加了制宪会议。为了解决在英治时期13个殖民地是否需要联合起来构建一个统一的联邦政府的问题，同时也为了处理美国独立后是否修改《邦联条例》的宪制问题，应对日益严峻的内忧外患，来自美国东部的13个殖民地的制宪代表先后齐聚美国宾夕法尼亚州的费城，召开了改变美国和人类历史的制宪会议，这次会议的正式名称是"美利坚合众国制宪会议"（Constitutional Convention）。③费城会议的参会代表选举在美国独立战争中功勋卓著并且深受制宪代表们敬重的乔治·华盛顿将军担任会议主席。虽然乔治·华盛顿出席了全部会议，但是他的发言却比较少。④1787年夏季到秋季的这127天被形象地称为"民主的奇迹"，因为这次制宪

① 参见［美］詹姆斯·麦迪逊：《辩论：美国制宪会议记录》，尹宣译，译林出版社2015年版。

② 该条约的全称为"大不列颠及美利坚合众国之间的最终和平条约"。

③ James Madison，Edward J. Larson，Michael P. Winship，The Constitutional Convention：A Narrative History from the Notes of James Madison，Random House Publishing Group，2011；John C. Payne's Copy of James Madison's Original Notes on Debates in the Federal Convention of 1787. Manuscript Division，Library of Congress；Max Farrand，ed. The Records of the Federal Convention of 1787，Volume 1，2 & 3，Yale University Press，1911.

④ 华盛顿为了会议的成功举办参加了大量的社会活动，他本人在这127天中参加了106次晚宴、72次喝茶、13次访问和钓鱼活动，6场音乐会和戏剧欣赏活动。Stuart Leibiger，The Constitutional Convention of 1787：A Reference Guide，ABC-CLIO，2019，p. 60. 另参见James Madison，Notes of Debates in the Federal Convention of 1787，Ohio University Press，1984；Thornton Anderson，Creating the Constitution：The Convention of 1787 and the First Congress，Pennsylvania State University Press，1993；Calvin C. Jillson，Constitution Making：Conflict and Consensus in the Federal Convention of 1787，Agathon，2002.

会议制定了人类历史上的第一部成文宪法——《美利坚合众国宪法》，它成为了影响美国乃至人类近代历史的关键历史事件之一。①

1. 费城会议第一阶段（1787年5月25日—6月19日）

第一阶段的会议首先是要解决开会规则（Rules）的问题，1787年5月28日（周一）、29日（周二）这两天全体会议一致通过了会议规则和补充规则，核心要点包括：（1）开会议事，出席者不得少于7个邦的代表，一切问题由出席足够的各邦投票解决，采用多数决。若法定人数不足，则逐日休会。（2）主席就座后主持会议，秘书负责会议记录；代表起立发言，发言需向主席致意；任何代表在会议进行中不得中途走动；任何代表不得就同一议题发言两次。（3）提出动议或者表示附议，必须在当天表决结果之前提出。（4）一旦开始辩论某一项议题，任何代表只能就议题本身提出意见，不得转向其他议题。发言可以是书面发言，也可以是口头发言。（5）会议对任何议题的决议，必须充分辩论，只要有一个邦的代表坚持要求，该议题如当日不能表决则必须被推迟到次日再议。（6）主席和全体代表一样都必须遵守会议秩序。（7）未经许可，任何代表不得缺席，以免中断邦的代表性。（8）会议当中的任何发言，未经许可，不得印刷、不得发表、不得传播。未经许可，任何代表不得抄录会议记录。

整个费城会议第一阶段讨论和辩论的核心都围绕着“建国方案”的问题，亦即采取何种方案来构建一个新的国家。当时，有五个主要的制宪方案。② 这些方案分别是弗吉尼亚制宪方案（来自弗吉尼亚州的会议代表麦迪逊③是主要设计者）、新泽西制宪方案（来自新泽西州的会议代表威廉·帕特森④是主要设计者）、平克

① Catherine Drinker Bowen, Miracle at Philadelphia: The Story of the Constitutional Convention, May to September 1787, Boston: Atlantic-Little, Brown, 1966, 1986. 中文翻译版本参见［美］凯瑟琳·德林克·鲍恩：《民主的奇迹：美国宪法制定的127天》，郑明萱译，新星出版社2016年版。《民主的奇迹：美国宪法制定的127天》这本书记录了1787年夏，在美国费城溽热的暑气里，一场原本只为修补旧条例而召开的联邦大会，结果演变成要制定一部闻所未闻的宪法的大会。55位代表，平均年龄不到43岁，来自12个立场各异的州（原来是13个州，但是罗德岛州代表未参会），代表不同的利益群体，激辩4个多月，有人出言威胁，有人离场抗议，正是在这样的一场会议中，人类历史上第一部成文宪法诞生了。中文另外参见李道揆：《美国政府与美国政治》，商务印书馆1999年版；王希：《原则与妥协：美国宪法的精神与实践》，北京大学出版社2000年版。

② Thomas R. Eddlem, Sherman's Great Compromise: Roger Sherman's Brilliant Proposal Saved the 1787 Constitutional Convention from a Hopeless Deadlock and Safeguarded against Centralization of Power at the Federal Level, The New American, Vol. 20, No. 13, June 28, 2004.

③ James Madison Jr. (March 16, 1751—June 28, 1836).

④ William Paterson (December 24, 1745—September 9, 1806).

尼制宪方案（来自南卡罗莱纳州的会议代表查尔斯·平克尼①是主要设计者）、汉密尔顿制宪方案（来自纽约州的会议代表亚历山大·汉密尔顿②是主要设计者）、康涅狄格制宪方案（来自康涅狄格州的会议代表罗杰·谢尔曼③是主要设计者）。经过激烈的角逐，弗吉尼亚方案和新泽西方案成为参加制宪会议们激烈辩论的两个主要方案，在很久僵持不下后，康涅狄格制宪方案成为调和弗吉尼亚方案和新泽西方案的最佳选择。弗吉尼亚方案最重要的目的就是废除《邦联条款》，订立一个新的《联邦宪法》，新成立的国家需要按照新宪法的若干基本原则来构建一个新的统一的联邦政府。从各个方案的内容和后世的评价来看，弗吉尼亚制宪方案中的十五点建国计划成为了制宪会议讨论的焦点。弗吉尼亚制宪方案也被认为是影响整个国家建构的关键方案，历来被认为是现行美国联邦宪法的最原始的计划蓝图（Blueprint）。

1787年5月29日，根据美国开国元勋詹姆斯·麦迪逊的制度设计，弗吉尼亚州的代表（有的翻译为邦④）埃德蒙·伦道夫（Edmund Jennings Randolph）提出了对整个费城制宪会议具有关键影响的方案——弗吉尼亚方案（Virginia Plan），这个方案也被称为伦道夫方案（Randolph Plan）或大州方案（Large-State Plan）。弗吉尼亚方案的最主要的特点就是设计了一个强大的两院制立法部门，由于这个方案的设计思路来源于麦迪逊，所以麦迪逊也被称为是美国宪法之父。

1787年6月13日，全体委员会报告全文公布，该报告建立在弗吉尼亚方案的基础上，文本一共19条，每一条都事关联邦政府的组织架构。

1787年6月14日，就在会议准备开始对弗吉尼亚方案进行考虑和讨论时，新泽西州的会议代表威廉·帕特森（William Paterson）⑤ 要求休会给予部分代表更多时间来准备另一套方案，这一要求得到了大会的同意。第二天，也就是1787年6月15日，威廉·帕特森提出了一个针对“大州方案”的新的宪法设计方案——新泽西方案（New Jersey Plan），这个方案又被称为“小州方案”（Small State Plan）或帕特

① Charles Pinckney (October 26, 1757—October 29, 1824). 平克尼制宪方案大体思路是以条约或联盟的形式将13个殖民地联系起来，该方案的具体细节由于历史记录缺乏，细节不甚明朗。这个方案中的观点被第四阶段的详情委员会（细节委员会）提及，但是大会并没有展开激烈辩论，更没有通过对该方案的有效决议。

② Alexander Hamilton (January 11, 1755 or 1757—July 12, 1804). 汉密尔顿制宪方案是一个经过深思熟虑的方案，实际上是期望以后的新国家构建一个类似于英国的较为强大的中央集权政体。该方案因为多数代表的反对，因而未被接受。

③ Roger Sherman (April 19, 1721—July 23, 1793).

④ 邦联时期和制宪会议期间邦（州）与《联邦宪法》通过之后的州在法律意义上是不同的，中文翻译经常混同使用，需要借助语境加以甄别。

⑤ 威廉·帕特森（1745—1806, William Paterson）：新泽西州的政治家、美国宪法签署人，建国后担任过美国联邦最高法院的大法官，1790年至1793年，他还担任新泽西州的第二任州长。

森方案（Paterson Plan）。新泽西方案的最主要的特点就是：（1）应该修订《邦联条例》，而非推翻它。（2）各州以完全独立、平等的状态自愿结成联盟，并且希望可以继续保持这种完全独立、平等的心态。（3）各州都一样拥有一票表决权，也就是说，每个州不论人口多少，其权力完全一致。

新泽西方案提出之后，大会陷入了各方激烈的辩论中。新泽西方案尤其遭到了弗吉尼亚代表詹姆斯·麦迪逊和埃德蒙·伦道夫的反对。1787 年 6 月 19 日，多数代表否决了新泽西方案并要求投票，这一天，代表们开始对弗吉尼亚方案进行讨论。由于新泽西方案并未获得大会支持，部分小州的代表对此逐渐表示不满和失望，有些州的代表甚至扬言要退出联邦。1787 年 7 月 2 日，在上议院是否应用平等代表制的问题上，有 5 个州投赞成票，5 个州投反对票，剩下的 1 个州则无法达成一致意见，会议由此陷入僵局。

1787 年 6 月 11 日，来自康涅狄格的会议代表罗杰·谢尔曼（Roger Sherman）①提出了一个调和各方意见的一个妥协方案——康涅狄格妥协（Connecticut Compromise），这个方案也被称为“1787 年的伟大妥协”（Great Compromise of 1787）或谢尔曼妥协（Sherman's Compromise）。康涅狄格妥协方案最大的特点就是既要形成一个联邦政府，又必须保护小州的利益，根据这个方案：（1）联邦政府采取两院制，与财政有关的法案只能由下院提出，并且上院只能表示赞成或反对，无权予以修改。（2）国会上下两院的组成需要按照不同的原则来进行规定，即上院应用平等代表制，而下院则每个州按每 4 万公民拥有 1 位议员的方式予以分配。（3）奴隶制的问题是非常重要也十分敏感的，因为大多数参加制宪会议的代表本身家中就拥有很多奴隶，除了新英格兰少数地区外，奴隶制度都广泛而普遍存在。因此，康涅狄格妥协方案还规定：每个奴隶将按五分之三个自由人计算。②这也是宪法学和政治学中非常著名的五分之三妥协（Three-Fifths Compromise），该方案被规定在 1787 年美国宪法第 1 条第 2 款第 3 项中。

---

① 罗杰·谢尔曼曾是康涅狄格州纽黑文市的首任市长，是负责起草《独立宣言》的五人小组成员之一。罗杰·谢尔曼也是唯一同时签署美国四项最重要法案文件的建国元勋，《大陆盟约》《独立宣言》《邦联条例》《美国宪法》都有他的署名。

② 五分之三妥协（Three-Fifths Compromise）是 1787 年美国南方与东北方在美国制宪会议中达成的协议。妥协将奴隶的实际人口乘以五分之三，以作为税收分配与美国众议院成员分配的代表性用途。此妥协是由与会成员詹姆士·威尔森和罗杰·谢尔曼所提出。另外，詹姆斯·威尔森（James Wilson）提议在统计各州人口来决定该州众议员人数时，每位黑奴按五分之三个美国公民计算，最终五分之三妥协获得多数代表的同意而被通过。在后来的宪法发展中，奴隶制问题成为了美国宪法的“阿基利斯之踵”，南北战争在很大程度上就是因为奴隶制的问题而爆发。1865 年，内战结束，美国宪法第十三修正案通过废除奴隶制之后，宪法中的五分之三条款失效，黑人奴隶获得了与白人平等的政治参与权。

经过了大约六个星期左右的辩论、争吵、斗争，1787 年 7 月 12 日，康涅狄格妥协方案终于获得了制宪会议的大部分州的代表的支持，整个会议期的僵局也因此而被打破。后世宪法学家多数认为，康涅狄格妥协是美国历史上最重要的伟大妥协（Great Compromise）。

2. 费城会议第二阶段（1787 年 6 月 20 日—7 月 26 日）

从 1787 年 6 月 20 日（周三）开始，制宪会议的核心主题就是围绕全体委员会的报告进行辩论。全体委员会的报告实际上就是根据弗吉尼亚方案形成的一个决议，因此第二阶段辩论的主题就是弗吉尼亚方案中的全部内容。举例而言，全体委员会报告第 1 条：应该建立一个全国政府，由最高立法、行政、司法部门组成。各州代表围绕着这一条发表了很多或者支持、或者反对、或者另外制定第一条的意见。在整个第二阶段，参会代表对全体委会会报告的每一个条文，每一个用词，甚至每一个标点符号都按照会议规则进行了充分辩论和妥协。1787 年 6 月 19 日至 7 月 23 日，制宪会议通过了 27 条决议。举例而言，按照决议，全体委员会报告第 1 条中的“全国”（National）这个英文单词被“联邦”（Federal）替代，因此，决议第 1 条规定：联邦政府，由最高立法、行政、司法部门组成。

3. 费城会议第三阶段（1787 年 8 月 6 日—9 月 10 日）

1787 年 8 月 6 日，详情委员会的报告正式形成，这份报告包含序言和 23 条正文。这份报告成为了费城会议第三阶段辩论、讨论和妥协的核心，因为这份报告实际上就是《联邦宪法》的初稿。例如，1787 年 8 月 6 日详情委员会的报告的第 1 条规定“这个政府的名称叫美利坚联邦”，第 2 条规定：“这个政府由最高立法、行政、司法权力组成”。有了宪法草案初稿后，代表们就围绕着初稿中的每一条款展开了大规模的辩论。从后面形成的宪法草案来看，详情委员会的报告（8 月 6 日）的 23 个条款最后被整合到只有 7 个条款。由此也可以看出辩论和妥协的程度相当之深入，也是世所罕见的。费城会议第三阶段的辩论占据着非常重要的地位，在后世流传的制宪会议记录中，第三阶段的辩论所占篇幅比重也是最多的。

4. 费城会议第四阶段（1787 年 9 月 11 日—9 月 17 日）

1787 年 9 月 11 日是一个星期二，制宪会议中的“文字排列和风格委员会”负责宪法草案的文字工作，这一天，委员会正在将第三阶段的决议和报告进行紧张的报告汇编，因此费城会议处于休会状态。1787 年 9 月 12 日，“文字排列和风格委员会”将含有序言和 7 个条款正文的第一份正式的宪法草案交付于每一位制宪会议的代表。此后，制宪会议代表围绕着宪法草案的条款继续展开辩论，辩论的主题非常广泛：国会两院的人数、法案通过的程序、立法通过的最低门槛、财政税收、劳役、交通贸易问题、联邦最高法院的管辖权范围、军事权、叛国罪、是否在宪法正文中加入权利法案。此外，“文字排列和风格委员会”继续负责根据会议的决议确定宪法文本的呈现形式。值得一提的是会议代表乔治·梅森（George Mason）对宪法草案明确提出了反对意见，他的反对意见几乎涉及宪法草案前三条的中很多关键事项。在新宪法是否加入公民权利保障条款方面，詹姆斯·麦迪逊和乔治·梅森与很多其他州的代表产生了不同意见，麦迪逊认为新宪法必须加入公民权利保障的内容。在会议中，甚至也有代表公开表示，若新宪法不加入权利法案条款，就拒绝加入联邦。基于妥协精神，制宪会议并未将基本权利条款列入宪法正文，这个问题最终在 1791 年通过十条宪法修正案（《权利法案》）才得以解决。

1787 年 9 月 17 日（星期一）是伟大的一天，这一天，参加费城制宪会议的代表们正式表决宪法草案。参加制宪会议的代表一共是 55 人，绝大多数都在宪法草案上签字，在场的仅有伦道夫先生（Randolph）、梅森先生（Mason）和格里先生（Gerry）三人拒绝在宪法草案上赐予他们的签名。①

宪法之父本杰明·富兰克林（Benjamin Franklin）博士等到最后几位代表签字时，望向会议主席乔治·华盛顿所坐的椅子，椅子后面正好是一幅日出图油画。富兰克林博士对身边的几位代表说，油画家们发现，很难使自己画的旭日区别于日落。他继续说道，在会议进行过程中，我是反复地注视主席身后的这幅油画，我对于这个问题的希望和担心，反复翻腾，无法断定，画中的太阳，究竟是在升起，还是在落下；现在我终于有幸知道，这个太阳是在升起，而不是落下。②

同样在这一天，会议解除保密禁令，每位代表获得了一份印刷的宪法。制宪会议就此结束。

联邦制宪会议表决通过宪法之后，按照宪法第 7 条之规定，它必须经过法定批准程序后才能生效。1789 年 3 月 4 日联邦政府宣告成立。1789 年 4 月 6 日，乔治·华盛顿（George Washington）被推选为第一任美国总统。1788 年 6 月 21 日，新布什罕尔州（New Hampshire）成为第 9 个批准宪法的州，宪法已被四分之三的州批准，正式开始生效。③

三、《联邦论》与美国宪法

1787 年费城制宪会议后，《联邦宪法》草案被分发到各州进行讨论，预备进行

① 55 名代表中，当天有些代表并不在场，据统计，约 16 名代表没有签字。罗德岛州的代表则自始至终没有参加费城会议。制宪会议通过的宪法草案，按照程序还必须交由各州以及各州的人民批准。

② 参见［美］詹姆斯·麦迪逊：《辩论：美国制宪会议记录》，尹宣译，译林出版社 2015 年版，第 703 页。

③ 实际上，当弗吉尼亚和纽约两个重要的大州于 1788 年 6 月 25 日和 1788 年 7 月 26 日批准宪法之后，《联邦宪法》才算被正式批准。罗德岛（Rhode Island）于 1790 年 5 月 29 日批准宪法，至此，北美 13 个殖民地全部成为合众国之下的州。参见任东来、陈伟、白雪峰：《美国宪政历程：影响美国的 25 个司法大案》，中国法制出版社 2004 年版。

表决程序。当此之时，支持新宪法的“联邦主义者”和反对新宪法的“反联邦主义者”纷纷发表文章和公开信对新宪法草案进行评价。这场大论战中涌现出的各类政论性质文章被后人编订为《联邦论》(*Federalist Papers*①)和《反联邦论》(*Anti-Federalist Papers*②) 两本文集。其中，《联邦论》对后世影响最为深刻，也是解读美国宪法必不可少的一把金钥匙。

《联邦论》是18世纪80年代亚历山大·汉密尔顿、詹姆斯·麦迪逊和约翰·杰伊三位美国政治家和法学家共同写作的有关美国宪法和联邦制度的评论文章的合集，共收有85篇文章。③这85篇文章最初是统一以古罗马共和政府的创建者和捍卫者——普布利乌斯（Publius）为笔名发表在纽约市的三家报纸上。④其中，汉密尔顿贡献51篇，麦迪逊贡献29篇，杰伊由于生病仅贡献了5篇。后世整理出版的通行版的《联邦论》，在学理上可以被分为六大部分（详见表4-3）。⑤

表4-3 **《联邦论》的结构**

第一部分	第1篇	目的介绍
第二部分	第2~14篇	联盟的功用
第三部分	第15~22篇	邦联的不足
第四部分	第23~36篇	政府的必要
第五部分	第37~84篇	共和政府的原则
第六部分	第85篇	州宪类比和余论

（图表来源：作者自制）

① 学术界通常翻译为《联邦党人文集》。参见[美]汉密尔顿、杰伊、麦迪逊:《联邦党人文集》,程逢如、在汉、舒逊译,商务印书馆2009年版。

② 《反联邦论》是由美国革命的早期领导人和政治家帕特里克·亨利（Patrick Henry）等人所撰写的与《联邦论》针锋相对的文集汇编。它对于研究宪法甚至研究《联邦论》具有极大的学术和历史价值。Ralph, Ketcham ed., The Anti-Federalist Papers and the Constitutional Convention Debates, Penguin Publishing Group, 2003.

③ Alexander Hamilton, James Madison, John Jay, The Federalist, Goldwin Smith (ed.), New York: The Colonial Press, 1901; Charles R. Kesler, Saving the Revolution: The Federalist Papers and the American Founding, New York: 1987; Mary E Webster, The Federalist Papers: In Modern Language Indexed for Today's Political Issues, Bellevue, WA: Merril Press, 1999.

④ 三家纽约的报纸分别是：*Independent Journal*、*New-York Packet*、*Daily Advertiser*.

⑤ Charles K, Kesler's Introduction to The Federalist Papers, New York: Signet Classic, 1999, pp. 15-17.

汉密尔顿在《联邦论》第1篇中开门见山提出了文集的目的以及拟讨论问题的提纲：

> 时常有人指出，似乎有下面的重要问题留待我国人民用他们的行为和范例来求得解决：人类社会是否真正能够通过深思熟虑和自由选择来建立一个良好的政府，还是他们永远注定要靠机遇和强力来决定他们的政治组织。①

通观和细度《联邦论》，宪法学家和历史学家都认为文集中有三个篇章居于特殊的重要地位，分别是麦迪逊所撰写的第10篇、第51篇以及汉密尔顿所撰写的第84篇。第10篇②文章提倡建立一个强大的复合联邦制共和国；第51篇③论证了分权制衡制度的必要性；第84篇④论述了权利保护的重要性。

多数法学家、历史学家和政治学家认为麦迪逊所撰写的第10篇至为重要。从法学角度上看，麦迪逊在《联邦论》第10篇中实际上设计了一个能够适用于广土众民的大型复合共和制国家（Compound Republic）⑤。麦迪逊认为共和制（Republic）与传统的直接民主制（Pure Democracy）有两大差别：其一，共和制必须是一种代议制政府，即政府的权力通过人民的选举汇聚到少数的代表手中；其二，共和制可以适用于人口众多、领土广袤的大型国家。在麦迪逊看来，要构建一个大型共和制国家（Large Republic），人类社会需要面临三大核心问题：（1）“千差万别、互不均等的产权分配”（the various and unequal distribution of property）是“党派活动最为常见、最为持久的根源”，甚至比宗教及政治理念的分歧更为常见和持久，它们是巨大且潜在的灾难。（2）管理这些千差万别又相互交织的经济利益，是现代立法的首要任务。（The regulation of these various and interfering interests

---

① It has been frequently remarked that it seems to have been reserved to the people of this country, by their conduct and example, to decide the important question, whether societies of men are really capable or not of establishing good government from reflection and choice, or whether they are forever destined to depend for their political constitutions on accident and force. The Federalist Papers : No. 1 by Alexander Hamilton.

② 第10篇标题与第9篇一样：The Utility of the Union as a Safeguard Against Domestic Faction and Insurrection.

③ 第51篇标题：The Structure of the Government Must Furnish the Proper Checks and Balances Between the Different Departments.

④ 第84篇标题：Certain General and Miscellaneous Objections to the Constitution Considered and Answered.

⑤ Vincent Ostrom, The Political Theory of a Compound Republic: Designing the American Experiment, third, revised: Designing the American Experiment (3rd ed.), Lexington Books, 2007.

forms the principal task of modern legislation.）（3）保护人们获得产权的千差万别，无法拉平的聪明才智是“政府的第一要务”。（The protection of the diversity in the faculties of men is the first object of government.）在《联邦论》第10篇中，麦迪逊认为所谓的党派（Faction）是一定数量的公民，不论在总体中占多数还是少数，受到某种共同激情（Passion）、共同利益（Interest）驱使，联合起来，采取行动，不顾其他公民利益，不顾整个社会的长远利益、集合利益。①麦迪逊分析了党争存在的原因，他认为党派活动的潜在成因，植根于人的本性（the latent causes of faction are thus sown in the nature of man）。②党派活动最为常见、最为持久的根源，在于千差万别、并不均等的财产权分配。有产者和无产者，总是形成社会中各不相同的利益群体。③

立足于党派活动的性质和根源，麦迪逊在《联邦论》第10篇阐发了消除和控制党争的方法和途径，麦迪逊写道：

> 治疗党派现象，有两种方法：一，去其病根；二，控其祸害。去掉党派现象的病根也有两种办法：一，摧毁作为党派基础的公民权利；二，使全体公民观点相同、激情相同、利益相同。④

对于治疗党派的两种方法，麦迪逊评价道：

> 第一种办法，疗法比病根还坏，这话一点不假。公民权利与党派活动，犹如空气与火，去掉前者，后者迅即消失。公民权利是政治生活的基础；由于公民权利滋生党派，就扼杀公民权利，智者不为；空气是动物生活的基础，由于

① 参见［美］汉密尔顿、杰伊、麦迪逊：《联邦论》，尹宣译，译林出版社2015年版，第59页。

② 党争的潜在原因就这样深植于人性之中；我们看到这些原因根据人类社会的不同情况造成不同程度的行动。热心于有关宗教和政体的不同意见，以及其他许多理论和实践上的见解，依附于各种野心勃勃、争权夺利的领袖或依附于其财产使人们感觉兴趣的人，相继把人们分为各种党派，煽动他们彼此仇恨，使他们更有意于触怒和压迫对方，而无意为公益而合作。人类互相仇恨的倾向是如此强烈，以致在没有充分机会表现出来时，最琐碎、最怪诞的差别就足以激起他们不友善的情感和最强烈的冲突。中文翻译参考［美］汉密尔顿、杰伊、麦迪逊：《联邦党人文集》，程逢如、在汉、舒逊译，商务印书馆2009年版，第10篇；［美］汉密尔顿、杰伊、麦迪逊：《联邦论》，尹宣译，译林出版社2015年版，第60页。

③ 参见［美］汉密尔顿、杰伊、麦迪逊：《联邦论》，尹宣译，译林出版社2015年版，第60页。

④ 参见［美］汉密尔顿、杰伊、麦迪逊：《联邦论》，尹宣译，译林出版社2015年版，第59页。

火可能造成伤害，而空气助燃，就窒息空气，愚者行之。

第二种办法，与第一种办法同样愚妄，行不通。只要人的理性，依然易于出错，只要人还有自由，施展理性，就会形成不同的观点。只要人的理性和自爱继续相连，人的观点和激情，就会循环往复相互影响；观点总是激情的依附对象。人的才智，千差万别，于是生出产权，构成无法逾越的障碍，永不可能实现人人利益均等。保护人的天然才智，是政府的第一要务。①

既然党派活动的根源是无法消除的，则必须根据一定的政治和法律原则来控制党派活动的后果。麦迪逊认为只有按照共和制的原则组织政府才能避免党派活动的负面效果。应通过何种方法，控制党派活动的后果呢？麦迪逊认为共和制优越于直接民主制的地方就在于它能够控制党派的活动效果：

通过什么办法，才能达到这个目标？下述两法，取一即可。一，避免让同一种激情或利益同时出现于多数之中；二，把这种具有共同激情或利益的多数化解，减少他们的人数，使他们因各地情势不同，无法呼应，无法齐心协力，无法实现有效的压迫权谋。②

在《联邦论》第51篇中，麦迪逊认为为了防止权力集中，必须建立一种“抱负与抱负相克相生”（Ambition must be made to counteract ambition）的制度。

必须让抱负与抱负相克相生。个人利益，要与宪法授予的职权结合起来。这或许就是人性的反映，这种机制，对控制政府滥权必不可少。建立政府这个做法，不就是人性弱点的最大反映吗？倘若人人都是天使，就用不着政府。倘若组成政府的人都是天使，对政府的外部控制和内部控制，也都成为多余。设计人管理人的政府时，最大的难处就在于：你必须使治人者先具备控制被治者的能力；然后，使治人者有责任控制他们自己。让政府依赖于人民，无疑是对政府的首要控制；经验告诉人类，还必须设定辅助防备措施。③

① 参见［美］汉密尔顿、杰伊、麦迪逊：《联邦论》，尹宣译，译林出版社2015年版，第59页。

② 参见［美］汉密尔顿、杰伊、麦迪逊：《联邦论》，尹宣译，译林出版社2015年版，第62页。

③ 参见［美］汉密尔顿、杰伊、麦迪逊：《联邦论》，尹宣译，译林出版社2015年版，第354页。

在《联邦论》第81篇中，汉密尔顿反驳了模仿英国将司法终审权归于议会上院或其中一院的观点，汉密尔顿的核心理由在于：（1）宪法直接授权联邦法院按照宪法精神来解释法律，宪法对于议会的立法权已经有所限制。宪法应该是解释法律的标准，法律必须服从宪法。（2）在一个具体的案件中，议会若不超过权限，不能扭转一个即成的裁决，不过议会可以制定一条新规则，供今后的案件适用。在司法权的分配方面，汉密尔顿认为，联邦最高法院和下级法院的关系应当得到恰当的处理，其要旨在于：（1）联邦法院系统分为联邦最高法院和联邦地区法院，联邦地区法院可以减少最高法院的诉讼负担，审理若干司法管辖区范围内的案件；（2）各个州法院充满了地方精神，不适宜代替联邦地区法院审理全国性的案件；（3）联邦最高法院主要负责上诉审，各个下级法院负责初审；（4）联邦最高法院的初审管辖权限于涉外案件和以州为涉事一方的案件；（5）联邦最高法院拥有法律和事实两方面的司法权。①

《联邦论》无疑具有重大的哲学、法学、政治学和历史学意义。在司法裁判领域，《联邦论》还构成了一种解释宪法的渊源。美国联邦最高法院的大法官们经常将《联邦论》作为关于美国宪法制定当初的起草过程的立法资料来使用。例如，在1819年，大法官约翰·马歇尔就在著名的“麦卡洛克诉马里兰州案”② 的判决书中指出：“该文集的作者所表达的观点在宪法解释中的作用应该得到人们极大的尊敬。这些作品的价值是不可超越的。但是，在把作者们的观点运用于我们的政府运作的实际问题的时候，法官必须保留对其修正适用的权利。”

四、南北战争与重建修正案

在美国宪法制定的过程中，建国先贤们在奴隶制的问题上曾发生过严重的分歧，最终形成了著名的“五分之三妥协”（Three-Fifths Compromise）。1787年美国《联邦宪法》第1条第2款第3项规定：“众议员名额和直接税税额，在本联邦可包括的各州中，按照各自人口比例进行分配。各州人口数，按自由人总数加上所有其他人口的五分之三予以确定。自由人总数包括必须服一定年限劳役的人，但不包括未被征税的印第安人……”根据宪法的规定，只有自由人才享有完整的公民权，奴隶实际上不享有宪法所保障的基本权利。在美国众议院成员与直接税税额方面，奴隶实际人数的五分之三成为分配的标准。《联邦宪法》生效之后，合众国的版图逐渐扩大，例如，密苏里领地州就是托马斯·杰弗逊政府于1803年从法国购入的

① 参见［美］汉密尔顿、杰伊、麦迪逊：《联邦论》，尹宣译，译林出版社2015年版，第557~565页。

② McCulloch v. Maryland, 17 U. S. (4 Wheat.) 316 (1819). 此案涉及的核心问题是马里兰州向美国第二银行在该州的分行征收税款来试图阻止其运转的做法是否合宪。

路易斯安那领地的一部分。由于北方的工商业资本主义和南方的种植园经济对奴隶制的态度不一，许多北美殖民地相继以自由州或蓄奴州的地位加入联邦。

1820年3月6日，美国国会通过了著名的“密苏里妥协方案”（the Missouri Compromise），根据该方案，在原路易斯安那领地土地上新建的各州中，除密苏里州外，禁止北纬36.5°线以北各州蓄奴。1854年，美国民主党参议员斯蒂芬·道格拉斯（Stephen Arnold Douglas）向国会提出了一个新的法案，该法案授权新加入联邦的堪萨斯州以及内布拉斯加州的人民通过公投的方式自由选择是否允许蓄奴。美国国会通过道格拉斯所提出的《堪萨斯-内布拉斯加法案》（*Kansas-Nebraska Act*）产生了严重的后果，先前“密苏里妥协方案”所形成的平衡迅速被打破，北方和南方各州围绕着奴隶制的矛盾面临着不可调和的窘境。1854年到1858年间，北方自由州和南方蓄奴州围绕着堪萨斯领土的控制权爆发了堪萨斯内战（Bleeding Kansas）。

1856年，詹姆斯·布坎南在总统大选中获胜。就在总统大选前后，一位出生于弗吉尼亚州的黑人奴隶德雷德·斯科特（Dred Scott，1799—1858）提起的宪法诉讼深刻影响了人们对奴隶制的认识。① 1857年3月6日，坦尼法院（Taney Court）以7∶2的多数司法意见对斯科特诉桑福德案作出终审判决，判定：（1）黑人不是《联邦宪法》上所说的合众国的公民；（2）斯科特不能因为曾经居住在自由准州威斯康星地区就成为自由人，“密苏里妥协方案”本身超出了宪法授予国会的立法权力，因而是违宪的；（3）斯科特不能因为到过自由州伊利诺伊就获得自由，因为他一旦回到密苏里州，则他的身份就只受密苏里法律支配。②坦尼法院（Taney Court）虽然固守了《联邦宪法》制定之处的原初含义，宣告了“密苏里妥协方案”违宪，但是却背离了时代发展的新趋势。斯科特诉桑福德案的判决作出之后，引发了爱好自由和平等人士的广泛批判，北方自由州和南方蓄奴州的矛盾几乎一触即发。学术界广泛认为斯科特诉桑福德案是联邦最高法院历史上最受人诟病的错误判决。1858年，共和党参议员候选人亚伯拉罕·林肯与民主党参议员候选人斯蒂芬·道格拉斯围绕着奴隶制存废问题展开了著名的“林肯-道格拉斯辩论”（Lincoln-Douglas debates）。道格拉斯主张尊重建国先贤的原初的宪法设计，国家应该维持自由州和蓄奴州共生共存的状态。林肯则坚持否认奴隶制的正当性，认为建国先贤对奴隶制的妥协应该接受历史的检验、随着时代的发展而被抛弃。林肯认为

① 1830年，黑人奴隶斯科特被原主人布洛带到密苏里州。1833年，在圣路易斯市，斯科特被卖给他的新主人——美国随军医生约翰·埃默森。随后，斯科特先后被埃默森医生带到了伊利诺伊州和威斯康星准州居住。根据1820年的“密苏里妥协方案”，斯科特的居住地位于北纬36°30′线以北，因而，他所居住的两地都禁止奴隶制。埃默森医生去世后，斯科特试图获得自由身份，但是却屡被拒绝。1846年，斯科特向法院提起诉讼，要求获得自由人身份。

② Dred Scott v. Sandford, 60 U.S. (19 How.) 393 (1857).

“分裂之屋不能长久”（A house divided against itself, cannot stand），人民不能生活在半自由、半奴隶制的国家中。1860年11月，美国举行了第19届总统选举，林肯获胜。1860年冬季，得克萨斯、路易斯安娜等7个州宣布脱离联邦。1861年2月8日，南方的蓄奴州宣告美利坚联盟国（Confederate States of America，简称CSA）正式独立。1861年3月4日，林肯宣誓并就任美国总统。1861年4月12日，联邦政府正式与叛乱州交战。

1861年4月12日至1865年5月9日间，美国爆发了建国以来规模最大的一场内战，史称“南北战争”（American Civil War）。在南北战争中，1863年1月1日，林肯总统签署的《解放奴隶宣言》（*The Emancipation Proclamation*）正式实施。1863年11月19日，联邦军队在葛底斯堡战役中取得重要胜利后，林肯发表了著名的《葛底斯堡演说》（*Gettysburg Address*）。1864年11月8日，林肯在总统大选中再次胜出。1865年4月14日，林肯在华盛顿福特剧院观看戏剧时不幸遇刺身亡。1865年5月9日，“南北战争”最终以代表北方自由州利益的联邦政府的胜利而结束。

历史学家麦克弗森曾指出：“合众国在1861年走向战争，是为了保卫一个联合体；但在1865年由战争重生后却创造了一个民族。在1861年之前，‘United States’这两个单词通常是被用作复数名词的。在1865年之后，the United States变成了一个单数名词。各州之间的松散联合体变成了一个民族。”①换言之，合众国经过这场历史上最大规模的内战实现了浴火重生，由一个复数的政治单位转变为单数的政治体。南北战争结束后，美国宪法的第十三、第十四和第十五修正案获得通过，由于奴隶制正式被这三个宪法修正案废除，美国从一个“半奴隶半自由”的牢笼中走出，所以第十三、第十四和第十五修正案也被称为是重建修正案（详见表4-4、表4-5）。

表4-4 **重建修正案之概况**

修正案名称	提出日期~批准日期	关键提案人或起草者	宪法修正案要点
第十三修正案	1865年12月18日—1865年12月6日	俄亥俄州的联邦众议员詹姆斯·米歇尔·阿什利（James Mitchell Ashley）	废除奴隶制和强制劳役
第十四修正案	1866年4月—1868年7月9日	俄亥俄州联邦众议员约翰·宾汉姆（John A. Bingham）	公民与公民权 众议院议席分配 褫夺叛国者公权 公债的合法性

① James McPherson, Abraham Lincoln and the Second American Revolution, Oxford University Press, 1991, p. viii.

续表

修正案名称	提出日期~批准日期	关键提案人或起草者	宪法修正案要点
第十五修正案	1869年2月26日—1870年2月3日	两院协商委员会（Conference Committee）	禁止基于种族的选举权歧视

（图表来源：作者自制）

南北战争之后的宪法修正案的历史意义是巨大和深远的，其意义堪比“第二次制宪”，美国的政制结构发生了根本转型。①第十三宪法修正案正式废除了奴隶制，第十五宪法修正案明确禁止因种族、肤色或者曾经服劳役而剥夺黑人的选举权。第十四宪法修正案第1款规定：“所有在合众国出生或归化合众国并受其管辖的人，都是合众国的和他们居住州的公民。任何一州，都不得制定或实施限制合众国公民的特权或豁免权的法律；不经正当法律程序，不得剥夺任何人的生命、自由或财产；在州管辖范围内，也不得拒绝给予任何人以平等法律保护。”第十四宪法修正案第1款规定：“众议员名额，应按各州人口比例进行分配，此人口数包括一州的全部人口数，但不包括未被征税的印第安人。但在选举合众国总统和副总统选举人、国会众议员、州行政和司法官员或州议会议员的任何选举中，一州的年满21岁并且是合众国公民的任何男性居民，除因参加叛乱或其他犯罪外，如其选举权遭到拒绝或受到任何方式的限制，则该州代表权的基础，应按以上男性公民的人数同该州年满21岁男性公民总人数的比例予以削减。”至此，原来宪法第1条第2款第3项之下的“五分之三妥协方案”被正式废止。

表4-5　**第十四修正案的结构和内容**

款项	内　　容	著 名 判 例
第一款	（1）公民权条款；（2）特权或豁免权条款；（3）正当程序条款；（4）平等保护条款	屠宰场案、合众国诉黄金德案、西海岸旅馆公司诉帕里什案、吉迪恩诉温赖特案、洛克纳诉纽约州案、罗诉韦德案、普莱西诉弗格森案、是松诉合众国案、布朗诉托皮卡教育委员会案、加州大学董事会诉巴基案、理查德森诉拉米瑞兹案、亚拉巴马大学信托董事会诉加勒特案、劳伦斯诉得克萨斯州案、奥贝格费尔诉霍奇斯案……
第二款	众议院议席分配条款	
第三款	褫夺叛国者公权条款	
第四款	国家公共债务条款	
第五款	执法权力条款	

（图表来源：作者自制）

① 参见田雷：《论美国的纵向司法审查》，载《中外法学》2011年第5期。

重建修正案之后，美国宪法在历史的发展中进一步扩大了基本权利的主体范围。1920年的第十五修正案赋予女性选举权，该宪法修正案规定：合众国或任何一州不得因性别而否认或剥夺合众国公民的选举。1964年的第二十四修正案禁止以税收和财产状况限制公民的选举权，该宪法修正案规定：合众国公民在总统或副总统、总统或副总统选举人、或国会参议员或众议员的任何初选或其他选举中的选举权，不得因未交纳任何人头税或其他税而被合众国或任何一州加以拒绝或限制。1971年的第二十六修正案赋予18周岁以上的公民选举权——年满18岁和18岁以上的合众国公民的选举权，不得因为年龄而被合众国或任何一州加以拒绝或限制。

第三节 典型欧陆国家的宪法历史概述

一、法国宪法史概述

法国的大革命被认为是世界近代史的一个开端，它是欧洲最重要的政治和法律革命。法国大革命最深刻的影响莫过于1789年《人权和公民权宣言》（《人权宣言》）①，这个宣言是欧洲大陆第一个具有近代宪法性质的法律文件，它同时也宣告了欧洲告别旧时代，迎来新的时代。法国大革命之后，法国经历了三次君主立宪制、两次帝制和五次共和制。从1791年法国宪法到1958年法国宪法，法国是宪法变革和修改最为频繁的欧洲国家之一。法国在近代历史上曾经出现过十几部宪法，且这些宪法文本亦被频繁修正。直到第五共和国时期，法国的宪法制度才日趋稳定。法国的立宪史对欧洲大陆的宪法以及政治发展产生了非常重要的作用。法国是欧洲第一个制定成文宪法的国家。虽然《1791年宪法》确认了君主立宪制的国家政体，但是，自法国大革命以来法国经历了三次君主立宪制、两次帝制和五次共和制的前后多部宪法先后确立的人权、民主、法治以及分权等宪法原则对资产阶级国家立宪以及现行法国宪法产生了重要的影响。

（一）第一个时期（1789—1848年）

从1789年法国大革命开始到1848年法国的二月革命期间，法国先后经历了第一共和国和第一帝国两个历史时期。首先，在第一共和国时期，法国先后制定了《1791年宪法》②、《共和元年宪法》（1793年）、《共和三年宪法》（1795年）、《共

---

① Declaration of the Rights of Man and of the Citizen (French: Déclaration des droits de l'homme et du citoyen de 1789).

② 《1791年宪法》是法国第一部成文宪法。对此，马克思依据法国《1791年宪法》对自由所作的规定，指出“自由就是从事一切对别人没有害处的活动的权利”。恩格斯在1875年发表纪念波兰起义的演说中称：“宣布人权和公民权的法国1791年宪法是一面革命旗帜。”

和八年宪法》（1799年）、《共和十年宪法》（1802年）。其次，1804年5月18日，法国建立了第一帝国。1808年法国通过了《1804年宪法》，宣布拿破仑·波拿巴（Napoléon Bonaparte，1769—1821）为“法国人的皇帝”。拿破仑称帝后展开了对欧洲的征服，史称“拿破仑战争”。面对拿破仑的入侵和扩张，英国、俄国、普鲁士和奥地利等国在欧洲组成了反法同盟，1814年3月31日，巴黎被占领，法国无条件投降。1815年3—6月，拿破仑·波拿巴重新回到巴黎，组建了短暂的“百日王朝”。1815年6月，滑铁卢战役后，拿破仑第二次退位。

从1814年4月6日拿破仑·波拿巴退位到1830年7月29日七月革命期间，法国再次回到了波旁王朝的统治之下。在这一时期，《1814年宪章》成为波旁王朝复辟（Bourbon Restoration）统治下的根本法律。1830年，法国人民无法忍受波旁王朝的残酷统治，爆发了七月革命。七月王朝旋即修改《1814年宪章》，制定了新的《1830年宪章》。①

（二）第二个时期（1848—1879年）

1848年欧洲革命爆发，革命浪潮席卷法国，七月王朝崩溃。法兰西第二共和国建立，路易-拿破仑·波拿巴成为第二共和国的总统。1848年11月4日，法兰西第二共和国通过了《1848年宪法》。

1852年，路易-拿破仑·波拿巴的第二共和国逐渐演化为法兰西第二帝国，第二帝国通过了《1852年宪法》。

1870年普法战争爆发，法国在这场战争中失败，拿破仑三世正式投降。同时，法国国内发生政变，法兰西第二帝国被推翻，法兰西第三共和国成立。第三共和国在政治上建立议会制、共和制、普遍选举制。第三共和国制定和颁布了《1875年宪法》。该宪法由三个宪制文件组成，即关于参议院组织的法律、关于政权组织的法律和关于政权机关之间关系的法律。②

（三）第三个时期（1879—1958年）

直到第二次大战结束，第三共和国的《1875年宪法》一直是法国的根本大法。在这期间，第三共和国经历了两次世界大战。在第一次世界大战中，法国是协约国，在欧洲大陆是最主要的政治力量，并且对《凡尔赛和约》的签订、“一战”后的欧洲国际秩序产生了重要的影响。在第二次世界大战中，德国纳粹于1940年占领法国巴黎，听命于德国的维希政权（Vichy France）成立。戴高乐将军在海外领导了“自由法国运动”。随着诺曼底登陆的胜利，同盟国逐渐取得了反法西斯战争

① 参见韩大元主编：《外国宪法》（第4版），中国人民大学出版社2013年版，第45页。

② 参见韩大元主编：《外国宪法》（第4版），中国人民大学出版社2013年版，第47页。

的主导权。1944年，法国解放，戴高乐将军重返巴黎。1946年，法兰西第四共和国成立并制定了《1946年宪法》。《1946年宪法》重审了法国1789年《人权宣言》赋予公民的权利和自由，明确宣示："法兰西是一个不可分割的、世俗的、民主的和社会的共和国。"①

（四）第四个时期（1958年至今）

法国的现行宪法是1958年《法兰西宪法》，它通常被叫做第五共和国宪法。该宪法在1958年由法国的宪法公投通过，并于同年10月4日正式颁布。1958年法国宪法由戴高乐总统（Charles de Gaulle）推动制定，米歇尔·德勃雷（Michel Debré）起草，取代原来的第四共和国宪法。自颁布以来，其历经24次宪法修正，最近一次是在2008年。

根据1958年法国宪法之规定，法国是一个世俗的、民主的并且主权在民的共和国。法国赋予了总统前所未有的权力，在内政和外交两个方面都大大加强了总统的作用；而总统更是有了任命总理的权力。在1962年公投中，戴高乐更是宣布共和国总统由人民直接选举产生，进一步加强了国家元首和人民之间的直接联系，从而巩固了其行政权力源于国民的合法地位。在实践中，总统权力一直过于强势，而政府和议会通常只能处于从属或顺从地位，这一失衡表现在任期方面：议会任期只有5年，而总统可以有7年任期。法国在2000年立法削减总统任期，更在2008年修宪限制总统最多只能连任一届。在"左右共治"的情况下，由宪法赋予的行政权力却被拆分：总统"侵占"了政府部分权力，并称其为总统的"被保留的领域"（如国防、外交，法语：domaine réservé）。宪法委员会（Conseil Constitutionnel）是法国最高宪法权力机构，它于1958年10月4日建立，其职责是确保宪法的原则和规则得到遵守。

1958年法国宪法规定了总统和议会的选举、政府任命，以及两者权力和相互关系，并确立了宪法委员会、经济委员会、社会委员会等机构。在制定宪法之初，就确保了总统强有力的政治权力。宪法还许可国际条约以及有关欧盟条例的批准和实行，但是某些形式的条约（如互惠储备）是否与欧盟法律相符合尚不明晰。在该宪法之下，法国实行的是司法二元制，法国的司法机构分为普通法院系统和行政法院系统两个部分。在普通法院系统中，法国最高法院（Cour de Cassation）为法国的最高法院，对所有的民事和刑事案件享有终审权。在行政法院系统中，法国最高行政法院（Conseil d'État）是所有行政案件的终审法院。根据宪法以及《行政司法法典》（*Code de Justice Administrative*）之规定，法国最高行政法院同时是法国中央政府的一个组成部门，它的会议通常由总理主持，在法国总理缺席时，可由司法

---

① 参见韩大元主编：《外国宪法》（第4版），中国人民大学出版社2013年版，第47页。

部长代表主持。法国最高行政法院可以向行政部门提供法律咨询建议和提出法律议案。①

1971 年，法国宪法委员会（Conseil constitutionnel）作出了一个里程碑式的决定，援引了宪法序言以及 1789 年《人权宣言》的若干原则，认可将此作为否决某项法律的依据。② 法国宪法的效力不仅及于宪法正文，还扩及其宪法序言所征引的其他文件——1789 年《人权宣言》、1946 年《第四共和国宪法序言》、2004 年《环境宪章》。

二、德国宪法史概述

从公元 962 年神圣罗马帝国（Holy Roman Empire）建立到 1806 年拿破仑（Napoléon I）率领大军推翻神圣罗马帝国期间，德意志的人民在长达 800 多年的时间里生活在 300 多个诸侯国、弗里敦市以及 1700 个直属帝国骑士领地上。神圣罗马帝国虽然获得罗马教皇的承认，但却是一个“徒有国家之名”的虚假帝国。法国启蒙运动重要的思想家伏尔泰（Voltaire，1694—1778）曾这样评价神圣罗马帝国：“它既不神圣，也不罗马，更非帝国。”③如何构建一个统一的德意志国家深深困扰和影响了德国的近现代历史进程，学术界称之为德国问题（Deutsche Frage）。

纵观从神圣罗马帝国瓦解以来的德国历史，德国法律制度的发展大体经历了以下几个最为重要的历史时期：（1）帝国宪法时期（1871—1918）；（2）魏玛宪法时期（1918—1933）；（3）纳粹时期（1933—1945）；（4）基本法时期（1949 年至今）。

（一）帝国宪法时期

1848 年的欧洲经历着改变人类历史的革命，很多学者将这一年称为民族之春（Spring of Nations）。1948 年的欧洲革命起始于 1848 年 1 月在意大利西西爆发的革命，在普鲁士境内爆发了德意志 1848 年革命，随后革命浪潮席卷欧洲，这被认为是欧洲历史上最大规模的革命运动。1848 年 2 月 24 日，马克思和恩格斯合著的《共产党宣言》在伦敦第一次出版。

---

① Bruno Latour, La Fabrique du droit : une Ethnographie du Conseil d'État, Paris, Éd. La Découverte, 2002; Bruno Latour, The Making of Law: An Ethnography of the Conseil d'Etat, Cambridge, UK: Polity Press, 2009; Martin A. Rogoff, French Constitutional Law: Cases and Materials, Durham, North Carolina: Carolina Academic Press, 2010; John Bell, What is the Function of the Conseil D'Etat in the Preparation of Legislation, 49 Int'l & COMP. L. Q. 661 (2000).

② Décision n° 71-44 DC du 16 juillet 1971.

③ See Thomas Renna, The Holy Roman Empire was Neither Holy, Nor Roman, Nor an Empire, Michigan Academician, 2015, 42 (1), pp. 60-75.

1848年欧洲革命之后，德意志的统一问题被提上了历史和政治议程。1866年普奥战争爆发，普鲁士大获全胜，推进了德意志的统一。1870年普法战争爆发，普鲁士与法国为争夺欧洲大陆霸权而开战，战争由法国发动，最后普鲁士大获全胜，普鲁士不仅称霸欧洲，还借此完成了德意志民族国家的统一。当时普鲁士的铁血首相奥托·冯·俾斯麦（Otto von Bismarck，1815—1898）曾经说过："当代的重大问题不是通过演说和多数派决议所能解决的……而是要用铁和血来解决！"在俾斯麦时期，1871年4月16日普鲁士通过了《德意志帝国宪法》（*Gesetz betreffend die Verfassung des Deutschen Reiches*），该宪法的前身是1866年编纂的北德意志邦联宪法。这部宪法由多个单独的文件汇总而成，最后汇编为《德意志帝国宪法》。由于俾斯麦在此部宪法的制定过程中影响巨大，所以1871年普鲁士宪法也被称为《俾斯麦宪法》(*Bismarcksche Reichsverfassung*)。该部宪法包括共14章78条，规定了普鲁士帝国的领土、立法机构、立法权以及军事制度。《俾斯麦宪法》虽然建立了君主立宪政体、巩固了德意志民族的统一，但是学术界通常认为这部宪法保留了较为浓厚的封建残余且带有军国主义色彩，具有一定的历史局限性。

（二）魏玛宪法时期

普法战争结束后，1871年《法兰克福条约》(*Treaty of Frankfurt*) 规定法国将阿尔萨斯-洛林（Alsace-Lorraine）割让给德国，并赔款50亿法郎。德意志帝国皇帝威廉一世的登基大典在巴黎的凡尔赛宫举行，因此，法国的民族复仇主义逐渐高涨。在1878年的柏林会议（Congress of Berlin）上，欧洲列强围绕着巴尔干半岛各国的领土问题和欧洲在海外的殖民地问题争执不下，巴尔干半岛的危机愈演愈烈。1914年6月，奥匈帝国皇太子弗朗茨·费迪南德大公夫妇（Archduke Franz Ferdinand）在萨拉热窝被塞尔维亚民族主义者枪杀，史称"萨拉热窝事件"。借助此次事件，奥匈帝国出兵塞尔维亚，德国与奥匈帝国组成同盟国，先后向俄国和法国宣战，第一次世界大战爆发。

第一次世界大战以英国、法国和美国为核心的协约国集团的胜利而告终。1919年协约国和同盟国在法国巴黎的凡尔赛宫召开和会，签订了《凡尔赛条约》(*Treaty of Versailles*)①。《凡尔赛条约》奠定了第一次世界大战之后的世界格局，也深刻影响到近代德国的历史发展。《凡尔赛条约》第一部分是国际联盟盟约②，

---

① Treaty of Peace at Versailles, 28 June 1919, Allied & Associated Powers-Ger., 225 Consol. T. S. 188.《凡尔赛条约》全称为《协约国及参战各国对德和约》（法语：*Traité de paix entre les Alliés et les Puissances associées et l'Allemagne*，英语：*Treaty of Peace between the Allied and Associated Powers and Germany*），它包括前言、440条正文、4幅地图和1个附件。

② See League of Nations, Covenant of the League of Nations, 28 April 1919.

根据盟约而建立的国际联盟于1920年1月10日正式成立。①《凡尔赛条约》第八部分主要处理的是战败国德国的战争罪责和赔款问题，德国必须就其对盟国引致的一切损失与破坏而负责。②为了解决德国和波兰的领土争端，《凡尔赛条约》第三部分建立了一个由国际联盟托管的特殊政治实体——但泽自由市（Free City of Danzig）。③

1919年2月6日，由于首都柏林时局动荡，德国帝国议会改在魏玛召开，会议的主要任务是起草一部新的宪法。1919年7月31日，国民议会以262人支持、75人反对、84人缺席通过《魏玛宪法》（*Weimarer Verfassung*）。《魏玛宪法》建立了一个德国近代历史上第一个议会民主制、联邦制的共和国。④

《魏玛宪法》与《苏俄宪法》⑤ 的颁布，标志着现代宪法的发展进入了一个新的阶段。第一，参政权利主体范围的扩大，现代宪法确立了男女平等的政治权利。《魏玛宪法》第22条规定：无论男女，20岁以上的德国公民均享有选举权和被选举权。《苏俄宪法》第64条规定：凡俄罗斯社会主义联邦苏维埃共和国的下列男女公民不问其信仰、民族、居住等情况如何，凡在选举日已年满18岁者，均享有各级苏维埃的选举权及被选举权。第二，现代宪法确立了一系列的经济、社会、文化权利，传统以自由权为核心的基本权利体系逐渐过渡为以自由权和社会权为内容的基本权利体系。《苏俄宪法》第17条规定：为保障劳动者能够真正获得知识，俄罗斯社会主义联邦苏维埃共和国的任务为给予工人与贫农各方面的完全免费的教育。《魏玛宪法》第142~150条规定了德国公民享有广泛的受教育权，国家负有保障公民受教育权实现的义务。第三，在传统的夜警国家转变为现代福利国家的过程中，为了向全社会提供福利的给付，行政权力在现代宪法的发展中逐渐扩大。第四，现代宪法肯定了紧急状态下的行政应急权。《魏玛宪法》第48条授予总统在紧急状态下可以不经过议会而制定紧急法规（Notverordnungen）的权力。⑥

① Marcus M. Payk, What We Seek Is the Reign of Law: The Legalism of the Paris Peace Settlement after the Great War, 29 Eur. J. Int'l L. 809 (2018).

② Treaty of Peace at Versailles, 28 June 1919, Allied & Associated Powers-Ger., 225 Consol. T. S. 188, Art. 231. 根据《凡尔赛条约》第231条，德国承认发动战争的全部责任，割让6.5万平方公里的领土和近700万的人口，并且需要支付巨额的战争赔款。

③ Treaty of Peace at Versailles, 28 June 1919, Allied & Associated Powers-Ger., 225 Consol. T. S. 188, Art. 100.

④ Walter Jellinek, Insbesondere: Entstehung und Ausbau der Weimarer Reichsverfassung, in: Gerhard Anschütz/Richard Thoma (Hrsg.): Handbuch des Deutschen Staatsrechts, Bd. I, Tübingen 1930.

⑤ 1918年《苏俄宪法》由第五次全俄苏维埃代表大会于1918年7月10日通过。

⑥ Hans Mommsen, The Rise and Fall of Weimar Democracy, UNC Press, 1998, pp. 57-58.

（三）纳粹时期

魏玛共和国后期，德国极端民族主义抬头，最终导致了纳粹党在德国崛起和掌权。1933 年 1 月 30 日魏玛共和国总统保罗·冯·兴登堡任命希特勒（Adolf Hitler, 1889—1945）担任德国总理，纳粹党由此开始清除国内一切政治反对力量，巩固自身权力，从此德国的法治遭受到严重的破坏。希特勒在德国建立了“第三帝国”，并且开始对奥地利、波兰、法国等国家扩张。1939 年 9 月 1 日德国以闪电战（Blitzkrieg）方式进攻和入侵“波兰走廊”与但泽自由市，第二次世界大战由此正式爆发。在这场史无前例的惨烈战争中，无数的平民，包括妇女、儿童、少数民族（尤其是犹太人）遭到德国纳粹的杀害，法西斯主义对欧洲和人类历史犯下了滔天罪行。在爱好和平的国家的努力下，1945 年 4—5 月，同盟国军队进入柏林。1945 年 5 月 8 日，纳粹政府在《德国无条件投降书》（*German Instrument of Surrender*）上签字，第二次世界大战欧洲战场宣告结束，纳粹党在盟军的占领下被粉碎，纳粹德国亦不复存在。

“二战”后，德国的罪行问题被提上议事日程。德国哲学家卡尔·特奥多·雅斯贝尔斯（Karl Theodor Jaspers ，1883—1969）认为德国人犯有四种罪行：第一，刑事犯罪：直接参与纳粹暴行的刑事罪责；第二，政治犯罪：赋予希特勒以政治权力的政治罪责；第三，道德犯罪：继续支持目标和手段都成问题的纳粹政权的道德罪责；第四，形而上学罪责（Metaphysical Guilt）：对犹太人的迫害和灭绝没有表示抗议的形而上学罪责。纽伦堡国际军事法庭建立后对德国纳粹主义在“二战”中的严重罪行进行了审判，这些审判中最为引人注目的是对纳粹德国政治、军事、司法和经济领导人员的起诉。他们策划、执行或以其他方式参与了大屠杀和其他战争罪行。由于审判主要在德国纽伦堡市举行，故这场世纪审判被称为纽伦堡审判（Nuremberg Trials）。①纽伦堡审判树立了国际社会对犯有灭绝种族罪、危害人类罪、战争罪、侵略罪的个人进行起诉和审判的先例，推动了前南刑事法庭（1993 年）、卢旺达国际刑事法庭（1994 年）以及国际刑事法院（2002 年）的设立和发展。

（四）基本法时期

第二次世界大战欧洲战场结束后，同盟国军队对德国实行了分区占领。盟军将德国全境分成了四个占领区，分别归美、苏、英、法四国管制，首都柏林也被分成了美占区、苏占区、英占区和法占区。为了协调各国的行动，根据 1945 年《柏林宣言》（*Berlin Declaration*），美国、苏联、英国和法国共同设置了盟国管制理事会（Allied Control Council）负责涉及跨越占领区的管理事务。盟国管制理事会在 1945

① David Scheffer, Nuremberg Trials, 39 Stud. Transnat'l Legal Pol'y 155 (2008).

年8月30日成立以后，发布了大量的法律和命令，对全部德国实行了去纳粹化、非军事化和民主化的改造。①随着“冷战”格局的形成，资本主义阵营和社会主义阵营的关系日趋紧张。1948年2—6月，美、英、法、比、荷、卢六国外长在英国召开“伦敦六国会议”（London Six-Power Conference），会议提出了著名的“伦敦建议”，内容主要是美占区、英占区和法占区共同协调德国占领区的经济和贸易政策，将三个占领区共同纳入由美国国务卿马歇尔先生提出的欧洲复兴计划（European Recovery Program）②。同时，“伦敦建议”还计划在三个占领区共同制定宪法，成立联邦德国。1948年6月18日，美英法三国宣布自6月21日起西占区实行新的货币改革，即发行有B记号之德国马克。1948年6月19日，苏联对“伦敦建议”提出强烈抗议，6月22日，苏占区也实行货币改革，发行新的D记号德国马克。随后，苏联全面切断了西占区与柏林的水陆交通及货运，只保留从西德往柏林三条空中走廊通道。从1948年6月24日到1949年5月12日，苏联对柏林实施了长达近一年的封锁（Berlin Blockade）。1949年5月23日，在英美法三国代表参加下，西德通过《德意志联邦共和国基本法》③，5月24日正式生效。德意志联邦共和国（西德）正式建立，定都波恩。阿登纳（Konrad Adenauer）就任第一届联邦德国的总理。为了对抗资本主义阵营，苏联在德国东部占领区迅速筹建并成立德意志民主共和国（东德）。1949年5月30日，东德通过了《德意志民主共和国宪法》④，10月7日正式颁布实施，德意志民主共和国正式成立，威廉·皮克（Wilhelm Pieck）就任第一届民主德国的总统。1961年，横亘于柏林市中心的柏林墙（Berliner Mauer）修建，它成为了德国分裂和冷战的重要标志。

德国著名作家赛巴斯提安·哈夫纳（Sebastian Haffner）曾说：“基本法是幸运的，这不仅是说促使它诞生的情势是幸运的，也是指导致它诞生的前提条件是幸运的。什么？我听到有人说：一片被打败、被夷平、被毁灭的土地，被外国占领者分割成四块，在精神和物理上一蹶不振；一群冻饿交加的人口，数以百万计的无家可归的难民和被驱逐者，每个人都竭尽全力以求基本的生存；一群任何政治参与的念头都被掐灭的人民——这些就是你所说的形成民主宪制的幸运的前提条件？的确，没有人会说1948—1949年的德国人民是幸福的。他们比任何可能的不幸者更加不幸。但正是这种最深的不幸，可能是一个新开端的最为幸运的前提条件。”⑤

---

① Allied Control Authority Germany, Enactments and Approved Papers, 9 Volumes (Berlin, 1946-1948).

② 也被称为“马歇尔计划”（The Marshall Plan）。

③ Grundgesetz für die Bundesrepublik Deutschland.

④ Verfassung der Deutschen Demokratischen Republik.

⑤ 参见郑戈：《传统中的变革与变革中的传统——德国宪法法院的诞生》，载《交大法学》2017年第1期。

《德意志联邦共和国基本法》（以下简称“德国基本法”）在1949年制定之时，仅仅在美国、英国和法国控制的西占区生效。当初，制宪者其实并没有打算将德国基本法作为长期有效的宪法，他们认为德国终将完成合并统一并拥有一部“正式的”宪法，基于此种考虑，在制定德国基本法时没有采用德语中“Verfassung”（宪法）一词。①德国基本法的制定草案是由西德制宪大会机构——国会参议院（Parlamentarischer Rat）完成的。国会参议院的主要成员是西占区11个州的州长。草案文本的核心内容来源于1948年“伦敦六国会议”的一系列决议，这些决议之后被汇编成著名的“法兰克福文件”（Frankfurt Documents）。文件包括《关于宪法决定的声明》《关于改组议会的声明》《宪法生效后军事总督权限的声明》《德国未来政治发展文件》。这些最初由“伦敦六国会议”通过的文件在1948年被交由西占区各州的州长。文件交接的地点正是美茵河畔法兰克福（Frankfurt am Main），法兰克福文件因此得名。从体系上看，德国基本法共14章，包括四个部分，第一部分是序言，第二部分是基本权利（第1~19条）②，第三部分是国家组织规定（第20~146条），第四部分是附件③。德国基本法受到《魏玛宪法》的深刻影响，继承了《魏玛宪法》的基本原则，这些原则包括民主国原则（Demokratie）、共和原则（Republik）、社会国原则（Sozialstaat）、联邦国原则（Bundesstaat）以及法治国原则（Rechtsstaat）。鉴于从《魏玛宪法》时期到纳粹专政时期的深刻而沉痛的历史教训，德国基本法在很多方面超越了《魏玛宪法》的局限性，奠定了战后德国法律体系的基础。第一，德国基本法将“人性尊严”列为超越性价值，使得人性尊严永固。德国基本法第1条第1款规定：“人的尊严不可侵犯，尊重它和保护它是政府的责任。”在第1条之下，人性尊严成为现代德国的立国基础，也是德国政府的最高宪法责任和开展一切国际交往的最高遵循。第二，德国基本法明确“自由民主基本秩序”不受侵犯，任何公民如滥用自由权，危及自由民主基本秩序，就会丧失自由。第三，德国基本法吸取了《魏玛宪法》中关于修宪权门槛过低的教训，在第79条第3款中规定，基本法第1条（人性尊严）、第20条（宪法的基

① Hans D. Jarass, Bodo Pieroth: Grundgesetz für die Bundesrepublik Deutschland. Kommentar. 11. Auflage, Beck, München 2011; Peter Häberle: Das Grundgesetz zwischen Verfassungsrecht und Verfassungspolitik. Ausgewählte Studien zur vergleichenden Verfassungslehre in Europa. Nomos, Baden-Baden 1996; Konrad Hesse: Grundzüge des Verfassungsrechts der Bundesrepublik Deutschland, 20. Auflage, C. F. Müller Verlag, Heidelberg 1999.

② 德国基本法第33、38、101、103、104条也规定了与基本权利相当的权利。

③ 现行德国基本法的附件还包括两德统一条约（Einigungsvertrag）的第二章“基本法”（Kapitel II-Grundgesetz）。

本原则）是永恒的不可变更的条款。换而言之，德国基本法承认了“不可变更的宪法核心”，确认了修宪权的最高界限。第四，德国基本法确认了国际法和国际普遍的正义良知的拘束力，第24条、第25条承认国际法是联邦法律制度的一部分，且德国可以将其主权权力转让给国际组织。第五，德国基本法规定了公民的“抵抗权”（Recht zum Widerstand），一旦德国基本法所维护的自由民主的基本秩序受到威胁和遭到破坏，全体德国人都有权抵抗。第六，德国基本法将宪法的最终解释权授予联邦宪法法院（Bundesverfassungsgericht）。联邦宪法法院承担解释宪法和监督宪法实施的神圣职责，这种制度采用了凯尔森主义（Kelsenism），成为“战后”德国保障公民权利与自由的守护神。

德国联邦宪法法院的前身为1951年的西德宪法法院，1993年改制为现在的联邦宪法法院。为了更好保障联邦宪法法院的独立功能，德国实行司法中心和政治中心分离的模式，联邦宪法法院的院址位于南德德国巴登-符腾堡州的卡尔斯鲁厄（Karlsruhe）。从1951年成立以来，德国联邦宪法法院处理了许多涉及宪法基本权利和国家机关权力配置的重大法律争议问题，这些案例包括西南州重组案（1951年）、社会主义帝国党案（1952年）、公务员案（1953年）、艾尔弗斯案（1957年）、吕特案（1958年）、药店案（1958年）、祈祷治疗案（1971年）、梅菲斯特（1971年）、大学招生名额案（1972年）、第一次堕胎案（1975年）、“Solange”（so long as）案（1970/1986年）、人口普查案（1983年）、第二次堕胎案（1993年）、班尼顿案（2001/2003年）、航空安全案（2006年）、里斯本条约案（2009年）、欧洲稳定机制案（2012年）、协助自杀安乐死安案（2020年）。

20世纪80年代末，欧洲的国际局势发生了重要的变化，两德的统一问题被提上历史的议程。1989年11月9日民主德国政府宣布开放柏林墙，1990年6月民主德国政府正式决定拆除柏林墙，此后，民主德国与联邦德国展开统一谈判。民主德国与联邦德国与美、英、法、苏达成《最终解决德国问题条约》（*The Treaty on the Final Settlement With Respect to Germany*），该条约允许统一之后的德国合并为一个完全独立自主的国家，同时，全部取消四个占领国的特权。1990年9月12日，《最终解决德国问题条约》在莫斯科签署。1990年10月3日，原德意志民主共和国（东德）并入德意志联邦共和国（西德），德国最终实现了统一。两德统一后，德国社会面临转型正义（Transitional Justice）的巨大挑战。从1991年到2004年，德国法院就德国分裂时期发生在柏林墙下针对逃亡者的枪杀案进行了一系列的刑事审判，这就是著名的“柏林墙射击者诉讼”（Mauerschützenprozesse / Border Guard Trials），德国联邦宪法法院适用了联邦德国的刑法进行审判，在审判中法官运用了拉德布鲁赫公式（Radbruch Formula）①，认定民主德国士兵对越境者进行射击的执法行为具有刑法上的可罚性。

三、俄罗斯宪法史概述

俄罗斯是一个以斯拉夫人为主体的多民族国家。公元 9 世纪，第一个由东斯拉夫人建立的国家——基辅罗斯（Kievan Rus）建立。1235 年，成吉思汗的后裔窝阔台汗率蒙古军队攻占了莫斯科等城市，蒙古人在相当长的一段历史时期影响或统治着古代俄罗斯。1500—1800 年，一个以莫斯科为中心的莫斯科大公国（Grand Duchy of Moscow）逐渐成长和发展起来，它从波罗的海延伸到太平洋，将伏尔加河、乌拉尔和西伯利亚的人民团结在一起。1453 年，君士坦丁堡被奥斯曼帝国攻陷，东罗马帝国灭亡。作为东正教国家的莫斯科大公国宣称自己是"第三罗马"并继承了罗马帝国的法统。1547 年，莫斯科大公国的君主伊凡四世（Ivan IV，1530—1584）加冕为沙皇（Tsar），开创了君主专制的俄罗斯沙皇国。沙俄时期，俄罗斯的领土得到了极大扩张，成为一个横跨欧亚的封建专制国家。罗曼诺夫王朝（Romanoff）的沙皇彼得一世（Peter the Great，1672—1725）在执政期间效仿西欧，推行了一系列的政治、经济和军事改革，俄罗斯的国力大增，成为一个欧洲强国。1721 年，彼得一世正式称皇帝，俄罗斯帝国由此建立。1812 年，在对抗法兰西皇帝拿破仑一世发动的法俄战争中，俄罗斯帝国取得了胜利，维护了俄罗斯的主权和领土完整。在第一次世界大战中，俄罗斯面临深重的内忧外患。1917 年，俄国革命爆发，皇帝尼古拉二世被迫逊位，俄罗斯帝国灭亡。公历 1917 年 11 月 7 日（俄历 10 月 25 日），十月革命爆发，以列宁为首的俄国共产党（布尔什维克）取得政

---

① 拉德布鲁赫公式的内容是"正义与法的安定性之间的冲突可能可以这样妥善解决：通过法令和国家权力来保障的实在法是具有优先地位的，即便其在内容上是不正义的、不合目的性的；除非当实在法与正义之矛盾达到如此不能容忍的程度，以至于法律已经成为'非正当法'（Unrichtiges Recht）时，法律才必须向正义屈服。在不法的法律与虽内容不正当但仍属有效的法律这两种情况之间划出一条截然分明的界限，是不可能的，但最大限度明晰地作出另外一种划界还是有可能的：凡正义根本不被追求的地方，凡构成正义之核心的平等在实在法制定过程中有意地不被承认的地方，法律不仅仅是'非正当法'，它甚至根本上就缺乏法的性质"。Gustav Radbruch，Gesetzliches Unrecht und übergesetzliches Recht，SJZ 1946，105（107）；Gustav Radbruch，Statutory Lawlessness and Supra-Statutory Law（1946），trans. by Bonnie Litschewski Paulson & Stanley L. Paulson，Oxford Journal of Legal Studies，Vol. 26，No. 1（Spring，2006），pp. 1-11；David Dyzenhaus，The Grudge Informer Case Revisited，83 N. Y. U. L. Rev. 1000（2008）；Thomas Mertens，Radbruch and Hart on the Grudge Informer：A Reconsideration，15 Ratio Juris 186（2002）. 柯岚：《拉德布鲁赫公式的意义及其在二战后德国司法中的运用》，载《华东政法大学学报》2009 年第 4 期；雷磊：《法哲学在何种意义上有助于部门法学》，载《中外法学》2018 年第 5 期；雷磊：《拉德布鲁赫公式》，中国政法大学出版社 2015 年版。

权，建立了无产阶级政权，苏俄政府宣布退出第一次世界大战。

1918 年 7 月，世界上的第一部社会主义类型宪法，即《俄罗斯社会主义联邦苏维埃共和国宪法（根本法）》颁布。苏俄宪法一共 6 编 17 章 90 条。列宁亲自起草了苏俄宪法第 1 篇《被剥削劳动人民权利宣言》。苏俄宪法的主要历史功绩主要包括：(1) 宣布俄国为工兵农代表苏维埃共和国，全部政权归苏维埃，实行无产阶级和贫民的专政；(2) 废除了土地私有制，宣布全部土地、森林、矿藏、水利、银行等国有化；(3) 确定最高国家权力机关是全俄苏维埃代表大会，大会闭会期间为全俄中央执行委员会，由全俄中央执行委员会组织人民委员会为最高国家管理机关，即苏维埃政府；(4) 规定公民不论其信仰、性别、民族、居住情况，凡在选举日已年满 18 岁者，均享有各级苏维埃的选举权及被选举权；(5) 规定了"不劳动者不得食"，公民享有广泛的经济、社会和文化权利。

1922 年，俄罗斯、乌克兰、白俄罗斯和外高加索联邦共同签订《苏联成立条约》，苏维埃社会主义共和国联盟（简称苏联）正式成立。1924 年，苏联第二次苏维埃代表大会通过《苏维埃社会主义共和国联盟宪法（根本法）》，1924 年苏联宪法分为两篇，第一篇是联盟成立的宣言，第二篇是联盟成立的盟约。按照 1924 年苏联宪法，国家的最高权力机关为苏维埃代表大会，苏维埃代表大会闭会期间，由联盟苏维埃和民族苏维埃所组成的苏维埃社会主义共和国联盟中央执行委员会为联盟的最高权力机关。苏联在 19 世纪 20 年代和 30 年代实现了社会主义工业化和农业集体化，1936 年，苏联苏维埃第八次代表大会通过了《苏维埃社会主义共和国联盟宪法（根本法）》。1936 年苏联宪法继承和完善了 1918 年苏俄宪法和 1924 年苏联宪法中的基本原则和制度，宪法文本总共 13 章 146 条。宪法宣布苏联是工农社会主义国家，其政治基础是劳动者代表苏维埃，经济基础是生产资料的社会主义所有制，实行"各尽所能，按劳分配"原则。宪法第 126 条规定："由工人阶级、劳动农民和劳动知识分子中最积极最觉悟的公民自愿结成苏联共产党，即劳动者为建成共产主义社会而奋斗的先锋队，是劳动者所有一切社会团体和国家机关的领导核心。"根据宪法规定，苏联最高苏维埃是国家最高权力机关，凡苏联公民，不论民族和性别一律平等，享有言论、出版、集社、结社、劳动、休息等权利和自由。"二战"期间，苏联遭到以德国为首的轴心国军队入侵，1945 年，苏联人民最终赢得了卫国战争的胜利，为世界反法西斯联盟作出了重大的历史贡献。在 20 世纪 50 年代，苏联宪法和苏联宪法学说曾经对中国宪法学产生了重大的影响。从 1950 年到 1957 年，中国人民大学法律系曾先后共聘请多名苏联专家帮助新中国培养法学教师、编写法学教材。①在勃列日涅夫时期，1977 年苏联宪法进一步完善了

① 参见刘春萍：《苏联宪法学说对中国宪法学说的影响》，载《北方法学》2012 年第 4 期。

苏联的国家制度，同时这部宪法也是苏联宪制史上的最后一部宪法。

1991 年，苏联解体之后，原苏联加盟共和国以主权国家身份组成了独立国家联合体（Commonwealth of Independent States）。1993 年 12 月 12 日，俄罗斯举行全民公投通过了《俄罗斯联邦宪法》，该宪法于 1993 年 12 月 25 日正式生效。现行俄罗斯宪法确规定，俄罗斯联邦是具有共和制政体的民主的、联邦制的法治国家。俄罗斯联邦主权的体现者和权力的唯一源泉是其多民族的人民。俄罗斯采联邦制国家结构形式，联邦主体包括共和国、边疆区、州、联邦直辖市、自治州和自治区。俄罗斯联邦的国家权力由俄罗斯联邦总统、联邦会议（联邦委员会和国家杜马）、俄罗斯联邦政府和俄罗斯联邦法院行使。在立法权力分配方面，俄罗斯宪法采用了二元制的宪法设计，俄罗斯的议会分别为俄罗斯联邦委员会（Federal Assembly）和国家杜马（State Duma），前者为上议院，后者为下议院。在宪法实施制度方面，俄罗斯采取了以宪法法院为主导的宪法监督模式。①俄罗斯联邦宪法法院是维护宪法制度的最高司法权力机关，它负责对政府首脑颁布的行政命令和议会制定的法律进行审查。俄罗斯宪法法院的组织、权限和审理程序由《宪法法院法》规定。1994 年 7 月 21 日和 1996 年 12 月 31 日，俄罗斯联邦总统先后签署批准了《俄罗斯联邦宪法法院法》《俄罗斯联邦司法体系法》，合宪性审查制度得以建立。②俄罗斯最新的宪法发展是 2020 年修宪公投，2020 年 7 月 4 日，新的宪法修正案开始正式生效，其主要内容包括扩大国家杜马（议会下院）权力、增加公民福利等内容。③

第四节 欧盟宪制史概述

一、欧洲整合的构想和联盟初创

欧洲一体化的概念历史非常久远，早在 17 世纪，法国亨利四世就曾提出过建立欧洲联邦的计划。在 18—19 世纪，卢梭和圣西门都分别曾提出过建立欧洲国家联盟和欧洲联邦政府的主张。在政治层面上，奥地利政治家和哲学家理查德·尼古拉斯·冯·康登霍维-凯勒奇（Coudenhove-Kalergi，1894—1972）是较早的倡导

① 参见［俄］C. A. 阿瓦基杨：《俄罗斯宪法法》（第 5 版），刘向文译，法律出版社 2016 年版；杨心宇、［俄］谢尔盖·沙赫赖、［俄］阿利克·哈比布林：《变动社会中的法与宪法》，上海三联书店 2006 年版；Sergey A. Belov，Recent Developments in Russian Constitutional and Administrative Law，International Journal of Legal Information，Vol. 35，Iss. 2（2007），Article 12.

② 刘向文、王圭宇：《俄罗斯联邦宪法法院及其对我国的启示》，载《公民与法（法学版）》2009 年第 4 期。

③ 资料来源：人民网国际频道：http：//world. people. com. cn/n1/2020/0702/c1002-31768078. html，2020 年 8 月 30 最后访问。

者，他不仅著有《欧洲合众国》（*Pan-Europa*）① 一书，而且也是国际泛欧联盟（International Paneuropean Union）最重要的早期推动者之一。温斯顿·丘吉尔（Winston Churchill）1946 年 9 月 19 日在瑞士苏黎世大学发表演讲时提出了“欧洲联邦”（United States of Europe）的构想，但是丘吉尔本人认为英国不应该加入未来的“欧洲联邦”。法国政治经济学家、外交家让·莫奈（Jean Monnet，1888—1979）被认为是欧洲一体化的主要设计师及欧盟创始人之一，享有“欧洲之父”的美誉。

现代欧洲统合主要由欧洲联盟（EU）和欧洲委员会（Council of Europe）共同推动，其中，欧洲委员会是在“泛欧”层面的一个典型的国际组织；欧盟已经成为一个超国家的政治实体。第二次世界大战结束之后，为了“欲免后世再遭今代人类两度身历惨不堪言之战祸，重申基本人权，人格尊严与价值，以及男女与大小各国平等权利之信念”，1945 年 6 月 26 日联合国国际组织会议在美国旧金山结束并签署了《联合国宪章》②。1945 年 10 月 24 日，《联合国宪章》正式生效，作为国际和平与安全领域最重要的国际组织——联合国正式成立。在欧洲，爱尔兰、比利时、丹麦、法国、荷兰、卢森堡、挪威、瑞典、意大利和英国于 1949 年 5 月 5 日在伦敦签订《欧洲委员会规约》（伦敦条约）③。欧洲委员会成立之后就着手起草并通过了《欧洲保障人权和基本自由公约》（简称《欧洲人权公约》）④。以《欧洲人权公约》为基础，欧洲委员会成为了欧洲整合进程中最早设立的发挥重要作用的国际机构。

1950 年让·莫奈（Jean Monnet，1888—1979）与罗贝特·舒曼（Robert Schuman，1886—1963）提出了一个被称为“法国宣言”的计划——把法德两国的煤炭、钢铁资源置于一个超越国家的管理机构之下，对煤钢资源共同开发和使用，并且该机构也吸纳欧洲其他国家参加。1951 年由比利时、荷兰、卢森宝、法国、德国及意大利等六国签署“巴黎条约”（Treaty of Paris）创设了在欧洲经济一体化历史上具有重要影响的“欧洲煤钢共同体”（European Coal and Steel Community，ECSC）⑤，

① Richard N. Coudenhove-Kalergi, Pan-europa, Der Jugend Europas Gewidmet, Amalthea Verlag, 1989；[奥] 卡勒季：《欧洲合众国》，夏奇峯、李实译，上海大东书局 1931 年版。

② Charter of the United Nations, June 26, 1945, 59 Stat. 1031, T. S. 993, 3 Bevans 1153, entered into force Oct. 24, 1945.

③ Statute of the Council of Europe, signed in London on May 5, 1949, 87 U. N. T. S. 103, E. T. S. 1, entered into force Agu. 3, 1949.

④ Convention for the Protection of Human Rights and Fundamental Freedoms, 213 U. N. T. S. 222, entered into force Sept. 3, 1953, as amended by Protocols Nos 3, 5, 8, and 11 which entered into force on 21 September 1970, 20 December 1971, 1 January 1990, and 1 November 1998 respectively.

⑤ Treaty Establishing the European Coal and Steel Community (Treaty of Paris), Apr. 18, 1951, 261 U. N. T. S. 140 (ECSC Treaty) (expired in 2002).

六个欧洲国家同意放弃部分主权，将各国的煤钢生产的管理权交由一个超国家的组织。欧洲煤钢共同体的整合理念与欧洲委员会存在巨大的不同，如果说欧洲委员会仍然是一个传统的奠基于主权平等之上的经典意义上的国际组织，那么欧洲煤钢共同体的发展方向则是建立一个以主权让渡为基础的超国家组织，这是欧洲漫长历史上出现的第一个拥有超国家权限的机构。

1957 年 3 月 25 日，“欧洲煤钢共同体”的成员国在罗马签署《建立欧洲经济共同体条约》，简称《罗马条约》（*Treaty of Rome*）①。1963 年 1 月 22 日由时任联邦德国总理康拉德·阿登纳（Konrad Adenauer）和法国总统戴高乐（Charles de Gaulle）签订了《爱丽舍条约》（*Élysée Treaty*，又称为法德国合作条约），奠定了德国与法国两个欧洲核心国家全面和解的基础，法德的合作成为了欧洲一体化的“发动机”。《欧洲煤钢共同体条约》《欧洲经济共同体条约》《欧洲原子能共同体条约》创建了三个“欧洲共同体”，也就是在煤炭、钢铁、核动力以及成员国经济的其他主要部门共同决策的体系。为管理这个体系成立的共同体机构于 1967 年合并，形成一个委员会和一个理事会。其主要的目的在于建立一个“共同市场”（common market），促进人员、资本、劳务与货物自由流通，完成欧洲经济整合的目的。1986 年，欧共体成员国签署了《单一欧洲法》（SEA），它修订了《欧洲经济共同体条约》，为建设欧洲单一市场铺平了道路。

欧盟的整合为国际宪制主义提供了新的分析视角。卡尔·多伊奇（Karl Wolfgang Deutsch）从行为主义角度来认识整合，约瑟夫·奈尔（Joseph Samuel Nye Jr.）提出整合是一个导向政治共同体的过程，恩斯特·哈斯（Ernst Bernard Haas）提出以新功能主义（Neo-functionalism）的观点来认识欧洲的整合，也有学者认为欧盟事实上和法律上都已经形成了多层治理（Multi-level Governance）的结构和体系。

二、欧盟条约和欧盟机构

1992 年，欧洲共同体成员国签署了《欧洲经济与货币联盟条约》和《政治联盟条约》，合称《欧洲联盟条约》（即《马斯特里赫特条约》）②。按照欧盟条约之规定，欧盟的三个支柱分别为：欧洲共同体（第一支柱）、欧洲共同外交暨安全政策（第二支柱）、欧洲司法和内政事务（第三支柱）。欧盟成立之后，欧洲的整合

① 1993 年的《马斯特里赫特条约》将罗马条约中的“经济”二字删除，改为《建立欧洲共同体条约》，2009 年的《里斯本条约》将本条约重新打包成为《欧洲联盟运行条约》（*Treaty on the Functioning of the European Union*，TEU），2011 年，第 136 条新增一款“欧洲金融稳定机制”。

② 根据《欧洲联盟运作方式条约》和《欧洲联盟条约》之规定，它们正式生效后至少每 10 年必须要由修正条约予以调整和修正一次，最近一次用于修正它们的条约为 2009 年 12 月 1 日正式生效的《里斯本条约》。

进入了一个快速发展的历史阶段。1997 年，欧盟成员国签署了《阿姆斯特丹条约》(1999 年 5 月 1 日生效)，它将集中的主权扩展到更多的领域，包括更多的公民权利，更密切的社会和就业政策的互动。2001 年欧盟成员国签署了《尼斯条约》(2003 年 2 月 1 日生效)，它进一步修订了欧盟的诸多条约，简化了欧洲联盟的决策体系，使它能够在新的成员国加入后有继续有效地运作。在法国政治家，前任法国总统瓦勒里·季斯卡·德斯坦（Valéry Giscard d'Estaing）的推动下，欧盟宪法委员会起了《欧洲联盟宪章》，欧盟成员国于 2004 年签署了《欧洲联盟宪章》①，但在 2005—2006 年的各会员国公民投票过程中，由于多个国家（例如法国和荷兰）的全民公投的反对而使得《欧洲联盟宪章》流产。2007 年，欧盟各国领袖就替代《欧盟宪法条约》的新条约草案达成协议。2009 年 12 月 1 日，《里斯本条约》以及《欧盟基本权利宪章》生效。

欧盟的产生和发展是人类政治发展史上的重大事件，这个超国家组织建立在两个基础条约之上，第一个条约是《欧洲联盟条约》(*Treaty on European Union*)，亦即所谓的《马斯特里赫特条约》②。第二个条约是《欧洲联盟运作方式条约》(*Treaty on the Functioning of the European Union*)③，它的前身是 1958 年时生效的《欧洲经济共同体成立条约》(*Treaty Establishing the European Economic Community*, TEEC)，亦即所谓的《罗马条约》(*Treaty of Rome*)④。

《欧洲联盟条约》(*Treaty on European Union*) 第 13 条规定了欧盟的七个核心机构：欧洲议会、欧洲理事会、欧盟理事会、欧盟委员会、欧盟法院、欧洲中央银行及欧洲审计院（详见表 4-6)。

表 4-6　**欧盟机构概览**

机构名称	英文	总部	性质和功能
欧洲议会	European Parliament	斯特拉斯堡（主要）布鲁塞尔（次要）	欧盟所有机构中唯一的直选的议会机构，相当于欧盟的下议院

① Treaty Establishing a Constitution for Europe, Dec. 16, 2004, 2004 O.J.（C 310）(EU Constitutional Treaty).

② Consolidated Version of the Treaty on European Union, Mar. 30, 2010, 2010 O.J.（C 83/13）(TEU or Maastricht Treaty).

③ Consolidated Version of the Treaty on the Functioning of the European Union, Oct. 26, 2012, 2012 O.J.（C 326）(TFEU).

④ Treaty Establishing the European Economic Community, Mar. 25, 1957, 298 U.N.T.S. 11 (EEC Treaty/Treaty of Rome).

续表

机构名称	英文	总部	性质和功能
欧洲理事会（欧洲高峰会）	European Council	布鲁塞尔	负责制定欧洲统合方针与决定欧盟的共同外交与安全政策，设立有代表欧盟的总统
欧盟理事会	Council of the European Union	布鲁塞尔	由各成员部长组成的理事会，负责制定和通过欧盟的法律法规，相当于欧盟的上议院
欧盟委员会	European Commision	布鲁塞尔	相当于欧盟的行政机构，负责欧盟的行政事务，设立有欧盟委员会主席（相当于欧盟总理）
欧盟法院	Court of Justice of the European Union	卢森堡	欧盟的司法裁决机构，主要负责解释欧盟的法律的解释和适用，以及处理各种申诉等
欧洲中央银行	European Central Bank	法兰克福	主要负责制定欧元区的金融和货币政策
欧洲审计院	Court of Auditors	卢森堡	主要职责是审计欧盟及其所属机构的账务以及财政收支，确保欧盟纳税人的税款正当地被使用

（图表来源：作者自制）

欧盟法院（Court of Justice of the European Union）在欧洲一体化的发展中扮演了重要的角色。欧盟法院的成立基础是《欧洲联盟条约》第 19 条和《欧洲联盟运行条约》第 251~281 条。欧盟法院由两个部分构成①，其一是欧洲法院（Court of Justice），该法院是欧盟系统的最高法院，掌理对普通法院裁判的上诉审理权力，以及解释欧盟诸条约，统一成员国国内国法院对条约的解释；欧洲法院法官数量与成员国数量保持一致，且所有欧洲法院的法官都有若干法务官（Advocate-General）提供协助。其二是普通法院（General Court），负责审理个人和组织针对欧盟各机构提起的各种法律案件。普通法院由原先的“初审法院”（Court of First Instance）演变而来，法官的数量原先为 47 名，在 2019 年增加到 56 名（详见表 4-7）。

① 在 2004 年至 2016 年，欧盟法院中还存在过欧盟公务员法庭（Civil Service Tribunal），这是一种欧盟司法系统中的专门法庭，负责审理欧盟公务员与欧盟之间纠纷，2016 年该法庭并入了普通法院。

表 4-7 **欧洲联盟法院的组成**

法院组成	功能和职责	备注
欧洲法院 (Court of Justice)	对普通法院裁判的救济案，以及解释欧盟诸条约，统一成员国的法院对条约的解释适用	欧盟法院系统的最高法院
普通法院 (General Court)	负责一般案件的一审	欧盟法院系统的初审法院
专门法院 (Specialized Courts)	欧盟公务员法庭，负责欧盟公务员与欧盟之间纠纷的一审案件	该法庭于 2004 年设立，已于 2016 年终止

（图表来源：作者自制）

欧盟法院的管辖权分为初审管辖权和上诉管辖权两类。在初审管辖权方面，欧洲法院可以受理四类案件：（1）不履行义务之诉——欧洲法院可以裁决某个成员国是否有履行其基于欧盟法律所应尽的义务；（2）废除诉讼——原告可以向欧洲法院提起废除某项由欧盟机构所颁行的措施（规则、指令或决定）之诉；（3）作为之诉——欧洲法院或欧盟普通法院也可能会审查某个欧盟机构是否有不作为之违法情形；（4）侵权行为损害赔偿之诉——欧洲法院可以就非基于契约而来，亦即侵权行为损害赔偿之诉进行裁判。在上诉管辖权方面，基于《欧洲联盟运行条约》第256 条之规定，就欧盟普通法院所作出的裁决，仅能以法律问题为由向欧洲法院提起上诉（法律审上诉）。在欧盟法的发展历史上，欧盟法院的前身欧洲共同体法院在“Van Gend en Loos 案”中树立了“欧共体法的直接效力原则”①，在“Costa v. ENEL 案”中树立了“欧共体法的优先效力原则”②。这两个司法判决对欧共体/欧盟法的发展具有深远的历史影响。

三、欧盟法原则和欧盟面临的挑战

《欧洲联盟条约》（*Treaty on European Union*）第 5 条明确了欧盟运行的宪法原则——（1）授权原则（principles of conferral）；（2）辅助原则（principles of subsidiarity）；（3）比例原则（principles of proportionality）。这些原则的主要作用是按照法治理念限制欧盟的权力，防止欧盟成为一个新的“利维坦”。《欧洲联盟条约》第 6 条规定欧盟必须要遵守《欧洲联盟基本权利宪章》以及《欧洲人权公约》。事实上，所有的欧盟成员国都是《欧洲人权公约》的缔约国。英国虽然于 2020 年正式退出欧

① Van Gend en Loos v. Nederlandse Administratie der Belastingen (1963) Case 26/62; ECLI: EU: C: 1963: 1.

② Flaminio Costa v. ENEL (1964) Case 6/64; ECLI: EU: C: 1964: 66.

盟了，但是它仍然是欧洲委员会（Council of Europe）的成员国和《欧洲人权公约》的缔约国。① 正如“罗马不是一天建成的”，欧盟整合的发展并非一帆风顺。从欧洲主权债务危机到欧洲难民危机，从英国脱欧到欧盟和成员国的关系方面，欧盟始终面临着政治和法律等方面的多重挑战，以下试举几例，予以阐释。

欧盟成员国的主权债务危机引发了欧盟成立后的一次较大的法律挑战。2009年12月8日全球三大评级公司下调希腊主权评级后，希腊陷入了主权债务危机，从2010年到2013年间，希腊的主权债务危机扩展到南欧国家最终波及整个欧元区甚至欧盟，形成了空前的欧洲债务危机。②欧盟为应对欧债问题而推出了诸如“财政契约”（Fiscal Compact）和“欧洲稳定机制”（European Stability Mechanism，ESM）等解决方案。但是，《欧洲稳定机制条约》（*ESM Treaty*）的批准却在成员国面临法律上的挑战，德国最终将这两项举措交由联邦宪法法院作裁决。③以德国基督教社会联盟议员彼得·高魏勒（Peter Gauweiler）为代表的近3.7万名怀疑论者向联邦宪法法院提交了诉讼。他们认为，欧洲稳定机制涉及金额巨大，而德国议会缺少共决权，因此存在增加德国人民经济负担的风险。彼得·高魏勒等人认为德国加入《欧洲稳定机制条约》则涉嫌违反《德国基本法》第38条关于德国联邦议院的财政责任的规定，第20条和第79条关于民主原则的规定，请求德国联邦宪法法院颁发临时禁令（Temporary Injunction）。此项诉讼也再次引发了“民主赤字”④的问题，国际社会给予了高度关注。2012年9月12日，法院裁定，旨在救助欧元区重债国的欧洲稳定机制没有违反《德国基本法》，同时法院根据《欧洲稳定机制条约》第8条之规定，明确判决德国出资上限为1900亿欧元（约合2432亿美元）。⑤

英国脱欧（Brexit）不仅引发了英国的宪法危机，也给欧盟带来了巨大的法律挑战。2016年6月23日，英国举行了“脱欧公投”，结果英国民众以52%对48%

---

① Caroline Bradley, European (Dis) Union: From the 1992 Single Market to Brexit, 25 U. Miami Int'l & Comp. L. Rev. 1 (2017); Erik Lagerlof, The British Withdrawal from the European Union and the Construction of a New Relationship, 53 Tex. Int'l L. J. 109 (2018).

② 丁纯、李君扬：《欧债危机的表现、影响、治理与展望》，载《同济大学学报（社会科学版）》2013年第6期。

③ 叶江：《欧债危机对欧洲联盟深层次影响探析》，载《国际展望》2014年第4期。

④ Jürgen Habermas, Democracy in Europe: Why the Development of the EU into a Transnational Democracy Is Necessary and How It Is Possible, 21 European Law Journal 4, 2015, pp. 546-557; Giandomenico Majone, Europe's "Democratic Deficit": The Question of Standards, 4 European Law Journal 5, 1998.

⑤ ECLI: DE: BVerfG: 2012: rs20120912. 2bvr139012; BVerfG, Urteil des Zweiten Senats vom 12. September 2012- 2 BvR 1390/12 -, Rn. (1-215).

的微弱多数票决定退出欧盟。2016 年，英国最高法院在“吉娜·米勒等人诉英国政府脱欧程序案”中以 8∶3 的多数意见判定英国必须经由议会法案对政府大臣的授权才能启动退出欧盟的程序。① 2018 年，欧盟法院在“怀特曼等人诉退出欧洲联盟事务大臣案”中认可了英国单方面启动《欧洲联盟条约》第 50 条而退出欧盟的合法性。② 2019 年，英国最高法院在“吉娜·米勒等人诉英国首相案”中一致裁定英国首相在“脱欧”之前的关键时期宣布议会休会的行为构成“阻止议会履行职责”。③经过一系列复杂的英国国内宪制程序和英欧之间的国际谈判，2020 年 1 月 31 日，英国正式脱离了欧盟，从而结束其 47 年的欧盟成员国身份。在英国“脱欧”过程中，欧盟的引擎德国和法国由于担心英国“脱欧”带来“多米诺效应”（Domino Effect）而再度展开了深度合作。2019 年 1 月 22 日，德国总理默克尔和法国总统马克龙在德国西部城市亚琛签署了《德法合作与一体化条约》（*Aachen Treaty*）。在英国脱欧的背景下，德国和法国致力于通过密切的政治和经济合作来继续推动欧洲一体化进程。

在经济领域，对欧盟法形成另一个重大挑战的案件是德国联邦宪法法院于 2020 年下达的“公共部门债券购买计划判决”（PSPP Judgment）。欧洲中央银行（ECB）在 2015 年 3 月至 2016 年 9 月间，通过了扩大化的资产购买计划（Expanded Asset Purchase Programme，APP）并将其作为一种投资方式④，每月购买约 600 亿欧元的债券，成为欧元区历史上进行过的规模最大的量化宽松计划。⑤所谓量化宽松（Quantitative Easing，QE）是指由一国的货币管理机构（通常是中央

① R (on the application of Miller and another) (Respondents) v. Secretary of State for Exiting the European Union (Appellant), [2017] UKSC 5.

② Case C-621/18, Wightman and Others v. Secretary of State for Exiting the European Union, ECLI: EU: C: 2018: 999, Judgment of Dec. 10, 2018; Martinico G, Simoncini M (2020). Wightman and the Perils of Britain's Withdrawal, German Law Journal 21, pp. 799-814.

③ R (on the application of Miller) (Appellant) v. The Prime Minister (Respondent), [2019] UKSC 41.

④ 欧洲央行的扩大化资产购买计划（Expanded Asset Purchase Programme，APP）包括所有私人部门和公共部门为解决长期低通胀风险而进行证券购买的项目，具体由 4 个项目组成：公共部门购买计划（Public Sector Purchase Programme，PSPP）、资产支持证券购买计划（Asset-backed Securities Purchase Programme，ABSPP）、企业部门购买计划（Corporate Sector Purchase Programme，CSPP）、担保债券购买计划（Third Covered Bond Purchase Programme，CBPP3）。其中公共部门购买计划（PSPP）占比最高，达到 80%，属于约束欧洲央行资产购买的关键组成部分。

⑤ 姚晓丹：《欧洲量化宽松应着重资助实体经济》，载《中国社会科学报》2015 年 4 月 27 日。在执行中，欧盟量化宽松政策主要集中在购买主权债券，特别是利率已经非常低的德国和法国的主权债券。

银行）通过购买政府发行的公共债券或者其他行使的金融资产以提高实体经济环境中的货币供应量。①但是，欧洲中央银行的量化宽松货币政策却在德国联邦宪法法院遭遇到了法律上的挑战。2020 年 5 月 5 日，德国联邦宪法法院第二庭判决，德国联邦政府和联邦议院因为执行欧洲中央银行的量化宽松（QE）货币政策而部分违反《德国基本法》（*Grundgesetz-GG*）第 38、20、79 条之规定，侵犯了宪法诉愿申请人受到基本法所保护的基本权利。法院裁判的理由在于：2015 年 3 月至 2016 年 9 月间欧洲中央银行通过的公共部门债券购买计划（PSPP）超越了其权限，这种“越权行为”（Ultra Vires）没有能够在“货币政策的目标与其产生的经济政策效果进行必要的平衡”，因此违反了《德国基本法》所要求的比例原则。②同时，德国联邦宪法认为量化宽松（QE）货币政策并未违反《欧盟运行条约》（*Treaty on the Functioning of the European Union*, TFEU）第 123 条之规定。最后，德国法院强调此判决与“欧盟新冠病毒危机背景下采取的任何财政援助措施”无关。换而言之，德国法院对该案的判决并不影响欧盟 2020 年 3 月 18 日为应对“新冠病毒”全球大流行而实施的 7500 亿欧元的紧急抗疫购债计划（Pandemic Emergency Purchase Programme）。由于欧盟法院（CJEU）此前于 2018 年 12 月曾对“公共部门债券购买计划”的合法性作出过初步裁决③，裁决认为欧洲央行购买主权债券的决定没有违反欧盟法赋予的权限，故 2020 年德国联邦宪法法院的“公共部门债券购买计划判决”（PSPP Judgment）就与先前欧盟法院的初步裁决相矛盾。德国法院的此次判决引发了人们对欧盟法优先效力（Primacy of EU Law）的担忧，同时也迫使人们再次思考成员国宪法和欧盟法之间的关系。④

---

① Michael Joyce, David Miles, Andrew Scott & Dimitri Vayanos, Quantitative Easing and Unconventional Monetary Policy-An Introduction, The Economic Journal, Vol. 122, No. 564 (November 2012), pp. 271-288.

② ECLI: DE: BVerfG: 2020: rs20200505. 2bvr085915; BVerfG, Urteil des Zweiten Senats vom 05. Mai 2020 - 2 BvR 859/15 -, Rn. (1-237).

③ 此诉讼源于疑欧主义者德里希·魏斯（Heinrich Weiss）、彼得·高魏勒（Peter Gauweiler）在德国国内提起的宪法诉讼。德国联邦宪法法院向欧盟法院申请，欧盟法院于 2018 年 12 月 11 日作出初步裁决。Judgment of the Court (Grand Chamber) of 11 December 2018, Case C-493/17 (2018), ECLI: EU: C: 2018: 1000.

④ Petersen N (2020). Karlsruhe's Lochner Moment? A Rational Choice Perspective on the German Federal Constitutional Court's Relationship to the CJEU After the PSPP Decision. German Law Journal 21, 995-1005; Feichtner I (2020). The German Constitutional Court's PSPP Judgment: Impediment and Impetus for the Democratization of Europe. German Law Journal 21, 1090-1103; Poli S, Cisotta R (2020). The German Federal Constitutional Court's Exercise of Ultra Vires Review and the Possibility to Open an Infringement Action for the Commission. German Law Journal 21, pp. 1078-1089.

四、国际宪法

人类社会早在公元前 4 世纪的古希腊就出现了共同和平（Common Peace / Κοινὴ Eἰρήνη）的概念，但是伯罗奔尼撒战争等一系列武装冲突的现实使得共同和平仅仅停留在理念阶段。1648 年《威斯特伐利亚和约》（*Peace of Westphalia*）的签订开启了以和平方式解决国际争端的先河，近代意义的民族主权国家逐渐产生。1713 年，法国启蒙思想的先驱圣皮埃尔提出了永久和平计划（Projet de Paix Perpétuelle），这种和平主义的理念深深影响了启蒙思想家卢梭和康德。1795 年康德的《论永久和平——一个哲学构想》（*Zum Ewigen Frieden*：*Ein Philosophischer Entwurf*）出版为国际和平奠定了哲学基础。在人类历史发展中，三个国际组织的成立对于维护国际和平具有重大意义：（1）1889 年国际和平活动家威廉·兰德尔·克里默（William Randal Cremer）和弗雷德里克·帕西（Frédéric Passy）在日内瓦建立了各国议会联盟（Inter-Parliamentary Union，IPU）；（2）第一次世界大战结束后，根据 1919 年《凡尔赛条约》建立了国际联盟，这是世界上第一个以维护世界和平为其主要任务的国际组织；（3）第二次世界大战结束后，根据 1945 年旧金山会议建立了联合国。联合国是由主权国家组成的政府间国际组织，它以和平与安全、发展、人权为三大支柱，为促进人类进步事业发挥着不可替代的作用，是全世界最重要的国际组织。

在法律实证主义者看来，国际法治和国内法治由于其法源基础不同而分属不同的法治体系，国际法治缺乏国内法治意义上的统一的立法机构（国会或者议会），也缺乏法律制裁的强行机制，故国际法在很大意义上依赖于平行的主权国家所组成的共同体的一种“协调一致”。①著名的美国法学家波斯纳法官（Richard A. Posner）认为：“在国际公法的场合，由于缺少一个世界政府，它在很大程度上仍然是一套在法律上无法强制执行的规范。”②国际法和国内法的关系问题在本质上是国际法律秩序与一个国家的宪法法律秩序的关系问题。国际法和宪法的关系分为法律一元论（Monism）和法律二元论（Dualism）两派，其中法律一元论又分化出“国际法优先说”和“国内法优先说”两个类别。以 J. J. Moster（1701—1785）、耶利内克（Georg Jellinek，1851—1911）、A. Zorn（1850—1928）、M. Wenzel 等为

① Erika de Wet，The International Constitutional Order，International and Comparative Law Quarterly 55，2006，pp. 53-76；Ulrich Haltern，Internationales Verfassungsrecht? Anmerkungen zu einer kopernikanischen Wende，Archiv des öffentlichen Rechts 128 ，2003，pp. 511-557.

② ［美］理查德·波斯纳：《法律理论的前沿》，武欣、凌斌译，中国政法大学出版社 2003 年版，第 299 页。

代表的学者主张国内法优先说，汉斯·凯尔逊（Hans Kelsen，1881—1973）为代表的学者则主张国际法优先说。例如，法国属于一元论国家，采取“国际法优先说”。《法国宪法》第55条规定：正式批准或核准的条约或协定一经公布，即优先于议会立法，但就每一项协定或条约而言，须视另一方的实施情况而定。以德国公法学家特里佩（Teriepel，1868—1946）、奥本海默（Oppenheim，1858—1919）、意大利法学家安其洛蒂（Anzillotti，1869—1950）为代表的学者认为国际法和国内法是两种不同领域内的规则体系、各自平行地适用于其所欲规制的领域。通常来说，国际条约和协定签署之后需要在各个缔约国履行宪法上的批准手续才能直接对国民产生拘束力。例如，2020年7月1日生效的《美墨加协议》（*United States-Mexico-Canada Agreement/* USMCA）就是按照三个国家各自的国内宪法履行批准程序之后而生效的。

国际法和宪法都关照影响人类行为的重要的组织——国家，两种法治体系在规制人类行为方面实际上具有一致性。国际法和宪法的一致性（Congruence）并不能从二者的法律渊源中找到答案，也不可能从两个法律领域所假设的领土性知识（Territorial Knowledge）中获得圆满的解释，只能从法律规则的社会性（Sociality）来认识。如果社会性是具有约束力的法律规则的关键（Crux），则法学家应该以法的这种本质属性来解释和解决国际法和宪法规则的一致性。①在著名的诺特鲍姆案（Nottebohm Case）中，国际法院需要解决的核心法律问题之一就是依据何种规则来确立国籍（Nationality），从而判断国籍国对其公民的外交保护习惯规则是否适用。诺特鲍姆（Nottebohm）是一位1881年生于德国汉堡且父母均为德国公民的人，1905年，24岁的诺特鲍姆离开德国到达中美洲国家危地马拉（Guatemala），从1905年起，诺特鲍姆就居住在危地马拉并将这个国家作为自己商业活动和发展事业的中心。1939年，诺特鲍姆在欧洲国家列支敦士登短暂居住，在此期间，他取得了列支敦士登的国籍。1940年年初，诺特鲍姆返回危地马拉，继续从事他的商业活动和事业，并申请将他在外国人登记册上注明的德国国籍改为列支敦士登国籍，得到了危地马拉当局的准许。第二次世界大战期间，危地马拉向纳粹德国宣战，1943年11月19日，危地马拉警察当局逮捕了诺特鲍姆，把他交给了美国军事当局羁押在美国，并且危地马拉当局没收了他的财产。危地马拉于1944年12月20日作出了取消把诺特鲍姆登记为列支敦士登国民的行政决定，将之视为敌国（即德国）公民。“二战”结束后的1946年，诺特鲍姆获释，向危地马拉驻美国领

① Marko Novakovic, Common Law and Civil Law Today—Convergence and Divergence, Vernon Press, 2019, pp. 49-50.

事馆申请返回危国，遭到拒绝。同年 7 月 24 日，诺特鲍姆请求危地马拉政府撤销 1944 年关于取消他登记为列国国民的决定，也遭到了拒绝。列支敦士登于 1951 年 12 月 7 日向国际法院提起诉讼，反对危地马拉逮捕诺特鲍姆和没收他的财产，认为这是违反国际法的，应依据国际法给予损害赔偿和补救。①在本案中，国际法院的多数司法意见书认为："国籍是一种法律束缚（bond），其基础是一种依附的社会事实，一种真正的生存、利益和情感联系，并伴随着相互的权利和义务。它可以被认为构成了以下事实的一种法律表现：被授予国籍的个人，无论是由法律直接授予还是因为政府的行为的结果，在事实上与授予国籍的国家的人的联系强于与其他国家的人的联系。如果它构成一种个人与使其成为他的国民的国家之间的关系的法律术语的说明的话，那么，被一国授予国籍仅仅赋予该国行使针对另一国的保护的权利。"②在判词中，国际法院明确表明了这样一种立场：法律束缚（bond）的基础是一种依附的社会事实（a legal bond having as its basis a social fact），正是这种依附性的社会事实通过规范的指引使得它被转换为一种法律束缚（约束）。国际法委员会的特别报告员、著名国际公法学家克劳福德（James Crawford）认为国籍代表了人民和领土联系的社会实在（a social reality in the link between people and territory）。③最终，国际法院作出了对危地马拉政府有利的判决，在本案中确立了以"真实和有效"（real and effective）原则作为判断诺特鲍姆国籍的依据，树立了著名的"诺特鲍姆原则"（the Principle of Nottebohm）。国籍是取得公民权的前提，它是一个国际法和宪法交织的法律问题，其本质在于认定人民和国家之间的某种法律联系，这种法律联系必须建立在法律规则的社会性（Sociality）的基础之上，诺特鲍姆案（Nottebohm Case）正是肯定了这种社会性（Sociality）。

著名法学家刘易斯·亨金（Louis Henkin，1917—2010）④ 的名著《国家如何

① Nottebohm, Liechtenstein v. Guatemala, Preliminary Objection (Second phase), Judgment, [1955] ICJ Rep 4, ICGJ 185 (ICJ 1955), 6th April 1955, International Court of Justice [ICJ]. 案情相关翻译参见眭占菱：《外交保护机制与外国投资者权益保护问题研究》，载《金陵法律评论》2015 年第 2 期。

② Nottebohm, Liechtenstein v. Guatemala, Preliminary Objection (Second phase), Judgment, [1955] ICJ Rep 4, ICGJ 185 (ICJ 1955), 6th April 1955, International Court of Justice [ICJ]. 判决书相关翻译参见梁咏：《海外直接投资之中国投资者论证》，载《云南大学学报（法学版）》2008 年第 3 期。

③ Marko Novakovic, Common Law and Civil Law Today—Convergence and Divergence, Vernon Press, 2019, pp. 44-46; UN Doc. A/CN. 4/480 (1997).

④ 刘易斯·亨金（Louis Henkin，1917—2010）是美国当代著名法学家、哥伦比亚大学法学院终身教授，曾担任哥伦比亚大学人权研究中心主任，他也是国际宪法研究会的主要创始人之一。

行为》(*How Nations Behave*)①属于沟通国际法和宪法关系研究的开创新文献，在刘易斯·亨金之后，许多法学家们也尝试将宪法和国际法法律制度进行一种融合和交叉的研究。②在刘易斯·亨金等一批知名学者的推动下，国际宪法学研究协会(简称 IACL-AIDC③)成立，协会采用英文和法文作为机构的官方语言，同时吸纳全球各地的宪法研究者。④除了国际宪法学研究协会之外，世界上知名跨国的宪法研究组织还包括国际公法研究会(The International Society of Public Law，简称 ICON·S)，该研究会主办了《国际宪法期刊》。⑤

第五节　亚非拉国家宪法的历史概述

一、印度宪法史概述

印度是人类文明中宗教最为多元的国家之一。印度教、佛教、锡克教(Sikhism)和耆那教(Jainism)均起源于古代印度，同时，伊斯兰教对印度文明的影响亦非常深远。古印度文明发祥于南亚次大陆的印度河流域(Indus Valley)。约公元前 3000 多年前，哈拉巴文明(Harappan Civilization)形成，达罗毗荼人(Dravidian)大致进入青铜器时代。约公元前 1500 年，原属印欧系民族(Indo-Europeans)的亚利安人(Aryans)从南亚次大陆北部入侵印度，印度由此进入吠陀时期(Vedic Period)(约公元前 1500 年—前 500 年)。古代印度的吠陀经包括《梨俱吠陀》(*Rigveda*)、《娑摩吠陀》(*Yajurveda*)、《夜柔吠陀》(*Samaveda*)《阿闼婆吠陀》(*Atharveda*)四部经典文献，每一部吠陀经又由四个部分组成：赞美诗(the Samhita)、典礼(the Brahmana)、解释(the Aranyakas)和奥义书(the Vedanta，英

---

① Louis Henkin, How Nations Behave—Law and Foreign Policy, New York: Columbia University Press, first edition in 1968, second edition in 1979.

② Jack Goldsmith and Daryl Levinson. Law for States: International Law, Constitutional Law, Public Law Harvard Law Review, Vol. 122, No. 7, 2009, pp. 1791-1868; Sarah H. Cleveland, Our International Constitution, 31 Yale J. Int'l L. 1 (2006).

③ IACL: The International Association of Constitutional Law; AIDC: l'Association Internationale de Droit Constitutionnel.

④ 国际宪法研究协会的最高机构是全体大会(World Congress of the IACL)，每四年举办一次。协会设有主席一人和副主席若干名，其日常工作则由执行委员会(Executive Committee)来负责协调。

⑤ International Journal of Constitutional Law, published by Oxford University press in association with New York University Law School.

语为 Upanishads)。①在吠陀时期，婆罗门教（Brahmanism）逐渐盛行。婆罗门教主张“梵我合一”“业力轮回”“祭祀万能”等思想，同时，婆罗门教维护了祭祀的特权地位并建立了种姓制度（Caste System)，各个种姓依其出生、职业和居地区不同被而划分成不同的等级。②婆罗门教成为古印度的国教后，宗教经典就成为古印度重要的法律渊源。公元前 6 世纪，印度进入到十六国争雄的列国时代。在这一时期，与婆罗门教相对立的沙门（Samana）思想兴起，迦毗罗卫国（Kapilavastu）的王室太子悉达多·乔达摩（Siddhārtha Gautama）在菩提伽耶（Bodh Gaya）悟道成佛后创立了对后世影响深远的佛教。佛教继承了婆罗门教中的“因果报应”“业力轮回”的思想，但反对婆罗门教的种姓制度，主张众生平等。公元前 4 世纪末，波斯人与希腊人的入侵古印度后，孔雀王朝（Maurya Empire）统一了印度大部地区，在阿育王（Asoka）统治期间，孔雀王朝达到了顶峰。之后，印度先后经历了贵霜王朝（Kushan Empire)、笈多王朝（Gupta Empire)。在漫长的历史发展中，旧婆罗门教逐渐式微，经过改造之后的新婆罗门教——印度教（Hinduism）日渐取得了主导性的地位。公元 7—12 世纪，印度进入多民族共存和分裂的拉其普特时期(Rajput Period)。拉其普特时期后期，穆斯林文明进入印度。从公元 1206 年至公元 1526 年，阿拉伯人在印度建立了德里苏丹国（Delhi Sultanate)。公元 1526 年，成吉思汗和帖木儿的后裔——巴布尔（Babur）征服印度，建立了蒙古人统治之下的莫卧儿帝国（Mughal Empire)。

古印度法与宗教文化密不可分，宗教经典、法典、习惯法是重要的法律渊源。《摩奴法典》(*Manusmṛti*）就是根据吠陀经典并结合习惯而形成的一部重要的古代法律文献，这部法典共分为 12 章，约 2684 条，内容涵盖了礼仪、习俗、教育、道德、法律、宗教、哲学、政治、经济、军事、外交等各个方面，明确规定了古印度

① “吠陀”在梵语（Sanskrit）中的意思是“知识”或者“启示”。吠陀经主要依靠婆罗门祭司们通过口头方式流传下来，主要内容是古印度人举行宗教仪式时奉献给众神的颂词、歌咏或祷语，以及一些祈福禳灾的咒语和巫术。《梨俱吠陀》是四部蛀牙的吠陀经中最重要的文献，大约形成于公元前 2000—1500 年。相关历史可参见［印］恩·克·辛哈、［印］阿·克·班纳吉：《印度通史》，张若达、冯金辛等译，商务印书馆 1973 年版；［印］K. M. 潘尼迦：《印度简史》，简宁译，新世界出版社 2014 年版；Gavin Flood, An Introduction to Hinduism, Cambridge University Press, 1996; Ralph T. H. Griffith, The Rig Veda, Kessinger Publishing, 2004.

② 种姓制度下，婆罗门教将人分为四个等级，从高到低分别是婆罗门（以祭祀为主)、刹帝利（以统治者和战士为主)、吠舍（以农夫和牧民为主)、首陀罗（奴隶)。“贱民”不在上述四个等级之内，被认为是不可接触之人。

的刑事、民事、商事和诉讼法律制度，构建了以四大种姓为基础的社会模式。①古代印度教的基本法源包括《天启书》（*Sruti*）和《圣传书》（*Smriti*），Sruti 的字面意思是“被听到的”，而 Smriti 指“被记住的”。除了上述法源之外，法论（Dharmaśāstra）是古代印度的法学文集，也属于一种法律渊源。②古代印度教法律体系的核心概念是“达摩”（Dharma），在含义和功能上，“达摩”与中文的“法”、拉丁文的 Jus（法）、伊斯兰教的 Sharia（法）以及英文的 Law（法），具有某种相似和交叠之处。③在古代印度，《天启书》《圣传书》和《法论》（*Dharmaśāstra*）均规定着建立在法（Dharma）基础上的社会规则。④除了吠陀教、婆罗门教、印度教的宗教经典之外，佛教的经典（例如《经藏》《论藏》《律藏》）对古印度也有一定的影响。

在莫卧儿帝国时期，英国的殖民主义对近代印度历史产生了最为深远的影响。公元 1600 年 12 月 31 日，英格兰女王伊丽莎白一世授予东印度公司皇家特许状对南亚次大陆进行殖民扩张。从东印度公司成立以来，印度经历了长达近 4 个世纪的英国殖民统治（包括直接和间接形式的殖民统治）。1876 年，英国的维多利亚女王（Queen Victoria）正式成为印度的国家元首，莫卧儿帝国在法理上走向灭亡。在英国殖民主义扩张的同时，印度民族主义思潮逐渐兴起。印度反对英国殖民统治的历史绵延数百年。在 19 世纪后期和 20 世纪的印度独立运动中，圣雄甘地（Mahatma Gandhi，1869—1948）⑤ 和由甘地所领导的国民大会党发挥了重大的历史作用，并启发了第三世界人民反对殖民主义和帝国主义的斗争。

1909 年 11 月，甘地从伦敦乘坐“基尔多南城堡号”轮船赴南非的 9 天时间里写成了 275 页小册子《印度自治》（*Hind Swaraj / Indian Home Rule*），在这本小册子中，甘地提出了印度民族独立的政治主张，而实现印度民族独立，必须依靠印度

① Patrick Olivelle，Manu's Code of Law，Oxford University Press，2005，pp. 18-41；另参见《摩奴法论》，蒋忠新译，中国社会科学出版社 2007 版；［法］迭朗善：《摩奴法典》，商务印书馆 1982 年版。

② Richard W. Lariviere，Dharmaśāstra，Custom，“Real Law” and “Apocryphal” Smrtis，Journal of Indian Philosophy，Vol. 32，No. 5/6（December 2004），pp. 611-627；Purushottama Bilimoria，The Idea of Hindu Law，The Journal of the Oriental Society of Australia，Vol. 43（2011），pp. 103-130.

③ 参见高鸿均：《法律与宗教：宗教法在传统印度法中的核心地位》，载《清华法学》2018 年第 1 期。

④ Manoj Kumar Sinha，Hinduism and International Humanitarian Law，Review of the International Committee of the Red Cross，Vol. 87，No. 858，2005，pp. 286-287.

⑤ 圣雄（Mahatma）来源于梵语的敬语 mahātman，原意“伟大的灵魂”。

人民的非暴力和真理的精神。甘地认为:“除非我们改造了自己,他们(英国殖民统治者)决不会走或改变性质。”① 第一次世界大战期间,甘地回到印度。甘地奉行“真理永恒”(Satyagraha)及“非暴力”(Satyagraha)的政治和人生理念。在甘地、真纳(Muhammad Ali Jinnah)和尼赫鲁(Jawaharlal Nehru)等人的领导下,印度国民大会党带领印度人民开展了旨在推翻英国殖民统治的民族独立运动。② 1919年爆发的英国军队杀害印度平民的阿姆利则惨案(Amritsar Massacre)使得殖民统治的民意基础开始动摇。1930年,英国殖民当局制定了《食盐专营法》提高食盐价格与税收,引起印度人民普遍不满。甘地号召印度人民以“非暴力”的方式自己提取食盐反对殖民当局的恶法。1930年3月12日,甘地践行了以非暴力理念为行动指南的“食盐进军”,他和他的追随者从沙巴玛蒂的静修所出发,历时一个月,步行完成长达240英里的行程,到达古吉拉特邦西海岸的丹迪并从海水里提取食盐。③

鉴于印度人民在反英斗争中的团结一致,鉴于国大党和穆斯林联盟领导人的两面态度,以及它们之间的严重对立,英国当局采取了加紧在印度各民族、各教派和各社会集团之间及其内部进行挑拨离间,制造分裂,以达其“分而治之”的策略。④ 1947年6月3日,英国驻印度最后一任总督刘易斯·蒙巴顿子爵(Louis Mountbatten,1900—1979)提出了“印巴分治方案”(Partition of India),这个方案将英属印度分割为印度教徒占多数的印度和穆斯林占多数的巴基斯坦。1947年8月15日公布,印度正式独立,印度国大党的领导人尼赫鲁(Jawaharlal Nehru,1889—1964)成为现代印度的开国总理。⑤

印度现行宪法的制定过程与印度的民族独立运动密不可分,在很大程度上,宪法的制定是印度民族独立的成果。1946年12月6日,印度制宪会议(Constitution Assembly)正式成立,拉金德拉·普拉萨德(Rajendra Prasad,1884—1963)被选

---

① [印] 甘地:《印度自治》,谭云山译,商务印书馆1935年版,第119页。

② Narendra Chapalgaonker, Mahatma Gandhi and the Indian Constitution, Routledge India, 2015, Chapter 3.

③ [美] 阿瑟·赫尔曼:《甘地与丘吉尔》,刘畅译,上海社会科学出版社2016年版,第373~377页。同时参见 [印] P. A. 纳扎里斯:《甘地:杰出的领袖》,尚劝余等译,商务印书馆2012年版;[印] 莫·卡·甘地:《甘地自传——我追求真理的历程》,启蒙编译所译,上海社会科学出版社2015年版。

④ 刘继兴:《简明印度史》,湖南出版社1991年版,第458页。

⑤ Rajeev Dhavan, Sarbani Sen, Popular Sovereignty and Democratic Transformations: The Constitution of India, 2 Indian J. Const. L. 204 (2008); Vedran Zlatic, The Constitution of India: A Contextual Analysis, 55 Zb. Radova 969 (2018); M. P. Singh, On Uniform Civil Code, Legal Pluralism and the Constitution of India, 5 J. Indian L. & Soc'y V (2014).

为制宪会议主席。制宪会议的成员来自印度各邦的389名代表，他们于1946年12月9日举行了首次会议。1946年12月13日，尼赫鲁在制宪议会中提出“目标决定”（Objective Resolution）议案，该议案确定了印度制宪议会起草宪法所应遵循的总体目标。之后，制宪议会对《目标决定》做了适当调整，使之成了宪法的序言。①“印巴分治方案”（Partition of India）通过之后，制宪会议代表变为299名。1947年8月29日，留学美国和英国的印度籍法学家阿姆倍伽尔（Bhimrao Ramji Ambedkar，1891—1956）被选为宪法起草委员会（Drafting Committee）的主席，经制宪会议授权负责起草印度宪法文本。1949年11月26日，印度宪法草案获得制宪会议通过，1950年1月26日印度宪法正式生效并实施。

印度宪法是全世界主权国家中最长的一部成文宪法。印度宪法的文本曾经过多次修改，现行宪法文本分为25部分、448条、12个附表和5个附录。印度宪法序言开宗明义宣布印度是一个享有主权的社会主义的、世俗的民主共和国，保障公民的正义、平等和自由，并促进人们之间的博爱团结。②印度宪法同时受到了美国宪法、英国宪法、苏联宪法、法国宪法和德国基本法等文本的影响，具有某种综合性的特征。印度宪法之基本权（FRs）、国家政策之指导性原则（DPs）与基本义务（FDs）三部曲构成了宪法的基石，著名法学家Granville Austin称之为“宪法的良心（the conscience of the Constitution）”。③在印度宪法的架构下，印度总统是该国的元首，总理是该国政府的首脑。印度国会是该国的中央立法机关，它包括了上院联邦院（Rajya Sabha）和下院人民院（Lok Sabha）。印度的法律体系较为复杂，其法律渊源不仅包括作为最高法的宪法，还包括普通法和习惯法。印度最高法院是该国的终审司法机构，根据2019年最新的宪法发展，印度最高法院由最多不超过34名的法官组成，享有原始管辖权、上诉管辖权和咨询性管辖权，同时，该法院还享有对普通立法进行合宪性审查的权力。印度实行的是联邦制，其领土包括29个邦、6个联邦属地以及1个国家首都辖区。

---

① Mahendra P. Singh & Surya Deva, The Constitution of India: Symbol of Unity in Diversity, Jahrbuch des Offentlichen Rechts der Gegenwart (Yearbook of Public Law, Germany), Vol. 53, 2005, pp. 649-686. 中文译本参见［印］Mahendra P. Singh、［印］Surya Deva：《印度宪法：于多样性中统一的典范》，柳建龙译，载《河南省政法管理干部学院学报》2009年第5期。

② 参见 https: //www. india. gov. in/my-government/constitution-india/constitution-india-full-text. Last visit August, 32, 2020.

③ Granville Seward Austin, The Indian Constitution: Cornerstone of a Nation, 2nd ed., Oxford University Press, 1999; Granville Seward Austin, Working a Democratic Constitution: A History of the Indian Experience, 2nd ed., Oxford University Press, 2003; Hans Raj Khanna, Making of India's Constitution, 2nd Ed., Eastern Book Company, 2015.

二、日本宪法史概述

（一）幕末时代

日本属于“汉字文化圈”的重要一员，在历史上，日本的政治和法律制度受到古代中国（尤其是隋唐制度）的强烈影响。在德川幕府统治时代（江户时代）的末期，黑船事件（Perry Expedition）揭开了日本近代史的序幕。1853 年（日本嘉永六年），美国海军准将马休·佩里率舰队驶入江户湾浦贺海面，佩里带着美国总统米勒德·菲尔的国书向江户幕府致意，并希望日本打开对外贸易的大门。1854 年 3 月 31 日，江户幕府与美国政府签订了《神奈川条约》（*Kanagawa Treaty*）①。签约代表分别为日本方面全权代表林复斋（大学头）和美国方面全权代表东印度舰队司令马休·佩里。条约中主要规定日本必须开放下田与箱馆（今函馆市）两港口与美国通商，并向遇难船只的美国船员提供援助。

1854 年签订《神奈川条约》后，西方国家进一步要求日本政府扩大通商口岸。1856 年 8 月，美国派遣 T. 哈里斯抵日本下田，逼迫江户幕府同意开设由他担任总领事的美国驻日总领事馆。1857 年 10 月，幕府又被迫同意哈里斯前往江户晋见将军，哈里斯用武力恫吓迫使日本于 1858 年 7 月 29 日签订了《日本国美利坚合众国修好通商条约》。1958 年 8 月至 10 月间，日本又先后与荷、俄、英、法签订了内容类似的条约和章程。这 5 个条约均签订于安政五年，故称“安政条约”（The Ansei Treaties）②。

（二）明治宪法

面对日本的内外危机，日本启蒙思想家福泽谕吉（Fukuzawa Yukichi，1835—1901）主张日本必须向西方学习一系列的政治、经济和法律制度。1868 年日本明治维新（Meiji Restoration）开始后，明治政府把学习西方作为重要国策明确将国家发展方向的总目标锁定为以西方资本主义强国为榜样，学习西方先进技术，完成日本的近代化，实现从封建社会转变为拥有强大军事和经济实力的资本主义近代化国家的目标。日本著名的思想家和政治家福泽谕吉于 1885 年 3 月 16 日（明治十八年）在日本《时事新报》上发表了著名的《脱亚论》（*Datsu-A Ron/ De-Asianization*），主张日本应该放弃中国思想和儒教的精神，而吸收学习西方文明。

随着日本历史上最后一个幕府政权——德川幕府（Tokugawa Shogunate）的统

---

① 又称《日美和亲条约》。

② Treaties of Amity and Commerce between Japan and the United States, Russia, France, the United Kingdom and the Netherlands, 1858.

治逐渐走向末期，1868年成为了日本实施明治维新的元年。1868年4月6日，日本天皇颁布了旨在重塑日本国政体、揭示国是方针的“五条御誓文”（Charter Oath）。“五条御誓文”的核心要旨可总结如下：（1）在全国广开会议，探讨公共政治；（2）所有阶层，无论高低，均承担公共管理之责；（3）无论武官还是平民均可追求个人的心情舒畅；（4）破除旧的陋习，一切事务均尊崇自然之法；（5）通过向全世界学习知识来巩固帝国的根基。1868年4月21日，日本明治政府在京都颁布了《政体书》（*Daijō-kan*）。《政体书》实际上是一部政府组织法律，该法律规定，日本政府设立太政官（相当于总理大臣），在太政官之下，议政官掌管立法权，行政官掌管行政权，刑法官掌管检察、裁判、警察等司法权。

1874年1月，由于征韩论（关于日本是否应该对韩国动武的争论）的失败而下野的副岛种臣、板垣退助、后藤象二郎、江藤新平等人联名上书，向明治政府提出“设立民选议院设立建议书”，并将建议书在《日新真事志》上公开发表。①1875年（明治八年）日本民治政府召开大阪会议，决定将组建立宪政治体系定为日本国策。1875年4月14日，日本明治政府颁布了《立宪政体诏书》，设立了元老院（立法院）、大审院（最高法院）和地方官会议。

在明治政府的主导下，日本向欧洲的法国和德国学习法律制度。日本于1873年改订律令，引进欧洲法律制度，1879年编制民法草案，1881年编制商法草案，1882年制定刑法及治罪法草案。1882—1883年，明治政府派遣曾经留学英国伦敦大学的伊藤博文（Itō Hirobumi，1841—1909）等人前往欧洲考察普鲁士等国家的立宪主义的理论与实践。伊藤博文认为英美的宪法侧重个人权利而显得太过“自由”，而法国、西班牙的宪法强调秩序而偏于“专制”，在经过认真的比较之后，伊藤博文认为日本应该仿效普鲁士德国来改造和革新日本的政治和法律制度。1885年（明治十八年），日本正式废除了太政官，伊藤博文被任命为首任内阁总理大臣。

伊藤博文本人深受两位普鲁士德国法学家的影响——鲁道夫·冯·格耐斯特（Rudolf von Gneist，1816—1895）和洛伦兹·冯·施泰因（Lorenz von Stein，1815—1890）。在伊藤博文任命井上毅（Inoue Kowashi，1843—1895）等人仿效普鲁士宪法，结合日本本国的国情，起草了日本明治宪法草案。1888年4月，明治政府设立了枢密院并将之定位为天皇的最高咨询机构。伊藤博文任议长，对明治宪法草案进行了审议。

1889年（明治二十二年）2月11日，日本天皇向全体国民颁布了《大日本帝国宪法》。该宪法于1890年（明治二十三年）经过日本帝国会议通过，1890年11

① 参见韩大元主编：《外国宪法》（第4版），中国人民大学出版社2013年版，第219~220页。

月 29 日正式施行。①日本由此成为东亚首个完成宪法近代化的君主立宪制国家。

（三）战后宪法

1945 年 7 月 26 日，盟军领袖丘吉尔、杜鲁门及斯大林发表了《波茨坦宣言》（*Potsdam Declaration*），要求日本无条件投降。该宣言第 10 条界定了日本投降后盟军占领的主要目标："日本政府要解除在日本人当中恢复及加强民主倾向的所有障碍，言论自由、宗教自由、思想自由及基本人权将会被确立。"宣言第 12 条写道："当这些目标已达到及这里建立了建构于日本人自由表达的意愿而同时倾向和平及负责任的政府时，占领的盟军将撤出日本。"

1945 年 8 月 6 日和 9 日，美国分别在广岛（Hiroshima）和长崎（Nagasaki）投下了两枚原子弹。1945 年 8 月 8 日，苏联发动八月风暴行动，出兵占领"伪满洲国"。1945 年 8 月 10 日，日本昭和天皇被迫通过瑞典和瑞士政府向中、美、英、苏四国投降接受《波茨坦公告》。1945 年 8 月 15 日，中、美、英、苏四国政府同时宣布接受日本投降，第二次世界大战之军事交战行动在同盟国军事占领日本后完全结束。

1. 东京审判和远东国际军事法庭

1946 年 1 月 19 日，当时驻日盟军最高统帅麦克阿瑟与受降同盟各国磋商后，颁布《设立远东国际军事法庭的特别通告》（亦称《远东国际军事法庭宪章》或《东京宪章》），正式宣布于东京成立"远东国际军事法庭"。1946 年 2 月 25 日，盟国最高统帅部与各同盟国政府提名，任命 11 名远东国际军事法庭法官，其中包括一名中国籍法官梅汝璈（Mei Ju-ao）。同时，东京法庭还有 11 名检察官，包括一名中国籍检察官向哲浚（Hsiang Che-chun）。在东京法庭上，共有 28 个被告被审判，大部分是军事或政治的领导者。1948 年 11 月 12 日法庭休会，审判工作结束。

法庭将战犯的罪行分为甲级（A 级）、乙级（B 级）、丙级（C 级）3 种种类。甲级罪行专为参与或谋划开战的罪犯而设，而相关国家的最高决策机关的成员也会被定为甲级罪行。乙级罪行就是为有"计划、命令、允许或在指挥机关的上层未有尽力防止类似罪行"的罪犯而设。丙级罪行是为犯下传统暴行或违反人道罪的罪犯而设。7 人因为战争罪和违反人道罪而被判决绞刑，16 人被判决终身监禁，2 人被判决有期徒刑（7/20），2 人判决前病死，1 人因患精神病免予起诉。

2. 宪法草案的提出和制定

麦克阿瑟（Douglas MacArthur，1880—1964）在"编写新宪法"这个最基本的问题上，与日本官员出现意见分歧。日本内阁总理大臣币原喜重郎（Baron Kijūrō Shidehara，1872—1951）和他的许多同僚极不愿意地采取激烈的手法——以一份含

① 参见韩大元主编：《外国宪法》（第 4 版），中国人民大学出版社 2013 年版，第 220 页。

有自由思想的文件来取代明治宪法。

1945年后期，币原喜重郎成立了“宪法问题调查委员会”，并邀请美浓部达吉（Tatsukichi Minobe）等一班学者进行修宪的咨询。其中是由国务大臣松元烝治（Jōji Matsumoto，1877—1954）所提出的“宪法修改四原则”（宪法改正四原则）：（1）天皇总揽统治权的大原则不变；（2）扩大议会权限，相对限缩天皇大权；（3）国务大臣在国政上对议会负起全责；（4）对人民自由、权利强化保障，在遭受侵害时给予充分之救济。

1946年2月，“宪法问题调查委员会”公布宪法草案；麦克阿瑟认为该宪法草案仍维持天皇主权、不符合《波茨坦宣言》的国民主权精神，加以否决，并指示三原则：（1）天皇为国家元首，其皇位世袭；（2）依宪法行使职权，顺应所体现国民基本之意志；（3）废除发动国家主权之战争。日本放弃以战争解决纷争甚至保护自己安全为手段。日本的防卫与保护必须符合国际社会推动国际和平之崇高理想和基本原则。

废止日本的封建制度。贵族权利除皇族之外，止于现存之一代，今后在其任何国民或公民政治权力之中无贵族特权。

1946年2月，麦克阿瑟命其驻日盟军总司令部（GHQ）成员自行草拟新宪法。大部分起草内容由两位拥有法律学位的高级军官——盟军司令部法务官米罗·洛威尔中校（Milo Rowell，1903—1977）与民政局局长考特尼·惠特尼（Courtney Whitney，1897—1969）准将所草拟。关于男女平等的章节，则由盟军司令部文职雇员贝雅特·西洛塔·戈登（Beate Sirota Gordon，1923—2012）所写。虽然编者非日本人，但也参考明治宪法、民间宪法草案，征询了日本的律师及政治领袖币原喜重郎和吉田茂的意见。1946年2月13日，麦克阿瑟宪法草案向日本官员公开。1946年3月6日，日本政府向民众公开了新宪法的纲目。1946年4月10日，日本举行选举，这次选举允许女性投票，并选出了第19届帝国议会下议院。由于选举法的改变，这是该国首个容许女性投票权的全民选举。

日本国宪法是根据明治宪法第73条的规定，通过修宪的方式制定的。明治宪法规定修宪案需由天皇以敕令的形式呈送帝国议会，并经过帝国议会两议院三分之二议员的支持才可通过。1946年6月20日，昭和天皇在先将修宪案呈送众议院后，经过两院一致修改，贵族院在10月6日通过议案；6月21日，众议院在只有5人反对的情况下通过议案。10月29日，枢密院院会，天皇亲自出席，会上一致通过“修正帝国宪法改正案”，美浓部达吉与一名顾问官缺席；同日，该议案得到昭和天皇的同意，成为正式法律。1947年5月3日，《日本国宪法》正式生效和实施。

三、韩国宪法史概述

朝鲜半岛属于“汉字文化圈”的重要组成部分之一，从公元4世纪高句丽、新罗、百济三国鼎立的时期到19世纪末期的朝鲜王朝，古代韩国的政治和法律制度深受中国的影响。1910年8月22日，在日本的强迫下，大韩帝国总理李完用被迫与大日本帝国代表寺内正毅签订了《日韩合并条约》（*Japan-Korea Annexation Treaty*），朝鲜半岛陷入日本的殖民统治。1919年，大韩民国临时政府（Orean Provisional Government）在上海法租界成立了，后搬迁至重庆。“二战”后期，根据《开罗宣言》和《波茨坦公告》对战后世界秩序的安排，日本军队必须完全解除武装；同时，日本的主权须被限制在本州、北海道、九州和四国以及国际条约所划定的其他小岛之内。1945年日本无条件投降后，苏联和美国以北纬38度线（the 38th Parallel）为界分别对朝鲜半岛的北部和南部领土进行军事接管。1948年5月10日，朝鲜半岛南部举行国会选举，7月12日，韩国的首部宪法得以颁布，8月15日，大韩民国宣布成立，李承晚（Syngman Rh，1875—1965）就任大韩民国首任总统。1948年4月29日“北朝鲜最高人民会议”通过了《朝鲜民主主义人民共和国宪法》。在金日成（Kim Il-sung，1912—1994）的领导下，朝鲜民主主义人民共和国于1948年9月9日正式成立。由于朝鲜半岛南北双方对半岛的统一问题陷入严重的对峙，加之东西方冷战意识形态的对立，1950年6月25日，朝鲜战争爆发。1953年7月27日，《朝鲜停战协定》（*Korean Armistice Agreement*）签订。

战后的韩国经历了朴正熙1961年发动的“五一六军事政变”、全斗焕1979年领导的“双十二肃军政变”、1980年的光州事件（Gwangju Uprising）等一系列的政治事件。从第一共和国到第五共和国，韩国的宪法几经修改，政治制度并未定型，民主与独裁政权交替统治韩国。1987年，韩国爆发了历史上最大规模的民主运动，新的《大韩民国宪法》获得全民投票通过，第六共和国建立。现行韩国宪法包括序言、130项条款和6个补充规定。宪法共分10章，分别规定了总纲、公民的权利和义务、国会、政府、法院、宪法法院、选举管理、地方自治、经济和宪法修改。韩国宪法确立了国民主权、权力分立、寻求南北韩和平民主统一、寻求国际和平与合作、依法治国，以及国家负责促进国计民生等基本原则。韩国采取了宪法法院模式对法律进行合宪性控制，目前的韩国宪法法院（Constitutional Court of Korea）是根据韩国第六共和国宪法第六章之规定于1988年建立的。由9名法官组成的韩国宪法法院对宪法争议享有最终审判权、负责维护宪法、监督政府权力和保障公民的基本权利。韩国近年来较为重大的宪法争议当属朴槿惠弹劾案（Impeachment of Park Geun-hye）。2017年3月10日，韩国宪法法院裁定弹劾案成立，朴槿惠也因此成为韩国历史上第一位被弹劾的总统。①

四、伊斯兰国家宪法史概述

伊斯兰教是全世界三大主要的宗教之一，创始人穆罕默德诞生于沙特阿拉伯半岛麦加圣城，②这里是广大伊斯兰信众的“精神祖国”。随着奥斯曼帝国的影响遍及欧亚非三大陆，伊斯兰的文化传统具有广泛的影响力。由于对宗教律法的解释不同，伊斯兰教分为逊尼派和什叶派两大主要的教派。中东地区的多数国家属于逊尼派（Sunni）穆斯林，例如，沙特阿拉伯、土耳其、埃及、巴基斯坦、阿富汗，部分属于什叶派（Shia）穆斯林（例如伊朗）。

第一次世界大战后，属于同盟国阵营的奥斯曼帝国作为战败国参加了 1919 年的巴黎和会。根据 1920 年《色佛尔条约》（*Treaty of Sèvres*），原来的奥斯曼帝国被分为约 40 个独立国家。现代沙特阿拉伯王国是第一次世界大战之后建立起来的一个政教合一的君主国家。1926 年，阿卜杜·阿齐兹·伊本·沙特宣布自己为希贾兹（汉志）国王。1927 年，“希贾兹、纳季德（内志）及附属地区王国”宣布成立。1932 年，伊本·沙特发布“统一阿拉伯王国各地区”的第 2716 号敕令，宣布把“希贾兹、纳季德及附属地区王国”改名为“沙特阿拉伯王国”。③ 20 世纪 90 年代海湾战争（1990—1991）结束后，沙特王国制定并实行了《沙特阿拉伯王国治国基本法》（*Basic Law of Saudi Arabia*）。④ 该基本法一共 9 章 83 条，该法第 1 条规定：沙特阿拉伯王国是绝对君主制阿拉伯伊斯兰国家，国教为伊斯兰教。万能真主的古兰经和先知的圣训是国家宪法。阿拉伯语是本国语言。首都设在利雅得。⑤

20 世纪 20 年代，土耳其国民运动（Turkish National Movement）风起云涌，国民运动在土耳其的政治家穆斯塔法·凯末尔·阿塔图尔克（Mustafa Kemal Atatürk，1881—1938）的领导下取得了胜利。1923 年 7 月 24 日，土耳其与协约国在瑞士洛桑签订了新的《洛桑条约》（*Treaty of Lausanne*），解决了土耳其领土和国界的若干

---

① Impeachment of the President（Park Geun-hye），Constitutional Court of Korea Case No. 2016 Hun-Na1（Mar. 10，2017）(헌재2017. 3. 10. 2016헌나1대통령(박근혜)탄 핵)；Ashley Kim，Sewol Ferry Tragedy and Park Geun-Hye's Impeachment，Harvard International Review，Vol. 38，No. 3（2017），p. 13.

② 伊斯兰教有三大圣城，按照神圣程度从高到低排列分别为麦加（Makkah）、麦地那（Madinah）和耶路撒冷（Jerusalem）。

③ 陈德成：《论沙特阿拉伯的政治现代化》，载《西亚非洲》1996 年第 6 期。

④ Al-Fahad，Ornamental Constitutionalism：The Saudi Basic Law of Governance，30 Yale J. Int'l L.（2005）.

⑤ 参见中国驻沙特大使馆网站：http：//sa. mofcom. gov. cn/article/ddfg/201410/20141000758883. shtml.

争议。① 1923年10月29日，凯末尔宣布新的土耳其共和国成立。1924年3月，凯末尔废除了源自伊斯兰教先知穆罕默德后人的哈里发制度，将奥斯曼王室成员全部驱逐出境，并进行政治改革，寻求缔造一个现代、民主及世俗的国家，这就是著名的凯末尔主义（Kemalism）。在"一战"之后的土耳其的历史上，一共有四部宪法：1921年宪法、1924年宪法、1961年宪法、1982年宪法。现行土耳其宪法（1982年）全文共177条，分为三个部分，第一部分是国家的原则（相当于总纲），这部分规定土耳其是一个世俗的民主共和国。第二部分是权利法案，规定土耳其公民所享有的一系列的政治、经济、社会、文化权利。第三部分是国家机构和组织，规定土耳其的立法权（土耳其大国民议会是唯一的立法机关）、行政权（总统制）、司法权以及宪法修改的方式。

与沙特阿拉伯、土耳其的世俗化宪法体制相反，伊朗（Lslamic Republic of Lran）实行的是"神权宪制"（Theological Constitutionalism）。按照中国学者强世功的研究，在神权宪制下，国家机器本身必须服从于最高宗教领袖设定的终极权威。对现代伊朗影响最为深远的事件就是1979年伊斯兰革命（Iranian Revolution），在这场反美的革命浪潮中，伊朗推翻了亲美政权巴列维王朝（Pahlavi Dynasty），建立了一个高度政教合一的政权。伊朗最高领袖既是宗教神学方面的权威，也是国家政治意义上的最高权威，还是对伊斯兰法拥有解释权的法学权威。根据伊朗宪法，伊朗的最高领袖是由一个88名伊斯兰教神职人员组成的专家会议并按照宪法选举、监督乃至罢免，其候选人资格则由现任伊朗最高领袖任命的宪法监护委员会予以审查。伊朗的宪法监护委员会（Guardian Council of the Constitution）是由6名伊斯兰教神学者或神职人员（Faqihs，音译为法基赫）和6名世俗的法学家组成的集行政、立法、司法职责于一身的特殊机构。② 伊朗宪法第91条规定："为保证国民议会的决定不违背伊斯兰和宪法的原则，按下述方式成立监护委员会：（1）6名公正的、对时代的要求和当前问题有了解的法基赫，由领袖或领袖委员会推举。（2）6名法学家，由议会通过投票从最高司法委员会向议会推荐的穆斯林法学家中选出。"根据宪法之要求，宪法监护委员会采取一半宗教代表、一半（法学）专业代表的比例，其中宗教代表由宗教的领导机构（领袖或领袖委员会）指定，专业代表由专业机构最高司法委员会提出候选名单后由议会选举产生。③

---

① 《洛桑条约》规定只有非穆斯林如希腊人、亚美尼亚人和犹太人属于土耳其的少数民族，这就否定了库尔德人的少数民族地位，由此也引发了土耳其的库尔德人问题。参见李艳枝：《土耳其库尔德问题的历史变迁》，载《国际资料信息》2008年第1期。

② 参见 Asghar Schirazi, The Constitution of Iran: Politics and the State in the Islamic Republic, trans by John O'Kane, London: I. B. Tauris/St. Martin's Press, 1997.

③ 秦前红、涂四益：《寻找建构违宪审查制度的新钥匙》，载《国家检察官学院学报》2010年第2期。

自从2010年12月突尼斯爆发茉莉花革命（Jasmine Revolution）以来，一场被称为“阿拉伯之春”的政治和社会剧变改变了很多阿拉伯国家的社会生活，多个中东国家都启动了宪法修改程序。①革命、宪法秩序、民主转型等议题成为阿拉伯法律制度研究者的新的历史性课题，② 鉴于宪法研究对于阿拉伯国家的重要性，在来自国际民主和选举援助学会（International Institute for Democracy and Electoral Assistance）的突尼斯籍的宪法研究专家扎德·阿·阿里（Zaid Al-Ali）、来自约旦的法学家兼律师Sufian Obeidat等众多学者的推动下，阿拉伯国家的宪法学者考虑成立一个区域性的宪法研究联盟。2015年10月16日至17日，来自突尼斯、黎巴嫩、约旦、埃及等国家的宪法学家齐聚位于贝鲁特的黎巴嫩大学成立了阿拉伯宪法研究会（Arab Association of Constitutional Law，简称AACL）。

五、非洲宪法史概述

自第二次世界大战之后，三个因素促成了非洲范围内的国家独立和人权保障体系的建设，首先是1945年《联合国宪章》对民族自决权的确认和促进，其次是1848年《世界人权宣言》的通过，使得人权在世界范围内成为了一把新的“标尺”，最后是1950年《欧洲人权公约》的通过促进了区域范围内的人权体系的整合。③此处，本书选取非洲具有代表性的两个国家——尼日利亚和南非的宪法发展史做一个简要概述。

尼日利亚是位于非洲西部的一个联邦共和国（Federal Republic of Nigeria），也是非洲人口数量最多的国家。该国家是联合国、英联邦（Commonwealth of Nations）和石油输出国组织（OPEC）等多个重要国际组织的成员国。1852年元旦，英国与尼日利亚的格拉斯国王（Oba of Lagos）签订了《拉各斯条约》（*Treaty between Great Britain and Lagos*）后，尼日利亚最大的城市拉各斯和尼日利亚其他地区逐渐成为了英国的海外殖民地。在殖民时期，在英国殖民者的主导下，尼日利亚先后颁布了1946年理查德兹宪法（Richards Constitution）、1951年麦克弗逊宪法

① 参见Rainer Grote & Tilmann J. Röder，Constitutionalism，Human Rights，and Islam after the Arab Spring，OPU，2016，Chapter 1.

② 参见Nimer Sultany，Law and Revolution：Legitimacy and Constitutionalism After the Arab Spring，OPU，2017. Book Review by Lisa Hajjar，Law and Revolution：Legitimacy and Constitutionalism after the Arab Spring，British Journal of Middle Eastern Studies，Vol. 45，No. 5，2018，pp. 860-862；Andrea Pin，Arab Constitutionalism and Human Dignity，50 George Washington International Law Review 1-67（2017）.

③ S. K. B. Asante，Nation Building and Human Rights in Emergent African Nations，2 Cornell Int'l L. J. 72（1969）.

(Macpherson Constitution)、1954 年李特尔顿宪法（Lyttleton Constitution），这些宪法文件均以殖民时期的总督或者影响力人物命名。历经两次世界大战，尼日利亚的反殖民主义、民族独立运动逐渐高涨。1960 年 10 月 1 日，尼日利亚正式宣告独立，之后一直保留在由主权国家组成的松散的英联邦之内。1963 年、1979 年和 1993 年，尼日利亚分别制定了第一、第二和第三共和国宪法，在此期间，尼日利亚也经历了内战时期（1967—1970）和军事独裁时期（1970—1999）两个重要的历史阶段。1999 年尼日利亚第四共和国建立，《尼日利亚宪法》于 1999 年 5 月 29 日正式颁布。① 1999 年《尼日利亚宪法》实际上继承和发展了 1979 年宪法的框架和法律结构，现行尼日利亚宪法由 5 个部分、共计 320 条正文以及 7 个法律附件 (Schedules) 组成，该宪法从政府组织、基本权利、国家结构等方面确认了联邦制、权力制衡、人权保障和人民主权等宪法基本原则。②

南非是世界上运用立法与行政手段把种族隔离（Apartheid）作为一种“国策”来推行的唯一国家。自 1652 年荷兰殖民者入侵南非开始到英国统治南非，南非近代历史的发展与欧洲殖民主义扩展紧密连接在一起。白人殖民者对南非黑人实行了残酷的种族隔离政策，1910 年，南非联邦成立，种族隔离制度正式建立。1911—1948 年，白人统治者制定了近 50 项有关种族隔离的法律。1948 年，右翼的南非国民党上台，打着“维护白种人的纯洁性”的旗号，以极端的种族主义和狭隘的阿非利卡人（荷裔白人）民族主义为根本指导思想，从 1950 年起，陆续颁布了《人口登记法》《集团住区法》《公共场所隔离保留法》《土地法》等法律，将种族歧视与种族隔离推向极端，导致了南非历史上最反动、最黑暗的时期。种族隔离制度将黑人圈定在贫瘠偏远的穷乡僻壤，占全国人口 73%的黑人被驱赶到 12.7%的土地上居住。

在纳尔逊·曼德拉（Nelson Mandela，1918—2013）的领导下，南非人民开展了与种族隔离政策斗争的伟大历史。1994 年，南非举行了首次不分种族的民主选举，非洲人国民大会（African National Congress）最终取得执政权，曼德拉当选为南非首任黑人总统。结束种族隔离的南非实施过两部种族平等的民主宪法，即 1993 年临时宪法和 1996 年正式宪法。1995 年南非通过了《促进民族团结与和解法案》，该法案设立了一个由 11~17 名独立人士组成的“真相与和解委员会”（Truth

---

① 参见 Michael M. Ogbeidi, Political Leadership and Corruption in Nigeria Since 1960: A Socio-economic Analysis, Journal of Nigeria Studies Vol. 1, No. 2, 2012, pp. 6-10; J. O. Odeyemi, A Political History of Nigeria and the Crisis of Ethnicity in Nation-building, International Journal of Developing Societies, Vol. 3, No. 1, 2014, pp. 1-12; Ese Malemi, The Nigerian Constitutional Law, Princeton Publishing Company, 2012.

② 张怀印:《尼日利亚宪法述评》，载《河北法学》2007 年第 10 期。

and Reconciliation Commission)，其委员会主席为诺贝尔和平奖得主德斯蒙德·图图(Desmond Tutu)。南非的“真相与和解委员会”的主要使命是通过对历史上独裁政府严重侵犯人权的恶行的追究来实现转型正义（Transitional Justice)。① 1996年6月，白人统治者德克勒克（De Klerk）辞去职务、退出政坛。

南非的正式宪法于1996年5月8日在制宪议会上以421票赞成、2票反对、10票弃权的绝对多数获得通过。在送交南非宪法法院后，于1996年9月5日遭到驳回，法院认为正式宪法在关于建立公正的公民监督机制、地方政府权力、劳资关系等8个方面的条款与“制宪原则”不符。制宪议会对宪法进行修改和通过后再次送交宪法法院，于1996年12月4日得到确认，南非总统于1996年12月10日对宪法予以签署，制宪宣告完成。② 1996年南非宪法的颁布标志着一个全新的政治和法律秩序的开始，该宪法是建立在人类尊严、平等、人权和自由、非种族主义和非性别歧视、宪法至上及法治的价值观上。现行南非宪法由14部分共计224条正文以及8个法律附件（Schedules）组成，该宪法确立了法治、民主和问责制、权力互相制衡、合作治理、权力下放等核心的宪法原则。③

南非拥有三个首都，分别是行政首都比勒陀利亚（Pretoria)，立法首都为开普敦（Cape Town)、司法首都布隆方丹（Bloemfontein)④。南非的司法机构由宪法法院、最高上诉法院、高等法院、特别高级法院、地方法院、治安法院及小额索偿法庭组成。由9名大法官组成的南非宪法法院位于南非最大城市约翰内斯堡(Johannesburg）的宪法山上，它是对涉及解释、保护和实施宪法的问题进行最终裁决机关。南非宪法法院自建立以来在诸如废除死刑⑤，保障公民基本的经济、社会和文化权利⑥，同性恋者权利⑦方面产生了巨大的影响力，成为了全球范围内最为积极推动人权保障、捍卫宪法尊严的司法机构之一。

---

① Paul Van Zyl, Dilemmas of Transitional Justice: The Case of South Africa's Truth and Reconciliation Commission, Journal of International Affairs, Vol. 52, No. 2, 1999, pp. 647-667.

② 贺鉴：《大陆法系对英语非洲国家宪法的影响——以法、德两国宪法对南非宪法的影响为例》，载《湖南科技大学学报（社会科学版）》2010年第6期。

③ UN Doc. HRI/CORE/ZAF/2014, para. 26-27.

④ 布隆方丹是南非最高上诉法院所在地。

⑤ S v. Makwanyane and Another (CCT3/94) [1995] ZACC 3; 1995 (6) BCLR 665; 1995 (3) SA 391; [1996] 2 CHRLD 164; 1995 (2) SACR 1 (6 June 1995).

⑥ Government of the Republic of South Africa and Others v. Grootboom and Others (CCT11/00) [2000] ZACC 19; 2001 (1) SA 46; 2000 (11) BCLR 1169 (4 October 2000).

⑦ Minister of Home Affairs and Another v. Fourie and Another (CCT 60/04) [2005] ZACC 19; 2006 (3) BCLR 355 (CC); 2006 (1) SA 524 (CC) (1 December 2005).

六、拉丁美洲宪法史概述

地理大发现后，拉丁美洲曾长期处于欧洲殖民统治之下。1822 年，当时作为葡萄牙殖民地的巴西取得独立地位。1882 年，巴西帝国制定第一部宪法。1889 年，巴西宣布成立共和国，结束了帝制时期。巴西受到美国宪法的影响而采用了联邦和分权制度。巴西联邦由 26 个州、1 个联邦区（首都所在地）以及 5507 个市组成。1988 年 10 月 5 日颁布的《巴西联邦共和国宪法》结束了巴西的专制军事政权，成为了巴西历史上的第七部宪法，该宪法由序言和正文（含 9 编 114 条）组成。按照宪法之规定，巴西的联邦结构是不可侵犯的核心——即所谓的“严格不变的条款”，不能通过宪法第 60 条第 4 款第 1 项和第 2 项进行的宪法改革予以取消。①巴西的立法部门采用两院制，由众议院（代表巴西人民的议院）和联邦参议院（代表州和联邦区的议院）组成。行政部门采用总统制，共和国总统是国家元首兼政府首脑，由国务部长予以协助。司法部门的最高审级法院为联邦最高法院，其最重要的职责是维护宪法。巴西的司法系统由“普通法院”和“专门法院”（选举、军事和劳工法院）组成。巴西联邦最高法院有权解释宪法，该法院拥有特别权限，可裁定有关以下事项的案件：法律或联邦或州的规范行为是否符合宪法；联邦与州、联邦与联邦区或其中任何各方之间的诉讼和冲突；外国要求的引渡；州最高法院或任何其他法院之间、各高等法院之间或这些法院与其他任何法院之间的管辖权冲突；要求签发制止直接违宪行动的令状。②

除巴西之外，拉丁美洲很多国家曾经是西班牙的殖民地，为此拉丁美洲人民为了民族独立进行了长时间的抗争。1810—1818 年，阿根廷爆发了革命者反抗西班牙殖民统治的战争，1816 年 7 月 9 日，在圣米格尔-德图库曼市举行国民会议，阿根廷正式宣布独立。1853 年，在阿根廷著名的宪法和政治学家胡安·包蒂斯塔·阿尔韦迪（Juan Bautista Alberdi）的推动下，制宪会议在阿根廷城市圣菲（Santa Fe）通过了首部宪法。阿根廷宪法同样深受美国宪法的影响，阿根廷总统为国家元首兼政府首脑，并同时担任武装部队统帅。1853 年通过的阿根廷宪法曾经历了多次修订，现行宪法文本为 1994 年修订版。

古巴是拉美地区唯一的社会主义国家，拉丁美洲绝大部分国家实施资本主义制度。拉丁美洲国家的区域一体化受到美洲国家组织的强烈影响。1948 年，若干美洲国家在波哥大（Bogotá）举行的第九次美洲会议上通过了《美洲国家组织宪章》，

① UN Doc. HRI/CORE/1/Add. 53/Rev. 1, 19 November 2003.

② UN Doc. HRI/CORE/1/Add. 53/Rev. 1, 19 November 2003.

泛美洲联盟正式定名为“美洲国家组织”（Organization of American States），总部设定在美国华盛顿特区。1959 年，美洲人权委员会（Inter-American Commission on Human Rights）成立；1969 年，《美洲人权公约》（*American Convention on Human Rights*）①通过；1979 年，美洲人权法院（Inter-American Court of Human Rights）正式建立。

① American Convention on Human Rights, O. A. S. Treaty Series No. 36, 1144 U. N. T. S. 123, entered into force July 18, 1978, reprinted in Basic Documents Pertaining to Human Rights in the Inter-American System, OEA/Ser. L. V/II. 82 doc. 6 rev. 1 at 25 (1992).

第五章　中国宪法的历史概述

第一节　中国古代的“基本法”秩序

作为“四大文明古国”之一的中国是世界上历史最悠久的国家之一。中国古代法律制度建立在一种世俗的人伦关系之上。以儒家学说中的“礼”为核心发展出来的礼法制度成为中国古代的一种重要的政治、社会和人伦关系的基本准则。① 中国古代的礼法制度并非像古代巴比伦、古埃及或者古希腊、古罗马的法律制度那样拥有一个超验（transcendental）的基础，而是一套建立在现实的、世俗社会上的一种网罗了上至治国理政、下至百姓生活等方方面面的伦理体系。如瞿同祖先生言：“在我们祖先的意识形态中，根本没有像希腊人那样以为每一法律皆为神所拟定的观念。同时我们的法律也不曾依赖巫术宗教的力量来维持。”②中国古代的“礼法体系”是一个博大的系统，大致可以包含三个子系统：以成文礼典为主干的“礼仪法”系统；以成文律典为主干的“律令法”系统；以礼义为旨归、礼俗为基础的乡规民约、家法族规等民间“活法”。③

根据日本的中国法制史专家中田熏博士的研究，所谓律令法体系，就是将国家的根本法分别辑于“律”与“令”两种法典中，律令法体系完成的时间是唐代。唐法，即律、令、格、式，是律令法系发展的完备时期。④在长达两千多年的传统中国法制中，“律”“令”是古代中国最重要的法律形式，是古代中国法律体系的两根最大的支柱。⑤我国也有学者认为，在中国古代法制发展的过程中，唐以后律

---

① 参见王美华：《礼制下移与唐宋社会变迁》，中国社会科学出版社 2015 年版，绪论。

② 瞿同祖：《中国法律与中国社会》，中华书局 1981 年版，第 250 页。

③ 俞荣根、秦涛：《律令体制抑或礼法体制？——重新认识中国古代法》，载《法律科学》2018 年第 2 期。

④ ［日］大庭修：《律令法系的演变与秦汉法典》，马小红译，载《中外法学》1990 年第 1 期；张建国：《中国律令法体系概论》，载《北京大学学报（哲学社会科学版）》1998 年第 5 期。

⑤ 范忠信：《律令关系、礼刑关系与律令制法律体系演进—— 中华法系特征的法律渊源角度考察》，载《法律科学》2014 年第 4 期。

令法体系发展出一种所谓的“律法体系”。①“律”和“法”的关系是：“盖律者，万世之大法；例者，一时之权宜。例之为用，所以辅律之不及者也。”②由律令法体系转变为律例法体系，虽然在法制史上不是根本性的质变，没有彻底改变古代法制的本质，但却也是在法律体系结构形式上顺应了社会经济的变化，从而为古代法制开辟了新的局面。③

唐代的房玄龄、褚遂良等奉诏集体编辑的《晋书·刑法志》云：“是时④承用秦汉旧律，其文起自魏文侯师李悝。悝撰次诸国法，著《法经》。以为王者之政，莫急于盗贼，故其律始于《盗贼》……故所著六篇而已，然皆罪名之制也。商君受之以相秦。汉承秦制，萧何定律，除参夷连坐之罪，增部主见知之条，益事律《兴》、《厩》、《户》三篇，合为九篇……叔孙宣、郭令卿、马融、郑玄诸儒章句十有余家，家数十万言。凡断罪所当由用者，合二万六千二百七十二条，七百七十三万二千二百余言，言数益繁，览者益难。天子于是下诏，但用郑氏章句，不得杂用余家。”⑤

第一，战国时期的《法经》开创了中国古代律令体系的先河。《法经》是一部成文法典，被广泛认为是历代法典的蓝本。也就是说，中国古代的成文法律制度最早可以追溯到“李悝变法”时期的这一法律文件。除了《晋书·刑法志》以外，《魏书·刑法志》⑥、《唐律疏议》⑦、《唐六典》⑧中关于《法经》的记载都印证了上述判断。李悝（前455—前395年）是战国时期魏国的著名政治家和改革家，与管仲、商鞅等改革家一样，李悝本人深受法家思想的影响。法家思想的一大特征就

① 刘笃才：《律令法体系向律例法体系的转换》，载《法学研究》2012年第6期；俞荣根、秦涛：《律令体制抑或礼法体制？——重新认识中国古代法》，载《法律科学》2018年第2期。

② 《颁行大明令敕》，见刘海年、杨一凡主编：《中国珍稀法律典籍集成》乙编，科学出版社1994年版，第1册。

③ 刘笃才：《律令法体系向律例法体系的转换》，载《法学研究》2012年第6期。

④ 瞿同祖认为“是时”是指魏明帝定魏律前。参见瞿同祖：《国立北京大学五十周年纪念论文集》（文学院第四种），北京大学出版部1948年版。

⑤ 若无其他引证或者注释，本书所引用的中国古代的法律典籍和史料均来源于“中国哲学书电子化计划”（Chinese Text Project）。

⑥ 《魏书·刑罚志》：“逮于战国，竞任威刑，以相吞噬。商君以《法经》六篇入说于秦，议参夷之诛，连相坐之法。”

⑦ 《唐律疏议》：“周衰刑重，战国异制，魏文侯师于李悝，集诸国刑典，造《法经》六篇：一盗法；二贼法；三囚法；四捕法；五杂法；六具法。商鞅传授，改法为律。汉相萧何，更加悝所造户、兴、厩三篇，谓九章之律。”

⑧ 《唐六典》：“魏文侯师于李悝，集诸国刑典，造《法经》六篇：一盗法；二贼法；三囚法；四捕法；五杂法；六具法。商鞅传之，改法为律，以相秦。”

是强调无论统治者还是被统治者都必须遵守同样规则的束缚，正所谓“缘法而治”“不别亲疏，不殊贵贱，一断于法”。《法经》分6篇，为《盗法》《贼法》《囚法》《捕法》《杂律》《具律》。如果运用现代法学的观点来看，《法经》的六篇实际上大体相当于民事、刑事和行政领域的6部基本法律，分别是规范财产关系的《盗法》、规范人身关系的《贼法》、规范刑事审判关系的《囚法》、规范刑事执法关系的《捕法》、规范社会管理关系的《杂律》以及规范定罪量刑、刑罚适用关系的《具律》。

第二，秦始皇统一六国之后颁布的《秦律》沿袭了《法经》，实现了“改法为律”，奠定了后世律令体系的基本框架。秦并海内，兼诸侯，南面称帝之后，秦始皇完成了中国古代历史上最为重要的统一事业。①秦孝公所启用的商鞅（约公元前390—公元前338年）具有一种大无畏的改革精神，他认为：“治世不一道，便国不法古。故汤武不循古而王，夏殷不易礼而亡。反古者不可非，而循礼者不足多。”② 在公元前359年，商鞅以战国时期的《法经》为蓝本制定了《秦律》。为了达到“范天下之不一而归于一”，使得法律犹如管弦丝竹的音律一样具有某种普遍性，商鞅将《法经》6篇之盗法、贼法、囚法、捕法、杂法、具法分别改造为盗律、贼律、囚律、捕律、杂律、具律。③自《秦律》以后，“以律名法典”成为后来中国古代法律制定的通则。④ 1975年12月湖北云梦睡虎地出土了《云梦秦简》，根据考古发现，秦朝的成文法律除了《秦律》之外，还包括《田律》《效律》《置吏律》《仓律》《工律》《金布律》等。商鞅不仅秉持了法家“不别亲疏，不殊贵贱，一断于法”的立法精神，还认为“法之不行，自上犯之”。《史记》记载，商鞅在《秦律》的实施中，遇到了“太子犯法”的难题，最终，商鞅通过连坐制度“刑其傅公子虔，黥其师公孙贾”确保了秦朝法律的实施。

第三，汉承秦制，萧何定律，西汉时期正式形成了中国古代的律令体系，同时又完成了法律的儒家化。秦二世而亡，刘邦兴起，刘邦在取得政权的过程中，与起义百姓“约法三章”。⑤《汉书·刑法志》记载：“汉兴，高祖初入关，约法‘三章’，曰：‘杀人者死，伤人及盗抵罪。’”《汉书·刑法志》由记载：“三章之法

---

① 司马迁：《史记·秦始皇本纪第六》。

② 司马迁：《史记·商君列传》。

③ 关于改法为律的原因，沈家本认为：“改律之事乃变法之大者也。”参见沈家本：《历代刑法考》（第2册），中华书局1985年版，第847页；程树德：《九朝律考》，中华书局1963年版，第11页；杨鸿烈：《中国法律发达史》，商务印书馆1930年版，第74页；陈顾远：《中国法制史概要》，台湾三民书局1977年版，第28页；武树臣：《秦“改法为律”原因考》，载《法学家》2011年第2期。

④ 参见武树臣：《秦“改法为律”原因考》，载《法学家》2011年第2期。

⑤ 司马迁：《史记·高祖本纪第八》。

不足以御奸，于是相国萧何捃摭秦法，取其宜于时者，作律九章。”①虽然刘邦的“约法三章”以简单明了的规则取得了人民信任，但是在西汉治国理政中，还需要更加体系化的规则。于是，萧何协助西汉统治者制定了《九章律》，将它视为西汉政府治理国家的基本大法。萧何制定的《九章律》实际上沿袭了《秦律》的体系，同时又在立法体系上和立法精神上有了新的发展。《九章律》在盗律、贼律、囚律、捕律、杂律、具律的基础上，增加了户律、兴律、厩律，一共是九篇。《九章律》是两汉的主要法律，此外还有一些辅助性法律，也以“律”命名。这类“律”包括叔孙通《傍章》18 篇、张汤《越宫律》27 篇、赵禹《朝律》6 篇。② 由此观之，汉代的法律制度已经形成了一个较为完备的律令体系。

在先秦时期，中国古代的法家主张法律对人们行为的褒奖或者惩罚都必须按照同样的尺度来裁断，正所谓“不知亲疏远近贵贱美恶，一以度量断之”。自商鞅变法之后到秦二世而亡，先秦的法律制度受到法家的影响较为深刻。自汉武帝“罢黜百家独尊儒术”之后，汉代的法律制度开始了“儒家化”的历程。1948 年，瞿同祖先生发表了《中国法律之儒家化》一文，他指出中国古代的法律制度在西汉时期就完成了“儒家化”。在先秦时代，儒法二家在政治上争短长，优劣成败尚未判明，儒家高唱礼治，法家高唱法治，针锋相对各不相让，为学理竞争的时期。等到法家得势，法律经他们制定后，儒家便转而企图将法律儒家化，为实际争取的时期。所谓法律儒家化表面上为明刑弼教，骨子里则为以礼入法，怎样将礼的精神和内容注入法家所拟订的法律里的问题。换一句话来说，也就是怎样使同一性的法律成为有差别性的法律的问题。③自西汉以后一直到清朝灭亡，古代中国的法律可以说全为儒家的伦理思想和礼教所支配。④

第四，三国两晋南北朝时期，中国还逐渐发展出了“格”“式”两种法律形式，进一步丰富了汉朝以来的律令体系，及至隋唐时期，中国的律令体系已非常完备了。我国有学者甚至认为律令体系的发展大致可以分为两个大的历史阶段，如果说从战国开始到秦汉是律令体系发展的第一个时期，那么从魏晋到隋唐则可被视为律令体系发展的第二个时期。⑤在三国时期，曹魏颁布了《新律》18 篇。晋武帝颁布了《晋律》（或者称为《泰始律》），总共 20 篇。⑥ 南朝沿袭了《晋律》，北齐时正式编定成《北齐律》。学界通说认为，《北齐律》成为隋唐律的范本或蓝本。

---

① 《汉书·刑法志》。

② 邵方：《〈晋书·刑法志〉与汉〈九章律〉》，载《法学评论》2007 年第 1 期。

③ 瞿同祖：《国立北京大学五十周年纪念论文集》（文学院第四种），北京大学出版部 1948 年版。

④ 瞿同祖：《中国法律与中国社会》，中华书局 1981 年版，第 353 页。

⑤ 参见张建国：《魏晋律令法典比较研究》，载《中外法学》1995 年第 1 期。

⑥ 参见周东平：《晋书·刑法志译注》，人民出版社 2017 年版。

除了律令外，魏晋时期还发展出了“格”和“式”，其中，“格”是限制、禁止方面的法律文书，如东魏《麟趾格》；“式”是类案件的“爰书”格式，如西魏颁布的《大统式》。

著名历史学家、古典文学研究家陈寅恪（1890—1969）在《隋唐制度渊源略论稿》一书中认为隋唐时期的制度有三源：“一曰（北）魏、（北）齐，二曰梁、陈，三曰（西）魏、周。”陈寅恪认为，前两源的影响是主要的，第三源“实较微末”。这样一来，隋唐的法律制度也就承接了魏晋时期的律令体系，并且唐代将这一体系推向了一个高峰。唐代的“律”包括《武德律》《贞观律》《永徽律》《开元律》等，“令”则包括《武德令》《贞观令》《开元令》等。在唐代，《唐律疏议》成为法律渊源的重要组成部分，它是由长孙无忌等 19 人负责编定，于永徽四年（653 年）颁行的。① 通说认为，《唐律疏议》继承魏晋南北朝以来的立法成就，创造性地于律条之后附上注疏，使得“疏在律后，律以疏存”，被认为是中国法制史上之立法典范。《旧唐书·刑法志》有言：“自是断狱者皆引疏分析之。”②

在以唐律为代表的古代中国的法律体系结构中，律令格式四种法律形式并存，在这个复杂的法律体系中，德礼为本、刑罚为用是最明显的特征。③ 例如，《唐律疏议》在其开篇《名例》中规定：“德礼为政教之本，刑罚为政教之用，两者犹昏晓阳秋相须而成者也。”④唐宣宗时出现的《大中刑法统类》，就是以律为主、辅以敕、令、格、式并按律的内容顺序而编的。此后有后唐、后周、宋三部刑统，都是如此。律与令、格、式或律与例合为一体，也就是形成了所谓的“以刑为主，诸法合体”⑤。我国学者评价道：“德主刑辅”是唐代重要的政治思想和施政方针，它秉承汉代以降“引礼入律”和“伦理司法”的传统，是中国古代礼法合一的高峰。深受儒家思想影响的唐代统治者，不仅将承载儒家人伦道德精神的价值理念和伦理规范贯彻到典章律令中，而且在司法活动中也身体力行。⑥研究中国历史的海外专家也评价道，唐律为今后的中国古代法制树立了一个典范（model），甚至还可以

① 司马光：《资治通鉴》卷一百九十九唐纪十五：“永徽二年……闰月，长孙无忌等上所删定律令式；甲戌，诏颁之四方。”

② 《旧唐书》卷五十志第三十。

③ 张中秋：《中国传统法本体研究》，载《法制与社会发展》2020 年第 1 期。

④ 长孙无忌等：《唐律疏议》，刘俊文点校，中华书局 1983 年版，第 1 页。

⑤ 霍存福、张靖翊、冯学伟：《以〈大明令〉为枢纽看中国古代律令制体系》，载《法制与社会发展》2011 年第 5 期。

⑥ 宋志军：《唐代律令与司法史料之证据规则掇英》，载《国家检察官学院学报》2010 年第 6 期。

在今天中国的法律体系中找到其影响。①

第五，宋元明清时期的法律制度继承和沿袭了唐制，律令体系更加完善，甚至发展出了律令例并存的"律例体系"，律是国家公布的法律条文，以刑事法为主，令是国家发布的行政命令，例就是类似于今天的判例。宋朝于神宗元丰以前沿用唐代法律体系，元丰以后则形成具有自身特色的法律体系，而神宗元丰法制改革则是宋代法律体系形成的转折点。② 宋朝时期颁布了《宋刑统》（《宋建隆重详定刑统》）共30卷12篇502条，它的条文结构与《唐律疏议》条目基本相同，故宋朝基本上继承了唐代的律令体系，仅仅在个别地方对《唐律疏议》做了较小的完善和补充。元朝时候的法律主要是《大元通制》和《至正条格》。到了明代，又以唐律为基础，总结历代法律施行的经验和教训，详细制定并颁行了《大明律》，全称《大明律集解附例》，共计7篇30卷460条。清代的法律体系最重要的成果就是《大清律例》，这部法典草创于顺治三年（1646年）五月，以《大明律》为基础，再加以修饰。起初，《大清律》共30卷10册458条。后来经过康熙、雍正、乾隆三朝修订后，乾隆五年（1740年）颁布了正式的《大清律例》，到乾隆三十三年（1768年）五月，律例的总条文数量达到1456条之多。《大清律例》（1644—1912）③ 是以《大明律》为基础，成为中国传统法典的最后集大成之作。

在中国古代法律体系的形成过程中，儒（儒家）、释（佛教）、道（初为道家，后来发展为道教）文化深刻影响了这个古老的法律体系，儒家强调"礼"、佛教强调"顿悟"（Epiphany）、道教强调"无为"。从魏晋南北朝到宋明时期"才分天地人总属一理，教有儒释道终归一途"，儒释道逐渐实现了合流。从总体上看，"礼法体系"和"律令体系"是中国古代国家统治的基本法，它们凝结着中国古代文化的精华，虽有因时代流逝而消失的部分，但难以消磨的部分也不少。④

---

① Norman P. Ho, Understanding Traditional Chinese Law in Practice: The Implementation of Criminal Law in the Tang Dynasty (618-907 AD), 32 UCLA Pac. Basin L. J. 145 (2014); Geoffrey MacCormack, The Spirit of Traditional Chinese Law, Athens, GA: University of Georgia Press, 1996, p. 27.《唐律疏议》的英文翻译版由普林斯顿大学出版社出版，参见 The T'ang Code, Volume I: General Principles (Wallace Johnson trans., Princeton Univ. Press 1979) and The T'ang Code, Volume II: Specific Articles (Wallace Johnson trans., Princeton Univ. Press 1997).

② 参见《宋代法律体系》，载《中国法律年鉴》2007年第1期。

③ 《大清律例》英文翻译为 Great Qing Legal Code，1810年英国人乔治·汤马士·斯当东（1781—1858）译有《大清律例》（*Ta Tsing Leu Lee*; Being the Fundamental Laws, and A Selection from the Supplementary Statutes, of the Penal Code of China, London: Cadell and Davies, 1810）。

④ 周东平：《律令格式与律令制度、律令国家—— 二十世纪中日学者唐代法制史总体研究一瞥》，载《法制与社会发展》2002年第2期。

第二节 中国传统法律体系的近代化

一、清末的不平等条约

（一）第一次鸦片战争与《南京条约》

中英两国历史上的最早外交接触可以追溯到1793年乔治·马戛尔尼（George Macartney）使团访华。①当时的清朝奉行的是以中原王朝为核心的等级制朝贡体系（Tribute System）外交政策，马戛尔尼的外交诉求被乾隆皇帝全部驳回。②学术界通常认为，鸦片战争揭开了中国近代史的开端。③

1838年12月底（道光十八年十一月），清朝道光皇帝颁布《钦定严禁鸦片烟条例》。1839年3月（道光十九年正月），清朝钦差大臣林则徐（1785—1850）抵达广州、节制水师、封锁广州十三行④。1839年6月，林则徐、邓廷桢及广东海关监督豫坤乘船到达虎门、会同广东水师提督关天培验收鸦片并在广东虎门销毁了英国商人查理·义律（Charles Elliot，1801—1875）上缴的鸦片。林则徐在广东发起的禁烟运动遭到了怡和洋行的威廉·渣甸（William Jardine，1784—1843）及宝顺洋行的兰士禄·颠地（Lancelot Dent）的反对。威廉·渣甸为阻止林则徐，返回英国，游说英国政府对清廷采取强硬行动。1839年10月，英国外交大臣巴麦尊（Palmerston）向时任英国首相威廉·兰姆（William Lamb）⑤ 建议对华动武。1840年4月9日，英国议会以极微多数同意了政府出兵中国的决议。⑥1840年6月，英

① 公元1793年9月14日（乾隆五十八年），乾隆正式接见了英国乔治·马戛尔尼使团。

② J. K. Fairbank & S. Y. Teng，On the Ch'ing Tributary System，Harvard Journal of Asiatic Studies，Vol. 6，Iss. 2，1941，pp. 135-246；万晓：《朝贡的名实与朝贡之外的东亚——分类框架、案例举隅与研究建议》，载《国际政治科学》2017年第3期。

③ 参见郑大华：《从“天下”走向“世界”——近代中国人世界意识的形成与发展》，载《中国文化研究》2020年第2期。

④ 广州十三行是广州对外贸易特区内的十三家商人的总称，位于当时广州的“十三行街”，十三行街现位于广东省广州市十三行路及广州文化公园一带。怡和洋行上缴鸦片7000箱，宝顺洋行上缴鸦片1700箱，旗昌洋行上缴鸦片1540箱。

⑤ 威廉·兰姆的全名为第二代墨尔本子爵威廉·兰姆（William Lamb，2nd Viscount Melbourne，1779—1848），他是英国辉格党政治家，曾任内政大臣、首相，澳大利亚城市墨尔本即以他的名字命名。

⑥ 郭廷以：《近代中国史纲》，香港中文大学出版社1979年版，第61页。英国下议院以271：262通过了英国政府的对华政策。

军40多艘战舰和士兵4000多人抵达澳门附近海面，第一次鸦片战争正式爆发。①1842年8月29日，清政府接受了英国提出的全部议和条款，清廷代表钦差大臣耆英、伊里布和大英代表砵甸乍（Henry Pottinger②）在英军旗舰康沃利斯号③上正式签订了中国近代第一个不平等条约——《南京条约》(*Treaty of Nanking*)。④1843年7月22日中英双方在香港签订《中英五口通商章程》，又于同年10月8日在虎门签订《五口通商附粘善后条款》(《虎门条约》)。《南京条约》分为序言和13条正文，核心内容是清政府向英方开放沿海的广州、福州、厦门、宁波、上海五处港口，清政府将香港岛割让给英国。

(二) 第二次鸦片战争与《北京条约》

1856年10月8日，清朝广州水师在中国领水上拦截了一条名为亚罗号的海盗船，拉下了船上的英国国旗。英国驻广州领事巴夏礼宣（Harry Smith Parkes）称中国人侮辱了英国国旗，发出抗议，要求中方道歉。两广总督叶名琛拒绝了英国方面的无理要求，随后引发了著名的亚罗号事件（The Arrow Incident)。当年，由于法国神父马赖⑤因违规深入中国内地传教，被广西西林代理知县张鸣凤所杀，法国方面极为不满，要求清廷赔偿道歉，但被叶名琛拒绝。以这两起事件为借口，英国和法国组成联军抵达广东洋面，第二次鸦片战争爆发。

1858年6月（清咸丰八年)，清朝政府在第一次英法联军战败后与俄国、美国、英国、法国在天津海光寺签订了《天津条约》，《天津条约》是一系列不平等条约的总称，其中包括《中俄天津条约》《中美天津条约》《中英法天津条约》。1860年10月，英法联军进入北京，并洗劫了北京西郊皇家园林圆明园。清政府被迫与英国和法国签订《中英北京条约》和《中法北京条约》。《北京条约》规定的核心内容包括：《天津条约》完全有效；开辟天津为商埠、割让香港九龙半岛（九龙司）给英国；赔偿英、法的军费各增加到八百万两。同年，《中俄北京条约》将乌苏里江以东约40万平方公里的土地划归俄国。

(三) 中日甲午战争与《马关条约》

清朝延续了中国古代的宗藩体制，在这个体制下，诸如朝鲜、越南、琉球等地

---

① 英国政府任命海军上将乔治·懿律爵士（George Elliot）为海军统帅及全权代表，查理·义律（Charles Elliot）为副代表率军对华作战。

② 砵甸乍（1789—1856)，英国军人及殖民地官员，1843年成为首任香港总督。

③ 英文：HMS Cornwallis。

④ 清朝道光皇帝于1842年10月27日批准《南京条约》，英国维多利亚女王于1842年12月28日批准《南京条约》。

⑤ Auguste Chapdelaine (1814—1856).

属于清帝国的藩属国。①从1868年起，日本明治政府开始改变其外交政策，逐渐采用了以“主权线”和“利益线”为理论基础的对外政策，其基本含义是，日本国除了固守本土“主权线”之外，还要争取从朝鲜到中国、琉球、越南和缅甸等构成的“利益线”。② 1876年2月26日，日本靠武力胁迫与朝鲜签订了《江华条约》③，该条约第一条规定：“朝鲜国是自主的国家，和日本国保有平等的权利。”日本借助《江华条约》否定了朝鲜与中国的藩属关系，否定了中国对朝鲜的宗主权。④ 1882年，新、旧两党在开化与保守之间的矛盾愈演愈烈，朝鲜王朝发生壬午兵变。应朝鲜请求，清政府派吴长庆与袁世凯赴朝鲜平定暴乱。1894年3月，朝鲜爆发东学党起义（Donghak Peasant Revolution），东学党党魁崔时亨、全琫准等人，于全罗道聚众号召农民起义，反对日本侵略和本国权贵。东学党起义成为清政府和日本明治政府甲午战争的导火索。

1894年7月25日（光绪二十年），日本挑起丰岛海战，中日历史上的第一次大规模战争——甲午战争正式爆发。甲午战争的年份正值清政府为慈禧太后⑤筹办和庆祝六十大寿之际，当时中国面临的局面可谓“边海烽火告警，京师宴安升平”。1894年8月1日清政府正式对日宣战，日本明治天皇也发布了宣战诏书。⑥清政府的北洋水师在黄海海战、威海卫之战和辽东之战中败于日本联合舰队（Combined Fleet）。李鸿章评价道：“东洋蕞尔小邦而能岁增铁舰，闻所制造专与华

① 参见蒋廷黻：《近代中国外交史资料辑要（上卷）·自序》，商务印书馆1931年版；昭瀛：《评〈中法越南关系始末〉》，载《国立武汉大学社会科学季刊》1935年第5卷第4期，第909页；王信忠：《甲午战前之外交背景·序言》，载国立清华大学丛刊，1937年，第1页；Payson J. Treat, Early Sino-Japanese Diplomatic Relations, Pacific Historical Review, Vol. 1, No. 1 (Mar., 1932).

② 日本学者信夫清三郎在解释“甲午战争”时使用了“二元外交论”。所谓“二元外交论”，是指战前的日本外交或者政治领域存在着“国务”（指政府或外务省）与“统帅”（即军部）的对立，后者居于优势地位，前者居于屈从地位，并以此来理解日本的外交和日本的政治过程。参见张经纬：《日本的甲午战争研究与“二元外交论”问题》，载《史学理论研究》2014年第4期。

③ 《江华条约》又称《丙子修好条约》《日朝修好条约》，英文翻译为Japan-Korea Treaty of 1876。

④ 参见张经纬：《日本的甲午战争研究与“二元外交论”问题》，载《史学理论研究》2014年第4期。

⑤ 慈禧太后（1835年11月29日—1908年11月15日），又被称为孝钦显皇后，叶赫那拉氏，属于满洲镶蓝旗。慈禧太后是清朝末年的皇太后，她本人是咸丰皇帝的皇妃，同治皇帝的生母。在同治、光绪年间，慈禧太后是清政府实际上的最高掌权者。参见《清史稿·卷二百十四·孝钦显皇后》。

⑥ 孙占元：《甲午战争与中华民族复兴的历程》，载《河北学刊》2015年第4期。也有学者指出，1894年6月23日，日军舰击沉中国运兵船，中日战争爆发。参见贾熟村：《李鸿章与甲午战争》，载《河北学刊》2000年第5期。

局比较，我铁舰行十五海里，彼则行十六海里。定、镇大炮口径三十零半生特（厘米），彼松岛等四舰则配二十四特大炮并放快炮，处处俱胜我一筹。现在英订购之头等铁甲船，又是何项新式。盖以全国之力专注于海军，故能如此，其国未可量也！”

战争持续近9个月后，1895年4月17日，清政府代表李鸿章（1823—1901）和日本明治政府首相伊藤博文（Itō Hirobumi，1841—1909）在日本山口县赤间关市（今山口县下关市，英文名Shimonoseki）签订《马关条约》。①《马关条约》的核心条款规定：中国确认朝鲜国为独立自主国家，朝鲜对中国的朝贡、奉献、典礼永远废止（第一条）；清政府割让台湾全岛及附属各岛屿给日本（第二条）；中国支付日本赔款2亿两白银（第四条）。正如恩格斯所言，甲午战争给了古老的中国以“致命的打击。②

（四）庚子事变与《辛丑条约》

甲午战争之后，清政府的内政和外交逐渐陷入了深重的危机之中。1900年，由于不满于帝国主义在中国的治外法权，华北农村频繁发生针对基督教的冲突事件（教案），华北地区社会矛盾也逐渐加深。义和团运动以“扶清灭洋”为口号将矛头指向了外国人与基督教。外国人纷纷躲入使馆区避难。1900年6月21日慈禧太后利用了义和团对外国势力的不满，颁布“宣战”上谕，下令各省督抚将各地义和团“招集成团，借御外侮”。清政府与英、美、法、俄、德、日等十一国正式进入战争状态。在英国海军中将西摩尔（Edward Hobart Seymour，1840—1929）的率领下，八国联军从天津租界出发，向北京进犯。清朝皇室仓皇离开京城，史称“庚子事变”。1900年6月26日，以刘坤一、张之洞、上海道道员余联沅为代表，邀约各国驻上海领事签订“东南互保条约”③，规定上海租界归各国共同保护，长江及苏杭内地均归各省督抚保护。

---

① 《马关条约》又称《中日讲和条约》，日本方面称为《下关条约》或《日清讲和条约》。英文翻译为Treaty of Shimonoseki。Treaty of Peace between China and Japan, signed at Shimonoseki, 17 April 1895: Japan Centre for Asian Historical Record (JACAR) (authored by Ito Hirobumi, Mutsu Munemitsu, Li Hongzhang & Li Jingfang). Zhang Haipeng & Li Guoqiang, The Treaty of Shimonoseki, the Diaoyu Islands and the Ryukyu Issue, Journal International Critical Thought, Vol. 7, No. 1., 2017, pp. 93-108; Pasha L. Hsieh, The Discipline of International Law in Republican China and Contemporary Taiwan, 14. Wash. U. Global Stud. L. Rev. 87 (2015).

② 《马克思恩格斯文集》（第10卷），人民出版社2009年版，第674页。

③ “东南互保”的两个核心文件是《保护上海长江内地通共章程》和《保护上海租界城厢内外章程》。参见刘学照：《上海庚子时论中的东南意识述论》，载《史林》2001年第2期；刘学照：《张謇庚子年间东南意识略议》，载《华东师范大学学报：哲社版》2007年第2期；戴海斌：《“东南互保”之另面——1900年英军登陆上海事件考释》，载《史林》2010年第4期。

八国联军对北京的占领使得清政府被迫屈服，于是，慈禧太后指派庆亲王奕劻、北洋大臣李鸿章与外国谈判议和。1901 年 9 月 7 日，清政府与英国、美国、日本、俄罗斯、法国、德国、意大利、奥匈、比利时、西班牙和荷兰驻华使节在北京谈判并签订了《辛丑条约》。①《辛丑条约》共 12 款和 19 个附件，核心内容包括：（1）中国共付各国赔偿金 4.5 亿两白银，分 39 年付清，每年利息为 4 厘，由中国的关税和盐税来偿付（第 6 款）；（2）清政府惩办镇压义和团运动中表现消极的高级别官员并对各国赔礼道歉；（3）外国可以在北京至山海关之间驻扎军队。《辛丑条约》是中国与十一国代表签订的一个惩罚性赔偿条约。除了部分赔款得以免除或废除外，中国根据《辛丑条约》合计赔款 6.5 亿两，直到 1938 年才偿清。②《辛丑条约》是中国近代史上赔款数目最庞大，皇权丧失最严重的条约，自此之后，清政府的统治逐渐走向没落。

二、从“西法东渐”到辛亥革命

林则徐为了抵御英国的侵略，最早主持翻译了瑞士法学家和外交家瓦特尔（Emer de Vattel，1714—1767）所著的《国际法》③ 中的部分内容，以《各国律例》为名在中国印行。但是，这一引进外国法律的工作却因鸦片战争失败而中止；后来因为兴办洋务的需要翻译引进外国法律，才再次以国际法为先导而开展。④学术界通常认为美国法学家亨利·惠顿（Henry Wheaton，1785—1848）所著的《万国公法》（*Elements of International Law*）⑤对近代国际法理论有深远影响。亨利·惠顿是一位美国的法学家和外交家，他曾担任美国联邦最高法院的第三任判例汇编报道员、美国驻丹麦和普鲁士公使等职。亨利·惠顿也正是涉及对法院判决文书知识

① 《辛丑条约》，亦称《辛丑各国和约》《北京议定书》，全称为《中国与十一国关于赔偿 1900 年动乱的最后协定》。英文翻译为 Austria-Hungary, Belgium, France, Germany, Great Britain, Italy, Japan, Netherland, Russia, Spain, United States and China —Final Protocol for the Settlement of the Disturbances of 1900 (Boxer Protocol of 1900).

② 1908 年 12 月 28 日，美国免除了折合 11961121.76 美元的赔款，将其用于清华大学的建设。毛泽东同志说：“西方资产阶级需要买办和熟悉西方习惯的奴才，不得不允许中国这类国家开办学校和派遣留学生。”“参加八国联军打败中国，迫出庚子赔款，又用之于‘教育中国学生’，从事精神侵略，也算一项‘友谊’的表示。”参见李友唐：《谈庚子赔款和清华学堂》，载《北京社会科学》1997 年第 3 期。

③ The Law of Nations: Or, Principles of the Law of Nature Applied to the Conduct and Affairs of Nations and Sovereigns (French: Le droit des gens).

④ 李贵连：《近代中国法律的变革与日本影响》，载《比较法研究》1994 年第 1 期。

⑤ Henry Wheaton, Elements of International Law, Carey, Lea & Blanchard, 1836.

产权归属问题的“惠顿诉皮特斯案”① 的上诉人。美国传教士丁韪良的原名是威廉·亚历山大·巴尔森·马丁（William Alexander Parsons Martin，1827—1916），他是《万国公法》的中文翻译者。美国驻华公使华若翰（John E. Wade）、蒲安臣（Anson Burlingame）建议精通中文的丁韪良翻译西方的国际法学著作。在清政府总理衙门的官员崇厚的支持下，丁韪良完成了中国近代第一本西方法学著作的翻译工作。1864 年，丁韪良翻译的著作由京师崇实馆刊行，中文译名定为《万国公法》。当时中国外交官员曾运用《万国公法》中阐述的国际法原理，成功地处理了一起纠纷，即“普丹大沽口船舶事件”，这也使得总理衙门的高级官员乃至清廷相信西方国际法知识对清王朝的统治尤其是外交活动是有利的。② 除了《万国公法》外，丁韪良还翻译了耶鲁大学校长西奥多·德怀特·吴尔玺（Theodore D. Woolsey）的著作 *Introduction to the Study of International Law*（1875），并将其定名为《公法便览》。在对一系列的西方法学著作的翻译过程中，丁韪良创造的中文法律术语有：万国公法、性法（自然法）、公师、法师、主权、权利、责任、法院、人民、国体、赔偿、自治、限制、章程、邦国、政治、选举、司法、争端、国会、制宪、领事、利益、管辖等。③二十世纪六七十年代，冯桂芬提出“始则师而法之，继则比而齐之，终则驾而上之”。冯桂芬的这种主张实际上与魏源“师夷长技以制夷”的思想一致，19 世纪 60 年代洋务运动轰轰烈烈地开始了。

事实上，早在甲午战争爆发之前，1894 年 6 月孙中山就到达天津向李鸿章上书，陈述“人能尽其才，地能尽其利，物能尽其用，货能畅其流”的治国大计，并极力建议清政府效法日本改革内政外交。④甲午战争失败后，1895 年 6 月，康有为在《上清帝第四书》中指出：“日本蕞尔三岛，土地人民不能当中国之十一，近者其皇睦仁与其相三条实美改纪其政，国日富强，乃能灭我琉球，割我辽台。以土之大，不更化则削弱如此；以日之小，能更化则骤强如彼。岂非明效大验哉？”⑤

“庚子事变”后，清廷被迫宣布实行新政，挽救其摇摇欲坠的皇权统治。1901 年 1 月 29 日（光绪二十七年），慈禧太后以光绪的名义在西安颁布了“预约变法”的上谕。日俄战争之后，1905 年 7 月 16 日，光绪皇帝发布“考察政治谕”，兹特

---

① Wheaton v. Peters, 33 U. S.（8 Pet.）591（1834）. 联邦最高法院在此案中判定，一旦《美国联邦最高法院判例汇编》出版，任何人（即使是报道员）不得独占该报告的知识产权，因为版权的功能“首先是强化公共利益，然后才是奖励作者”。

② 李贵连：《〈万国公法〉：近代“权利”之源》，载《北大法律评论》1998 年第 1 卷第 1 辑；何勤华：《〈万国公法〉与清末国际法》，载《法学研究》2001 年第 5 期；张用心：《〈万国公法〉的几个问题》，载《北京大学学报（哲学社会科学版）》2005 年第 3 期。

③ 何勤华：《〈万国公法〉与清末国际法》，载《法学研究》2001 年第 5 期。

④ 参见孙占元：《甲午战争与中华民族复兴的历程》，载《河北学刊》2015 年第 4 期。

⑤ 汤志钧：《康有为政论集》，中华书局 1981 年版，第 139 页。

简派载泽、戴鸿慈、徐世昌、端方等随带人员，分赴东西洋各国，考求一切政治，以期择善而从……清政府考察团的行程遍布日、美、英、法、比、德、奥、丹麦、瑞典、挪威十国。1908年，清政府颁布了《钦定宪法大纲》；1911年，清政府颁布了《重大信条十九条》。

在晚晴立宪派张謇、沈曾植、汤寿潜等人的参与下，清末的汉族重臣刘坤一、张之洞向朝廷上奏《江楚会奏变法三折》，提出系统变革方案。第一疏论育才兴学，第二疏论致治、致富、致强之道，第三疏论采用西法。①在奏折中，刘坤一、张之洞十分明确地提出，要聘请各国的法律专家帮助中国立法修律，同时开办新式教育、改革科举制度。在奏折中，刘坤一、张之洞写道："在日本访求精通法律学之博士一两人，来华助我考订法律，尤为有益。"清末的修法工作由近代法律大家沈家本主持，沈家本聘请了当时日本著名的法学家协助清政府制定新律。这些受聘的日本法学专家前后共四人，分别为冈田朝太郎②、松冈义正③、志田钾太郎④、小河滋次郎⑤。按照清政府的分工，冈田朝太郎主要协助清政府起草刑法和法院编制法，松冈义正协助清政府起草民法和诉讼法，志田钾太郎协助清政府起草商法，小河滋次郎协助清政府起草监狱法。经过努力，《大清民律草案》主要取法《德国民法典》，采取潘德克顿法典五编的编纂体例——总则、债权、物权、亲属、继承。⑥1910年，在沈家本（1840—1913）和伍廷芳（1842—1922）的主持下，《大清新刑律》通过。《大清新刑律》打破了诸法合体的封建传统形式，受到了1871年《德

---

① 周积明：《"清末新政"通论》，载《求索》1996年第6期。

② 冈田朝太郎（Asataro Okada，おかだあさたろう，1868—1936），日本法学者，专门从事刑法方面的研究，师从德国刑事社会学派的奠基人弗朗茨·冯·李斯特（Fanz von Liszt，1851—1919）。

③ 松冈义正（Yoshimasa Matsuoka，1870—?），1892年毕业于东京帝国大学法科，曾获得法学学士学位，并于1916年被授予法学博士学位。在1906年来华前，他任东京上诉法院推事。1906年被修律馆重金聘请为法律顾问。在与清政府签定的三年聘期里，他在法律学堂承担了民法总则、物权、债权、亲族法、相续法、民事诉讼法和破产法的讲授。松冈义正较早在中国讲授民事诉讼法，其著作参见《民事证据论》（2册），张之本译，上海会文堂1931年版。

④ 志田钾太郎（Kōtarō Shida，しだ こうたろう，1868—1951），日本法学家，第5代明治大学总长。

⑤ 小河滋次郎（おがわ しげじろう，1864—1925），日本长野县人，日本明治、大正年间的法学家、监狱学家。

⑥ 李贵连：《近代中国法律的变革与日本影响》，载《比较法研究》1994年第1期；Jinfan Zhang, The Tradition and Modern Transition of Chinese Law, Springer-Verlag Berlin Heidelberg, 2014, p.652; Zhang Lihong, Dong Neng, The Great Qing Code in Comparative and Historical Perspective, in Guido Abbattista (edited by), Law, Justice and Codification in Qing China. European and Chinese Perspectives, Essays in History and Comparative Law, Trieste, EUT Edizioni Università di Trieste, 2017, pp. 155-176.

国刑法典》以及1907年《日本刑法典》的强烈影响，正文分为总则和分则两编，“总则为全编之纲领，分则为各项之事例”，共53章411条。除了总则和分则外，该法典还包括维护封建伦理纲常的《暂行章程》。①通说认为，《大清新刑律》首次完成了中国刑事法律的近代化，具有一定的历史进步意义。清政府的刑法典通过后，辛亥革命爆发，1912年清王朝覆灭，《大清新刑律》也随之成为历史。②

《宣统帝退位诏书》是中国自秦始皇创立皇帝制度以来的最后一位被承认的皇帝——宣统帝溥仪于1912年2月12日（宣统三年十二月廿五日）颁布的退位诏书，它标志着大清帝国统治历史之终结，也同时标志着在中国实行了2000多年的帝制宣告结束。《清室优待条件》是1911年辛亥革命后，清朝政府与中华民国临时政府拟定的关于清朝皇室退位后的相关保护措施之协议文件。根据该文件，内廷依然保持着一个清王朝残存下来的逊清皇室小朝廷。此优待条件于1924年在北京政变中被冯玉祥撕毁，冯玉祥控制的北京政府发布《修正清室优待条件》，此后宣统帝不再被尊为皇帝。

三、《临时约法》与民国立宪史概述

孙中山先生（1866—1925）创立了兴中会、同盟会等革命团体，是中国民主革命的先行者。1894年孙中山在《檀香山兴中会章程》指出：“中国积弱，非一日矣！上则因循苟且，粉饰虚张；下则蒙昧无知，鲜能远虑。近之辱国丧师，剪藩压境，堂堂华夏不齿于邻邦，文物冠裳被轻于异族。有志之士，能无抚膺！夫以四百兆苍生之众，数万里土地之饶，固可发奋为雄，无敌于天下。乃以庸奴误国，涂毒苍生，一蹶不兴，如斯之极。方今强邻环列，虎视鹰瞵，久垂涎于中华五金之富、物产之饶。蚕食鲸吞，已效尤于接踵；瓜分豆剖，实堪虑于目前。有心人不禁大声疾呼，亟拯斯民于水火，切扶大厦之将倾。”1905年10月，孙中山在《〈民报〉发刊词》中阐发了三民主义思想：“今者中国以千年专制之毒而不解，异种残之，外邦逼之，民族主义、民权主义殆不可以须臾缓。而民生主义，欧美所虑积重难返者，中国独受病未深，而去之易。”③

《中华民国临时约法》是辛亥革命的产物，是中国历史上第一部具有资产阶级性质的宪法性文件。南京临时政府成立后，孙中山担任临时大总统，迫于当时南北

---

① 李秀清：《法律移植与中国刑法的近代化——以〈大清新刑律〉为中心》，载《法制与社会发展》2002年第3期。

② Zhang Lihong, Dong Neng, The Great Qing Code in Comparative and Historical Perspective, in Guido Abbattista (edited by), Law, Justice and Codification in Qing China. European and Chinese Perspectives, Essays in History and Comparative Law, Trieste, EUT Edizioni Università di Trieste, 2017, p. 158.

③ 孙中山：《孙中山全集》（第1卷），中华书局1981年版，第288~289页。

方的形势，孙中山同意辞职并推举袁世凯为第二任临时大总统。为了限制袁世凯的权力，临时政府制定了《中华民国临时约法》。《中华民国临时约法》在1912年3月8日由临时参议院通过，3月11日公布实施，取代了《中华民国临时政府组织大纲》。《中华民国临时约法》在颁布后，北洋政府曾制定了多部宪法，这些宪法性法律文件主要包括：1913年10月《中华民国宪法案》（又称《天坛宪草》）、1914年5月《中华民国约法》、1923年10月《中华民国宪法》、1925年12月《中华民国宪法草案》。

在北洋政府统治期间，工人阶级登上了中国历史的舞台并对中国革命的发展产生了深远的历史影响。在“一战”结束后，北洋政府没有能够捍卫作为战胜国的中国的国家利益。根据1919年《凡尔赛条约》第156①、157、158条之规定，德国在山东的权益全部转让给日本。中国在巴黎和会上的外交失败引发了著名的“五四运动”。“五四运动”促进了马克思主义在中国的传播，促进了马克思主义同中国工人运动的结合，为中国共产党成立做了思想上的准备，为新的革命力量、革命文化、革命斗争登上历史舞台创造了条件，是中国旧民主主义革命走向新民主主义革命的转折点，在近代以来中华民族追求民族独立和发展进步的历史进程中具有里程碑意义。②

孙中山提出了系统化的社会改造计划，他在1917年至1920年期间完成了《建国方略》的写作，《建国方略》包括《民权初步》《孙文学说》《实业计划》。1917年，《民权初步》完成③，孙中山详细介绍了西方的议会规则，期望能够通过引入程序性的代议制度完成中国的“社会建设”。1919年，《孙文学说》完成，孙中山强调“行之非艰，知之惟艰”，他认为“知难行易”，勉励国人“决志行之，必能有志竟成”。孙中山期望能够通过对认识论的改造达到对中国人的“心理建设”。

---

① Treaty of Peace at Versailles, 28 June 1919, Allied & Associated Powers-Ger., 225 Consol. T.S. 188, Art. 156: Germany renounces, in favour of Japan, all her rights, title and privileges particularly those concerning the territory of Kiaochow, railways, mines and submarine cables which she acquired in virtue of the Treaty concluded by her with China on 6 March 1898, and of all other arrangements relative to the Province of Shantung. All German rights in the Tsingtao-Tsinanfu railway, including its branch lines together with its subsidiary property of all kinds, stations, shops, fixed and rolling stock, mines, plant and material for the exploitation of the mines, are and remain acquired by Japan, together with all rights and privileges attaching thereto. The German State submarine cables from Tsingtao to Shanghai and from Tsingtao to Chefoo, with all the rights, privileges and properties attaching thereto, are similarly acquired by Japan, free and clear of all charges and encumbrances.

② 习近平：《在纪念五四运动100周年大会上的讲话》（2019年4月30日）。

③ 《民权初步》原名《会议通则》，参考自美国学者沙德（Harriette Lucy Shattuck）女士之《议事规则》（*Women's Manual of Parliamentary Law*）一书。

1920年，孙中山以英文发表了《实业计划》（*The International Development of China*），提出了实业兴国的宏伟规划，孙中山认为中国需要富强，“物质建设”必不可少。①《实业计划》中提出六项计划，涉及港口建设、铁路、道路建设、采矿业、治河道等八个范畴。

民国政府成立后制定和颁布了一系列的基本法律。在刑法方面，民国政府经过对《大清新刑律》稍作删改而成的《中华民国暂行新刑律》得到实施。此后，刑法又几经变迁，除不同时期颁布大量单行刑事法规外，还先后起草了两个刑法修正案。在此基础上，1928年《中华民国刑法》得以颁布，但其实施不久又被修订，最终于1935年颁布、实施了新的《中华民国刑法》。②在民法方面，国民政府于1928成立了民法起草委员会，成员包括傅秉常、焦易堂、史尚宽、林彬、郑毓秀、何荣、胡长清、王用宾等法律专家。从1929年到1931年期间，民法典的总则编、债编、物权编、亲属编及继承编相继通过。在行政诉讼法方面，1932年，民国政府在“司法院”之下设立了“行政法院”，并公布了《行政诉讼法》。在立宪方面，1946年12月25日，国民党政府召开了由其一手包办的“国民大会”，这次会议通过了《中华民国宪法》。1949年，中华人民共和国成立前夕，我国废除了国民党政府的“六法全书”③。

四、中国现代宪法史概述

1949年中华人民共和国的成立标志着占人类总数四分之一的中国人从此站立起来了。从那时起，中国人民把命运牢牢掌握在自己手中，中国历史的发展开启了新纪元。从1954年中华人民共和国成立后的第一部宪法到1982年宪法的五次部分修改，中国现代宪法的发展历史始终与国家的命运、民族的命运紧密相连。

早在革命根据地时期，在中国共产党的带领下，革命根据地就创造性地制定了一系列的宪法性法律文件。④ 在第二次国内革命战争时期（1927—1937），中国共产党所领导的工农红军在以江西瑞金为中心的中央苏区建立了中华苏维埃共和国，1931年，在瑞金召开了第一次全国工农兵代表大会，此次会议通过和颁布了《中

---

① 《实业计划》原以“International Development of China”为题，以英文发表，1921年10月10日由林云陔、马君武等人翻译出中文本，孙中山在广州发表并作中文自序。

② 李秀清：《法律移植与中国刑法的近代化——以〈大清新刑律〉为中心》，载《法制与社会发展》2002年第3期。

③ “六法全书”指宪法、民法、商法、刑法、民事诉讼法、刑事诉讼法六种法律的汇编。参见李龙、刘连泰：《废除“六法全书”的回顾与反思》，载《河南省政法管理干部学院学报》2003年第5期。

④ 参见张希坡：《革命根据地法制史研究与“史源学”举隅》，中国人民大学出版社2011年版；张希坡：《革命根据地法制史》，法律出版社1994年版。

华苏维埃共和国宪法大纲》；1934 年，在瑞金召开的第二次全国苏维埃代表大会上对《中华苏维埃共和国宪法大纲》作了修改并重新通过。1941 年，为了进一步巩固陕甘宁边区，发展抗日根据地的政治、经济、文化建设，以增进人民福利，坚持长期抗战，陕甘宁边区第二届参议会正式通过了《陕甘宁边区施政纲领》。1948 年 9 月，解放战争节节胜利，华北解放区召开了临时人民代表大会，通过了华北人民政府施政方针，规定了华北解放区的政治制度，决定建立各级人民代表大会并由其选举同级人民政府，实行民主制度，还规定了人民的各项民主权利。

（一）社会主义建设初期的宪法

1949 年 9 月 29 日，中国人民政治协商会议第一届全体会议通过了《中国人民政治协商会议共同纲领》（简称《共同纲领》）。通说认为，《共同纲领》具有临时宪法的作用。《共同纲领》包括了序言、总纲、政权机关、军事制度、经济政策、文化教育政策、外交政策等部分的内容，共有 7 章 60 条。《共同纲领》在内容上主要包括以下几个方面：第一，确定了国家性质和任务；第二，规定了政权的组织及其原则；第三，承认了人民的权利和义务。《共同纲领》对巩固和发展人民民主专政的成果具有历史性的贡献和意义。受制于当时的条件，《共同纲领》具有明显的临时性和过渡性，它还不是一个正式的宪法，为了国家的长治久安，国家需要制定一部正式的宪法作为治国安邦的总章程，这个总章程就是 1954 年《宪法》。

1954 年《宪法》是第一届全国人民代表大会第一次会议全体一致通过的。1954 年《宪法》是中华人民共和国成立以来的第一部宪法。与《共同纲领》相比，1954 年《宪法》具有完整的立宪程序，赋予了国家政权的正当性，承认了人民所拥有的在宪法之下的基本权利，确立了国家的根本制度。1954 年《宪法》由序言和 4 章共 106 条组成。1954 年《宪法》确认了国家在过渡时期的总任务及其目标，强调了人民民主专政的国家性质、人民代表大会制度、民主集中的政治制度，它还规定了生产资料所有制等非常重要的内容。1954 年《宪法》是一部社会主义性质的宪法，其性质可以从其指导思想、基本原则和主要内容体现出来。按照 1954 年《宪法》的规定，中华人民共和国是工人阶级领导的、以工农联盟为基础的人民民主专政的社会主义国家；社会主义制度是中华人民共和国的根本制度；中华人民共和国的一切权力属于人民；国家机构实行民主集中制的原则。1954 年《宪法》对于巩固人民民主专政意义非凡，为社会主义现代化建设提供了一个根本的章程和遵循。学术界普遍认为 1954 年《宪法》是一部经过人民广泛讨论参与，较为体现民主集中制的一部好宪法。①

新中国历史上的第二部宪法是 1975 年《宪法》。1975 年《宪法》是第四届全

① 参见韩大元：《1954 年宪法制定过程》，法律出版社 2014 年版，第 447~452 页。

国人民代表大会第一次会议通过的。除了序言之外，包括总纲、国家机构、公民的基本权利和义务、国旗、国徽、国歌、首都，它一共包括 4 章 30 条。与 1954 年《宪法》相比，1975 年《宪法》在条文的总量上面有极大的缩减。从形式上来看，1975 年《宪法》在条文的结构上非常简短，具有某种宪法纲领的特征；同时，1975 年《宪法》实际上充斥着很多的意识形态方面的话语表述。随着“四人帮”的倒台和“文化大革命”的结束，1975 年《宪法》的存在时间非常之短。1978 年，第五届全国人民代表大会第一次会议通过了 1978 年《宪法》。1978 年《宪法》是我国在拨乱反正新的历史阶段制定的一部宪法，它在一定程度上纠正了 1975 年《宪法》中的“左倾”思想。与 1975 年《宪法》相比，1978 年《宪法》是有一定的历史进步性的。但是，由于这是一个拨乱反正的历史阶段，在极短的时间之内，一些重大的历史问题和一些重要的意识形态方面的倾向未能完全摆脱 1975 年《宪法》的影响，从这个意义上说，1978 年《宪法》也具有一定的历史局限性。虽然 1978 年《宪法》在 1979 年、1980 年经过了两次修改，但从整体上来讲，1978 年《宪法》无法满足中国即将开启的社会主义现代化建设的新的历史要求，1982 年《宪法》的制定也就被提上了党和国家的议事日程。

（二）改革开放新时期的宪法发展

1982 年 12 月 4 日，五届全国人民代表大会五次会议通过并公布了现行宪法（1982 年《宪法》）。通常认为，1982 年《宪法》是我国在改革开放的历史背景之下所制定的一部宪法，它系统地总结了中华人民共和国成立以来的历史经验和教训，是对 1949 年具有临时宪法作用的《中国人民政治协商会议共同纲领》、1954 年《中华人民共和国宪法》的继承和发展。

1982 年《宪法》为中国的社会主义建设事业指明了一个方向，提供了根本章程和根本保障。1982 年《宪法》体现了改革开放的时代特征，它使得我国的法治建设走向了一个新的历史阶段和一个新的高度。1982 年《宪法》经历了五次的部分修改，这五次的部分修改分别是：1988 年的宪法修改，这是在七届全国人民代表大会第一次会议上通过的，1988 年的宪法修改涉及 2 条宪法修正案；第二次是 1993 年的宪法修改，1993 年宪法修改是八届全国人民代表大会第一次会议上通过的，宪法修改涉及 9 条宪法修正案；第三次是 1999 年的宪法修改，这次宪法修改是在九届全国人民代表大会二次会议上通过的，它涉及 6 条宪法修正案；接下来是 2004 年的宪法修改，这次宪法修改是在十届全国人民代表大会二次会议上通过的，它涉及 14 条宪法修正案；最新一次宪法修改，也就是第五次宪法的部分修改是在 2018 年，这次宪法修改是 2018 年 3 月 11 日在十三届全国人民代表大会一次会议上通过的，它涉及 21 条宪法修正案。经过历次的宪法修改，现行宪法结构包括序言、正文，正文由四章 143 条构成。其中第一章是总纲的内容，第二章是关于公民的基本权利和义务，第三章是关于国家机构，第四章是国旗、国徽、国歌和首都条款。正如习近平总书记所指出的，回顾我们党领导的宪法建设史，可以得出这样几点结论：一是制定和实施宪法，推进依法治国，建设法治国家，是实现国家富强、民族振兴、社会进步、人民幸福的必然要求。二是我国现行宪法是在深刻总结我国社会主义革命、建设、改革的成功经验基础上制定和不断完善的，是我们党领导人民长期奋斗历史逻辑、理论逻辑、实践逻辑的必然结果。三是只有中国共产党才能坚持立党为公、执政为民，充分发扬民主，领导人民制定出体现人民意志的宪法，领导人民实施宪法。四是我们党高度重视发挥宪法在治国理政中的重要作用，坚定维护宪法尊严和权威，推动宪法完善和发展，这是我国宪法保持生机活力的根本原因所在。宪法作为上层建筑，一定要适应经济基础的变化。①

在改革开放的新时期，随着宪法制度的变革，宪法学提供了必要的动力机制与合法性基础。可以说，改革开放从初始阶段到全面实施过程与宪法发展是密不可分的，宪法确立了改革开放的目的、原则与界限。对此，有学者指出：从宪法学视角看，改革开放有两个逻辑：一是改革，它是古今之变议题中的一个环节，属于宪法结构与时间性纵向逻辑；二是开放，它是中西碰撞议题中的一个环节，属于宪法结构的横向逻辑。按照这一思路分析，改革开放是一种“宪法制度的变革”，宪法所提供的动力机制是一种前提或者首要的因素。②

当代中国宪法是在中华人民共和国成立70多年特别是改革开放40多年的波澜壮阔的历史进程中逐渐发展起来的，通过对历史的发掘，我们可以认识到当代中国宪法的历史逻辑、政治逻辑、法理逻辑和现实逻辑，它将使得我们更好地贯彻和落实现行宪法的规范、原则和基本精神。

---

① 习近平：《更加注重发挥宪法重要作用　把实施宪法提高到新的水平》，载中国共产党新闻网：http：//cpc. people. com. cn/n1/2018/0226/c64094-29833724. html。

② 韩大元：《改革开放四十年中国宪法学的回应与贡献——以20世纪八十年代的宪法学研究为中心》，载《中外法学》2018年第5期；高全喜：《改革开放与宪法变迁》，载《民主与科学》2017年第3期。

第六章　宪法的原则

第一节　宪法原则概述

法律通常是由一系列的原则、规则和概念所组成的。所谓的法律原则（Principles）是指具有统摄地位且能够体现法律核心精神的基本立场和根本准则。所谓的法律规则（Rules）是指以具体的权利和义务为内容且包含一定法律后果的准则。相比于法律规则而言，法律原则具有抽象性、综合性和稳定性，通常来说，法律原则不预先设定任何确定的、具体的事实状态，没有具体规定权利和义务，也不规定确定的法律后果。①美国著名法理学家德沃金（Ronald Dworkin，1931—2013）以“里格斯诉帕尔默案”② 和“亨宁森诉布洛姆菲尔德汽车制造厂案”③为典型案例总结了法律规则和法律原则的三大主要区别：

（1）法律规则包含了一定的构成要件；相比而言，法律原则中没有明确的构成要件。

（2）法律规则具有“一般—例外”的结构，规则的例外需要被穷尽列举，同

① 参见《宪法学》编写组：《宪法学》，高等教育出版社、人民出版社 2011 年版，第 92 页。

② Riggs v. Palmer, 115 N. Y. 506 (1889). 在此案中，弗朗克·帕默（Frank Palmer）是埃尔默·帕默（Elmer Palmer）的祖父，里格斯（Riggs）是弗朗克的儿子。1880 年 8 月 13 日，弗朗克立了一份遗嘱将农庄留给埃尔默。然而，埃尔默因为惧怕弗朗克会改变这一遗嘱遂杀死了祖父。纽约上诉法院根据“无人可从自己错误中获利”（No man may profit from his own wrong）这一原则出发，最终判定埃尔默无权继承遗产。

③ Henningsen v. Bloomfield Motors, Inc. , 32 N. J. 358, 161 A. 2d 69 (N. J. 1960). 在此案中，1955 年 5 月 7 日，原告亨宁森购买了一辆汽车并同汽车公司签订了一个合同，合同限定了汽车制造厂的责任，即制造厂只负责修好有毛病的部件，对其他一切问题则概不负责。1955 年 5 月 19 日，亨宁森在驾车时，车子一声巨响，他由于汽车零部件出现瑕疵而在这次事故中受伤。新泽西州最高法院从“无人可从自己错误中获利”（No man may profit from his own wrong）这一原则出发判定汽车生产商的免责条款无效，从而发展了侵权法中的商销性默示担保（Implied Warranty of Merchantability）理论。

时，规则的确定性要求其本身必须以“全有或全无”（all-or-nothing）的方式被适用；相比而言，法律原则是核心法理的一般凝练和概括，原则虽然也有例外，但这些例外只能强化原则本身的权威地位，更进一步说，法律原则不能以“全有或全无”的方式被适用。①

（3）法律原则具有法律规则所没有的力量上和程度上的重要性。当若干个原则互相冲突时，要解决这一冲突，就要考虑有关原则分量上的强弱，“权衡”是原则的特定属性，这一属性允许我们在互相冲突的原则中协调。②相比而言，法律规则的冲突是借助规范的等级秩序加以解决的，人们一般通过“上位法优于下位法”“特别法优于一般法”“后法优于前法”对各类法律规则的冲突加以解决。

德国法学家罗伯特·阿列克西（Robert Alexy）区分了法律规则和法律原则不同，其基本观点如下：

（1）根据逻辑学上的排他性定理（Exklusionstheorem），每一条规范要么是一项规则，要么是一个原则。③

（2）原则是一种“优化要求”（Optimierungsgebote/Optimization Requirements），即法律原则是一种要求事物在相对于事实上与法律上的可能范围之内，以尽可能高的程度被实现的规范。规则是一种“确定的要求”（Definitive Gebote/Definitive Requirements），即法律规则必须在法律与事实的可能范围内已有明确的设定，它是一种只能实现或者不被实现的规范。规则的典型适用方式是涵摄，若个案的事实符合规则的构成要件，即应适用其法律效果，若例外状况出现，则法律效果即应撤回。

（3）规则与原则具有不同的冲突解决机制。法律原则之间并无等级秩序，原则之间的冲突必须通过“权衡法则”来决定优先适用顺序。换言之，原则之间的

---

① The difference between legal principles and legal rules is a logical distinction. Both sets of standards point to particular decisions about legal obligation in particular circumstances, but they differ in the character of the direction they give. Rules are applicable in an all-or-nothing fashion. If the facts a rule stipulates are given, then either the rule is valid, in which case the answer it supplies must be accepted, or it is not, in which case it contributes nothing to the decision. Ronald Dowrkin, The Model of Rules, in Taking Rights Seriously, London: Duckworth, 1977, pp. 14-45.

② ［美］德沃金：《认真对待权利》，信春鹰、吴玉章译，中国大百科全书出版社 1998 年版，序言第 19 页。

③ ［德］卡斯滕·贝克尔：《规则、原则与可废止性》，宋旭光译，载《法理——法哲学、法学方法论与人工智能》2015 年第 1 期。

碰撞是通过查看个案情形，借由确定原则之间的“条件式优先关系”来解决的。①与德沃金的观点一致，阿列克西认为法律规则的冲突是借助规范的等级秩序加以解决的，其主要的法则包括“上位法优于下位法”“特别法优于一般法”“后法优于前法”。阿列克西进一步认为，在涉及规则的原则碰撞中，一般必须遵循“禁止向一般条款逃逸”的法治思维。②

从部门法的观察来看，罪行法定原则、法无明文规定不为罪（Nulla Poena Sine Lege）原则是刑法的基本原则；契约必须被遵守（Pacta Sunt Servanda）原则和诚实信用（Good Faith/Bona Fides）原则被认为是民事法律体系中的“帝王原则”；行政合法性原则（Legality of Administration）、比例原则（Principle of Proportionality/ Verhältnismäßigkeit）和信赖利益保护（Legitimate Expectation）原则构成了行政法的基本原则；平等者无管辖权（Par in Parem non Habet Jurisdictionem）原则、禁止使用武力或者以武力相威胁（Prohibition of Use of Force）原则被认为是当代国际法的基本原则。我们所谓的宪法基本原则是指宪法在调整社会关系时所采取的基本立场和准则。③宪法的基本原则是宪法得以存在和发展的灵魂，它表达了政治共同体对法治价值的追求。

英国学者 A. W. 布莱德赖和 K. D. 爱汶合著的《宪法和行政法》一书认为英国宪法的一般原则包括君主立宪原则、议会至上原则、权力分立和制衡原则、法治原

---

① 根据学者王鹏翔的研究，阿列克西的原则理论包括三个子命题：（1）安置命题（the incorporation thesis）：每个最低限度发展的法律体系必然会包含原则。（2）道德性命题（the morality thesis）：法律体系所包含的原则必然具有某种道德关联性。（3）正确性命题（the correctness thesis）：法律体系必然包含道德原则使得法律和正确的道德之间具有必然联结。阿列克西进一步将根据原则冲突的解决结果所形成的规则称为“碰撞法则”。其具体含义是：若原则 P1 在条件 C 之下优先于原则 P2：（P1 P P2），且 P1 在 C 的情形下产生法律效果 R，则成立一条以 C 作为构成要件，R 作为法律效果的规则 C→R。同时，阿列克西认为，原则 Pi 与 Pj 相冲突时，若 Pi 不被实现或被侵害的程度越高，则 Pj 实现的重要性就必须随之越高。Robert Alexy，A Theory of Constitutional Rights：Ch. 3，Oxford University Press，2002. 巴西联邦最高法院（Supreme Federal Court of Brazil）就适用了阿列克西的原则理论。João Andrade Neto，A System of Rules and Principles，in Borrowing Justification for Proportionality. Ius Gentium：Comparative Perspectives on Law and Justice，Vol. 72，Springer，2018.

② 参见王琳：《论法律原则的性质及其适用》，载《法制与社会发展》2017 年第 2 期；杨建、庞正：《法律原则与法律规则的界限——以德沃金与阿列克西的原则理论为主线》，载《河北法学》2009 年第 11 期。

③ 参见《宪法学》编写组：《宪法学》，高等教育出版社、人民出版社 2011 年版，第 92 页；许崇德主编：《中华法学大辞典——宪法学卷》，中国检察出版社 1995 年版，第 665 页；张庆福主编：《宪法学基本理论》，社会科学文献出版社 1999 年版，第 130 页。

则、责任政府原则。①吴家麟先生认为社会主义宪法基本原则包括：公有财产神圣不可侵犯原则、无产阶级专政与社会主义民主相统一原则、国家一切权力属于人民原则、民主集中制原则和社会主义法制原则。②宪法学家莫纪宏认为宪法原则包括“目的性原则”与“手段性原则”两类互为因果的体系。作为“目的性宪法原则”，它要求所有的宪法制度设计必须服务于“反对特殊的权力原则”“反对特殊的权利原则”“反对特殊的权势原则”；作为“手段性宪法原则”，它要求在设计国家权力体系、公民权利体系以及国家权力与公民权利之间的关系体系时至少从逻辑上应该解决防止各种特权现象产生的制度可能性问题。“手段性宪法原则”具体包括首要性宪法原则和辅助性宪法原则，首要性宪法原则是以突出宪法的权威为核心的，包括人民主权原则、宪法至上原则、剩余权力原则和剩余权利原则；辅助性宪法原则以突出立法机关制定的法律的权威为核心，包括法律优先原则、法律保留原则、依宪授权原则、依法行政原则和人权的司法最终性救济原则。③宪法学家秦前红出版的《宪法原则论》一书首次全面和系统地梳理了我国的宪法原则问题，并认为我国宪法基本原则包括五个：（1）人民主权原则；（2）基本人权原则；（3）法治原则；（4）权力制约原则；（5）政党主治原则。④

第二节　人民主权原则

现代法治国家一般都将人民主权作为宪法的基本原则。现代国家不同于前现代国家的重要理论特点在于它们在解释公共权力来源的问题上抛弃了古典的神本法律观。在前现代国家时期，公共权力的正当性往往是通过“君权神授”或者“天命观”这样一类合法性理论进行表述的。自现代国家建构以来，宪法明确地否定“君权神授”“以德配天”的合法性论证模式，它将公共权力交到人民手中，强调“我们人民”才是宪法秩序得以建构和发展的不竭动力。

法国政治家思想家和法学家让·博丹（Jean Bodin，1530—1596）在《国家论六卷》（*Les Six livres de la République*），首次阐明了近代意义上的主权概念，他认为主权是“在臣民之上，不受法律节制的最高权力”。在资产阶级革命后，许多著名的启蒙思想家提出并倡导“天赋人权”学说，代表性的人物包括霍布斯（Thomas Hobbes，1588—1679）、洛克（John Locke，1632—1704）、卢梭（Jean-Jacques

---

① A. Bradley & K. Ewing, Constitutional and Administrative Law, Longman, 2010.

② 吴家麟：《宪法学》，群众出版社 1983 年版，第 31～35 页。

③ 参见莫纪宏：《论宪法原则》，载《中国法学》2001 年第 4 期；莫纪宏：《宪法原则在宪法学理论研究体系中的地位及发展》，载《法学论坛》2012 年第 6 期。

④ 参见秦前红：《宪法原则论》，武汉大学出版社 2012 年版，第 135 页。

Rousseau，1712—1778）其对主权理论的发展详见表 6-1。人民主权原则相对于君主专制时代的“主权在君”“君权神授”等理论是历史的一大进步。

表 6-1　　代表性启蒙思想家对主权理论的发展

思想家	核心观点	所有者	特征
博丹（法）	主权是君主对于臣民最高的权力，不受法律限制，且主权永恒	君主	主权具有最高性、绝对性、永久性和不受法律拘束性
霍布斯（英）	人们为了避免人与人战争的“自然状态”，通过缔结社会契约进入政治状态	君主	主权者是唯一的，具有不可分性、绝对性、最高性、永久性
洛克（英）	根据社会契约，议会代表人民行使主权	议会	主权是一种绝对的政治权力（生杀之权），它具有至高无上性、无限制性、唯一性、不可分割性
卢梭（法）	政府与人民建立了社会契约，人民拥有主权。主权是公意（volonté générale）的运用	人民	主权是公意的运用，主权不可出让，主权不可分割，主权只能属于人民，主权是绝对的

（图表来源：作者自制）

《美国宪法》序言明确规定：“我们合众国人民，为建立更完善的联盟，树立正义，保障国内安宁，提供共同防务，促进公共福利，并使我们自己和后代得享自由的幸福，特为美利坚合众国制定本宪法”。德国 1919 年《魏玛宪法》第 1 条规定：“国权出自人民。”1949 年《德国基本法》第 20 条规定：“全部国家权力来自人民。”日本 1946 年宪法序言规定：“兹宣告主权属于全国国民而确定本宪法”。《中华人民共和国宪法》第 2 条明确规定：“中华人民共和国一切权力属于人民。”

人民主权学说对于现代宪法具有重要的历史意义，它彻底颠覆了前启蒙时期人类社会对国家公共权力来源的认识。前现代国家权力的来源或者转移大多借助了神权、暴力、战争、阴谋等方式，但是，自从人民主权原则确立以后，人民成为了国家权力的最终拥有者，政府仅仅是按照人们的授权来治理国家，同时，国家的公共权力可以通过选举制度等和平的方式实现转移。

第三节　法治与法治国原则

早在古希腊时期，亚里士多德（Aristotle）在《政治学》中写道：“邦国虽有良法，要是人们不能全部遵循，仍然不能实现法治。法治应该包含两重含义：已成立的法律获得普遍的服从，而大家所服从的法律又应该是本身制定的良好的法律。”① 在比较法学的讨论领域中，实际上存在着“法律主治”（Rule of Law）与“法治国”（Rechtsstaat）两种关于法治的表述。对于何为“法治”、何为“法治国”，这里我们从结构性特征（Structural Characteristics）的角度给予一个综合评述。

学者普遍认为“法治原则”（Rule of Law）是来源于普通法的一个概念，这种表述已经广泛被国际社会接受，当今天的人们在谈论法治的时候，似乎已经在潜意识里消解了这个原则的普通法背景。而相应的，“法治国原则”（Rechtsstaat）则是以德国为代表的大陆法系传统中的一个基本原则，即使对于使用或者生活在大陆法系国家的人们而言，这个概念和语词都可能是陌生的，这部分是由于语言的阻隔而导致的不熟悉，也部分囿于“Rule of Law”这一概念在全球的传播、推广、移植、接受和认可。这种现状并不妨碍学人从两大法系差异和融合的角度来看待它们在学理上的应有含义。众所周知，源于英国的普通法系在传统上强调法律与现实生活的结合，人们往往从生活实际或者文化传统脉络（并非根据成文法典）发掘法律的真谛。在普通法的背景下，案例法成为当然的“法源”并且具有拘束力，普通法更着眼于“通过法院程序来落实人权保障”。而欧陆法传统认为法律应该是一个一般的、抽象的客观规范，从而强调法律“作为一般性客观规则”的面向。欧陆法更着重于“以国会所制定的法律来与君主统治相抗衡，藉以落实人权保障”。②

（一）英美法系下的“法治原则”

若要用极为通俗的话语解释英美法系下的法治原则，斯卡利亚（Antonin Gregory Scalia）大法官提供了一个特别简短的版本，即法治就是规则之治（The Rule of Law as A Law of Rules）。③一般而言，“法治”与“人治”（Rule of Man）相对应，根据《牛津英语大词典》的通俗解释，法治是指社会中的法律权威和影响被普遍视为约束个人或者集体行为规范的一项原则，根据该项原则社会中的任何主体（包括个人和政府）都必须在公开的、明文的法律文本和法律活动中被视为是平等的。《布莱克法律词典》则解释道：“法治是由最高权威认可颁布的并且通常以准则或逻辑命题形式表现出来的、具有普遍适用性的法律原则。”近代意义上的法治起源于英国的普通法传统④，阿尔伯特·戴雪（A. V. Dicey，1835—1922）在

① ［古希腊］亚里士多德：《政治学》，吴寿彭译，商务印书馆1981年版，第167页。

② 黄舒芃：《变迁社会中的法学方法》，台湾元照出版有限公司2009年版，第284、287页。

③ Antonin Scalia, The Rule of Law as a Law of Rules, The University of Chicago, Law Review, Vol. 56, No. 4, pp. 1175-1188.

④ Martin Krygier, Rule of Law (and Rechtsstaat), International Encyclopedia of the Behavioral Sciences, 2013.

其著作《英宪精义》中具体指出法治包含三个基本元素：第一，人民非依法定程序，并由普通法院证明其违法，否则不能遭受财产或人身方面的不利处罚。第二，法律面前人人平等。第三，法庭的决定是维护个人权利的最后防线。① 1977 年，政治理论家约瑟夫·拉兹（Joseph Raz）确定了几个法治原则：（1）新制定的法律不应该有回溯性；（2）法律应该是稳定的，不应该被改变得过于频繁；（3）制定法律应该要有明确的规则和程序；（4）司法机构的独立性必须得到保证；（5）自然正义原则（Principles of Natural Justice）应该得到遵守，特别是公正庭审的权利；（6）法院应有违宪审查的终审权；（7）每个人都可以拥有法院审判的权利；（8）执法和预防犯罪的机构不应允许枉法。② Paul Craig 教授认为法治至少存在两个主要概念：狭义的（Formal）形式法治认为法治本身并不包含“公正”，但可为人们提供一个寻求公正的法律框架和程序，依据法律治理事情；广义的（Substantive）实质法治扩展了狭义的概念，内涵包括保障人权及各种自由等基于法治的个人实质权利。③法治究竟是否仅仅指实证法下面的规则之治理还是应该超越实证法包含规则之正当性等实体价值呢？这也是形式法治论者和实质法治论者的主要分歧所在。更值得一提的是国际社会最近发展出所谓的“国际法治”（International Rule of Law）的概念④，联合国大会自 1992 年以来将法治作为一个议程项目进行审议，自 2006 年以来重新予以关注，并在最近三届会议上通过决议。⑤联合国安全理事会举行了

---

① A. V. Dicey, Introduction to the Study of the Law of the Constitution, 1885；[英] A. V. 戴雪：《英宪精义》，雷宾南译，中国法制出版社 2017 年版，第 4 页、第 232~244 页。戴雪理解的“法律主治”（Rule of Law）实质同于“法律的至尊性”（Supremacy of Law）或“法律的优势”（Predominance of Law）。参见［英］A. V. 戴雪：《英宪精义》，雷宾南译，中国法制出版社 2017 年版，第 4、231 页。

② Joseph Raz, The Rule of Law and Its Virtue, Law Quarterly Review, Vol. 93, 1977, p. 195; Joseph Raz, The Authority of Law: Essays on Law and Morality, Clarendon Press, 1979, pp. 214-219; 另外，美国法学家富勒（Lon Fuller，1902—1978）也有“法治八原则”的详细论述，择其精要如下：（1）一般性；（2）法律需公布；（3）不溯及既往；（4）法律需明确；（5）不矛盾；（6）法律不要求不可能之事；（7）稳定性和连续性；（8）官方行为与法律的一致性。参见［美］富勒：《法律的道德性》，郑戈译，商务印书馆 2007 年版，第 55~107 页。

③ Paul P Craig, Formal and Substantive Conceptions of the Rule of Law: An Analytical Framework, Public Law, Vol. 3, 1997, p. 467; Alison Young, The Rule of Law in the United Kingdom: Formal or Substantive? International Constitutional Law, Vol. 6, 2012, p. 259.

④ Simon Chesterman, An international Rule of Law? American Journal of Comparative Law, Vol. 56, No. 2, 2008, pp. 331-362; Karen J Alter, Establishing the Supremacy of European Law: The Making of an International Rule of Law in Europe, Oxford University Press, 2001.

⑤ UN. Doc. A/RES/61/39; UN. Doc. A/RES/62/70; UN. Doc. A/RES/63/128.

若干次关于法治的专题辩论并通过了决议，强调法治原则在妇女权益保障①、和平与安全②、武装冲突中的儿童③、保护武装冲突中的平民④等问题的重要性。⑤不过究竟何为“法治”、法治与民主、法治与权力分立、法治与人权保障、法治与跨国关系、法治与国际治理、中国的法治与法制⑥等都是值得当代人深刻检讨的重大问题。

(二) 大陆法系下“法治国原则”

德语中的“法治国”(Rechtsstaat)⑦ 是一个与“专制国”(Obrigkeitsstaat) 相互对应的概念，这个概念可以类比于英美法系的“法治”。“法治国”意味着一个“宪制国家”在行使政府权力时必须受到法律的制约，但是与传统普通法下的“法治”相比，“法治国”还强调一种所谓正当性的含义。德国学者一般认为推动“法治国”概念的运动始于哲学家康德(Immanuel Kant，1724—1804)。康德的方法是基于一个国家的成文宪法至高性，这种宪法的至高无上性必须建立在这样一个信念上：一个长久安宁的生活是人民幸福和民族繁荣的基本条件。或者说，法律存在的目的不是为了管理国家，而是为了人民长久的福祉。康德的学说完全建立在立宪主义和法治国家基础上的，康德指出了宪制的主要问题：“一个国家的宪法最终建立在其公民的道德上，而公民的道德好坏则反过来又取决于这个宪法的好坏。”“法治国”要求国家在行使统治权时，必须受到宪法及法律之约束。宪法和法律，为国家权力的运作划出法的界线，可以使国家公权力无法恣意而为，而能致力追求正

① UN Doc. S/RES/1325 (2000).

② UN Doc. S/RES/1820 (2008).

③ UN Doc. S/RES/1612 (2005).

④ UN Doc. S/RES/1674 (2006).

⑤ 参见联合国网：http：//www. un. org/zh/ruleoflaw/，2020年12月28日最后访问。

⑥ 关于法制与法治的区别，李步云教授将它概括为三条：首先，法制是法律制度的简称，法律制度是相对于一个国家的经济、政治、文化、军事等制度来说的，而法治从来都是相对于人治来说的，没有人治就无所谓法治，相反亦然。其次，法律制度包括民法、刑法等一套法律规则以及这些规则怎么制定、怎样执行和遵守等制度；法治与人治则是两种对立的治国理念和原则，即国家的长治久安不应寄希望于一两个圣主贤君，而关键在是否有一个良好的法律制度，这些良好的法律还应得到切实的遵守。最后，任何国家的任何一个时期，都有自己的法律制度，但不一定是实行法治。参见李步云：《二十年改一字，从刀“制”到水“治”》，载《南方都市报》2008年4月1日。

⑦ 其英文翻译可以是：“legal state”，“state of law”，“state of justice”，“state of rights”或“state based on justice and integrity”。

义，进而型塑公平正义的社会。[1]“法治国”的核心理念主要由以下要素构成：法律的安定性、法之和平状态、权力分立、以形式之制定法作为法规范之主要内容、禁止以命令代替法律、法律须以民主方式制定、依法行政原则、平等原则、比例原则、人民基本权利之保障原则、由独立之法院提供人民权利之保障。[2] 纵观东亚社会对德国“法治国原则”的继受和移植，日本和我国则在其法理实践中直接或间接运用了“Rechtstaat”的思维。正如台湾学者黄舒芃所言，Rule of Law 与 Rechtstaat 的概念澄清，对于继受国而言意义重大，正因为我们的学说与实务承袭和发展了德国法中“法治国”思想的核心，所以我们才能了解和解释诸如“法律保留”“授权明确性要求”等已有的法律原则。

第四节　基本权利保障原则

权利、基本权利与人权三者有相互重叠而又相对独立的论域与使用方法。权利从最宽泛意义上涵盖它所能指涉的法律现象的各种诉求、愿望和主张。基本权利（Fundamental Rights/Grundrechte）指对于一个法律体系本质成立具有根本意义的权利，这些根本权利往往为一国宪法或宪法性法律所保障。人权指关乎人之存在、与生俱来的和人之为人的权利。[3]

现代学界关于人权的探讨大多以“世代”（Generation）的观点来理解。“三代人权理论”由联合国教科文组织前法律顾问卡雷尔·瓦萨克（Karel Vasak）于 20 世纪 70 年代末期在法国斯特拉斯堡的国际人权研究院（The International Institute of Human Rights）提出。[4]瓦氏的“世代人权观”从学理渊源上看与法国大革命时期的三大核心口号和理念即“自由、平等、博爱”密切相关。约略述之，瓦氏所谓的“第一代人权”指代“自由”时期的权利，它是以公民的自由和政治参与为重心的根本性权利，例如，生命权、人生自由权、言论自由权、宗教自由权、公正审判权、选举权，此类权利也被称为“蓝色”权利（“Blue” Rights）。瓦氏所谓的“第二代人权”指代“平等”时期的权利，它是以经济、社会、文化权利为重心的

---

① 参见许育典：《人权、民主与法治：当人民遇到宪法》（第 5 版），台湾元照出版股份有限公司 2018 年版，第 38~40 页。

② 陈英淙：《由法治国概念探讨宪法法治国原则之内涵》，载《中央警察大学法学论集》2011 年第 21 期。

③ 参见涂云新：《经济、社会、文化权利论纲》，中国法制出版社 2020 年版，导论。

④ 瓦氏关于“世代人权理论”的观点最早可追溯到 1977 年，中文学界多认为其论点的提出始于瓦氏于 1979 年在国际人权研究院的演讲，此应为讹误。详见 Karel. Vasak，Human Rights：A Thirty-Year Struggle：the Sustained Efforts to Give Force of Law to the Universal Declaration of Human Rights，UNESCO Courier30：11，1977.

根本性权利，例如，劳动权（工作权）、住房权、健康权、社会保障权（最低生活保障权）、受教育权等对公民身心发展具有根本重要性的权利，此类权利也被称为“红色”权利（“Red” Rights）。瓦氏所谓的“第三代人权”是指代“博爱”时期的权利，它同时也与“二战”后开始的非殖民化民族解放运动相对应，它是指涉的是那些以“社会连带”或“社会团结”为特征的关系人类社会生存和发展的一系列集体权利，① 反映的是第二次世界大战后第三世界国家对于全球资源重新分配的要求，它包括自决权、发展权、和平权、环境权（包括自然资源权）以及代际公平权和可持续发展②（Rights to intergenerational equity and sustainability），这类权利也被称为“绿色”权利（“Green” Rights），亦在传统法学的观点下被视为“软法”所保障的权利。

德国公法学家康拉德·黑塞（Konrad Hesse，1919—2005）有言：宪法关于基本权利的条款是一种规范国家、社会与人民间关系的基础规定（Grund Normen）。③其实，黑塞所谓的基础规定也组成了宪法作为一种“根本法”（*Lex Fundamentalis*）最主要的特征之一④。对基本权利根本特性的探讨，德国联邦宪法法院在1958年的吕特案（Lüth-Urteil）中确立了基本权利的双重性质（Ein Doppelter Charakter）。该案是一宗涉及1950年时任汉堡媒体俱乐部主席吕特（Lüth）在“德国电影周”开幕典礼上，向影片发行与制作商呼吁联合抵制著名的反犹太导演哈兰（Harlan）的新作——《不朽的爱人》（*Unsterbliche Geliebte*）。哈兰及其电影制作公司遂以吕特违背善良风俗造成损失为由向汉堡地方法院提出针对吕特的诉讼。1951年11月

---

① Karel Vasak, For the third Generation of Human Rights: The Rights of Solidarity, Inaugural Lecture to the Tenth Study Session of the International Institute of Human Rights, Strasbourg 2 (1979); Philip Alston, A Third Generation of Solidarity Rights: Progressive Development or Obfuscation of International Human Rights Law? Netherlands International Law Review 29, 1982, pp. 307-322. 沈宗灵：《人权思想历史发展的几个理论问题》，载《北京大学学报》1992年第2期；岳海涌：《人权代际观在当代的发展与创新》，载《兰州交通大学学报》2011年第2期；胡欣诣：《三代人权观念：源流、争论与评价》，载《泰山学院学报》2011年第4期；贺鉴：《论中国宪法与国际人权法对三代人权的保护》，载《法律科学》2010年第2期。

② Edith Brown Weiss In Fairness to Future Generations, Resources (United States); 83 (1989); Edith Brown Weiss, The Plantetary Trust: Conservation and Intergenerational Equity, 11 Ecology L. Q. 495 (1983-1984); 谷德近：《代际环境权的宪法保障》，载《当代法学》2001年第8期。

③ Konrad Hesse, Grundzüge des Verfassungsrechts der Bundesrepublik Deutschland, Hüthig Jehle Rehm, 1999, S. 277.

④ Heinz Mohnhaupt & Dieter Grimm, eds. Verfassung: zur Geschichte des Begriffs von der Antike bis zur Gegenwart: zwei Studien. Vol. 47. Duncker & Humblot, 1995; Heinz Mohnhaupt, Die Lehre von der "Lex Fundamentalis" und die Hausgesetzgebung europäischer Dynastien. 1982.

22日，汉堡地方法院根据《德国民法典》第826条之规定，认定吕特的行为违背善良风俗并且造成了对哈兰导演及其电影制作公司的损失，构成侵权，判决对吕特施加禁令。吕特不服，依据《德国基本法》第5条第1款所保障的言论自由条款向德国联邦宪法法院提起宪法诉愿，请求撤销汉堡地方法院对其施加的禁令。① 德国联邦宪法法院第一庭（Ersten Senats）于1958年1月15日下达终审判决书，推翻了汉堡地方法院的判决，撤销了对吕特施加的禁止令。②德国联邦宪法法院在吕特案的判决意见指出："基本权利主要在于确保公民个人的自由领域免于遭受公权力的干预……同时，《基本法》中的基本权利规范还在于建立一种客观之价值秩序，于此正彰显出对基本权规范作用的原则性强化。"③

1958年的吕特案涉及《德国民法典》（BGB）第826条所规定的"以违反善良风俗之方法对他人故意施加损害之人，对受害人负有赔偿损害之义务"，同时该案还涉及《德国基本法》（GG）第5条第1款所规定的"人人有以语言、文字及图画自由表示及传布其意见之权利，并有自一般公开之来源接受信息而不受阻碍之权利。出版自由及广播与电影之报导自由应保障之。事前检查制度不得设置"。联邦宪法法院面对的一个法律争议问题就是如何处理《德国基本法》所保障的言论自由权与《德国民法典》所规定的"善良风俗"（*Boni Mores*）条款之间的权衡，基本权利条款是否可以适用于私主体之间的民事法律关系。作为《德国基本法》的最终守护者和释宪者，德国联邦宪法法院的推理和论证的基础就是分析基本权利的功能体系。联邦宪法法院首先认为，基本权利是一种主观公权利（Ein Subjektives Öffentliches Recht），其功能就是赋予公民针对国家的一种防御权（Sie Sind Abwehrrechte des Bürgers Gegen den Staat）。其次，基本权利还是一种客观意义上的有效规范——法律（Gesetz），是一种由基本权利的体系构成的"客观价值秩序"（Eine Objektive Wertordnung）。基本权利的客观价值秩序以人性尊严在社会共同体中的发展为中心，应该有效适用于各个法律领域，自然也会影响到民事法律，没有任何民事法律可以抵触基本法所保障的基本权利。④ 基本权利的规范结构详见图6-1。

---

① 中文翻译版案情参见张红：《吕特案》，载张翔主编：《德国宪法案例选释（第1辑：基本权利总论）》，法律出版社2012年版，第20~21页。

② BVerfGE 7, 198 ff; ECLI: DE: BVerfG: 1951: rs19580115. 1bvr040051.

③ BVerfGE 7, 198 (204f.).

④ 中文翻译版案情参见张红：《吕特案》，载张翔主编：《德国宪法案例选释（第1辑：基本权利总论）》，法律出版社2012年版，第24~25页。

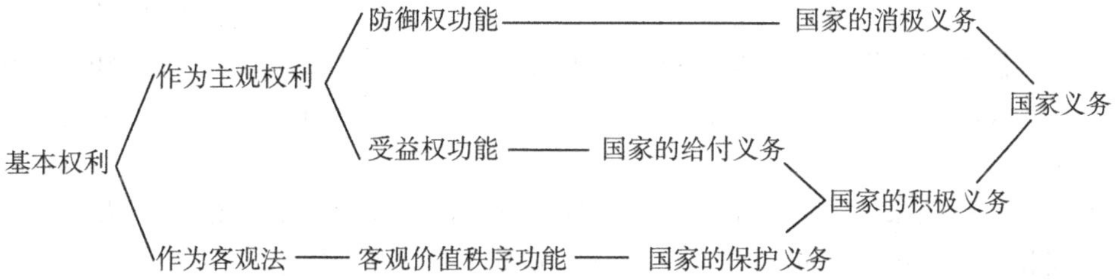

图 6-1 基本权利的规范结构①

（图表来源：张翔，2006 年）

第五节 权力制约与平衡原则

权力在西文中是“Power”“Macht”“Pouvoir”“Poder”。权力是人类社会最为普遍的一种现象。广义的权力包括政治权力、经济权力、社会权力、文化权力等，狭义的权力是指的政治和法律上的影响力和控制力。本章节在此处是从狭义角度来探讨和分析权力的。正如著名的阿克顿勋爵（Lord Acton，1834—1902）所言，权力导致腐败，绝对的权力绝对导致腐败（Power tends to corrupt and absolute power corrupts absolutely）。规制权力并且把权力关进制度的笼子始终是人类社会千百年来的一道难题。权力的制约和制衡如果不能有效解决，则权力就会走向自己的对立面。

古希腊思想家亚里士多德最早提出了国家机能学说，它指出城邦具有议事机能、行政机能、司法裁判机能。17 世纪英国启蒙时代思想家约翰·洛克在其《政府论》中首先所提出资产阶级分权学说。洛克认为国家权力可以被分为立法权、执行权和对外权三大类。立法权是指享有权利来指导如何运用国家的力量以保障这个社会及其成员的权力。执行权是负责执行被制定的和继续有效的法律；对外权是负责决定战争与和平、联合与联盟以及同国外进行一切事务的权力。②在洛克看来，立法权是国家的最高权力，立法权超越于执行权和对外权。洛克认为立法权力和执行权力需要分离，他指出：“如果同一批人同时拥有制定和执行法律的权力，就会给人们的弱点以绝大诱惑，使他们动辄要攫取权力，借以使他们自己免于服从他们

① 参见张翔：《基本权利的受益权功能与国家的给付义务——从基本权利分析框架的革新开始》，载《中国法学》2006 年第 1 期。

② ［英］约翰·洛克：《政府论》（下篇），叶启芳、瞿菊农译，商务印书馆 1964 年版，第 89 页。

所制定的法律，并且在制定和执行法律时，使法律适合于他们自己的私人利益，因而他们就与社会的其余成员有不相同的利益，违反了社会和政府的目的。”① 继洛克之后，法国启蒙思想家孟德斯鸠提出了对后世影响更为深远的资产阶级的分权学说（Trias Politica）。孟德斯鸠指出：“每一个国家有三种权力：（1）立法权力；（2）有关国际法事项的行政权力；（3）有关民政法规事项的行政权力。”孟德斯鸠所说的这三种国家权力实际上就是立法权、行政权和司法权。孟德斯鸠认为：“当立法权和行政权集中在同一个人或同一个机关之手，自由便不复存在了；因为人们将要害怕这个国王或议会制定暴虐的法律，并暴虐地执行这些法律。”“如果司法权不同立法权和行政权分立，自由也就不存在了。如果司法权同立法权合而为一，则将对公民的生命和自由施行专断的权力，因为法官就是立法者。如果司法权同行政权合而为一，法官便将握有压迫者的力量。”“如果同一个人或是由重要人物、贵族或平民组成的同一个机关行使这三种权力，即制定法律权、执行公共决议权和裁判私人犯罪或争讼权，则一切便都完了。”②康德在 1797 年出版的《法的形而上学原理》中也认为：“每个国家包含三种权力，人民的普遍联合意志，在一种政治的‘三合体’中人格化。它们就是立法权、行政权和司法权。”③

现代意义的权力分立原则分为形式意义上的权力分立和实质意义上的权力分立。就形式意义而言，权力分立强调立法权、行政权、监察权、司法权等不同性质的国家权力需要在组织架构上进行分开。就实质意义而言，权力分立原则进一步要求上述各类国家权力在功能及其实现方式上分立，亦即权力分立要求国家权力必须在任务、职权、事项、程序、方式、依据等方面进行比较明确的划分。④除此之外，立法权、行政权、司法权等不同性质的国家权力之间不仅要分立，而且要在权力资源的配置方面形成一种平衡制约的关系。

随着国家权力配置理论研究的深入，近年来，一种功能主义的国家权力配置学说开始出现，对传统的分权理论进行了反思、补充乃至重构。建立在功能主义基础之上的功能适当理论在国家的组织方式问题上涉及两个关键转变：（1）从消极到积极的转变，即权力分立原则的目标不再是单纯地消极地限制、缓和国家权力，还要积极地决定国家权力的形成与配置。（2）从事后到事前的转变，也就是将构建

① ［英］约翰·洛克：《政府论》（下篇），叶启芳、瞿菊农译，商务印书馆 1964 年版，第 89 页。

② ［法］孟德斯鸠：《论法的精神》（上卷），许明龙译，商务印书馆 2015 年版，第 166～159 页。

③ 张翔：《国家权力配置的功能适当原则——以德国法为中心》，载《比较法研究》2018 年第 3 期。

④ 高家伟：《检察行政公益诉讼的理论基础》，载《国家检察官学院学报》2017 年第 2 期；姜涛：《检察机关行政法律监督制度研究》，载《东方法学》2016 年第 6 期。

国家机构的视角向前延伸，对权力进行分工不再是对先于宪法存在之权力的事后限制，而是从一开始就要关注国家权力、功能和机关的形成与配置问题。①

在中国，党的十九届四中全会通过的《中共中央关于坚持和完善中国特色社会主义制度、推进国家治理体系和治理能力现代化若干重大问题的决定》指出：我国必须坚持和完善党和国家监督体系、强化对权力运行的制约和监督。在中国特色社会主义法治建设的伟大征程中，强化对权力运行的制约和监督，保证公权力不被滥用，是国家治理的关键环节之一。2018 年全国人民代表大会通过了第五次宪法修正案，在此基础上，《中华人民共和国监察法》正式通过并实施。

① 张翔：《国家权力配置的功能适当原则——以德国法为中心》，载《比较法研究》2018 年第 3 期。

第七章　宪法的渊源

第一节　法律渊源概述

"法律渊源"一词发源于古罗马的"fontes juris"，其中，"juris"是"法"的变体形式，"fontes"就是来源的意思。法律渊源（Source of Law/ Rechtsquelle），简称法源，一般意义上是指那些因来源不同因而具有法的不同效力意义和作用的法的外在表现形式。依照黄茂荣教授之观点，法源系借用水源的画像性用语，属于一种利用生活上的具象存在，比喻概念上抽象存在的表达方式。谈水源，如以一口井而论，可以分成几个层次来看它：（1）井的地理位置、深浅、大小；（2）井体所在之处的水文；（3）开成之井；（4）井中或取得之水。黄茂荣教授进一步将法律渊源分解成了以下几个层次：（1）法源可以指特定时空之政治、经济、社会、历史的事实或关系，特别是政经力量之对比关系；（2）法源可以指立法者或人民对于规范之"法的确信"（Rechtsüberzeugung），或人民对于规范之承认；（3）法源可以指立法行为（Rechtsetzungsakte）带来的新法；（4）法源可以指立法机关做成的决议、制定之法律；（5）法源可以指有权制定机关所"制定"之"规范"，这些规范随其"制定机关"之不同，而有不同的表现形式及称谓，例如"制定法"及"习惯法"，法规性命令。立法学学者周旺生教授区分了法律渊源与法律形式，法律渊源是法的来源，法律形式则侧重于指法的外在表现样态。①

法源有广义和狭义之分。广义层面上，法源是指能够形成法律权威（Legal Authority）的法律的各种外在的表现形式；狭义层面上，法源仅指据以形成能够约束司法机关裁判案件的那些法的外在表现形式。从广义层面上看，道德、正义观点或者宗教也属于法之渊源，但是从狭义层面上看，法源仅指那些能够据以约束法院裁判的规则。道德是法律的重要基础之一，但道德对法律的影响主要表现于立法层面，在司法层面上，法官面对的是平等的人，所依据的裁判规则应当是法律渊源。特别是在有明确制定法的情况下，不宜直接援引原则或道德律令对案件进行判断。因为如果可以任意离开法律条文，援引法外规则进行司法，法官将被赋予几乎无限

① 周旺生：《法的渊源与法的形式》，载《法制与社会发展》2005年第4期。

大的裁量权，立法权将被架空，法律的确定性就将荡然无存。因此，法官对诉争当事人权利义务、某一行为是否侵权的判断，应当优先适用法律而非法外规则。①

法源有实质和形式之分，实质意义的法源有类于广义层面人们对法源的观察，系指一切能够使得法律权威得以证立的所有法的表现形式；形式意义的法源是国家有权机关制定的以条文形式表现出来的法律资源。正式法源“意指那些可以从体现为权威性法律文件的明确文本形式中得到的渊源。这类正式渊源的主要例子有宪法和法规、行政命令、行政法规、条例、自主或者半自主机构和组织的章程与规章、条约与某些其他协议，以及司法先例”。非正式法源是指那些具有法律意义的资料和值得考虑的材料，而这些资料和值得考虑的材料尚未在正式法律文件中得到权威性的至少是明文的阐述与体现。尽管无须对非正式渊源作详尽无遗的列举，但我们仍将非正式渊源分为下述种类：正义标准、推理和思考事物本质（Naturarerum）的原则、衡平法、公共政策、道德信念、社会倾向和习惯法。法理也属于一种重要的非正式法源，正如著名学者王泽鉴所言：“法理的基本功能系在补法律及习惯法的不备，是执法者自立于立法者之地位，寻求就该当案件所应适用的法则，以实现公平和正义，调和社会关系上相对立的各种社会关系。”

根据法律渊源的载体形式，可以将法律渊源划分为成文法的渊源和不成文法的渊源。根据法的渊源与法规范的关系的角度，可以将法律渊源分为直接的法律渊源和间接的法律渊源。根据该渊源是否经过国家的正式的制定程序，可以把法律渊源分为制定法渊源和非制定法渊源。根据法律渊源的相对地位可以将法律渊源分为主要的渊源和次要的渊源。

第二节　宪法渊源概述

一、宪法渊源的概念

宪法渊源（Sources of Constitutional Law）是指基于不同效力来源所形成的宪法的外部表现形式。②宪法的一般渊源包括：（1）成文宪法典及宪法的修正案；（2）宪法性的法律；（3）宪法惯例；（4）宪法判例；（5）宪法解释；（6）国际条约和

---

① 王菲诉北京凌云互动信息技术有限公司侵犯隐私权、名誉权纠纷案，北京市朝阳区人民法院〔2008〕朝民初字第29276号，另参见《人民司法·案例》2009年第14期。

② 参见《宪法学》编写组：《宪法学》，高等教育出版社、人民出版社2011年版，第28页。同时，我国学者也区分了宪法渊源与宪法形式，将宪法渊源定义为那些能够影响宪法产生和变动的要素，将宪法形式定义为具有宪法效力的规范和惯例所表现出来的样态。参见周叶中主编：《宪法》，高等教育出版社2016年版，第96~99页。

国际习惯；(7) 权威宪法学说和著作。英宪的渊源可约为五种，其一为历史上著名的信约及重要公文，如大宪章、请罪文书、权利请愿书、权利草案等。其二为巴力门法案，例如，王位继承法、英苏合一法案、大改革法案。这些法案“或与王权的授受有关系，或与国家的组织有关系，或与选民团的组织有关系”。其三为司法判例，原来在古代英格兰中，司法与立法的功能原属相混，故法院所下判决往往造成新法，于是有“法院造法”(Judicial Law-making) 的名称及事实。其四为常法(Common Law，现通译为普通法)，常法的生成初不依赖巴力门的立法行为，只以徐徐演进而获取全国承认。其五是惯例 (Usages)，本来惯例只是一个政治道德，徒以习用日久，遂成典训。①

二、宪法典与宪法性法律

在宪法渊源中，宪法典是将有关宪法的内容集中编纂而成规范性法律文件，一般都以《××××××宪法》命名。宪法性法律有两种不同的含义：第一，对于不成文宪法国家而言，它是指立法机关制定有关宪法法律关系内容的法律，例如，英国和以色列属于不成文宪法国家，英国议会 (Parliament) 和以色列议会(Knesset) 却可以制定或者通过一系列宪法性法律；第二，就成文宪法国家而言，宪法性法律是指除了宪法典之外的那些由国家的最高立法机关制定的调整宪法关系的一般性法律。中国学者通常认为“宪法性法律”就是“有关规定宪法内容、调整宪法关系的法律”。②宪法性法律显然不是宪法典本身，但是却与宪法典一样规范了特定的含有宪法关系的法域。体现“一国两制”宪制原则的《香港特别行政区基本法》《澳门特别行政区基本法》《反分裂国家法》就是典型的宪法性法律。在“香港特别行政区诉马维騉案”中，香港特区高等法院首席法官陈兆凯明确指出，香港基本法属于香港特别行政区的宪制性法律。③除了体现“一国两制”的宪法性法律文件之外，规制国家权力配置的《民族区域自治法》《全国人民代表大会组织法》《国务院组织法》《人民法院组织法》《人民检察院院组织法》《人民检察院组织法》《地方各级人民代表大会和地方各级人民政府组织法》《村民委员会组织法》《城市居委会组织法》属于宪法性法律，规制国家象征的《国旗法》《国徽法》《国歌法》属于宪法性法律；规制国籍问题的《国籍法》、涉及领土领海问题的

---

① [英] A. V. 戴雪：《英宪精义》，雷宾南译，中国法制出版社 2017 年版，第 28~32 页。

② 文正邦：《宪法学教程》，法律出版社 2005 年版，第 23 页。

③ The Basic Law is not only a brainchild of an international treaty, the Joint Declaration. It is also a national law of the PRC and the constitution of the HKSAR. Hksar v. Ma Wai Kwan David and Others [1997] HKCA 652; [1997] HKLRD 761; [1997] 2 HKC 315; CAQL 1/1997 (29 July 1997), para. 13.

《领海及毗连区法》都属于宪法性法律。在中国宪法学的学术视野中，多数学者往往认为“宪法性法律”的效力不可与宪法的效力混同。宪法性法律与普通的基本法律（民法典、刑法典）一样具有低于宪法的法律效力，它们都是根据宪法的原则、精神和规范制定的基本性法律。

三、宪法惯例

宪法惯例不是由国家的正式立法机关制定的，而是那些长期在一个国家的政治实践当中形成的具有某种宪法约束力的规则。英国公法学家戴雪（A. V. Dicey）认为英格兰所使用的“宪法”一词是由两套规则组成的，一套规则是严格意义上的“法律”（Laws），因为它们是由法院强制实施的规则（无论这些规则是成文的还是不成文的，是以制定法形式颁布的还是源于一大堆习惯、传统或以普通法而著称的法官创造的准据）。这些规则所构成的宪法（Constitutional Law）才真正符合这个概念的本来含义，为了区分起见，它们被统称为“宪法律”（The Law of Constitution）。另一套规则是由惯例（Conventions）、共识（Understandings）、习惯（Habits）或常例（Practices）构成的。尽管这些规则也规制着主权权力的几个部分、大臣和其他官员的行为，但它们在事实上根本不是法律，因为它们不能被法院强制实施。为了区分起见，这部分宪法（Constitutional Law）可以称之为“宪法惯例”（Convention of Constitution）或宪法道德（Constitutional Morality）。①

宪法惯例是宪法的渊源之一，那么与宪法典、宪法性的法律、成文法相比，宪法惯例是在长期的政治实践当中形成的并且被一个国家反复运用，受到国家机关政党和人民普遍遵循而实际上具有宪法同等效力的一种习惯或者传统。宪法惯例它不是以成文的方式表现出来的，它是非成文的。通常来说，宪法惯例形成的前提是作为文本的书面宪法文件当中，对某些宪法的事项或者宪法法律关系没有作出明确的规定，但是政治实践和宪法的实践当中又需要某一种规则。例如，议会中的上议院和下议院的地位可以通过宪法惯例加以固化。宪法惯例的作用主要表现在三个方面：第一，宪法惯例可以使得宪法条文更加具体化；第二，宪法的惯例可以使宪法的规定更加便于操作和实施；第三，宪法惯例可以弥补成文宪法文本规定的一些不足。

以国家法律认可与否为界限，习惯与习惯法有质的区别。而习惯应当指一定地域内的社会成员，在长期共同的生产生活中自发形成并知悉认同、理性接受、反复沿袭，但尚未被国家法律认可的不成文行为方式和规则。习惯可以分为一般习惯、

---

① A. V. Dicey, Introduction to the Study of the Law of the Constitution, Liberty Classics, 1982, pp. cxl-cxli；[英] A. V. 戴雪：《英宪精义》，雷宾南译，中国法制出版社 2017 年版，第 31～32 页。

行业习惯、地区习惯、特殊习惯和当事人之间的习惯。①习惯法不同于惯例。惯例在本质上是一种具有社会规范意义的事实，但是它并不是法律本身。习惯法除了是一种惯例之外，还是一种具有某种规范性的，可以为人们遵守、依赖或者信仰的规则。习惯法的形成需要具备两个要素：第一个要素是所谓的客观要素，它要求惯例的实践具有一致性和反复性，习惯法必须被长期不断反复地实践。第二个要素是主观要素，它要求人们去遵守这一种惯常的做法时相信这样一种规则已经形成了某种具有法的约束性的效力。在拉丁语当中，习惯法的主观要素叫做 Opinio Juris。习惯法也体现在国际法治当中，《国际法院规约》将习惯国际法概括为“作为通例之证明而经接受为法律者”②。一般认为，一项习惯国际法规则的存在需具备两个要素，即国家实践（惯例）(Usus）和确信（法律或必要确信）（Opinio Juris Sive Necessitatis），后者是指确信该实践是法律上的要求、禁止或准许，究竟属于其中的哪种情况则须依规则的性质而定。正如国际法院在“大陆架案”（Continental Shelf Case）中所述：“习惯国际法的要素主要应在国家的实际行为和法律确信中寻找，这一点是不言自明的。”③

在古罗马法中，那些被长期习惯确认了的并且被常年遵守的东西，同写成文字的法一样，被作为公民间的默认协议。④习惯的观念熏陶和行为模仿，也使它获得了至高无上的、铭刻于人们心底的权威性。这种权威性，既来自其传统，来自人们对它的内心确信，也来自因为习惯的权利义务分配和保障，以及人们在日常生活中按照习惯去做时，所带来的方便和利得。⑤一般来说，法律制度的形成过程是一个行为的调整方式从个别调整发展为一般调整的过程，经历了由习惯演变为习惯法再发展成为成文法的长期过程。⑥习惯就是一种特定行动结构得以反复发生的实践。一个完整的“习惯”的概念包含着两种基本类型，即只具备依赖于实践特点的“纯粹的习惯”与兼具依赖于实践和规范性态度的习惯。通常，前者又被叫做“习

① 王伯文、王嬗：《重庆市信心农牧科技有限公司与重庆两江包装有限公司产品购销合同纠纷再审案——当事人间的民商事习惯的效力确认》，载《人民司法·案例》2009 年第 4 期。

② ICJ Statute, Article 38（1）（b）.

③ ICJ, Continental Shelf Case（Libyan Arab Jamahiriya v. Malta）, Judgment, 3 June 1985, ICJ Reports 1985, pp. 29-30，§ 27.

④ ［意］桑德罗·斯奇巴尼：《正义和法》，黄风译，中国政法大学出版社 1992 年版，第 57 页。

⑤ 谢晖：《论司法对法律漏洞的习惯救济—— 以“可以适用习惯”为基础》，载《中南大学学报（社会科学版）》2020 年第 1 期。

⑥ 杨某芬与株洲市人民政府房屋行政征收纠纷上诉案，湖南省株洲市中级人民法院〔2013〕株中法行终字第 14 号，载《人民司法·案例》2014 年第 22 期。（参考湖南省株洲市中级人民法院彭德华法官评议）

俗”，而后者又被叫做“成规”。由于成规具有规范性，所以它也被视为某种规则。①至于行政惯例，它是指行政机关从事行政活动中某种习惯性“做法”的沉积，它是行政机关在一个较长时期内处理相同事务时的重复活动逐渐形成的一种“规则”，且这一规则为法院生效判决所确认。②我国《民法典》第10条规定：“处理民事纠纷，应当依照法律；法律没有规定的，可以适用习惯，但是不得违背公序良俗。”此处的习惯应该被解释为“习惯法”，而非简单的惯常做法。

只要社会生活在流动，习惯法就会自发地不断发生，无论成文法多么完备，都不能对其起到永久阻却作用。在很大程度上，制定法不可能对社会生活进行巨细靡遗的规定，制定法未有规定之处，习惯法发挥着填补漏洞的作用。因此，主要大陆法系国家如德国、日本等大多承认习惯具有补足制定法的作用，是一类重要的法源。③中国的《民法典》在总则部分也明确规定：“处理民事纠纷，应当依照法律；法律没有规定的，可以适用习惯，但是不得违背公序良俗。”在实践中，存在着所谓的“习惯”，比如交易习惯。基于类型化的考虑，交易习惯又分为两类：第一类称为普遍交易习惯，即在交易行为当地或者某一领域、某一行业通常采用并为交易对方订立合同时所知道或者应当知道的做法。如在二手房买卖实践中，一般由卖方对自己尚未还清的银行贷款进行清偿（清贷），再由买方缴纳首付并办理贷款事宜，即属于此类情形。第二类称为个别交易习惯，即当事人双方经常使用的习惯做法。如沉默不被视为意思表示，但符合当事人之间交易习惯等情形的除外，即属于此类情形。④中国的司法实践通常认为，交易习惯虽属于法源，但并不属于法律，法官既未必了解，也没有了解之义务，因此，欲主张交易习惯的当事人必须对其存在及内容加以证明。

四、宪法判例

宪法的渊源还包括宪法判例。尤其是对于建立了宪法判例制度的国家而言，宪法判例也是宪法一种最重要的渊源，比如说像美国联邦最高法院的一系列的关于宪法的判例可以成为宪法的渊源；再比如说德国联邦宪法法院的判例也可以成为宪法的渊源。

从实在法（Positive Law）意义上讲，判例法（Case Law）是由一个个实际案

---

① 陈景辉：《“习惯法”是法律吗?》，载《法学》2018年第1期。

② 章剑生：《论“行政惯例”在现代行政法法源中的地位》，载《政治与法律》2010年第6期；叶必丰：《行政法与行政诉讼法》，武汉大学出版社2008年版，第51~52页。

③ 李某诉李某全等借款合同纠纷再审案，天津市高级人民法院〔2016〕津民申526号，载《人民司法·案例》2017年第17期。

④ 李某诉李某全等借款合同纠纷再审案，天津市高级人民法院〔2016〕津民申526号，载《人民司法·案例》2017年第17期。

件中的司法判决所确立的原则和规则集合的总称，它是一种区别于制定法或其他形式法律的法律形式渊源。判例法存在的基础有二：第一，司法审判必须得到充分的公开报道，即判例报道（Law Reporting）制度的形成与发展，判例报道提供了潜在的规范性原则或规则的文本记录。同时，这种文本记录还是法官、律师或当事人遵循、比较、论辩或检验的凭据。第二，存在法院的等级体制（Judicial Hierarchy）。并非所有的判决都构成应遵循的先例，审级的预先区别设置将法律问题、纯粹的事实问题、较为重要的案件与较为不重要的案件等事先过滤，以使后来的法官或司法者不致淹没在无数的司法判决中。宪法判例的存在的前提是这个国家要有宪法的诉讼，尤其是在普通法系国家，这一点表现得非常明显。在普通法系国家，普通法当中有一个很重要的原则叫做先例约束原则。先例约束原则又称为遵循先例（Stare Decisis）原则，其名称来自于拉丁法谚“坚持决定，而且不要去扰乱不应该被扰乱的”（Stare decisis et non quieta movere）。遵循先例（Stare Decisis）通常遵守两项规则：在法院层级中，较低层级的法院必须受到较高层级法院先例的约束；在法院层级中，较高层级的法院在一般意义上受到其本身判例的约束。

普通法的先例（Precedent）由两个部分组成：判决依据（Ratio Decidendi）和附带意见（Obiter Dictum）。所谓判决依据是指法庭判决案件的法律依据，判决理由中树立的原则或规则在某些情况下（类案中）必须被遵循与适用，对今后的裁判具有拘束力。所谓附带意见是指法官在作出判决的过程中就与案件并不直接相关的法律问题所作的评论，它并非为本案判决所必要，因此不具有判例的拘束力。

五、宪法解释

一般来说，宪法解释是相关的有权机关对于宪法的基本原则、精神和具体含义作出的一种说明。宪法解释包括有权机关所作的独立的宪法解释的决议，以及有权机关在合宪性审查过程当中为了判断法律是否合宪而对宪法所进行的一系列的解释。在建立司法审查制度的国家，法院在审查法律合宪性的过程当中通常会对宪法作出一定的解释，所以宪法解释在建立司法审查制度国家表现在其宪法判例当中。对于那些由有权机关尤其是立法机关来作出的这种宪法解释，它通常与宪法和宪法性的法律具有同样的法律效力。

宪法解释权在归属上有多元性。在普通法系国家，法院具有宪法的解释权；对于建立宪法法院的国家，如奥地利、德国、南非、俄罗斯、韩国，宪法法院具有宪法解释权。除此之外，立法机关在很多国家也享有宪法解释权，例如，我国宪法解释权归属于全国人民代表大会常委会，它针对《香港特别行政区基本法》曾经作出过五次宪法解释。

六、国际条约

国际条约（Treaty）是国际法主体之间就某一事项中各自的权利义务所缔结的

书面协议。称“条约”者，谓国家间所缔结而以国际法为准之国际书面协定，不论其载于一项单独文书或两项以上相互有关之文书内，亦不论其特定名称如何。①广义的国际条约包括国际公约（Convention）、国际协定（Agreement）。依照《维也纳条约法公约》之规定，各国一般通过其宪法程序“批准”（Ratification）、“接受”（Acceptance）、“赞同”（Approval）及“加入”（Accession），据以在国际上确定其同意受条约拘束之行为。根据《中华人民共和国缔结条约程序法》之规定，中华人民共和国国务院，即中央人民政府同外国缔结条约和协定，中华人民共和国全国人民代表大会常务委员会决定同外国缔结的条约和重要协定的批准和废除。中华人民共和国主席根据全国人民代表大会常务委员会的决定，批准和废除同外国缔结的条约和重要协定。中华人民共和国外交部在国务院领导下管理同外国缔结条约和协定的具体事务。

各国在宪法上通常宣示诚实履行国际条约原则（pacta sunt servanda）。各国的合宪性审查机关通常不对国际条约本身进行合宪性的审查。在处理宪法和国际法的关系方面，宪法和国际法都宣称其效力的至高性。除了欧盟法外，由于国际社会到目前为止仍然奉行为平行主权国家所主导的“国际意志的协调”，国际公约和条约允许缔约国在受到国际法约束的同时，对特定的主权国家不愿或者不能承担的条约义务进行一定程度的保留（Reservation）②。国际法院（International Court of Justice）③ 在1951年所裁判的著名的“灭绝种族国际公约保留问题的咨询意见案”中，区分了“公约所允许的保留”和“公约所排斥的保留”，也就是说，在国际法院看来，那些与公约的目的和目标相融合的国家保留就是合乎国际法的，凡是那些

---

① Art. 2（1）（a），Vienna Convention on the Law of Treaties，1155 U. N. T. S. 331，8 I. L. M. 679，entered into force Jan. 27，1980.

② “保留”（Reservation）是指一国于签署、批准、接受、赞同或加入条约时所做之片面声明，不论措辞或名称如何，其目的在摒除或更改条约中若干规定对该国适用时之法律效果。

③ 联合国国际法院（International Court of Justice/Cour Internationale de Justice）位于荷兰海牙和平宫，常任法官为15人。它是联合国六大主要机构之一和最主要的司法机关，1945年成立的国际法院继承了国际联盟于1922年成立的常设国际法院（Permanent Court of International Justice）。国际法院的管辖权由《联合国宪章》第十四章第92~96条明确规定。它主要行使两种管辖权：（1）争端管辖权（Contentious Jurisdiction）；（2）咨询意见管辖权（Advisory Jurisdiction）。该法院不受理国际上私人、企业法人之间的纠纷，主要受理国家（或国际组织）提交的公法纠纷。国际法院曾审判的著名案例包括：1926年荷花号案（法国诉土耳其）、1949年科孚海峡案（英国诉阿尔巴尼亚）、1969年北海大陆架案（德国诉丹麦、荷兰）、1986年尼加拉瓜诉美国军事活动和准军事活动案、1998年洛克比空难案（利比亚诉美国）、2010年科索沃独立咨询意见案。我们熟知的2016年“南海仲裁案”（菲律宾诉中国）并非由国际法院审理，而是由同样位于海牙和平宫的常设仲裁法院（Permanent Court of Arbitration）通过组建临时仲裁庭审理的（Philippines v. China，PCA Case No. 2013-19）。

与公约的目的和目标不兼容的缔约国的保留就是不合国际法的。因此，国际法院在适用国际法对主权国家的条约保留进行合法性判断时候通常要进行一番复杂的“兼容性测试”（Compatibility Test）。①当然由于国际条约的缔约国数量往往众多，条约保留问题往往显得异常复杂。例如，A、B、C 三国同样都是某一条约的缔约国，A 国对某一条款有保留，B 国对这一条款没有保留，若保留都能够通过国际法院的“兼容性测试”，而且该条约建立了“国家间指控程序”②，那么 A 国的保留对于 B 国而言是否有效就成为两国在国际领域内争议的问题，若 C 国对 A 国和 B 两国争议的条款没有保留，却对另外一个条款有明确的保留，那么情况就更加复杂了。在一些奉行伊斯兰法系的国家，根据《古兰经》和可靠圣训的内容，伊斯兰教法（Shariah Law，音译为沙里亚）可能申称其效力高于国际规则，而同时国际法也在一定的法律条件成就的情况下允许各国（包含伊斯兰法系国家）对国际公约或条约进行“保留”。③

国际法和国内法的关系，尤其国际法在广义法律秩序中的效力位阶始终是各国法学家争相探讨和辩论的话题之一，这些已有的学理探索大体分为两类：法律一元论（Monism）和法律二元论（Dualism），其中法律一元论又分化出“国际法优先说”和“国内法优先说”两个类别。“国内法优先说”以德国早期学者 J. J. Moster（1701—1785）、耶利内克（Georg Jellinek，1851—1911）、A. Zorn（1850—1928）、M. Wenzel 等为代表的传统德国公法学说倾向于从国家理论的角度把国际法看做是国内法在国际社会的延伸，而国际法被视为一种所谓的对外公法（äußeres Staatsrecht/External State Law），该理论的法哲学基础在于黑格尔氏的法哲学所言：“国际法中自在自为的东西保存着应然的形式，它的现实性是以享有主权的不同意志为依据的。”以纯粹法学派创始人汉斯·凯尔逊（Hans Kelsen，1881—1973）为代表的学者从法律规范的概念“金字塔”拾级而上看待国际法，认为国际法居于这一结构的顶端，与国际法违背的国内法的规则是无效的或非法的。国际法优先说受到了康德在《永久和平论》（*Zum Ewigen Frieden*）中世界主义法哲学观的强烈影响。以德国公法学家特里佩（Teriepel，1868—1946）、奥本海默（Oppenheim，

① Reservations to Convention on Prevention and Punishment of Crime of Genocide, Advisory Opinion, 1951 I. C. J. 15 (May 28).

② 国家间指控程序（Inter-state Complaint），也被称为国家间投诉程序，作为国际人权公约的一种国际实施机制，是指依据公约的规定，缔约国有权向公约机构（或者委员会）提出其他缔约国未履行公约义务的投诉或者指控。参见涂云新：《论国际人权条约监督机制的规范结构及其法律挑战——以“条约机构”为核心的考察》，载《人权》2019 年第 4 期。

③ Liaquat Ali Khan, Jurodynamics of Islamic Law, 61 Rutgers L. Rev. 231, 287 (2009).

1858—1919)、意大利法学家安其洛蒂（Anzillotti, 1869—1950）为代表的学者认为国际法和国内法是两种不同领域内的规则体系、各自平行地适用于其所欲规制的领域。这一理论基础建立在国际法和国内法在主体、效力渊源、规制内容等方面的不同。

德国联邦宪法法院在 2004 年 9 月 4 日的一项判决中认为，《德国基本法》第 25 条中使用的一般法律原则是“各国法律体系所共有的公认法律原则，可转用于国家间关系”①。《国际法院规约》第 38 条第 1 款（寅）项规定的“一般法律原则”也是国际法的重要渊源。在巴塞罗那电车公司案中，针对比利时政府是否有权对加拿大注册的公司中的比利时股东进行外交保护的问题，国际法院（IJC）援引国内法，适用了关于外交保护的国际法规则。国际法院在实质问题判决中指出：法院不仅要承认国内法，而且要援引国内法。国际法所提及的规则是承认有限公司的资本表现为股份的国内法，而不是特定国家的国内法普遍接受的规则。所提及的这些规则，法院无权修改，更不能改变。② 2014 年突尼斯共和国宪法（Tunisian Constitution of 2014）第 20 条规定：“突尼斯人民代表大会核准和批准的国际协定具有高于法律但低于《宪法》的地位。”因此，突尼斯法律承认已批准的国际公约，包括与人权有关的国际公约，并已将它们纳入国内法律制度，赋予它们高于国内法但低于《宪法》的地位。③

在“天津市渔政渔港监督管理处诉英费尼特航运有限公司（Infinity Shipping Co., Ltd.）等船舶碰撞油污染损害赔偿纠纷案”等一系列涉及渤海附近海域严重污染的纠纷中，原告、被告之间主要争议之一就是关于本案的法律适用问题。天津海事法院在这起海事诉讼中，需要判断国际公约对于法院的拘束力问题。天津海事法院认为，中国是《1992 年国际油污损害民事责任公约》（*International Convention on Civil Liability for Oil Pollution Damage*）的缔约国，但是中国从未认可《CMI 油污损害指南》和《国际油污赔偿基金索赔手册》的法律效力，因此，这两者不属于我国参加的公约或公约的组成部分，不属于我国的民事法律渊源，不适用于本案。④

---

① Marcelo Vázquez-Bermúdez, Alfredo Crosato, General Principles of Law: The First Debate within the International Law Commission and the Sixth Committee, Chinese Journal of International Law, Volume 19, Issue 1, March 2020, pp. 157-172.

② Barcelona Traction, Light and Power Company, Ltd., Judgment, I. C. J. Reports 1970, p. 3, para. 50; Bin Cheng, General Principles of Law as Applied by International Courts and Tribunals, 1953, p. 24.

③ UN Doc. HRI/CORE/TUN/2016, para. 21.

④ 天津市塘沽区大沽渔民协会诉英费尼特航运有限公司（Infinity Shipping Co., Ltd.）等船舶碰撞油污染损害赔偿纠纷案，〔2003〕津海法事初字第 184 号。

第三节 宪法渊源：法源位阶与规范冲突

一、法律体系的层级构造

法律渊源的位阶简称“法源位阶”，其最基本的含义是指不同种类的法律渊源所形成一个高低不同、错落有致的效力等级秩序。公法之研究首先需要对各种不同的法律渊源的性质及其在法律体系中所处的位阶有一个完整而清晰的理解。换言之，当法律人在法律的理论和实务中接触到某一类型的法律渊源时，我们需要从规范体系的角度去精准地判断这种法律渊源在法律效力的等级秩序中的位阶，然后才能进行法律的解释和适用。

在大陆法学的传统中，法律位阶是一种所谓的法律规范层级构造（Stufenbau der Rechtsordnung）①，其理论是维也纳法学派（Die Wiener Rechtstheoretische Schule）中的法学家凯尔森（Hans Kelsen，1881—1973）和梅尔克（Adolf Julius Merkl，1890—1970）加以凝练、发展而成为通说。②根据凯尔森的纯粹法学理论，一个法律的规范体系由三个层级的规范组成——位于最高层级的宪法（Verfassung）、位于宪法之下的法律（Gesetze，此处的法律指狭义上的国会或者议会立法）以及位于法律之下的法规命令（der Rechtsverordnungen）、法院判决（Gerichtsurteile）和行政行为（Verwaltungsakte）。③一个由不同法律渊源所组成的法律体系的正当性并不来源于实证法本身，而是来源于一种“基础规范”（Grundnorm）。④如此一来，纯粹法学派理论视野下的规范秩序就形成了一个类似金字塔的层级体系，当各种不同的规则之间“打架”“冲突”的时候，法律的解释者和适用者应该按照“高级规则优先于低级规则，高级规则控制低级规则”来展开法律活动。

在普通法的传统中也存在着不同法律渊源所形成的规范体系的问题。作为功利主义哲学家杰里米·边沁（Jeremy Bentham，1748—1832）的学生，约翰·奥斯丁（John Austin，1790—1859）在《法理学的范围》一书中发展出“法律命令理论”（Command Theory），认为法律（实证法，Positive Law）就是主权者发布的以制裁

---

① 层级构造理论（Stufenbaulehre）的英文是 doctrine on the hierarchical structure of the legal order, or literally “step structure doctrine”. 参见 Andrús Jakab, Problems of the Stufenbaulehre: Kelsen's Failure to Derive the Validity of a Norm from Another Norm, 20 Can. J. L. & Juris. 35 (2007).

② Funk BC. (2011) Die Leistungsfähigkeit der Stufenbaulehre. In: Griller S., Rill H. P. (eds.) Rechtstheorie, Forschungen aus Staat und Recht, Vol 136. Springer, Vienna. 中文介绍可参见顾建亚：《法律位阶划分标准探新》，载《浙江大学学报（人文社会科学版）》2006 年第 6 期。

③ Hans Kelsen, Reine Rechtslehre, 2. Aufl. 1960, S. 228 ff.

④ Hans Kelsen, Reine Rechtslehre, 2. Aufl. 1960, S. 200 ff., 232 f.; vgl. Zippelius, Rechtsphilosophie, 6. Aufl., § 4 III.

为威胁的一种强制性的命令。① 奥斯丁认为，法律是“一个理性存在为指引另外一个理性存在而制定的规则”。②奥斯丁的实证法的定义包括三个要素：主权、命令、制裁。H. L. A. 哈特（H. L. A Hart，1907—1992）③ 以“劫匪困境”④ 为例批判了奥斯丁的“法律命令理论”，引出了法律的正当权威的问题。哈特进一步提出了“法律规则说”，其核心要旨在于法律是一种规则，而这种规则存在分层，包括“初级规则”与“次级规则”两种。初级规则（Primary Rules）是一种普遍存在于任何一个社会中能够规范和调整一般社会行为的规则或法律（例如禁止谋杀）⑤；次级规则（Secondary Rules）是一种确认赋予主权权威的规则或者是那些可以赋予初级规则变更和实施的规则，属于规则的规则。⑥次级规则为了分别克服初级规则的三个主要的缺陷（规则的不确定性、静态性和无效性）⑦，又细分为承认规则（Rules of Recognition）、变更规则（Rules of Change）和裁判规则（Rules of Adjudication）。⑧

循着英国的分析实证主义法律传统，凯尔森的法律规范层级构造（Stufenbau der Rechtsordnung）理论在普通法中获得接受的同时也引发了更多关于位阶理论的探讨。受启发于哈特-富勒论战（Hart-Fuller Debate）中排他性法律实证主义（ExclusiveLegal Positivism）与包容性法律实证主义（Inclusive Legal Positivism）的区别，以色列犹太裔法律实证主义大家约瑟夫·拉兹（Joseph Raz，1939 年生）在

① “Every positive law, or every law simply and strictly so called, is set, directly or circuitously, by a sovereign person or body, to a member or members of the independent political society wherein that person or body is supreme.” 参见 Austin, John, The Province of Jurisprudence Determined. London: John Murray, 1832；中文翻译参见约翰·奥斯丁：《法理学的范围》，刘星译，中国法制出版社 2002 年版，第 2 页。

② ［英］约翰·奥斯丁：《法理学的范围》，刘星译，中国法制出版社 2002 年版，第 13 页。

③ 哈特（H. L. A. Hart，1907—1992），英国著名法学家，“二战”后新分析实证主义法学首创人。他出生于一个犹太人家庭，曾长期任衡平法大律师，“二战”时任英国军事情报部门文职官员，并信仰自由主义的社会民主主义。1952 年继古特哈德（A. Goodhard，1891—1978）之后任牛津大学法理学讲座教职。哈特的著作很多，1961 年出版的《法律的概念》一书是他在法理学方面的主要著作。

④ 哈特以劫匪（gunman）举例，试想一抢匪冲入银行，持枪威胁行员：“把钱交出来，否则……”这个情境符合奥斯丁法律命令理论下的定义，但是根据哈特之观点，该劫匪的命令不是法律，因为它既不是正当的权威，又不符合“次级规则”的要素。

⑤ Hart, H. L. A. The Concept of Law, 2d ed., Clarendon Law Press, 1994, p. 93.

⑥ Hart, H. L. A. The Concept of Law, 2d ed., Clarendon Law Press, 1994, p. 94.

⑦ 规则的不确定性（uncertainty）、静态性（static）和无效性（inefficiency）正好是奥斯丁法律命令理论的主要缺陷。

⑧ Hart, H. L. A. The Concept of Law, 2d ed., Clarendon Law Press, 1994, p. 96-103. 相关中文翻译另外可参照［英］哈特：《法律的概念》（第三版），许家馨、李冠宜译，法律出版社 2018 年版；［英］哈特：《法律的概念》，张文显译，中国大百科全书出版社 1996 年版。

《法律体系的概念》一书中将凯尔森意义上的法律金字塔比喻为一棵树①，就某一法律而言，拉兹指出，“每一个法律都属于一个规范体系”、“每一个法律规范属于一个以某种方式相互联系的法律规范群体”；就法律体系而言，拉兹指出：“在一种法律体系内，不同种类和不同模式的法律之间的内部关系最终依赖于两个因素：（1）个别化的原则；（2）法律体系内容上的丰富性、完整性和多样性。”② 普通法理论法学大家罗纳德·德沃金（Ronald Dworkin，1931—2013）将法律视为一个整体，在《法律帝国》一书第六章和第七章中，德沃金发展出法律的整全性理论（the Integrity of Law），认为法律体系内部的各种规范和原则必须与体系本身一致，就犹如法律本身是作为一种声音来发声的。③也就是说，政府对于所有公民，必须要以一种声音说话（to speak with one voice），以一个具有原则性且融贯的方式而行动，把自己对某些人所使用的公平或正义标准，扩张到每个人。④法律的整体性必须遵循两个原则：第一是立法整体性原则。这要求那些以立法制定法律的人，在原则上保持该法律的一致性。第二是审判整体性原则。这要求那些针对案件而负责确定相关法律内容的人，在理解和实施法律过程中保持一致性。⑤德沃金在1975年《哈佛法律评论》上发表的《疑案》（*Hard Cases*）⑥ 一文中在法律理论上构造出一个理想的赫丘利（Hercules）⑦ 法官，这位理念中的法官具有超凡的司法智慧。德

① Joseph Raz, The Concept of a Legal System, An Introduction to the Theory of Legal System, 2nd ed., Oxford: Clarendon Press, 1980, p. 99.

② 参见 Joseph Raz, The Concept of a Legal System, An Introduction to the Theory of Legal System, 2nd ed., Oxford: Clarendon Press, 1980. 中文翻译参见拉兹《法律体系的概念》，吴玉章译，商务印书馆2017年版，第161~162、176页。

③ Dworkin, Law's Empire, 1st ed., Belknap Press of Harvard University Press, 1986, pp. 225-275.

④ 王鹏翔：《德沃金的法律哲学：一个简介》，载 http://idv.sinica.edu.tw/philaw/documents/德沃金的法律哲学（2015）.pdf，2020年1月24日最后访问。

⑤ 高鸿钧：《德沃金法律理论评析》，载《清华法学》2015年第2期，后收录于《心寄治邦：法理学文集》一书。

⑥ Ronald Dworkin, Hard Cases, 88 Harv. L. Rev. 1057（1975）. 近年来对德沃金《疑案》一文的评述参见 Dorota Galeza, Hard Cases, 2 Manchester Rev. L. Crime & Ethics 240（2013）。所谓疑难案件，是针对一般案件而言，是指在该案件中存在以下几种情形：（1）缺乏制定法或先例规则；（2）虽有制定法或先例规则，但它们模糊不清；（3）法官之间对可适用于该案的法律存在意见分歧。

⑦ 赫丘利（Hercules）是古罗马神话中的一位大力神。罗马神话中的很多神祇均对应于古希腊神话中的一位神明。古罗马神话中的赫丘利（Hercules）对应于古希腊神话中的赫拉克勒斯（Heracles）（希腊语：Ηρακλης，Hēraklēs，引申自 Hēra“赫拉”和 kleos“荣耀”，即赫拉克勒斯被称为赫拉的荣耀，转写为 Heracles，音译为赫拉克勒斯、海格力斯、海克力士、赫克力士），他是希腊神话中男性的杰出典范，他是宙斯之子，神勇无比，力大无穷，可以胜任许多看似不可能完成的任务。

沃金的这个法理构造类似于语言学家乔姆斯基（Noam Chomsky）在语言-行为分析框架对中所构建的具有超级语言能力的一位“理想的说话人-听话人”（an ideal speaker-hearer）。①理想的赫丘利（Hercules）法官可以通过对所有法律领域内规则和原则的一致性解释来精准地解决那些常人难以完成的疑难复杂案件，同时这些疑难案件的解决又合乎法律的道德性要求。②

二、法源位阶的影响因素

在一国的宪法体系之内，各种效力层级的法源形成了一个类似金字塔一样的规范层级体系。在这个规范金字塔的顶端，就是宪法，沿着金字塔顶端拾级而下，法律、行政法规、地方性法规、行政规章构成了一个效力有别的等级秩序。一般来说，观测或者研究一个法律的时候，判断法源位阶是专业法律人的首要任务。在国内公法的意义上，各个法律渊源之间存在着规范上的等级秩序，而在国际公法的意义上，国际法的渊源之间并不存在任何正式的或非正式的等级。③在国际社会中，国际秩序的形成尚依赖于平行的主权国家之意志协调，国际法尚没有形成一个类似于国内宪法秩序一般的法源位阶。《国际法院规约》第 38 条第 1 款规定了四类国际法的渊源——条约法、习惯法、一般法律原则以及各国权威公法学家之学说和司法判例。④在当代，除了强行法（Jus Cogens）和《联合国宪章》⑤ 具有优先的地位外，国际法的四类法律渊源并未形成一个类似国内法意义上的法源位阶等级秩序。

根据《最高人民法院关于裁判文书引用法律、法规等规范性法律文件的规

---

① Arvindh Rai, Dworkin's Hercules as a Model for Judges, 6 Manchester Rev. L. Crime & Ethics 58 (2017).

② Gerard Conway, Conflicts of Competence Norms in EU Law and the Legal Reasoning of the ECJ, 11 German L. J. 966, 981 (2010); Stefano Bertea, The Arguments from Coherence: Analysis and Evaluation, 25 (3) Oxford Journal of Legal Studies (OJLS) 369-391 (2005); Arvindh Rai, Dworkin's Hercules as a Model for Judges, 6 Manchester Rev. L. Crime & Ethics 58 (2017).

③ UN Doc A/59/10 (2004), paras. 313.

④ The Statute of the International Court of Justice, Art 38 (1);《国际法院规约》第 38 条第 1 款规定：法院对于陈诉各项争端，应依国际法裁判之，裁判时应适用：（子）不论普通或特别国际协约，确立诉讼当事国明白承认之规条者。（丑）国际习惯，作为通例之证明而经接受为法律者。（寅）一般法律原则为文明各国所承认者。（卯）在第 59 条规定之下，司法判例及各国权威最高之公法学家学说，作为确定法律原则之补助资料者。

⑤ 《联合国宪章》第 103 条规定，会员国在宪章下之义务与其依任何其他国际协定所负之义务有冲突时，其在宪章下之义务应居优先。

定》，人民法院的裁判文书应当依法引用相关法律、法规等规范性法律文件作为裁判依据。引用顺序如下：法律及法律解释、行政法规、地方性法规、自治条例或者单行条例、司法解释。①除依据法律法规、司法解释的规定外，根据《最高人民法院关于加强和规范裁判文书释法说理的指导意见》，法官可以运用下列论据论证裁判理由，以提高裁判结论的正当性和可接受性：最高人民法院发布的指导性案例；最高人民法院发布的非司法解释类审判业务规范性文件；公理、情理、经验法则、交易惯例、民间规约、职业伦理；立法说明等立法材料；采取历史、体系、比较等法律解释方法时使用的材料；法理及通行学术观点；与法律、司法解释等规范性法律文件不相冲突的其他论据。②

在宪法之下，三个因素决定或者影响了法源效力的高低。第一个因素是制定主体，这属于"谁制定的问题"。法律规范的制定主体地位的高低会影响法源效力位阶的高低，由此公法派生出了上位法优于下位法的规则（lex superior derogat inferiori）。第二个要素是适用范围，这属于"适用于什么领域"的问题。法规范的适用范围宽窄不同决定了法源的适用先后顺序，由此派生出了特别法优于一般法的规则（lex specialis derogat legi generali）。第三是制定的时间。法律制定时间的先后也会影响法源效力位阶的高低，由此公法派生出了后法优于前法的规则（lex posterior derogat priori）。

公法研究中尤为需要注意的是时间性（Temporality）对法源位阶的影响。法学家对时间的追问就连智慧的哲学家也难以回答，显然，时间的观念、概念以及深深印刻在法律制度中的时间性确实深刻影响到法律的效力。法律的时间性成为一个艰深的法哲学难题，正如中世纪时期的著名神学家、法学家托马·斯阿奎所言，当人类不被问及的时候，我们每时每刻都可以感受到时间的存在性，一旦被问"什么是时间"之时，人类反而无法回答了。究其本质，法律制度是一种人类观念的存在，而观念必定存在于时间结构中。法律的时间性（Temporality）不仅影响法律的立、改、废、释，

① 《最高人民法院关于裁判文书引用法律、法规等规范性法律文件的规定》，法释〔2009〕14号。英文翻译为 Provisions of the Supreme People's Court on Citation of Such Normative Legal Documents as Laws and Regulations in the Judgments, Interpretation, No. 14〔2009〕of the Supreme People's Court.

② 《最高人民法院关于加强和规范裁判文书释法说理的指导意见》，法发〔2018〕10号。英文翻译为 Notice of the Supreme People's Court on Issuing the Guiding Opinions on Strengthening and Standardizing the Analysis and Reasoning in Adjudicative Instruments, No. 10〔2018〕of the Supreme People's Court.

也深刻影响权利之得、丧、变、更。①在宪法的时间观念中，溯及既往的法律是指在某一事实发生或某一行为完成之后制定的、能够适用于该事实或行为并改变其法律后果或者法律关系的法律。追溯既往之法律是被一般禁止的。②在最高人民法院的指导性案例第五号中，法院明确：法不溯及既往是指法律的规定仅适用于法律生效以后的事件和行为，对于法律生效以前的事件和行为不适用。③ 在 1789 年“考尔德诉布尔案”（Calder v. Bull）中，双方当事人围绕着康涅狄格州立法机关的需要重新审判某遗嘱效力适用法律的合宪性展开司法诉讼，塞缪尔·蔡斯（Samuel Chase）大法官认为应该适用文义解释来确定“追溯既往之法律”的含义。④所谓追溯既往之法律是指一种“以更严厉的方式来改变对犯罪发生时已有法律所设惩罚的法律”。⑤在私法制度中，出生、死亡、诉讼时效、除斥期间、法律关系起止的期间和期日都无不与时间密切相关。例如，“时效”（Verjährung）在大陆法系中是对权利行使行为在时间上的法律规制⑥，在普通法系之下，也存在着关于诉讼时效（Statute of Limitations）⑦ 的

---

① Andrew J. Wistrich, The Evolving Temporality of Lawmaking, 44 Conn. L. Rev. 737 (2012); Liaquat Ali Khan, Temporality of Law, 40 McGeorge L. Rev. 55, 59 (2009).

② “禁止追溯既往”的规则也有少数例外，主要发生在有利于人权保障的领域。

③ 鲁潍（福建）盐业进出口有限公司苏州分公司诉江苏省苏州市盐务管理局盐业行政处罚案，最高人民法院指导案例 5 号（2012 年）；江苏省苏州市金阊区人民法院〔2009〕金行初字第 0027 号。

④ David P, Currie, The Constitution in the Supreme Court: The First Hundred Years, 1789-1888, University of Chicago Press, 1992, p. 41.

⑤ Calder v. Bull, 3 U. S. (3 Dall.) 386, 391 (1798). It is a law of “ex post facto” if: 1st. Every law that makes an action done before the passing of the law, and which was innocent when done, criminal; and punishes such action. 2nd. Every law that aggravates a crime, makes it greater than it was, when committed. 3rd. Every law that changes the punishment, and inflicts a greater punishment, than the law annexed to the crime, when committed. 4th. Every law that alters the legal rules of evidence, and receives less, or different, testimony, than the law required at the time of the commission of the offence, in order to convict the offender. 联邦最高法院认为禁止事后法的规则主要适用于刑事领域，最终判决上诉人败诉。详细参见本书关于“司法审查”这一章节中对该案的详细论述和分析。

⑥ 参见《德国民法典》第 194 条，195 条关于诉讼时效的规定；《德国刑法典》第 78 条关于追溯时效（Verfolgungsverjährung）的规定；《德国行政程序法》第 53（2）条规定了行政行为（Verwaltungsakt）适用 30 年的诉讼时效。中国《民法典》同样也规定了民事主体向人民法院请求保护民事权利的诉讼时效期间为 3 年。

⑦ 普通法系规定了以诉因形成的日期为起点，确定当事人可以提起民事诉讼的时间期限。该制定法的目的在于要求当事人对已知的诉讼请求积极主张权利，从而为法律行为提供确定性和可预测性，并确保在证据尚未湮灭时能解决争议。

概念和规范①。再比如关于权利能力和行为能力年龄的法律规定，一个人的出生使得他（她）具备了权利能力，但是却不具备法律上的行为能力。具备民事行为能力又不当然地具备刑事责任能力。在大陆法系的德国和中国，一个人在14周岁时按照法律规定就具有了刑事责任能力，到了18周岁时具备了完整的民事行为能力，同时在公法上具有了选举权和被选举权。在法国、德国、瑞典，爱尔兰，英国和美国很多州，18周岁是法定最低结婚年龄（Marriageable Age），中国的《民法典》婚姻家庭编则规定："结婚年龄，男不得早于22周岁，女不得早于20周岁。"②如果要找到能够通约大陆法系和普通法系关于法律和时间关系的规则，那么就如德国法学家阿克塞尔·蒙特布鲁克（Axel Montenbruck）所言：法律意味着"秩序（Ordnung/Order）"，并使秩序得到信任（得以实现），所以法律必须遵循时间的进程。③

三、法源冲突及其解决

法源冲突理论视野下的法律规范冲突是指在同一法律体系之下，由于各种不同法律渊源对同一事项的规范发生不一致甚至抵触，一时间难以决定优先适用何种法律规范的现象。此处的法律规范冲突，不是国际私法，而是在冲突法（Conflict of

---

① 例如，英国《1980年治安法院法》（*Magistrates' Courts Act 1980*）第127条规定了6个月的诉讼时效：a magistrates' court shall not try an information or hear a complaint unless the information was laid, or the complaint made, within 6 months from the time when the offence was committed, or the matter of complaint arose. 在美国，由于对很多民事和刑事事项的管辖权属于州，所以各州对于诉讼时效的规定不尽相同。但是联邦最高法院在Stogner v. California（2003）一案中明确了无论各州的诉讼时效规定的差异性如何，都不得违反联邦宪法上的一个原则——不溯及既往原则（Ex Post Facto Law）。在普通法上，例如，英国还存在着一种所谓的"一年零一天"的规则（*Law Reform*（*Year and a Day Rule*）*Act 1996*），它是指因死亡提起的诉讼必须在死者死后一年零一天内提出；此外，除非被害人在被告人的不法行为发生之日起一年零一天内死去，被害人的死亡不能归责于被告人。这是因为当时缺乏必要的医疗手段，在经历了如此长的时间后，无法精确地确定死亡的原因，也无法查明是否其他外来原因引起被害人死亡。但在医学发展的今天，"一年零一天"规则似乎已经过时而应当予以舍弃。在美国，有些司法区已通过立法或司法判例舍弃，但大多数司法区尚保留。

② 1962年，55个缔约国签署了《关于婚姻的同意、结婚最低年龄及婚姻登记的公约》（*Convention on Consent to Marriage, Minimum Age for Marriage, and Registration of Marriages*），该公约要求缔约国通过立法明确规定法定结婚最低年龄，使得对结婚最低年龄的规范成为强行法，超越于习惯法、宗族法和部落法以及民事习惯。UN GA Res. 1763 A（XVII）（1962）.

③ ［德］阿克塞尔·蒙特布鲁克（Axel Montenbruck）：《刑法哲学（1995—2010）：复仇、刑期、替罪羔羊、人权刑法、自然刑法》，第三版，谢焱译，柏林自由大学开放存取出版2013年版，第43页。

Laws）意义上一个国家或法域在处理涉外民商事法律关系中由于法域不同而产生的规范冲突。因为在传统的国际或者区际冲突法领域，司法机关主要处理的问题有三：（1）法院在何种条件下根据什么管辖权受理涉外案件；（2）明确每类案件之当事人的权利义务必须根据何种内国法规则来判定；（3）涉外判决能否被承认以及如何执行的问题。法源冲突理论下的规范冲突问题的产生与国际私法领域规范冲突的产生在根本原因、外在表现、司法的任务、职责和对象等方面均有不同。

通常认为，我国形成了“二元、两级、多层次”的立法体制。① 21 世纪初，在颁布《立法法》后，在中国的行政诉讼审判工作实务中仍然面临着各种法律规范的冲突问题。2003 年 10 月，最高人民法院在上海召开全国法院行政审判工作座谈会期间，就审理行政案件适用法律规范问题进行了专题座谈。2004 年 5 月 18 日最高人民法院印发了《关于审理行政案件适用法律规范问题的座谈会纪要》②（以下简称“2004 年纪要”），从关于行政案件的审判依据、法律规范冲突的适用规则等方面进行了专门规定。

第一，从行政案件的审判依据上看，“2004 年纪要”明确了：人民法院审理行政案件，依据法律、行政法规、地方性法规、自治条例和单行条例，参照规章。在参照规章时，应当对规章的规定是否合法有效进行判断，对于合法有效的规章应当适用。若规章是合法有效的，规章制定机关作出的与规章具有同等效力的规章解释，人民法院审理行政案件时参照适用。

关于行政规章的法律适用问题，“2004 年纪要”的规定是对“合法的规章”，原则上是“参照适用”。此处的“合法的规章”应该被理解为“根据《立法法》《行政法规制定程序条例》《规章制定程序条例》制定的行政规章”，也就是说，行政规章的合法性需要根据其上位法来判断，直至人民法院进行“判断”之后，确信该规章属于“合法的规章”，人民法院才能够将其作为行政审判的依据。

人民法院是否能够直接审查规章的合法性呢？换言之，公民或者法人提出的对“规章”的合法性审查要求，人民法院是否有权受理呢？对此，我们需要结合《行政诉讼法》之规定来进行判断。现行《行政诉讼法》（2017 年修订）第 13 条明确规定，人民法院不受理公民、法人或者其他组织对四类事项提起的诉讼，其中之一就是“行政法规、规章或者行政机关制定、发布的具有普遍约束力的决定、命

① 董皞：《论法律冲突》，商务印书馆 2013 年版，第 1 页；杨登峰：《法律冲突与适用规则》，法律出版社 2017 年版，第 1 页。

② 最高人民法院：《关于审理行政案件适用法律规范问题的座谈会纪要》，法〔2004〕96 号。该文件在定性上属于司法解释性质文件，在比较法上，英文翻译如下 Supreme People's Court, Circular of the Supreme People's Court on Printing and Issuing the Summary of the Symposium on Issues Concerning Applicable Legal Norms for the Trial of Administrative Cases, Fa〔2004〕No. 96.

令”。再依据同法第 53 条之规定，公民、法人或者其他组织认为行政行为所依据的国务院部门和地方人民政府及其部门制定的规范性文件不合法，在对行政行为提起诉讼时，可以一并请求对该规范性文件进行审查。此处规定的规范性文件不含规章。由此，我们可以看出，人民法院不能径行对规章及规章以上的法源进行审查，但可以对规章以下的“规范性文件”（民间称为“红头文件”）进行审查。那么，“2004 年纪要”规定的人民法院在进行法律规范适用之时必须对规章的合法性进行“判断”，应该如何理解这种判断呢？通常认为，这种“判断”是人民法院在进行法源查找和甄别的过程中，必定会涉及对某些法源是否能够适用的一种法律上甚至法理上的判断。这种判断本身是确定审判依据的基准，并不同于人民法院依据当事人的申请来审查规章的合法性和有效性。若人民法院经过判断后，发现某一相关的“规章”不符合上位法尤其是《立法法》和《宪法》时该如何行事呢？按照“2004 年纪要”规定，人民法院要么选择“不适用”，要么“逐级上报”。也就是说冲突规范所涉及的事项比较重大、有关机关对是否存在冲突有不同意见、应当优先适用的法律规范的合法有效性尚有疑问或者按照法律适用规则不能确定如何适用时，依据《立法法》规定的程序逐级送请有权机关裁决。

第二，关于法律规范冲突的适用规则，“2004 年纪要”实际上运用的法理是“上位法优于下位法”“特别法优于普通法”“新法优于旧法”的三个基本原则。兹分别介绍如下：

1. 上位法优于下位法

“上位法优于下位法”是任何一个文明的法治社会的一般法律原则（Genera Principles of Law），这不仅是由法律体系本身的自洽性和协调性的内在要求决定的，也是由国家建构统一的法治体系的实际需要所决定的。“2004 年纪要”规定：“为维护法制统一，人民法院审查具体行政行为的合法性时，应当对下位法是否符合上位法一并进行判断。经判断下位法与上位法相抵触的，应当依据上位法认定被诉具体行政行为的合法性。”在法理和实务上，如何判断下位法与上位法相抵触的问题都是需要继续澄清的，很多时候，不经过理性的思考的常识甚至会误导我们对“上位法优于下位法”的认知，有的时候会得出违背该原则本义的错误的结论。在最高人民法院的第五号指导性案例（鲁潍公司诉苏州盐务管理局案）中，法院生效判决确认了上位法优于下位法的司法原则——人民法院审理行政案件，依据法律、行政法规、地方性法规，参照规章。苏州盐务管理局在依职权对鲁潍公司作出行政处罚时，虽然适用了《江苏盐业实施办法》，但是未遵循《立法法》第 79 条关于法律效力等级的规定，未依照《行政许可法》和《行政处罚法》的相关规定，属于适用法律错误，依法应予撤销。①

“上位法优于下位法”的规则的适用需要从权利主体、职权范围、适用条件、法律制裁的行为、种类和幅度等方面来进行判断。“2004 年纪要”采用了有限列举的方式来明确上述判断的方法，如表 7-1：

表 7-1　　“上位法优于下位法”的原则适用和判断

比较项	适用和判断
权利主体	（1）下位法缩小或者违反立法目的扩大上位法规定的权利主体范围； （2）下位法限制、剥夺上位法规定的权利，或者违反目的扩大上位法规定的权利范围。
行政职权范围	（1）下位法扩大行政主体或其职权范围； （2）下位法延长上位法规定的履行法定职责期限。
适用条件	（1）下位法以参照、准用等方式扩大或者限缩上位法规定的义务或者义务主体的范围、性质或者条件； （2）下位法增设或者限缩违反上位法规定的适用条件。
法律制裁	（1）下位法扩大或者限缩上位法规定的给予行政处罚的行为、种类和幅度的范围； （2）下位法改变上位法已规定的违法行为的性质； （3）下位法超出上位法规定的强制措施的适用范围、种类和方式，以及增设或者限缩其适用条件。
许可范围	法规、规章或者其他规范文件设定不符合行政许可法规定的行政许可，或者增设违反上位法的行政许可条件。

关于基本法律适用和非基本法律适用，理论上认为，基本法律是由全国人民代表大会制定的，非基本法律是由全国人民代表大会常务委员会制定的，因此，基本法律的效力优先于非基本法律。②在中央的立法实务中，我国还暂未形成一个明确的基本法律和非基本法律的立法权的划分，③故无论是全国人民代表大会和全国人

① 鲁潍（福建）盐业进出口有限公司苏州分公司诉江苏省苏州市盐务管理局盐业行政处罚案，最高人民法院指导案例 5 号（2012 年）；江苏省苏州市金阊区人民法院〔2009〕金行初字第 0027 号。

② 韩大元：《全国人大常委会新法能否优于全国人大旧法》，载《法学》2008 年第 10 期；林彦：《基本法律修改权失范及原因探析》，载《法学》2002 年第 7 期。

③ 沈寿文：《“基本法律”与“基本法律以外的其他法律”划分之反思》，载《北方法学》2013 年第 3 期。

民代表大会常务委员会制定的法律都被认为至少拥有几乎等同的极高权威。在地方立法实务中，比较难以处理的规范冲突在于：（1）地方性法规与部门规章冲突；（2）部门规章与地方政府规章之间的冲突。

地方性法规与部门规章之间对相同事项的规定不一致的，按照“2004年纪要”我国的人民法院一般可以按照下列情形适用如下，若仍然不能确定，则需要停止审理，逐级上报最高人民法院，之后会启动有权机关的裁决机制。按照现行《立法法》第95条第2款之规定，地方性法规与部门规章之间对同一事项的规定不一致，不能确定如何适用时，需要启动的裁决机制如下：由国务院提出意见，国务院认为应当适用地方性法规的，应当决定在该地方适用地方性法规的规定；认为应当适用部门规章的，应当提请全国人民代表大会常务委员会裁决。(详见表7-2)

表7-2　**地方性法规与部门规章之间的冲突**

比较项	适用和判断
优先适用部门规章	（1）法律或者行政法规授权部门规章作出实施性规定的，其规定优先适用。 （2）尚未制定法律、行政法规的，部门规章对于国务院决定、命令授权的事项，或者对于中央宏观调控的事项、需要全国统一的市场活动规则及对外贸易和外商投资等需要全国统一规定的事项作出的规定，应当优先适用。
优先适用地方性法规	（1）地方性法规根据法律或者行政法规的授权，根据本行政区域的实际情况作出的具体规定，应当优先适用。 （2）地方性法规对属于地方性事务的事项作出的规定，应当优先适用。 （3）尚未制定法律、行政法规的，地方性法规根据本行政区域的具体情况，对需要全国统一规定以外的事项作出的规定，应当优先适用。 （4）能够直接适用的其他情形。
裁决机制	（1）由国务院提出意见。 （2）国务院认为应当适用地方性法规的，地方性法规优先。 （3）国务院认为应当适用部门规章的，提请全国人民代表大会常务委员会裁决。

对于部门规章与地方政府规章之间对相同事项的规定不一致的，按照“2004年纪要”，我国的人民法院一般可以按照下列情形适用如下，若仍然不能确定，则法院应当中止行政案件的审理，逐级上报最高人民法院送请国务院裁决。(详见表7-3)

表 7-3 **部门规章与地方政府规章之间的冲突**

比较项	适用和判断
优先适用部门规章	(1) 法律或者行政法规授权部门规章作出实施性规定的，其规定优先适用。 (2) 尚未制定法律、行政法规的，部门规章对于国务院决定、命令授权的事项，或者对属于中央宏观调控的事项、需要全国统一的市场活动规则及对外贸易和外商投资等事项作出的规定，应当优先适用。
优先适用地方政府规章	(1) 地方政府规章根据法律或者行政法规的授权，根据本行政区域的实际情况作出的具体规定，应当优先适用。 (2) 地方政府规章对属于本行政区域的具体行政管理事项作出的规定，应当优先适用。 (3) 能够直接适用的其他情形。
裁决机制	(1) 国务院裁决。 (2) 若不能确定如何适用时，由全国人民代表大会常务委员会裁决。

在“上位法优于下位法”原则的适用中，公法理论还必须处理《宪法》和《立法法》未明确规定的一种具有行政法规外观、但本身不是行政法规的规范性法律文件，这就是国务院行政规定的效力位阶问题。所谓的国务院的行政规定是指国务院制定和发布的除行政法规以外的、可以反复适用的、具有普遍约束力的规范性文件。在执法和司法实务中，尤其是在各级各类的行政诉讼、刑事诉讼和民事诉讼中，人们遇到比较难以处理的问题是国务院的行政规定如何适用的问题。

其一，国务院的行政规定与宪法、法律的规范位阶问题。

现行《宪法》① 第 89 条规定，国务院有权根据宪法和法律，规定行政措施，制定行政法规，发布决定和命令。也就是说，国务院制定的行政规定的权力是宪法所授予的，同时国务院的行政规定本身占据极高的宪法地位。若国务院的行政规定与宪法和法律相冲突，则根据中国现行《宪法》第 67 条规定②，全国人民代表大会常务委员会有权撤销之。

其二，国务院的行政规定与行政法规的效力位阶问题。

若国务院的行政规定与行政法规相互冲突，则这个问题旋即变为国务院的两种权力——创制法性律规范（行政法规）和非法律规范（行政规定）之间的冲突，

① 《中华人民共和国宪法》（1982 年 12 月 4 日第五届全国人民代表大会第五次会议通过，1982 年 12 月 4 日全国人民代表大会公告公布施行）。本书所称的中国现行宪法是指包括 2018 年宪法修正案的《中华人民共和国宪法》。

② 《宪法》第 67 条规定：“全国人民代表大会常务委员会行使下列职权：……（七）撤销国务院制定的同宪法、法律相抵触的行政法规、决定和命令……”

由于《宪法》第67条的表述将行政法规置于行政决定和行政命令之前，似乎可以认为行政法规的效力高于国务院的行政决定和行政命令。可能存在的疑问是，行政法规、决定和命令存在于同一句宪法语言表述中，它们之间是否平行的关系。但是这种质疑可以用另外一种理论加以化解，这就是行政法规的制定除了遵守《立法法》外，还必须遵守《行政法规制定程序条例》（2017年修订）①，因此行政法规的制定程序远远严于行政规定或者行政命令的制定。从法规范效力构造所需要的严谨程度来看，创制性法律规范（行政法规）的效力位阶应该高于非法律规范（例如行政规定或者行政命令）。我国学者也有持这种观点的：从理论上讲，国务院行政规定内容的重要性、程序的严格性、形式的严肃性、结构的严谨性、条文的规范性和效力的普遍性、稳定性，都不如行政法规，不应具有与行政法规相等的法律效力。②

其三，国务院的行政规定与行政规章的效力位阶问题。

在实务中，人们常常遇到的难题是处理国务院行政规定和行政规章的效力冲突。众所周知，行政规章包括：（1）部委规章（由国务院的部委依据《规章制定程序条例》③ 制定）；（2）地方政府规章（由具有地方规章制定权的各级地方人民政府根据《规章制定程序条例》制定④）。为什么这是一个难题呢？原因在于国务院的行政决定系最高行政机关的行政自由裁量且以规范性法律文件为表征，无须严格遵守较为严肃的行政法规和行政规章的制定程序规则，行政规章内容的重要性、程序的严格性、形式的严肃性、结构的严谨性、条文的规范性似乎不容置疑。在理论上解决这个问题，我们通常应该继续坚守“上位法优先”的原则，也就是说，国务院的行政规定仍然可以被视为一种“上位法”，因此国务院行政规定效力高于任何行政规章（部委规章+地方政府规章）。

其四，国务院的行政规定与地方性法规的效力位阶问题。

地方性法规是经过地方的人民代表大会及其常务委员会通过的具有法源性质的地方立法。通常来说，一个国家，无论单一制还是联邦制国家，都在“中央和地方立法权的分配”的理论支配下肯定了地方性立法的法源地位。我国现行《行政

---

① 中华人民共和国国务院令第694号（2017年）。

② 参见胡玉鸿：《试论法律位阶划分的标准——兼及行政法规与地方性法规之间的位阶问题》，载《中国法学》2004年第3期；章剑生：《依法审判中的“行政法规”——以〈行政诉讼法〉第52条第1句为分析对象》，载《华东政法大学学报》2012年第2期；朱芒：《论行政规定的性质——从行政规范体系角度的定位》，载《中国法》2003年第1期；贾圣真：《论国务院行政规定的效力位阶》，载《中南大学学报（社会科学版）》2016年第3期。

③ 中华人民共和国国务院令第695号（2017年）。

④《规章制定程序条例》（2017年）第36条规定：依法不具有规章制定权的县级以上地方人民政府制定、发布具有普遍约束力的决定、命令，参照本条例规定的程序执行。

诉讼法》第63条明确规定，地方性法规、自治条例、单行条例是人民法院审理该行政区域内行政案件的“依据”。现行法律并未明确肯定国务院行政规定具有约束司法审判的法源地位，那么如何处理国务院的行政规定与地方性法规的可能冲突呢？也许在理论上，地方性法规（包括自治条例和单行条例）的立法者们都非常注意国务院的各类行政规定、行政命令，乃至领导者的执政风格和特点，因而会避免地方性法规和国务院的行政规定的冲突。但是在实务中，由于中国的国家治理呈现出中央立法权主导下地方治理的多样性特点，地域的广阔、信息的不对称、政策解读的多元化都可能使得地方治理在很多时候表现出一种独特性，甚至是一种“我行我素”，那么国务院的行政规定与地方性法规的潜在冲突也就是一个现实的问题。本书认为，从宪法的原理上解决这个实务难题是不可或缺的。“上位法优于下位法”原则适用的前提是位于冲突两端的规则都是一种具有法源地位的“法”，这就涉及对“法”的理解和阐释的问题。对法源论意义的“法”的解释重点和核心不只要看外观，还必须究其本质。故，国务院的行政规定与地方性法规冲突双方如果有一方符合更高位阶的“法律”（狭义）的原意、目的或者得到了明确的授权，则这样一种规范就应该优先适用。

2. 特别法优于普通法

与“上位法优于下位法”类似，“特别法优于普通法”也属于文明的法治社会的一般法律原则（Genera Principles of Law）。值得注意的是，“特别法优于普通法”规则适用其实是同一类法源一般规定和特别规定的适用优先顺序关系。换言之，“特别法优于普通法”规则的适用前提是确保所欲比较的两类规则必须是位于同一位阶的。质言之，“上位法优于下位法”是第一原则，“特别法优于普通法”是第二原则，只有先进行“上位法优先于下位法”的判断之后，才能够进行“特别法优于普通法”的判断。这一点，对于法治的建构和法源位阶至关重要。

最高人民法院第108号指导案例是关于“特别法优于普通法”这一法律原则适用的经典案例。在此案中，2014年6月，浙江隆达不锈钢有限公司（以下简称隆达公司）由中国宁波港出口一批不锈钢无缝产品至斯里兰卡科伦坡港。隆达公司通过货代向A. P. 穆勒-马士基有限公司（以下简称马士基公司）订舱，涉案货物于同年2014年6月28日装载于4个集装箱内装船出运。2014年7月9日，隆达公司通过货代向马士基公司发邮件称，发现货物运错目的地要求改港或者退运。马士基公司于同日回复，因货物距抵达目的港不足2天，无法安排改港，如需退运则需与目的港确认后回复。2014年7月10日，隆达公司又提出“要安排货物退运，就是因为清关清不了，所以才退回宁波的，有其他办法吗”。此后，马士基公司再未回复邮件。涉案货物于2014年7月12日到达目的港。2015年5月19日，隆达公司向马士基公司发邮件表示已按马士基公司要求申请退运。马士基公司随后告知隆达公司涉案货物已被拍卖。得知货物已经被拍卖后，隆达公司在宁波海事法院起诉马士基公司。宁波海事法院于2016年作出初审判决，认为隆达公司因未采取自行提货等有效措施导致涉案货物被海关拍卖，相应货损风险应由该公司承担，故驳回隆达公司的诉讼请求。① 一审判决后，隆达公司提出上诉。浙江省高级人民法院于2016年作出二审判决②，认为依据《合同法》第308条（现为中国《民法典》合同编第829条》），隆达公司在马士基公司交付货物前享有请求改港或退运的权利。在隆达公司提出退运要求后，马士基公司既未明确拒绝安排退运，也未通知隆达公司自行处理，对涉案货损应承担相应的赔偿责任，酌定责任比例为50%。马士基公司不服二审判决，向最高人民法院申请再审。最高人民法院于2017年撤销二审判决，维持一审判决。③最高人民法院认为，《合同法》与《海商法》有关调整海上运输关系、船舶关系的规定属于普通法与特别法的关系。根据《海商法》第89条的规定，船舶在装货港开航前，托运人可以要求解除合同。最终，最高人民法院判定马士基公司胜诉。④

在“无锡美通食品科技有限公司（以下简称“美通公司”）诉无锡质量技术监督局高新技术产业开发区分局质监行政处罚案”中，美通公司对无锡行政执法部门的行政处罚不服而提起司法诉讼，在无锡高新技术产业开发区人民法院（一审法院）败诉后，美通公司向无锡市中级人民法院提起上诉。在上诉中，美通公司上诉称：本案应当根据特别法优于普通法的原则，应优先适用《工业产品生产许可证管理条例》（以下简称《条例》）及其《工业产品生产许可证管理条例实施办法》，而不应适用《食品安全法》⑤ 相关规定进行处罚。无锡市中级人民法院在二审中关于对上诉人美通公司处罚的法律适用问题明确指出，《食品安全法》是由全国人民代表大会常务委员会制定的法律，并于2009年6月1日施行，较之之前由国务院制定的《条例》及国家质量监督检验检疫总局制定的部门规章《工业产品生产许可证管理条例实施办法》，具有更高阶位的法律效力。按照上位法优于下位法的规则，对同一事项有规定的，应当以《食品安全法》的规定为准。⑥

---

① 〔2015〕甬海法商初字第534号。

② 〔2016〕浙民终222号。

③ 〔2017〕最高法民再412号。

④ 浙江隆达不锈钢有限公司诉A. P. 穆勒-马士基有限公司海上货物运输合同纠纷案，最高人民法院指导案例108号（2019年）。Guiding Case No. 108：Zhejiang Longda Stainless Steel Co.，Ltd. v. A. P. Moller-Maersk A/S（dispute over a contract for the carriage of goods by sea），SPC Gazette，Issue 9，2019（Total No. 275），pp. 17-19.

⑤ 我国对食品生产管理实行目录式许可制度，企业应当在食品生产许可的品种范围内从事食品生产活动，不得超出许可的品种范围生产食品。

⑥ 无锡美通食品科技有限公司诉无锡质量技术监督局高新技术产业开发区分局质监行政处罚案，载《最高人民法院公报》2013年第7期（总第201期）。

《立法法》第 92 条规定，“同一机关制定的法律……特别规定与一般规定不一致的，适用特别规定；新的规定与旧的规定不一致的，适用新的规定”。“2004 年纪要”在适用“特别法优于普通法”这一法律原则解决规范冲突的时候，进行了两个层面的规定：（1）同一法律、行政法规、地方性法规、自治条例和单行条例、规章内的不同条文对相同事项有一般规定和特别规定的，优先适用特别规定；（2）新的一般规定与旧的特别规定不一致的判断。现总结如表 7-4 所示：

表 7-4　**“特别法优于普通法”的原则适用和判断**

比较项	适用和判断
适用前提	同一法律、行政法规、地方性法规、自治条例和单行条例、规章内的不同条文对相同事项有一般规定和特别规定的，优先适用特别规定。
新的一般规定与旧的特别规定不一致	（1）新的一般规定允许旧的特别规定继续适用的，适用旧的特别规定。 （2）新的一般规定废止旧的特别规定的，适用新的一般规定。 （3）不能确定新的一般规定是否允许旧的规定继续适用的，人民法院应当中止行政案件的审理，逐级上报有权机关裁决。

需要注意的是，不能确定新的一般规定是否允许旧的规定继续适用的，人民法院应当中止行政案件的审理，逐级上报有权机关裁决。根据现行《立法法》（2015 年修订）第 94 条之规定，法律之间对同一事项的新的一般规定与旧的特别规定不一致，不能确定如何适用时，由全国人民代表大会常务委员会裁决。行政法规之间对同一事项的新的一般规定与旧的特别规定不一致，不能确定如何适用时，由国务院裁决。“2004 年纪要”新增规定，对地方性法规的新的一般规定与旧的特别规定不一致的情形，应由高级人民法院送请制定机关裁决。

从一般的公法原理上看，某一规则是“一般”或“特殊”，绝对不是抽象的概念，其性质总是相对于另外的一些规则而言的。例如，某一规则的“特殊性”可能取决于它适用于几个州，或适用于多少案由事项。某一规则（例如相邻关系）可能就前者来说具有特殊性，但是就后者而言就具有一般性。采取系统性的观点之所以重要，正是为了避免用过于正式或僵化的方式思考特别规则。它的实施通常受到其法律系统环境（Legal-systemic Environment）的限制。事实上，法律以两种方式考虑到特殊规则同一般规则之间的关系。在第一种情况下，可以将特殊规则视为一般标准在特定情况下的适用、阐述或升级（Application, Elaboration or Updating）。在第二种情况下，反过来将特殊规则视为对一般规则的修订、驳回或撇开（Modification, Overruling or Setting Aside）。在第二种情况下，特别法规则似乎可以视为一般规则的例外（Exception）。究竟应该如何判断两种不同情况，换言之，是否应该把某一项规则视为对另一项规则的“适用”或“撇开”，这一点常常困扰法律人，事实上，第一种情况和第二种情况的区分取决于如何在适用的环境中看待那些规则。①

3. 新法优于旧法

“新法优于旧法”涉及法律规范本身的时间效力问题，它是指同一机关制定且现行有效的新旧法律文件的规范发生冲突时，原则上新的规范优先于旧的规范适用。在公法的理论和实务中，新法和旧法的衔接问题一直是一个比较重要的法律问题。②例如，现行《立法法》第93条明确规定：“法律、行政法规、地方性法规、自治条例和单行条例、规章不溯及既往，但为了更好地保护公民、法人和其他组织的权利和利益而作的特别规定除外。”这也就是说我国的《立法法》实际上树立了法不溯及既往原则，同时肯定了对公民的有利溯及。我国学者，对于新法优先于旧法的法理阐释主要有三：一是后立法权的优越性；二是新法内容的优越性；三是人类理性的进步性。③按照“2004年纪要”之规定，根据行政审判中的普遍认识和做法，行政相对人的行为发生在新法施行以前，具体行政行为作出在新法施行以后，人民法院审查具体行政行为的合法性时，实体问题适用旧法规定，程序问题适用新法规定，但下列情形除外：（1）法律、法规或规章另有规定的；（2）适用新法对保护行政相对人的合法权益更为有利的；（3）按照具体行政行为的性质应当适用新法的实体规定的。

新法优于旧法这一原则的适用还必须兼顾法律本身的稳定性，以求人民可以在一个可预期的安定的法律结构下开展自我的生活。从时间性的维度来看，一个法律决定的作出分为两种情形，一种是所谓的事前的（ex ante），另一种是所谓事后的（ex post）。④现代法律的时间效力上因此被区分为“溯及性法律”（Retroactive Laws）及“预期性法律”（Prospective Laws），前者是溯及既往的、有溯及力的且意欲规制过往事务或行为的规则，后者是预期的、针对将要发生的行为或事情所订立的规则。⑤现代法治社会一般禁止了溯及既往的法律适用，也就是说“不能用今天制定的法律去制裁昨天发生的行为”。禁止溯及既往的法律的目的在于维护法律

① See UN Doc A/59/10 (2004), paras. 304, 308.

② 《最高人民法院行政审判庭关于工伤保险条例时间效力问题的答复》（〔2005〕行他字第9号）。

③ 董书萍：《法律适用规则研究》，中国人民公安大学出版社2012年版，第165页以下；参见杨登峰：《新旧法的适用原理与规则》，法律出版社2008年版，第177~178页。

④ Eric Engle, Law: Lex vs. Ius, 1 J. Juris 31, 45 (2008).

⑤ Jan G. Laitos, Legislative Retroactivity, 52 Wash. U. J. Urb. & Contemp. L. 81, 81 (1997); J. Paul Salembier, Understanding Retroactivity: When the Past Just Ain't What It Used to Be, 33 Hong Kong L. J. 99 (2003); Geoffrey C. Weien, Note, Retroactive Rulemaking, 30 Harv. J. L. & Pub. Pol. 749, 762 (2007); Richard S. Kay, Retroactivity and Prospectivity of Judgments in American Law, 62 Am. J. Comp. L. 37, 44 (2014); William C. Neer, Discerning the Retroactive Policymaking Powers of the United States Patent and Trademark Office, 71 Admin. L. Rev. 413, 425 (2019).

秩序的安定性，保障人们在社会生活中的既有权利（Vested Rights），从而为人类生活创设一种可预期性。

刑事司法典型地体现了法律溯及力问题的重要性，现代刑法以“罪刑法定原则”为指南原则禁止了事后法对犯罪嫌疑人的适用。关于罪刑法定原则，德国学者贝林格、修特兰达（Schottlander）认为，罪刑法定主义的内容包括四点：（1）排除习惯法于刑法规范之外；（2）刑法不承认溯及效力；（3）刑法上不许不定期刑；（4）不许类推。①我国学者认为，作为当代刑法基础性原则的罪刑法定原则，其所要体现的实质和根本精神都是有利于被告人，从旧兼从轻的溯及力原则可以说是罪刑法定原则的派生原则，其不仅符合了罪刑法定原则的内容要求，更在一定程度上契合了罪刑法定原则所体现的根本精神。②同时，我国也有学者指出，对于刑事立法解释和刑事司法解释，必须遵守“法不溯及既往”的原则，对那些明显做了扩大解释的，原则上应当只对其施行之后的行为有评价功能，除非适用裁判时的解释比适用行为时的法律或解释更有利于犯罪嫌疑人和被告人。③需要指出的是，禁止溯及既往的法律原则不适用于那些严重违反人道主义精神的情形，在这一点上，德国联邦宪法法院在“柏林墙射击者诉讼”（Mauerschützenprozesse / Border Guard Trials）④ 的判决法理值得借鉴。虽然《德国基本法》第 103 条第 2 款规定了“禁止溯及既往”这一法律原则，但是这一法律原则建立在一定的信赖基础（Vertrauengrundlage）之上，当国家权力的行使者超越明文规定的规范，要求实行最严重的刑事不法，并且通过正当化根据来排除这种不法的可罚性时，那样一种特有的信赖基础就会丧失，它促成并且以最严重的方式藐视了国际法联盟普遍承认的人权。那样一来，《德国基本法》第 103 条第 2 款所要严格保护的信赖就要作出退让。⑤欧洲人权法院在“Streletz, Kessler and Krenz v. Germany 案”⑥ 中最终驳回了

① 董邦俊：《罪刑法定视野中的刑法时间效力》，载《河北法学》2009 年第 7 期。

② 刘宪权、王丽珂：《我国〈刑法修正案（八）〉时间效力司法解释规定评析》，载《法学杂志》2011 年第 8 期；董邦俊：《罪刑法定视野中的刑法时间效力》，载《河北法学》2009 年第 7 期。

③ 刘仁文：《关于刑法解释的时间效力问题》，载《法学杂志》2003 年第 1 期。

④ Bundesverfassungsgericht (Federal Constitutional Court) BVerfGE 95, 96; NJW 1997, 929; 18 HRLJ (1997) 65.

⑤ 参见谭淦：《从柏林墙射杀案看德国刑法中的罪刑法定原则》，载《刑事法判解》2018 年第 1 期（第 18 卷）；Juan Espíndola Mata & Juan Espindola, Transitional Justice After German Reunification: Exposing Unofficial Collaborators, Cambridge University Press, 2015, p. 63; McMurry, Keegan, Schießbefehl and the Issues of Retroactivity Within the East German Border Guard Trials (2018). Student Theses, Papers and Projects (History). 264; Horst Dreier, Gustav Radbruch und die Mauerschützen. JZ 1997, S. 421.

⑥ Streletz, Keßler, Krenz v. BRD, Eur. Ct. H. R. (22 March 2001), App. Nos. 34044/96, 35532/97, & 44801/98, 49 International Legal Materials [ILM] (2001) 811; 22 Human Rights Law Journal [HRLJ] (2001) 74.

上诉，维持德国法院的判决。

我国现行《刑法》第12条规定："中华人民共和国成立以后本法施行以前的行为，如果当时的法律不认为是犯罪的，适用当时的法律；如果当时的法律认为是犯罪的，依照本法总则第四章第八节的规定应当追诉的，按照当时的法律追究刑事责任，但是如果本法不认为是犯罪或者处刑较轻的，适用本法。"同时，由于刑法修正案的发展，在我国的刑法适用领域涉及很多问题都关系到法律的时间效力问题。例如，《最高人民法院关于适用刑法时间效力规定若干问题的解释》① 规制了1997年《刑法》和1979年《刑法》适用的时间效力问题。《最高人民法院、最高人民检察院关于适用刑事司法解释时间效力问题的规定》② 规制了刑事司法中的时间效力问题。除这些之外，关于刑法修正案规定的时间效力问题，我国司法机关也颁布了相应的司法解释。③在实务中，我国司法机关还就跨越某新法和旧法的连续犯、持续犯和同种数罪中如何适用"禁止溯及既往之法律"作出过专门的司法解释。④一般认为，我国刑事司法中采用的是"从旧兼从轻"的原则，其核心要点包括：（1）行为时的法律不认为是犯罪，而现行刑法认为是犯罪的，适用行为时的法律；（2）行为时的法律认为是犯罪，而现行刑法不认为是犯罪的，适用现行刑法；（3）行为时法律与现行刑法均认为是犯罪的，且按照现行刑法应当追诉的，适用行为时法律。若现行刑法处罚较轻（法定刑较轻的），则适用现行刑法；（4）现行刑法施行前，按照行为发生时法律已经作出的生效判决继续有效。⑤例如，在"杨某民受贿案"中，辽宁省铁岭市中级人民法院的生效判决认为，对于被告人杨某民于1997年10月1日之前的犯罪行为，根据我国刑法有关溯及力的从旧兼从轻原则，应适用1997年10月1日起施行的《中华人民共和国刑法》。⑥在最高人民检察院发布的指导性案例第40号"周某集资诈骗案"中，浙江省高级人民法院经审

---

① 《最高人民法院关于适用刑法时间效力规定若干问题的解释》，法释〔1997〕5号。

② 禁止溯及既往之法律不仅体现在刑事立法中，还体现在刑事司法解释中。参见《最高人民法院、最高人民检察院关于适用刑事司法解释时间效力问题的规定》，高检发释字〔2001〕5号，2001年9月18日最高人民法院审判委员会第1193次会议、2001年6月18日最高人民检察院第九届检察委员会第90次会议通过。

③ 《最高人民法院关于〈中华人民共和国刑法修正案（八）〉时间效力问题的解释》（法释〔2011〕9号）；《最高人民法院关于〈中华人民共和国刑法修正案（九）〉时间效力问题的解释》（2015年10月19日最高人民法院审判委员会第1664次会议通过，法释〔2015〕19号）。

④ "对于开始于1997年9月30日以前，继续到1997年10月1日以后终了的继续犯罪，应当适用修订刑法一并进行追诉"《最高人民检察院关于对跨越修订刑法施行日期的继续犯罪、连续犯罪以及其他同种数罪应如何具体适用刑法问题的批复》（高检发释字〔1998〕6号，最高人民检察院第九届检察委员会第二十次会议通过）。

⑤ 参见张明楷：《刑法学》（第5版），法律出版社2016年版，第76~77页。

⑥ 杨某民受贿案，参见《最高人民检察院公报》2012年第4号（总第129号）。

理后认为，刑法修正案（九）取消了集资诈骗罪被判死刑的规定，根据从旧兼从轻原则，一审法院判处周某有期徒刑15年符合修订后的法律规定。①“新法优于旧法”的原则适用和判断详见表7-5。

表7-5　　“新法优于旧法”的原则适用和判断

比较项	适用和判断
适用新法	（1）法律、行政法规、地方性法规、自治条例和单行条例、规章不溯及既往。 （2）跨越新法和旧法的连续犯、持续犯和同种数罪。 （3）行政相对人的行为发生在新法施行以前，具体行政行为作出在新法施行以后，程序问题适用新法规定。【程序从新】
适用旧法	（1）新法允许适用旧法部分规范的。 （2）旧法规定不为犯罪或行政违法。 （3）旧法规定的制裁更轻、更有利于人权保障的。 （4）行政相对人的行为发生在新法施行以前，具体行政行为作出在新法施行以后，人民法院审查具体行政行为的合法性时，实体问题适用旧法规定。【实体从旧】

除了在刑事司法中贯彻较为严格的“禁止溯及既往”规则，现代行政法也肯定了这一重要的法律原则。在“李某运请求国家赔偿案”中，所争议的法律问题就是对于发生在《国家赔偿法》施行之前，但是持续到该法施行之后的，国家机关及其工作人员违法行使职权侵犯公民合法权益的行为，如何确定赔偿标准？最高人民法院经过审理认为，侵犯公民合法权益的行为发生在《国家赔偿法》施行之前，但是持续到该法施行之后的，施行之前的行为参照《国家赔偿法》的规定予以赔偿，发生在《国家赔偿法》施行之后的损害，适用《国家赔偿法》予以赔偿。②据此，对于发生在《国家赔偿法》施行之前但是持续到该法施行之后，国家机关及其工作人员违法行使职权侵犯公民合法权益的行为，可以都按照国家上年度职工日平均工资计算赔偿金额。③ 在公法的实践中，司法解释的时间效力也是一个重要的问题。2019年11月12日，最高人民法院审判委员会第1781次会议通过了

① 周某集资诈骗案，最高人民检察院指导性案例第40号（2018年）；《最高人民检察院公报》2018年第5号（总第166号），第24~27页。

② 《最高人民法院关于〈中华人民共和国国家赔偿法〉溯及力和人民法院赔偿委员会受案范围问题的批复》，法复〔1995〕1号。

③ 李某运请求国家赔偿案，最高人民法院〔2003〕法委赔字第3号，载《最高人民法院公报》2004年第4期（总第90期）。

《最高人民法院关于审理行政协议案件若干问题的规定》①，该司法解释第28条规定："2015年5月1日后订立的行政协议发生纠纷的，适用行政诉讼法及本规定。2015年5月1日前订立的行政协议发生纠纷的，适用当时的法律、行政法规及司法解释。"司法实务还需要处理的一个难题就是法不溯及既往原则和"上位法优于下位法"原则的交错适用问题。在"鲁潍公司诉苏州盐务管理局案"中，苏州盐务管理局主张它根据《江苏盐业实施办法》设立准运证制度的规定作出行政处罚并无不当。《行政许可法》《行政处罚法》均在《江苏盐业实施办法》之后实施，根据《中华人民共和国立法法》法不溯及既往的规定，《江苏盐业实施办法》仍然应当适用。法院认为，《行政许可法》《行政处罚法》属于本案中的"上位法"，如果旧的"下位法"规定与新的"上位法"不符合，则应当自新的"上位法"公布之日起对旧的"下位法"予以修订。最终，法院判定，苏州盐务管理局有关法不溯及既往的抗辩理由不成立。②

在私法领域，"新法优于旧法""禁止溯及既往"等法律原则的适用表现出与公法不同的特征。基于私法自治的精神，民事法律并不一概否定溯及既往的法律。但无论如何，新的民事立法往往会对私法自治的运行产生一定的法秩序上的影响，基于法的安定性的考量，立法者往往不会因为颁布新的民法典就宣布其立刻生效。例如，《意大利民法典》于1942年3月16日颁布，同年4月21日生效。《德国民法典》于1896年8月颁布，1900年1月1日才正式生效。《瑞士民法典》于1907年12月颁布，1912年1月1日才正式生效。2020年5月28日，第十三届全国人民代表大会第三次会议通过了《中华人民共和国民法典》(以下简称《民法典》)。根据《民法典》第1260条之规定，本法自2021年1月1日起施行。《中华人民共和国婚姻法》《中华人民共和国继承法》《中华人民共和国民法通则》《中华人民共和国收养法》《中华人民共和国担保法》《中华人民共和国合同法》《中华人民共和国物权法》《中华人民共和国侵权责任法》《中华人民共和国民法总则》同时废止。为了解决司法机关适用民法典时间效力问题，《最高人民法院关于适用〈中华人民共和国民法典〉时间效力的若干规定》已于2020年12月14日由最高人民法院审判委员会第1821次会议通过，自2021年1月1日起施行。根据最新的司法解释，最高人民法院在《民法典》时间效力的适用和判断标准如表7-6所示③：

① 《最高人民法院关于审理行政协议案件若干问题的规定》，法释〔2019〕17号。

② 鲁潍（福建）盐业进出口有限公司苏州分公司诉江苏省苏州市盐务管理局盐业行政处罚案，最高人民法院指导案例5号（2012年）；江苏省苏州市金阊区人民法院〔2009〕金行初字第0027号。

③ 《最高人民法院关于适用〈中华人民共和国民法典〉时间效力的若干规定》，法释〔2020〕15号。

表 7-6 **民法典时间效力的适用和判断**

比较项	适用和判断
适用民法典（新法）	（1）2021 年 1 月 1 日以后的法律事实引起的民事纠纷案件 （2）持续性法律实施跨越 2021 年 1 月 1 日的民事纠纷案件 （3）新法、旧法都有相关规范的情况，法定范围内的可以适用新法（有利溯及） （4）旧法无相关规范，新法有相关规范的情况，原则上适用新法
适用民法典颁布前的旧法	（1）2021 年 1 月 1 日以前的法律事实引起的民事纠纷案件 （2）旧法无相关规范，新法有相关规范的情况，法定范围内仍然适用旧法（禁止不利溯及） （3）旧法仅有原则性规定，而新法有具体规定的情况（可依据新法说理） （4）按照审判监督程序决定再审的情况

（图表来源：作者自制）

第八章　宪法规范和宪法解释

第一节　宪法规范

对于成文宪法国家而言，宪法的结构是指宪法文件在内容上的体系和安排。犹如一栋建筑物必须具备一定的物理空间结构，成文宪法必须具备一个符合逻辑的文本结构。纵观世界上的成文宪法国家，宪法的结构一般由序言、正文和附则组成。宪法的序言一般阐明了制宪权的来源、宪法的宗旨目的和核心精神，有的宪法序言还确认了一定的历史事实，使得宪法序言在外观上具有历史叙事的功能。宪法的正文通常以篇章结构和条款形式表现，它一般是包括宪法的总纲、宪法所确认的基本权利、国家权力的配置等内容。宪法的附则通常规定了过渡条款、非常时期条款、生效条款等。有的国家的宪法包含附则，有的国家的宪法文本没有附则。

宪法序言是人们进入宪法世界最先看到的。世界上的成文宪法国家在宪法序言的文本安排上并未有任何统一的模式，有的宪法序言非常精炼，有的宪法序言则语言详尽。从比较公法的角度来看，宪法序言一般由主权（The Sovereign）、历史叙事（Historical Narratives）、最高目标（Supreme Goals）、国家认同（National Identity）、宗教文化（Religion or Culture）等部分组成。比较公法学者 Liav Orgad 将世界各国的宪法序言区分为仪式-象征性序言（Ceremonial-symbolic Preamble）、解释性序言（Interpretive Preamble）、实体性序言（Substantive Preamble）三种类型。①依据这样的类型化理论，1867 年加拿大宪法序言属于仪式-象征性序言，1949 年德国基本法（Grundgesetz）的序言属于解释性序言、1958 年法兰西第五共和国宪法序言属于实体性序言。理论界和学术界关于宪法的序言的规范效力存在着不同的学说和见解。第一种学说是所谓的宪法序言的全部无效力说，这种学说主张宪法的序言欠缺法律规范的构成要素，大多是一种历史叙事，所以不具备规范上约束力。第二种学说是所谓的宪法序言是部分有效力说，该学说区分了宪法序言当中的历史叙事部分和非历史叙事部分，它主张宪法序言中的历史叙述部分没有规范效

① Liav Orgad, The Preamble in Constitutional Interpretation, International Journal of Constitutional Law, Volume 8, Issue 4, October 2010, pp. 714-738.

力，非历史叙述部分具有规范效力。第三种学说是所谓的宪法序言全部效力说，该学说主张宪法序言的任何部分都犹如宪法正文一样具有规范上的效力。这种观点认为无论是宪法的历史叙述部分，还是宪法的非历史叙述部分，它们同样具有效力，从而应当约束国家、社会和公民。也有学者主张宪法序言强于正文的法律效力，按照这种观点，宪法的序言规定了制宪的根本原则和宗旨，它的效力高于正文。

通说认为，法律规范（Legal Norms）是指由国家制定或认可，并由国家强制力保证实施的行为规则。法律规范应当具备三个构成因素：一是假定条件。法律规范的假定条件是指某一法律规则的适用条件，某一行为符合一定的条件就会被纳入法律规范的适用领域。二是行为模式，法律规范以作为或者不作为的方式规定了允许或禁止的行为类型。行为才是法律的对象，正如马克思在评论普鲁士莱茵省林木盗窃法时说道："我只是由于表现自己，只是由于踏入现实的领域，我才进入受立法者支配的范围。对于法律来说，除了我的行为以外，我是根本不存在的，我根本不是法律的对象。我的行为就是我同法律打交道的唯一领域，因为行为就是我为之要求生存权利、要求现实权利的唯一东西，而且因此我才收到现行法的支配。"①三是法律后果。法律后果是法律规范对某一行为的积极或者否定的评价，在假定条件成就时，违反法律规范就必须承担一定的法律后果。法律规范的结构详见表 8-1 所示。

表 8-1　**法律规范的一般结构**

结构要素	要 素 解 释
假定条件	在何种条件下，发生何种事件
行为模式	主体应该按照何种行为模式作用于客体
法律后果	在假定条件成就时，法律当如何评价行为的后果

（图表来源：作者自制）

学术界对于宪法规范是否具备法律规范的三要素存在不同的见解，有的学者认为宪法规范不同于一般法律规范，无须具备一般法律规范的三要素；有的学者则持相反的观点，认为宪法规范也是一种法律规范，人们可以通过对宪法规范的发掘而界定它的规范要素。从概念上看，宪法规范是指调整宪法关系从而具有最高法律效力的各种规范的总和。宪法规范往往具有抽象性、原则性和概括性的特征。宪法关系不同于一般民事法律关系、行政法律关系、刑事法律关系，制宪者们往往将其所认为具有根本重要性的事项以极为精练的语言固定在宪法文本之中。宪法规范是抽

① 《马克思恩格斯全集》（第 1 卷），人民出版社 1956 年版，第 16~17 页。

象和概括的，它需要在宪法的解释和实施活动中得到具体化。在我国，对宪法规范具体化的主要任务是由立法机关来承担的。宪法规范与法律规范的区别至少包括以下方面：(1) 宪法规范相比一般法律规范而言更加抽象和概括，宪法规范往往体现为一系列具有最高法律效力的原则性规范。(2) 宪法规范相比一般法律规范更加具有广泛性，在某些情况下，宪法规范还具有较强的政治性。宪法是政治的规制法，宪法使得政治和人类社会生活符合规则统治，所以，它与一般的部门法的规范相比，每一个宪法规范所牵涉或者影响的领域是非常广泛的。(3) 宪法规范具有高度的稳定性，宪法规范与普通法律规范相比不容易被变更，修改宪法的程序远远严于普通法律规范。宪法修改程序的严格性使得它得以与普通法律规范相区分。值得注意的是，宪法规范的稳定性并不否认其适应性。在宪法运行的实践领域，宪法是一部活的法典（A Living Constitution）。即使宪法的文本没有任何改动，宪法文本的语言含义在长期的社会历史中仍已经发生了变迁。在合宪性审查中，宪法解释为宪法文本内涵的丰富和拓展提供了广阔的空间。

宪法规范调整的领域是最基本的政治、经济和社会关系。宪法关系的主体一方必定是国家或者国家机关。公法法律关系不同于私法法律关系，它是一种垂直的法律关系，私法法律关系则是一种水平的法律关系。宪法关系主要包括四个方面：一是国家与公民的关系；二是国家与国内各民族社会团体企事业单位和其他组织的关系；三是国家机关之间的关系；四是国家机关内部的关系。

第二节　宪法解释的两种取向

在宪法解释的领域，长期以来理论界和司法界都存在两类解释方法上的根本区分——原旨主义和“活的宪法”解释方法之争。原旨主义和“活的宪法”之争是普通法系国家和地区的一个重要理论问题，在大陆法系国家或地区，我们称之为“客观解释论”和“主观解释论”之争。在宪法解释的理论方面，原旨主义（Originalism）解释方法是将宪法解释视为对宪法精神原意和目的的探寻，它比较接近于大陆法系国家和地区的“客观解释论”，也就是说，宪法的原初的含义是客观的且可以被探知的。与原旨主义相对的是“活的宪法”（Living Constitutionalism）的解释，它比较接近于大陆法系的“主观解释论”，其思路是将宪法解释视为探究宪法含义在当下社会生活中含义的一种活动，也就是说，应当把宪法的文本作为一个活的文本，它应当是与社会生活相适应的，至少，它不应当与社会发展的方向相背离。

原旨主义的解释论者认为，宪法就是制宪者表达创立某种政体的产物，宪法的含义在其被制定出来的那一刻就“铸就”（Fixed）了，由此，解释宪法就要回到原初的文本，找到并确定“凝固在”宪法文本中的含义（meaning of utterances）。① 在何谓“原旨”的问题上，原旨主义的解释论者区分了原初旨意（Original Intent）和原初含义（Original Meaning），前者属于严格的原旨主义，后者属于温和的原旨主义。②胡果·布莱克（Hugo Black）、安东尼·斯卡利亚（Antonin Scalia）、克拉伦斯·托马斯（Clarence Thomas），罗伯特·博克（Robert Bork）等大法官都主张原旨主义的宪法解释方法。原旨主义的解释方法也有可能受立宪初期原初旨意的束缚，忽视变迁社会中宪法的发展，从而产生某种历史性的错误。例如，在 1957 年著名的德雷德·斯科特诉桑福德案（Dred Scott v. Sandford）中，坦尼法院（Taney Court）固守了最为严格的原旨主义立场从而肯定了美国联邦宪法第 1 条第 1 款第 3 项中的“五分之三妥协”（Three-fifths Compromise），否认了黑人的公民权。最终，联邦最高法院以 7∶2 的多数司法意见书判定：（1）即便是自由的黑人也不是而且不能成为宪法所说的合众国的公民。（2）斯科特不能因为居住在一个由《密苏里妥协案》（*Missouri Compromise*）③ 排除了奴隶制的地区而成为自由人，因为排除奴隶制的妥协条款本身超出了国会的宪法权力。（3）斯科特不能因为曾经待在伊利诺伊就获得自由，因为一旦他回到密苏里，他的身份就只受密苏里法律支配。④

活的宪法（Living Constitutionalism）的解释论者反对原旨主义的宪法解释方法，认为宪法是一个鲜活的生生不息的法律文件（a legal instrument），法院必须根据当代人对社会的理解、适应社会的发展和变迁来对这份文件进行解释。正如英国枢密院大法官桑基勋爵（Lord Sankey）在 1929 年“爱德华兹诉加拿大案”（Edwards v. Canada）中的推理论证道：宪法犹如一棵正在生长的树（a living tree），是一个成长的历程，宪法解释应该适应转变中的社会环境。⑤以当代人的宪法认知结合时代的发展变化来解释宪法的方法被称为“活树原则”（Living Tree Doctrine/ Théorie de L'arbre Vivant）⑥。第二次世界大战之后，沃伦法院（Warren

---

① 参见徐爽：《宪法文本解释方法的历史演进及启示——以美国宪法解释为例》，载《现代法学》2017 年第 3 期；侯学宾：《宪法解释中的原旨主义》，法律出版社 2015 年版。

② 参见徐爽：《宪法文本解释方法的历史演进及启示——以美国宪法解释为例》，载《现代法学》2017 年第 3 期；侯学宾：《宪法解释中的原旨主义》，法律出版社 2015 年版。

③ 《密苏里妥协》（*Missouri Compromise*）是“南北战争”之前蓄奴州与自由州在 1820 年达成的一项协议。该协议规定，在原路易斯安那领地上新建的各州中，除密苏里州外，禁止北纬 36.5°线以北各州蓄奴。

④ Dred Scott v. Sandford, 60 U.S. (19 How.) 393 (1857).

⑤ Edwards v. Canada (AG), [1930] A.C. 124, 1929 UKPC 86.

⑥ Marcotte v. Fédération des Caisses Desjardins du Québec 2014 SCC 57 at para. 21 (19 September 2014); Reference re Same-Sex Marriage 2004 SCC 79 at par. 22, 28, [2004] 3 SCR 698 (9 December 2004).

Court）在“布朗诉教育委员会案”① 中因应了美国民权运动的发展，通过运用“活的宪法”的解释方法，以9：0的一致意见推翻了1896年普莱西诉弗格森案（Plessy v. Ferguson）创立的“隔离但平等”法律先例。沃伦大法官在司法意见书中撰写道：为了厘清第十四条修正案平等权的适用范围究竟有没有涵盖公立教育的问题，法院对于第十四条修正案需不需要采历史解释？亦即，第十四条修正案形成时，制宪者的原意（Framers' Intent）是否重要？制宪者的原意可否适用于本案？法院认为，讨论制宪当时的背景，并不足以解决本案的问题，因为双方无论如何都一定会有不同的解释，我们根本无法确定或得知制宪者的原意究竟为何。既然制宪者的原意无法列入考量因素，本案真正的问题在于“隔离但平等”的原则是否能够适用于本案。沃伦大法官运用大量的论证最终判定：在公立中小学中，因为隔离的措施本身即是一种不平等（Inherently Unequal），因此不再适用。隔离教育违反了第十四条修正案的“平等权”。②正如任何宪法解释方法都不可能穷尽法律的真理，“活的宪法”的解释方法也会带来对法的安定性方面的质疑。斯卡利亚说：“宪法的目的是防止改变——以宪法的方式使得未来的人们无法轻易改变对特定权利的保障。”③布伦南（William J. Brennan）大法官也坚定地表达过同样的观点：“宪法，特别是《权利法案》的根本目的就是宣布某些价值永恒不变，不容当代的政治议程染指。”④

第三节　宪法解释基本方法

世界存在于解释之中，在一定意义上说，无解释，则无法律之适用。在西方语言中“解释”一词通常是指“Interpretation”，与这个词相关的还有Hermeneutics、Exegesis、Exposition、Homiletics、Pedagogy。Hermeneutics是指一门经由科学（原则）或者艺术（任务）来确定经文含义的学问。Exegesis是一门经由文本的历史和语境来确定经文含义的学问。Exposition是一种打通文本的含义与当今读者的交流活动，事实上是一种向现代听众传达经文的现实意义的活动。Homiletics是一门经由科学（原则）或者艺术（任务）来沟通经文含义的当代意义的传道过程，其本质是在讲道场合说服现代听众。Pedagogy是在课堂场合通过科学（原则）或者艺术（任务）讲授经文含义的活动。Hermeneutics（释经）犹若一本烹饪书，Exegesis

---

① Brown v. Board of Education of Topeka, 347 U.S. 483 (1954).

② Brown v. Board of Education of Topeka, 347 U.S. 483 (1954).

③ Antonin Scalia, A Matter of Interpretation, Princeton University Press, 1997, p.40.

④ ［美］斯蒂芬·卡拉布雷西：《美国宪法的原旨主义：廿五年的争论》，李松锋译，当代中国出版社2014年版，第14~15页。

(解经) 类似于准备烘焙蛋糕，Exposition (解说) 就是分享蛋糕美食。①

通说认为，法律解释是指对法律规范及其附随情况所作的说明。法律解释大体上包括两个流派：文本主义和意向主义。简单来说，文本主义者认为词义是对法律文件进行法律解释的依据；意向主义者的观点是，法律解释应遵照法律起草者的意愿。以上两种主义，不但可用于法律解释，也可用于其他任何领域的解释。② 在《当代罗马法体系》一书中，萨维尼认为必须在制定法解释之中区分四个要素：文法要素、逻辑要素、历史要素和体系要素，他明确地将整体解释视为法律解释的基本方法之一，认为如果法律解释能够达成，上述四个要素必须是协调作用的不同活动。③ 法律解释的方法性原则是贯穿于各种法律解释方法的过程并对运用这些法律方法得出的解释结论予以衡量以判断其合理性和正当性与否的那些基础性原则。这些原则主要包括体系性原则、目的性原则、历史性原则和合宪性原则。④在法律解释的四种主要方法性原则中，体系性解释原则与历史性解释原则都是法律解释的形式性标准，而目的性解释原则和合宪性解释原则则是法律解释的实质性标准。⑤如果需要得到具有法律拘束力的解释，则需要对法律解释权进行分析。一般来说，法律解释权包括两部分：一部分是指统一解释权，这部分权力在许多国家都由最高司法机关统一掌握，在我国分别由立法机关、最高司法机关（简称“两高”）等掌握。另一部分是法官针对个案应用法律、解释法律的权力，它属于法官审判权的组成部分，该权力的核心要义在于由法官针对个案宣布法律的意义。⑥

宪法解释属于法律解释的一种，一般法学理论当中关于法解释学的方法实际上适用于宪法解释。宪法解释在学理上的定义是指宪法解释机关根据宪法的基本精神和原则对宪法规定的含义界限相互关系作出的具有法律效力的说明。宪法解释一旦作出之后就约束立法机关、行政机关、监察机关、司法机关以及其他类型的国家机关。宪法解释和宪法修改都是使得宪法规范与社会实际相协调保持一致的两种方式，但是两者在概念上是不同的：宪法解释不是通过宪法修改程序，而是由释宪机

---

① Roy B. Zuck, Basic Bible Interpretation: A Practical Guide to Discovering Biblical Truth, David C. Cook, 2002, pp. 19-22.

② 参见［美］沃尔特·辛诺特·姆斯特朗：《法律解释中的词义》，栾绍兴译，载《法律方法》2019 年第 1 卷。

③ 参见［德］弗里德里希·卡尔·冯·萨维尼：《当代罗马法体系》(I)，朱虎译，中国法制出版社 2010 年版，第 166~167 页。

④ 魏治勋：《法律解释的方法性原则——对四种法律解释方法性原则之方法属性的辩驳与重构》，载《人大法律评论》2016 年第 3 辑。

⑤ 魏治勋：《法律解释的方法性原则——对四种法律解释方法性原则之方法属性的辩驳与重构》，载《人大法律评论》2016 年第 3 辑。

⑥ 陈金钊：《法律解释（学）的基本问题》，载《政法论丛》2004 年第 9 期。

关结合社会生活的实际对宪法规范进行的一种法律解释活动。进行宪法修改通常是因为宪法规范的文本与社会生活实际发生了不可调和的冲突，宪法的文本已经落后了社会生活实际或者与社会生活实际相脱离。宪法解释的作用在于：第一，阐明宪法的基本精神；第二，明确宪法规定的确切含义；第三，弥补宪法规范的漏洞；第四，维护和保障宪法权威；第五，为判断宪法行为是否合宪提供一种标准或者准则。通常来说，宪法解释基本方法包括文义解释、目的解释、体系解释和历史解释。

一、文义解释

在文义解释中，任何解释者都必须首先观察法律文本的语言学上的含义。在文学解释中，有的评论家强调需要对文本（文学）进行精读，但是文学评论家所谓的精读强调的是理解得合情合理，而对一个法律文本进行“抠字眼”式的精读则利用的是语词与其指涉的不确定性，这也就是文学解释方法不能适用于法律解释的最根本的因素。① 根据香港《释义及通则条例》第5条关于文法变体及同语族词句的规定，在任何条例中凡对任何字或词句下有定义，该定义的适用范围即扩及该字或词句的文法变体及同语族词句。发生条款含义的争议时，应首先采取“通常理解”对条款内容进行解释，即按照文义解释进行厘定，在穷尽文义解释仍然不能释疑时，释宪者方可适用其他解释规则。

在1980年的“内政部诉费舍案”中，枢密院指出在进行法律解释的时候“对所用字句，以及赋予这些字句含义的用语传统及惯用方法必须加以尊重”。(Respect must be paid to the language which has been used and to the traditions and usages which have given meaning to that language)② 在“入境事务处处长诉庄丰源”中，香港终审法院认为其必须参照有关条款的背景及目的来诠释文本字句，一旦断定文本字句确是含义清晰后，便须落实这些字句的清晰含义。法院不会基于任何外来数据而偏离这些字句的清晰含义，赋予其所不能包含的意思。③法院的理据在于：若法院在借助内在资料及适当的外来资料去确定有关条款的背景及目的，并参照该背景及目的后作出诠释，断定文字的含义清晰，则外来数据，不论其性质，也不论其属制定前或制定后数据，均不能对解释产生影响。含义清晰即所用文字没有歧义，就是在合理情况下不能得出另一对立的解释。④

① 参见［美］波斯纳：《法律与文学》，李国庆译，中国政法大学出版社2002年版，第7章。

② Minister of Home Affairs v. Fisher, [1980] AC 319 at 329E.

③ The Director of Immigration v. Chong Fung Yuen, [2001] Hkcfa 48; [2001] 2 Hklrd 533; (2001) 4 Hkcfar 211; Facv 26/2000 (20 July 2001), 6.3.

④ The Director of Immigration v. Chong Fung Yuen, [2001] Hkcfa 48; [2001] 2 Hklrd 533; [2001] 4 Hkcfar 211; Facv 26/2000 (20 July 2001), 6.3.

全国人民代表大会常务委员会于 2011 年 2 月 25 日通过的《刑法修正案（八）》，增加了《刑法》第 133 条之一危险驾驶罪，规定："在道路上驾驶机动车追逐竞驶，情节恶劣的，或者在道路上醉酒驾驶机动车的，处拘役，并处罚金。"无论在理论上还是在实务中，对关键词语的理解会影响到执法机关是否适用入罪标准进行衡量和判断。①例如，对于企事业单位或者住宅小区等管辖范围内的路段、停车场是否属于"道路"就影响到法律的正确适用问题。对于"道路""机动车"等关键词语的含义，我国的《道路交通安全法》就采用了文义解释的方法。《道路交通安全法》第 119 条的规定，"道路"是指公路、城市道路和虽在单位管辖范围但允许社会机动车通行的地方，包括广场、公共停车场等用于公众通行的场所；"机动车"是指以动力装置驱动或者牵引，上道路行驶的供人员乘用或者用于运送物品以及进行工程专项作业的轮式车辆；"非机动车"是指以人力或者畜力驱动，上道路行驶的交通工具，以及虽有动力装置驱动但设计最高时速、空车质量、外形尺寸符合有关国家标准的残疾人机动轮椅车、电动自行车等交通工具。因此，对于机关、企事业单位、厂矿、校园、住宅小区等单位管辖范围内的路段、停车场，若相关单位允许社会机动车通行，则也属于"道路"范围，在这些地方醉酒驾驶机动车的，同样构成危险驾驶罪。②

在"上海市崇明区人民检察院诉张某杰、陈某鸣、包某鑫组织考试作弊案"中，上海市第二中级人民法院正是运用了文义解释的方式来阐明"什么是组织考试作弊罪中的考试?"法院认为，这种考试是指法律规定的国家考试，至于什么是法律规定，法院认为这里的"法律"应当限缩解释为全国人民代表大会及其常务委员会制定的法律。在判决说理中，法院认为，国家机关根据法律委任制定的规章中规定的国家考试相对于法律本身而言，是一种"间接规定"。组织考试作弊罪将考试范围限定在"法律规定的国家考试"，但没有限定法律作出规定的具体方式。

---

① 醉酒驾驶机动车的入罪标准，即在道路上驾驶机动车，血液酒精含量达到 80 毫克/100 毫升以上的，属于醉酒驾驶机动车，应当以危险驾驶罪定罪处罚。参见《最高人民法院、最高人民检察院、公安部关于办理醉酒驾驶机动车刑事案件适用法律若干问题的意见》（法发〔2013〕15 号）。判断醉酒的国家标准是血液中的酒精含量。根据国家质量检验检疫总局 2004 年 5 月 31 日发布的《车辆驾驶人员血液、呼气酒精含量阈值与检验》（国家标准 GB19522-2010）的规定，机动车驾驶人员每 100 毫升血液中酒精含量大于或等于 20 毫克，且小于 80 毫克为饮酒后驾车；车辆驾驶人员每 100 毫升血液中酒精含量大于或等于 80 毫克为醉酒驾车。孔祥承、聂友伦：《醉驾案件中醉酒标准认定之思考》，载《行政与法》2020 年第 3 期；张某、承德市公安局交通警察支队公安行政管理案，参见河北省承德市中级人民法院行政判决书〔2020〕冀 08 行终 10 号。

② 陈国庆、韩耀元、吴峤滨：《〈关于办理醉酒驾驶机动车刑事案件适用法律若干问题的意见〉理解与适用》，载《人民检察》2014 年第 5 期。

根据文义解释的方法，将法律规定解释为法律“直接”或“间接”规定符合基本语法规范，同时亦没有超出普通大众的认知范围，因此是一种合理解释。①

在2015年上海市虹口区人民法院审理的“甲公司诉乙保险公司财产保险合同纠纷案”②中，甲公司作为专业的物流运输企业，在乙保险公司购买了火灾险，双方签订了保险合同，同时，该格式合同的免责部分将未列名的其他使用性质的车辆的“自燃”排除在保险范围之外。2014年6月25日11时19分许，被保险车辆于上海市某路口500米处发生火灾，事故造成车头部分烧毁。上海市浦东新区公安消防支队出具的《火灾事故简易调查认定书》记载：该起火灾原因为车辆电气线路故障。原告甲公司确认火灾原因为车辆自燃，要求被告乙保险公司承担保险责任，双方由于对“火灾”这一保险术语的理解不同而发生争议，诉至法院。上海市虹口区人民法院认为：“从文义解释的角度，火灾可以理解为（机动车因）失火造成的灾害，并不区分起火原因为机动车自身或外来火源，但《车损险条款》第35条保险合同术语第5款、第8款已就火灾、自燃的概念作出了明确区分，火灾为机动车本身以外火源引起的燃烧，自燃为机动车本身故障引起的燃烧，该定义表达清晰无歧义，两者显然不是包含与被包含的关系；从体系解释的角度，《车损险条款》第5条第2款将火灾与党政机关、事业团体等车辆自燃并列，也与《车损险条款》对火灾、自燃的定义逻辑相恰，联系上下文语境，不存在其他的理解；从历史解释的角度，被告保险合同中对火灾、自燃的定义与保监会复函的精神一致，系多年采用的合同范本，原告甲公司作为专业的物流运输企业，应当知晓本行业保险惯例，如认为车损险不足以覆盖损失风险，可以附加投保相应自燃险种。因此，在采取文义解释、体系解释、历史解释的方法后，对火灾概念应得出《车损险条款》中对火灾定义的唯一、确定解释，故不适用疑义利益规则。”

在“孔某金破坏公用电信设施、张某生掩饰、隐瞒犯罪所得案”中，江苏省镇江市丹徒区（县）人民法院认为：基于罪刑法定原则的内在要求，以及刑法稳定性优于正当性的价值认同，无论是形式解释论抑或实质解释论，在解释方法上都不排斥文理解释优先于论理解释的原则，在解释方法的顺序上通常呈现出文义解释—体系解释—历史解释—目的解释—合宪性解释的趋同。因此，通过文理解释可以获得对于刑法条文正确理解的，就没有必要采取论理解释的方法，除非文理解释

---

① 上海市崇明区人民检察院诉张某杰、陈某鸣、包某鑫组织考试作弊案，载《最高人民法院公报》2018年第12期（总第266期），第16~20页。

② 2015年度上海法院金融商事审判十大案例之七：甲公司诉乙保险公司财产保险合同纠纷案，参见上海市虹口区人民法院〔2015〕虹民五（商）初字第2578号判决书。

的结论不合理或者产生多种结论。①

在最高人民法院指导案例第60号盐城市奥康食品有限公司案中，《食品安全法》规定，食品经营者在食品标签、食品说明书上特别强调添加、含有一种或多种有价值、有特性的配料、成分，应标示所强调配料、成分的添加量或含量，未标示的，属于违反《食品安全法》的行为，工商行政管理部门依法对其实施行政处罚的，人民法院应予支持。对于如何理解“强调”、如何解释“有价值、有特性的配料”的问题，江苏省盐城市中级人民法院在生效判决书中采取了文义解释并认为：所谓“强调”，是特别着重或着重提出，一般意义上，通过名称、色差、字体、字号、图形、排列顺序、文字说明、同一内容反复出现或多个内容都指向同一事物等形式表现，均可理解为对某事物的强调。所谓的“有价值、有特性的配料”是指不同于一般配料的特殊配料，对人体有较高的营养作用，其市场价格、营养成分往往高于其他配料。②

二、目的解释

拉丁法谚有言：“不拘泥于字面来解释其管辖权是一个称职法官的责任”（Est boni judicis ampliare jurisdictionem）。在1980年的“内政部诉费舍案”中，枢密院在解释非婚生子女的含义时就采用较宽松的解释方法，认为非婚生子女与婚生子女一样享有居留权。这是因为宪法解释与普通法律的解释有所不同，宪法应该被视为是自成一体的（as sui generis），宪法之解释呼唤符合它自身特征的方法（calling for principles of interpretation of its own）。③在“律政司诉丘达昌”案中，香港法院基于迪普洛克勋爵（Lord Diplock）在1984年“总检察长诉Jobe案”④中的判决法理，法院认为，在解释宪法性法律文件之时，应该采用一种宽松的（Generous）、目的论（Purposive）的方法。⑤

最高人民检察院在其指导案例“马某利用未公开信息交易案”中，认为应该综合运用多种解释方法从符合刑法目的的方式来解释法律条文。“正确理解刑法条文，应当以文义解释为起点，综合运用体系解释、目的解释等多种解释方法，按照

---

① 孔某金破坏公用电信设施、张某生掩饰、隐瞒犯罪所得案，江苏省镇江市丹徒区（县）人民法院〔2016〕苏1112刑初11号。

② 盐城市奥康食品有限公司东台分公司诉盐城市东台工商行政管理局工商行政处罚案，最高人民法院指导案例第60号（2016年）。

③ Ministry of Home Affairs v. Fisher，[1980] AC 319（P. C.）

④ Attorney-General v. Momodou Jobe，[1984] AC 689，[1984] UKPC 10.

⑤ Attorney General v. David Chiu Tat-cheong，[1992] 2 HKLR 84.

罪刑法定原则和罪责刑相适应原则的要求，从整个刑法体系中把握立法目的，平衡法益保护。”①

在“重庆泰雷商贸有限责任公司与重庆佳路机电有限公司合同纠纷上诉案”中，重庆市第一中级人民法院认为：“从目的解释的角度看，探究立法者的立法意图更具决定性意义。当通过字面解释、历史解释、体系解释会得出不同含义时，规范目的就起着决定性作用。”②

三、体系解释

德国法学家伯尔尼·魏德士（Bernd Rüthers）指出：“法律适用通常不是对某个具体规范的适用，而是对散布在法律秩序的若干法律部门中相关规范的适用。法律适用者寻找的不是适用于具体案件间的某个规范的答案，而是整个法律秩序的答案。”萨维尼揭示了四个规则：一是体系化研究应该具备一定的抽象性与无矛盾性。虽然体系解释需要把握法律素材之间的整体脉络，但是如果过多地强调法律外因素就会间接地或隐蔽地背离法律。二是体系化应该以实在法为基础，避免任意性和空洞化。三是应该对其进行整体性界定，但不需要把它们概括为学究式的定义。在体系解释中不应该对与法律规范无关的概念进行阐释，每一个概念都应该有相对应的法律现实。四是体系化研究应该建立在真正的内在关联基础上，其目的是发现体系而不是发明体系。③ 在拉伦茨看来，法律规范之间并非彼此无关地平行并存，其间有各种脉络关联，解释规范时需要考量该规范之意义脉络、上下文关系体系地位及其对该规范的整个脉络之部分之功能为何，并且整个法秩序（或其大部分）都受特定指导性法律思想、原则或一般价值标准的支配，其中若干思想、原则，在今日甚至具有宪法位阶，诸多规范之各种价值决定得借此法律思想得以正当化、一体化，并因此避免其彼此间的矛盾。④

在“刘某明诉张家港市人民政府行政复议案”⑤ 和“北京市东城区人民政府、北京联立房地产开发有限责任公司再审审查与审判监督行政裁定书”中，最高人民法院认为对行政实体法某一法条或者数个法条保护的权益范围的界定，不宜单纯

---

① 检例第 24 号：马某利用未公开信息交易案（2016 年）。

② 重庆泰雷商贸有限责任公司与重庆佳路机电有限公司合同纠纷上诉案，重庆市第一中级人民法院〔2012〕渝北法民初字第 11560 号；〔2013〕渝一中法民终字第 00946 号。

③ 陈金钊：《体系思维的姿态及体系解释方法的运用》，载《山东大学学报（哲学社会科学版）》2018 年第 2 期。

④ 杨铜铜：《体系解释的思维依据》，载《法律方法》2017 年第 2 期。

⑤ 刘某明诉张家港市人民政府行政复议案，最高人民法院〔2017〕最高法行申 169 号。

以法条规定的文意为限，以免孤立、割裂地“只见树木不见森林”，而应坚持从整体进行判断，强调“适用一个法条，就是在运用整部法典”。①

宪法解释应当具有系统性，释宪者对宪法某个条文的解释应当与宪法的整体内容相协调。宪法的效力高于普通的法律，宪法的效力地位决定了宪法解释必须要注重它的系统性和协调性；同时，宪法解释还不得背离社会生活的实际，宪法解释应当是代表了社会发展的方向，应当是对社会生活中的重大争议定纷止争。

四、历史解释

历史解释的方法同样需要借助所谓的立法准备资料（Travaux Préparatoires/Preparatory Works）来澄清立法者在法律制定之初的意思。也有学者将这种方法称为立法史方法，它主要是指依据立法者对法案的修订、委员会审议和议员辩论时发表过的言论以及通过官方程序从专家和听证人处收集到的公众意见等立法史料考察立法意图从而对制定法进行解释的方法。②德国资深的法理学家伯恩·魏德士（Bernd Rüthers）曾一针见血地指出：“不去查明立法者的规范目的或者不经说明就背离它的人将使自己脱离法律约束，从法律的仆人变为法律的主人……历史解释是任何合宪性法律适用的不能放弃的一步。”③由于立法体制之不同，在普通法系国家或者地区，法院对待立法准备资料的规则也有不同。美国联邦最高法院经常使用立法准备资料来帮助其判断法律的确切含义，而英国上议院及其之后的英国最高法院则较为谨慎使用立法准备资料，只有当法律规则含义模糊不清无法通过文意解释、目的解释和体系解释加以断定的时候，英国法院才考虑借助立法准备资料来判断法律的确切含义。在英国法上，运用立法准备资料来进行法律解释最著名的案例莫过于英国上议院判决的“福瑟吉尔诉君主航空公司案”④ 和“佩珀诉哈特案”⑤。英国上议院迪普洛克勋爵（Lord Diplock）在“福瑟吉尔诉君主航空公司案”中认

① 北京市东城区人民政府、北京联立房地产开发有限责任公司再审审查与审判监督行政裁定书，最高人民法院〔2019〕最高法行申 293 号。

② Nicholas R. Parrillo, Leviathan and Interpretive Revolution: The Administrative State, the Judiciary, and the Rise of Legislative History, 1890—1950, 123 Yale L. J. 266 (2013). 中文翻译参见洪莹莹：《美国制定法解释中的立法史方法及启示：基于对 207 个联邦反托拉斯判例的梳理》，载《北大法律评论》2017 年第 2 期。

③ ［德］伯恩·魏德士：《法理学》，丁晓春、吴越译，法律出版社 2013 年版，第 333 页。Bernd Rüthers, Christian Fischer & Axel Birk, Rechtstheorie: Begriff, Geltung und Anwendung des Rechts, 10. Auflage, Beck, München 1999; Bernd Rüthers, Zeitgeist und Recht. Bachem, Köln 1997.

④ Fothergill v. Monarch Airlines Ltd., [1980] 2 All ER 696, [1980] 3 WLR 209, [1981] AC 251, [1980] UKHL 6.

⑤ Pepper (Inspector of Taxes) v. Hart, [1992] UKHL 3, [1992] 3 WLR 1032.

为："法院在执行其宪制职能作为诠释国会所订成文法的诠释者时，常被喻为确定'国会的意向'。"这个比喻虽然简便，但并未考虑到法院在履行其诠释职能和复核行政措施是否合法的同时，亦作为行使立法权的国家与受国会所制定并由国家行使其行政管理权执行的法律所规管的公民之间的调解人。基本公义或套用欧洲法院经常引用的概念对法律确切性的要求是，要求公民（或更现实的是，向其提供意见的合资格的律师）参考可供公众得到的可确实数据，以确定对其具有约束力的规则。国会想公民参考的数据源，必然是法令本身的用语，即经国会本身通过，准确表达其意向的字眼。在司法过程中，立法准备资料（包括议会辩论记录、历史背景资料、政府的官方报告书等）被认为是一种"外在的辅助工具"。英国的法律委会对这些外在的辅助工具进行了类型化：（1）法官可能想知道制定该法例的背景的一般情况和事实情况；（2）法官可能想知道制定该法例所针对的"缺弊"，而立法机关的目的应是要补救或更改法律上或事实方面的某种状况；（3）法官可能想找出一些资料，那些资料可能与该法例所做补救或更改的性质和范围有关。①在"入境事务处处长诉庄丰源"中，香港终审法院区分了在解释《香港特别行政区基本法》（以下简称《基本法》）时候的内在资料的问题（Internal Materials）和外在资料的问题（Extrinsic Materials）的问题。关于内在资料的问题，为协助解释有关条款，法院会考虑《基本法》的内容，包括《基本法》内除有关条款外的其他条款及其序言。这些均属有助于解释的内在资料。关于外在资料的问题，有助于了解《基本法》或《基本法》某些条款的背景或目的的外来资料，一般均可用来协助解释《基本法》。例如，1984 年 12 月 19 日于北京签订的《中英联合声明》、1990 年 3 月 28 日提交全国人民代表大会审议的《关于基本法（草稿）的解释》。在"佩珀诉哈特案"中，英国上议院的判决书概述了以下新规则："在不抵触任何国会豁免权的前提下，应放宽不采纳国会资料作为解释法例的辅助工具的规则，使在下列情况下容许参考该等资料：(a) 法例出现歧义、模糊或导致荒谬情况；(b) 用以释义的材料，是部长或其他法令草案倡议人作出的声明，如需要的话也包括为了解该等声明和声明的效用而需参考的其他国会资料；（c）用以释义的声明清晰。"②

① The Interpretation of Statutes, Law Com. No. 21; Scot. Law Com. No. 11, 1969.

② Pepper (Inspector of Taxes) v. Hart, [1992] UKHL 3, [1992] 3 WLR 1032.

理性乃是法律的生命，普通法无非就是理性而已，它应被理解为一种人为理性技艺之完善，它不能通过人的自然理性而天然取得，只能通过长时间的学习、观测和经验而习得。①

——爱德华·柯克（Edward Coke）

正如人生是一场实验，我们宪法的理论也是一场实验。②

——奥利弗·温德尔·霍姆斯（Oliver Wendell Holmes，Jr.）

第九章　宪法上的司法审查制度

第一节　追寻“更高的法”

一、古希腊时代“更高的法”的思想源流

（一）重返“安提戈涅”

神话构筑起了古代人的宇宙观，中国、西方和印度都概莫能外。追寻古代的神话能够使生活在现代世界的法律人较为清晰地了解古代世界的正义观。古希腊的神话世界被分为三个历史时期：（1）众神时代（Age of Gods），这个时代的神话主要建构起了古希腊人的宇宙观，也就是宇宙的起源。众神时代的神话历史叙事主要围绕着奥林匹斯十二主神展开。（2）众神和人类自由混合时代，这个时代神话故事

① “Reason is the life of the Law，nay the common law itself is nothing else but reason，which is to be understood of an artificial perfection of reason，gotten by long study，observation，and experience，and not of every man's natural reason.” Edward Coke，Francis Hargrave，Thomas Littleton，The First Part of the Institutes of the Laws of England，Nabu Press，2012，97b.

② That，at any rate，is the theory of our Constitution. It is an experiment，as all life is an experiment. Abrams v. United States，250 U. S. 616，630（1919）（Holmes，J.，dissenting）“艾布拉姆斯诉合众国案”，《美国最高法院判例汇编》第250卷，第616页起，第630页。（霍姆斯大法官，少数意见）

的主题是奥林匹斯神及其后代与人类共同生活在同一个宇宙所发生的事情。(3)英雄时代（Heroic Age），这个时代主要是讲述古代英雄人物的事迹，例如，特洛伊战争、底比斯史诗就是典型代表。自英雄时代之后，古希腊进入可以证实的信史时期，自古代希腊第一届奥林匹克运动会于公元前776年开始之后，古希腊的历史才分别进入古风时期（前800年—前481年）、经典时期（前480年—前323年）、希腊化时期（前323年—前146年）。

在古希腊的历史从古风时期进入经典时期（也就是我们通常所说的古希腊）的过渡时期，除了赫西俄德（Hesiod）创作了《工作与时日》《神谱》以及荷马（Homer）创作了《伊利亚特》《奥德赛》之外，古希腊还产生了三位伟大的悲剧诗人——埃斯库罗斯（Aeschylus）、索福克勒斯（Sophocles）和欧里比德斯（Euripides）。索福克勒斯（Sophocles，前496—前406年）创作了著名悲剧《安提戈涅》（*Antigone*①）。这部悲剧是以一位女性主人公的名字而命名。悲剧故事发生在希腊神话中的底比斯王国（Thebes Kingdom），彼时底比斯的国王正是后世所熟知的具有恋母情结②的俄狄浦斯（Oedipus③）。俄狄浦斯王（Oedipus）有四个孩子：两个儿子分别是厄忒俄克勒斯（Eteocles）、波吕尼刻斯（Polyneices），两个女儿分别是安提戈涅（Antigone）和伊斯墨涅（Ismene）。

众所周知，底比斯国王俄狄浦斯具有恋母情结，他弑父娶母，罪孽深重，最终逝世。逝世后，围绕着底比斯城邦的王位继承问题，俄狄浦斯王的两个儿子厄忒俄克勒斯（Eteocles）和波吕尼刻斯（Polyneices）发生了争执，闹得两人手足相残。厄忒俄克勒斯（Eteocles）衷心耿耿地保卫着底比斯城邦，为了城邦随时准备献身；波吕尼刻斯却被厄忒俄克勒斯赶出城邦，愤怒的波吕尼刻斯召集了六位英雄一起攻打底比斯城，史称“七雄攻城”（Seven Against Thebes）。最终，波吕尼刻斯和厄忒俄克勒斯两兄弟都双双战死沙场。

战争结束后，俄狄浦斯王之母/妻的弟弟克瑞翁（Creon④）继任底比斯城邦的王位，这样一来，安提戈涅的舅父克瑞翁就成为新的国王。克瑞翁为厄忒俄克勒斯（Eteocles）举行了隆重的国葬，却将波吕尼刻斯（Polyneices）曝尸荒野，任其腐烂和被野兽吃掉。不但如此，克瑞翁还颁布了法律：战争结束后，任何人都不得将波吕尼克斯埋葬，若有违反城邦法律者，将会由安提戈涅将违者处死。

---

① Antigone在古希腊语中是由一个复合词而构成的人名，源于希腊语 αντι（反）“反对，相比，像”和 γονη（出）“出生，后代”。

② Oedipus Complex，本来指恋母情结，又被译为俄狄浦斯情结，是指儿子恋母、仇父的一种复合情结。

③ Oedipus在古希腊语中的意思是“肿胀的脚”（Swollen Foot）。

④ Creon在古希腊语中原文是“Κρέων”的意思就是统治者（Ruler）。

然而，安提戈涅认为舅父克瑞翁的做法极其不公正、不道德、违反了神意。安提戈涅念及兄妹之情，不顾城邦的禁令，埋葬了哥哥的尸体。安提戈涅认为埋葬兄长的尸体是依照神法来履行职责，而且这种不成文的神法是永恒的。由于违反城邦的法律，安提戈涅被捕并被送到克瑞翁面前，安提戈涅当众坦白自己是有意违反城邦的禁令，她宣称神的律法要高于人的律法。安提戈涅用这种做法激怒了克瑞翁，心中只求一死。

《安提戈涅》的结局是一场纯粹的大悲剧：国王克瑞翁下令用围墙将安提戈涅困在波吕尼刻斯的墓中。安提戈涅在墓中选择了自杀。安提戈涅的未婚夫，也就是克瑞翁的儿子海蒙（Haemon）得知其未婚妻的死讯后也选择自杀殉情。克瑞翁的妻子欧利蒂丝（Eurydice）得知儿子和未来的儿媳自杀之后，最终也选择了自杀。克瑞翁在妻子、儿子和安提戈涅都死亡后才认识到自己一手酿成了悲剧，身为国王的他陷入了无限的悲恸之中。①

（二）古希腊悲剧中的正义观

在古希腊的悲剧传统中，常常存在两类角色，一边是英雄（Hero），我们称之为拥护者（Protagonist）；另一边是反派主角（Villain），我们称之为反对者（Antagonist）。英雄虽然可歌可泣，但是希腊剧作家却偏偏为他（她）们设定了一种悲剧性的弱点（Hamartia/ Tragic Flaw），所以后世才得以看到许许多多的悲剧式的英雄。在《安提戈涅》这部伟大的悲剧作品中，安提戈涅自然属于索福克勒斯笔下的英雄，同时她的命运本身也是一场悲剧。反派角色克瑞翁国王属于索福克勒斯笔下的枭雄，他却生活在一个更大的悲剧的结构之中。在这个悲剧故事中，安提戈涅（Antigone）在对抗克瑞翁国王（Creon）时有一段常常被法学家所引用的台词：

> 克瑞翁国王（Creon）：如此，你竟敢违反城邦的法律？
> 安提戈涅（Antigone）：是啊，这些法律并非宇宙制定，
> 　　　　　　　　　　而她和诸神并立为王位居宙斯之下，

---

① 参见强世功：《文学中的法律：安提戈涅、窦娥和鲍西娅——女权主义的法律视角及检讨》，载《比较法研究》1996年第1期；苏力：《自然法、家庭伦理和女权主义——〈安提戈涅〉重新解读及其方法论意义》，载《法制与社会发展》2005年第6期；罗念生：《罗念生全集》（第2卷），世纪出版集团/上海人民出版社2004年版，第297~298页；Valerie Reed，“Bringing Antigone Home?” Comparative Literature Studies，Vol. 45，No. 3，2008，pp. 316-340；瓦莱丽·里德：《把安提戈涅带回家?》，胡根法译，载《比较文学与世界文学》2012年第1期；Sara MacDonald，Sophocles’ Antigone：A Tragic Imbalance，Finding Freedom：Hegel’s Philosophy and the Emancipation of Women，McGill-Queen’s University Press，2008，pp. 19-40.

公道，不是出于这些人类法律的规定。
我也不认为你，一个尘世的凡人，
能够一下就取消和践踏
上天不可改变的不成文的法。
上天的存在非一天两天；
它们永不消亡；
也无人知道它们何时起源。①

《安提戈涅》故事的主要矛盾来自于安提戈涅与克瑞翁，他们之间的冲突也被延伸到了不同的方向。将其从文学引入哲学思考的研究最初来自于黑格尔，他认为安提戈涅和克瑞翁之间的立场没有绝对的对错之分。克瑞翁禁止任何人埋葬“国家叛徒”，是站在城邦整体的一面（至于城邦居民是否支持他的这一做法，则取决于不同的故事版本），他是国家律法的象征；而安提戈涅掩埋兄长，则出自人类的天然情感，黑格尔将此称为自然法，亦无过错，但二者却是对立的。②

在法学家眼中，《安提戈涅》展现了古代希腊人那种超越于人定法的神法的坚定信念。古希腊悲剧诗人正是在超自然的正义观的支配下展开了他们对英雄事迹的叙述。③在索福克勒斯的悲剧中，无论是英雄人物还是反派人物都围绕着正义和正义的法则争论不休、纷争不止，在后世法学家看来，《安提戈涅》提供了一个绝佳的透视正义和法律起源的样本，不同类型的法学家可能基于其特定的法哲学立场产

① ［美］乔治·霍兰·萨拜因，政治学说史（上册），盛葵阳、崔妙因译，商务印书馆1986年版，第53页；汪太贤：《从神谕到自然的启示：古希腊自然法的源起与生成》，载《现代法学》2004年第6期；强世功：《文学中的法律：安提戈涅、窦娥和鲍西娅——女权主义的法律视角及检讨》，载《比较法研究》1996年第1期；Lloyd L. Weinreb, Natural Law and Justice, Harvard University Press, 1987, p. 22.

CREON: And so, you dared to contravene the law?

ANTIGONE: It was not Zeus who enacted it, nor did Dike (Justice), comrade of the underworld gods, ever conceive of such laws among men. Nor did I think your statutes had such power as to allow one man to ignore the unwritten and unchangeable laws of the gods. They have applied not just today or since yesterday, but always; and nobody knows when they originated.

② 宫照华：《不同版本〈安提戈涅〉的内涵变迁》，载《新京报书评周刊》2019年11月9日，第B02~B03版。

③ Carlos Felipe Amunátegui Perelló, On supernatural Law: About the Origins of Human Rights and Natural Law in Antiquity, Fundamina (Pretoria) Vol. 20, No. 1, 2014, pp. 15-26; Susan W. Tiefenbrun, On Civil Disobedience, Jurisprudence, Feminism and the Law in the Antigones of Sophocles and Anouilh, Cardozo Studies in Law and Literature, Vol. 11, No. 1, 1999, pp. 35-51.

生不同的解读。①一般来说，法学界对《安提戈涅》的解释主要分为三种模式。②第一种模式是一种自然法或高级法的解释，即认为安提戈涅挑战克瑞翁的法令，代表了永恒不变的、普遍的自然法或高级法（Higher Law，准确翻译应为“更高的法律”）对实在法的挑战。第二种模式是一种黑格尔式的解释，黑格尔在《法哲学原理》中认为《安提戈涅》中的对立和矛盾“是最高的伦理性的对立”，即城邦伦理和家族伦理的对立，这两种伦理的对立“是最高的悲剧性的对立”。第三种模式是女权主义法理学解释，这一思路强调安提戈涅与克瑞翁的冲突既是一种女权与男权之间的冲突，也体现了女权主义法理学与男性实证主义法理学之间的冲突。③

索福克勒斯在《安提戈涅》中借助主人公之口揭露了人定之法与自然之法冲突的现实，并通过安提戈涅视死如归的举动，表现了一种超人类法则的力量的存在。④索福克勒斯认为，正义并非出自人类自身制定的法律，只有奥林匹斯十二神之首的宙斯（Zeus）的法律才是一种更高的正义准则。从《安提戈涅》中的关键对话，我们可以看到神法具备诸多不同于人法的特征：首先神法是不可更改的，它是客观存在的；其次神法是不成文的，它有别于人世间所有的成文规则或者不成文规则；最后，神法是永恒的，它存在于过去、现在和将来，而且人类无法知道神法的产生时间。

与索福克勒斯相似，古希腊三大悲剧家中的另一位诗人埃斯库罗斯（Aeschylus，前525年—前456年）将宙斯比作人格化的自然万物、宇宙的法则或理性，表达人类追求这种永恒正义法则的坚定信念：

> 宙斯，宙斯，无论他是什么，
> 假若这是他喜欢听的名字，
> 他要被我这样称呼。
> 上穷碧落下黄泉，
> 不论何处，我要寻找的
> 只有他，假若我的心

---

① Lukas van den Berge, Sophocles' Antigone and the Promise of Ethical Life: Tragic Ambiguity and the Pathologies of Reason, Law and Humanities, Vol. 11, No. 2, 2017, pp. 205-227.

② Lloyd L. Weinreb, Natural Law and Justice, Harvard University Press, 1987, p. 273; Richard A. Posner, Law and Literature: A Misunderstood Relation, Harvard University Press, 1988.

③ 苏力：《自然法、家庭伦理和女权主义——〈安提戈涅〉重新解读及其方法论意义》，载《法制与社会发展》2005年第6期。

④ 汪太贤：《从神谕到自然的启示：古希腊自然法的源起与生成》，载《现代法学》2004年第6期。

在它死亡之前，将解脱这一种浮华的累赘。①

事实上，在古希腊更早的诗人赫西俄德（Hesiod）所创作的《神谱》中，神的法律与人的法律区分已初见端倪。赫西俄德进一步在《工作与时日》中区分了三个法则，即神的法则、禽兽的法则和人类的法则。神的法则即宇宙的正义；禽兽的法则即弱肉强食的自然法则；人类的法则即宙斯将正义赐予人类生活的特有法则。宙斯是神的法律的执行者，它是正义的化身，依据正义统治宇宙，伸张人类的正义。②

他既能轻易地使人成为强有力者，
也能轻易地压抑强有力者。
他能轻易地压低高傲者抬高微贱者，
也能轻易地变曲为直，打倒高傲者。
——这就是那位住在高山，从高处发出雷电的宙斯。

宙斯啊，请你往下界看看，侧耳听听，了解真情，伸张正义，使判断公正。③

（三）苏格拉底的审判

由苏格拉底的审判（Trial of Socrates）④而引发的苏格拉底之死是古希腊哲学、政治学、伦理学和法学问题建构的重要范本，这一历史事件深刻影响了人类对政治和法律制度的认识。公元前399年，古希腊时期的哲人苏格拉底（Socrates，c. 470—399 BC）被迈雷托士（Meletus）、赖垦（Lycon）、安医托士（Anytus）三人控告到雅典法庭。起诉书内容是："匹托斯区民迈雷托士的儿子迈雷托士，宣誓陈述如下——我告发爱罗匹格区民素夫罗尼斯库的儿子苏格拉底不尊敬城邦所尊敬的诸神而且还引进了新的神；他的违法还在于他败坏青年。我们要求将他判处死刑，

---

① ［美］威尔·杜兰：《世界文明史（希腊生活）》，幼狮文化公司译，东方出版社1999年版，第504页。

② 汪太贤：《从神谕到自然的启示：古希腊自然法的源起与生成》，载《现代法学》2004年第6期。

③ ［古希腊］赫西俄德：《工作与时日·神谱》，张竹明、蒋平译，商务印书馆1991年版，第1页、第9页。

④ Thomas C. Brickhouse & Nicholas D. Smith, Socrates on Trial, Princeton: Princeton University Press, 1989; I. F. Stone, The Trial of Socrates, Anchor Books, 1989.

以整肃城邦之法。”①苏格拉底被控的核心罪名有二：一是亵渎神灵（Asebeia / Impiety），二是败坏青年（Corruption of the Youth）。除此之外，苏格拉底还被指从事两项不敬行为，一是没有敬重城邦所奉神灵（Gods），二是向城邦引入了新的神灵（Deities）。由 501 名雅典公民组成的陪审团（Jury）② 最终以 280 ∶ 221 多数票判定苏格拉底的两项罪名成名，对他处以死刑。临刑前，朋友和学生都劝苏格拉底逃狱，但被苏格拉底严词拒绝，最终苏格拉底引鸩服判。根据柏拉图《斐多篇》（*Phaedo*）的记载，面对死亡，苏格拉底非常平静。

柏拉图以对话录形式写成的《苏格拉底的申辩》（*The Apology of Socrates*）③ 一书记载了苏格拉底审判的主要内容。在此书中，苏格拉底面对雅典法庭进行了最后的申辩，它由三个部分组成：（1）正式的申辩辞（Defence of Socrates）；（2）量刑后的演说（Sentencing Plea）；（3）死刑判决后的告别演说（Departing Remarks）。苏格拉底区分了“智者之知”与“无知之知”以及“人定之法”与“神定之法”。苏格拉底全部申辩和演说的中心就是他所说的“惊醒、劝说、责备你们每一个，我整天不停地在各处安顿你们”④，其目的乃是要唤起一种自我省察的生活，唤起哲学生活的可能性。苏格拉底坚信“未经反思的生活是不值得过的”（the life which is unexamined is not worth living）⑤，他全部哲学正是对什么样的生活值得一过的思考。

---

① 彭中礼：《真理与修辞：基于苏格拉底审判的反思》，载《法律科学》2015 年第 1 期；郭俊义：《苏格拉底之审及柏拉图之反思》，载《南京大学法律评论》（《南大法学》）2018 年第 1 期。

② 根据史料记载和后世研究，西元前 6 世纪末克利斯提尼改革后设立了民众法庭（Dikasteria），古雅典城邦每年必须选出 6000 名 30 岁以上的公民担当民众法庭的陪审法官（Dikastes），这 6000 名陪审法官是在自愿就任者当中抽签选出的，在选出以后，每一名陪审法官皆获取一张附有雅典猫头鹰官印及陪审法官全名的证明票证，并且进行宣誓（Heliastic Oath）就职仪式。

③ 《苏格拉底的申辩》以希腊语写成（Απολογία Σωκράτους/ Apologia Socratis），后世西文和中文翻译版本众多，本书参考了较为权威的译本如下：Plato, Apology, reprinted in the Dialogues of Plato, B. Jowett trans., Charles Scribner & Co. 1871; Plato, Socrates' Defense (Apology), reprinted in Plato: The Collected Dialogues 3, Edith Hamilton & Huntington Cairns eds., Hugh Tredennick trans., 1987; [古希腊] 柏拉图：《苏格拉底的申辩》，吴飞译/疏，华夏出版社 2007 年版；[古希腊] 色诺芬：《回忆苏格拉底》，商务印书馆 2001 年版；[古希腊] 柏拉图：《柏拉图全集》第 1 卷，王晓朝译，人民出版社 2002 年版。

④ [古希腊] 柏拉图：《苏格拉底的申辩》，吴飞译/疏，华夏出版社 2007 年版，第 111 页。

⑤ Plato, Apology, reprinted in the Dialogues of Plato, B. Jowett trans., Charles Scribner & Co. 1871, 38a.

针对败坏青年的指控，苏格拉底将自己与智者的教学法进行区分，他把教师比喻为“知识的产婆”，采用了一种知识“催生法”的方式来教育人，而且他收取学费的行为并非为了牟利。苏格拉底区分了“智者之知”与“无知之知”。在苏格拉底看来，phronesis是人类可达到的智慧，它指明智，关心最重大的东西，关心怎样生活，但是sophia是超人类智慧，它指有智慧，有完满知识，认识怎样生活，并且有能力教导他人如何生活。①明尼苏达大学彼得森（Sandra Peterson）教授解释到，苏格拉底实际上区分了作为属人智慧的“知道”和作为超人类智慧的“知道”，前者存在于智者的认识范畴，后者只能存在于神，不可被归结为人类。作为属人智慧的“明智”不仅是觉识到自己的无知，还应该超越这点而进入对可能的自我矛盾的主动探究。②苏格拉底说道：“我唯一知道的就是我一无所知。”正如“德尔斐神谕（Oracle of Delphi）③ 的意义，并不在于可以让人不必思考和研究。恰恰相反，神谕会促使人进入更深的思考”。④苏格拉底之所以宣称自己无知，正是要把自己置于不断的思考之中。⑤针对渎神的指控，苏格拉底质疑了荷马与赫西俄德对神的描述，他辩解的核心就是把众神的智慧和美德集中于一个神之上，认为存在着一个全在、全视、全听、全善、完满和永恒的创造世界和诸神的最高的神。⑥苏格拉底提出了三种事务，第一种是其个人遵循神谕所执守的事务，目标就是唤起雅典人的自我省察；第二种是“城邦里那些值得一提的事务”，也就是城邦政治家们所从事的事务；第三种是家里的事，也就是私人事务。就苏格拉底而言，他的选择就是一心一意服务于神寄予的使命，也就是把自我省察的生活带入雅典城邦，激活民众的哲学生活，由此而提升雅典人灵魂的德性和雅典城邦的德性。⑦

从法学角度来看，苏格拉底法律思想中存在着一种“人定之法”与“神定之法”的区分，我国学者将其总结为一种“人法二元体系”。⑧就“神法”的性质而

① 参见詹文杰：《论苏格拉底的无知与有知》，载《哲学研究》2015年第8期。

② Sandra Peterson, Socrates and Philosophy in the Dialogues of Plato, Cambridge University Press, 2011, pp. 33-35.

③ 在公元3000年前，希腊德尔斐神庙阿波罗神殿门前有三句石刻铭文：“认识你自己”“凡事勿过度”“承诺带来痛苦”，后来被奉为“德尔斐神谕”。

④ [古希腊] 柏拉图：《苏格拉底的申辩》，吴飞译/疏，华夏出版社2007年版，第79页。

⑤ 参见刘铁芳：《为哲学教育而辩——〈苏格拉底的申辩〉释义》，载《北京大学教育评论》2011年第3期。

⑥ 参见黄启祥：《苏格拉底是否信仰雅典城邦的神——基于德尔斐神谕的考察》，载《现代哲学》2015年第1期。

⑦ 参见刘铁芳：《为哲学教育而辩——〈苏格拉底的申辩〉释义》，载《北京大学教育评论》2011年第3期。

⑧ 参见李鼎楚：《论苏格拉底的法律思想》，载《吉首大学学报（社科版）》2005年第1期。

言，苏格拉底认为世界上存在着一种不同于人法的普遍被遵守的律法，“因为人类是不可能都聚集到一起的，而且也不是都说同一种语言”，所以，神法不是人制定的。这样苏格拉底就在根本意义上区分了“人定之法”与“神定之法”。苏格拉底主张存在永恒的、最高的神，因而神法也是永恒的、最高的，这一点与他对渎神罪的申辩有密切联系。其次，从效力位阶上看，苏格拉底认为神法的效力高于人法。“违犯神所制定的律法的人是无法逃避刑罚的；不像有些人违背了人所制定的律法，却能利用藏躲或暴力逃避刑罚。”①苏格拉底认为神法具有绝对正义性，人法永远在神法之下，“因为如果神不制定正义的律法就很难有什么别的人制定这样的律法”，他还论证说：“凡是其本身就给违犯的人带来刑罚的律法，一定是有比人更好的法者所制定的。”②

二、普通法传统中的“更高的法”：博纳姆医生案

在柏拉图的“理念论”中，正义是城邦的最高法则。亚里士多德进一步提出了“自然正义”（Natural Justice）和“约定俗成正义”（Conventional Justice）的区分，前者基于事务的本性，在任何时候都是有效的；后者是基于人们的习惯和认识，在特定的情境下是有效的。亚里士多德主张，“不正义的法律就不是法”。西塞罗则认为，“真正的法律乃是正确的理性，它与自然和谐一致，它散播至所有的人，且亘古不变、万世长存；它以其命令召唤人履行义务，以其禁令约束人们为非作歹。人类立法不得企图背离该法，这是一项神圣义务；而且不得毁损该法，更不得废弃该法”。③斯多葛学派（Stoicism）区分了人定之法和自然之法，并认为人定之法不得违背自然之法。13 世纪中期，英国大法官布雷克顿（Henry de Bracton）在《英格兰的制成法和普通法》（*The Statute and Common Law of England*）中指出：“国王本人不应该受制于任何人，但他却应受制于上帝和法律，因为法律造就了国王。因此，就让国王将法律赐予他的东西——统治和权力——再归还给法律，因为在由意志而不是由法律行使统治的地方没有国王。”近代启蒙思想家格劳秀斯（1583—1645）、霍布斯（1588—1679）等人继承了古典的自然法的思想，认为人类拥有天生的不可剥夺的自然权利。普通法继承了古典的自然法（Ius Natural/Lex Naturalis）理念进一步丰富了自然正义的内涵。在普通法历史和传统中，自然正义原则可以被视为一种更高的法。自然正义这一根本原则包括两个部分的含义：首

① ［古希腊］色诺芬：《回忆苏格拉底》，商务印书馆 2001 年版，第 167 页。

② 参见李鼎楚：《论苏格拉底的法律思想》，载《吉首大学学报（社科版）》2005 年第 1 期；［古希腊］色诺芬：《回忆苏格拉底》，商务印书馆 2001 年版，第 169 页。

③ ［美］爱德华·S. 考文：《美国宪法的“高级法”背景》，强世功译. 北京三联书店 1996 年版，第 5 页。

先，自然正义要求“任何人都不能在涉及自身的案件中充当法官”（nemo iudex in causa sua）；其次，自然正义要求“兼听两造之言”（audi alteram partem）。1610 年，著名的柯克（Coke）大法官在“博纳姆医生诉伦敦医师协会案”（以下简称“博纳姆医生案”）中的判决法理就展示了“更高的法”的理念。

博纳姆医生案的基本案情如下：原告托马斯·博纳姆（Thomas Bonham）是一位剑桥大学圣约翰学院的医学毕业生，他于 1581 年在该学院取得本科学士学位、1588 年取得硕士学位，1602 年取得了博士学位。本案的被告是于 1518 年成立的伦敦医师协会（College of Physicians）①，该协会根据皇室专营许可（Royal Letters Patents）可以对那些不当行医（Malpractice）或者无照行医（Practices without a License）的人员进行处罚。博纳姆于 1606 年年初向伦敦医师协会申请会员资格，但没有成功。1606 年 4 月，伦敦医师协会的主席和检查员发现托马斯·博纳姆在伦敦地区持续无照行医，于是传唤他，并对他的医学水平进行测试，结果发现他在医学知识方面有缺陷；协会因此对他作出罚款 100 先令的惩罚，并禁止他在获得协会的许可之前在伦敦地区行医，否则将面临牢狱之灾。由于博纳姆继续坚持在伦敦地区行医，1606 年 10 月，他再次被传唤。伦敦医师协会对博纳姆罚款 10 镑，并发出逮捕他的令状，将他羁押起来。1607 年，博纳姆在律师的帮助下将伦敦医师协会诉至法庭，博纳姆宣称他已经取得剑桥大学的博士学位（医学方向），所以伦敦医师协会无权在皇室专营许可（Royal Letters Patents）下对其羁押，因为该专营许可中的处罚权限仅仅针对不当行医行为，并非针对无照行医行为。伦敦医师协会认为对博纳姆予以惩罚所依据的主要是议会法案。相关的议会法案第 1 条规定：“授权行会主席及其继任者管理伦敦及其周围地区的行医执照。任何人，如果没有获得行会主席、或者其继任者的承认，并以公章签署的特许状予以许可，不得在该范围内行医。无照行医满一个月，则罚款 100 先令，其中一半归属国王及其继承人，另一半归属主席和行会。”第 2 条规定，“主席及其继任者每年必须选出四位检查员承担监督检查之职，纠正和管理医师在伦敦市内的不当行医行为，并监督审查医师所开的处方和药品；为了国王臣民的健康利益，给予上述行为罚款、监禁，以及其他合理和适当形式的惩罚”。② 本案由皇家民事法庭的五位法官——柯克（Coke）、丹尼尔（Daniel）、瓦尔伯顿（Warburton）、瓦尔默斯利（Walmesley）、佛斯特（Foster）进行裁判。法院最终以 3：2 的微弱多数判决伦敦医师协会，法

① 1674 年，该协会正式更名为伦敦皇家医师行会（Royal College of Physicians）。

② See Dr. Bonham's Case (Thomas Bonham v College of Physicians) 8 Co. Rep. 107; 77 Eng. Rep. 638 (winter, 1610); English Reports Full Reprint Vol. 77-King's Bench (1378-1865); S. E. Thorne, Dr. Bonham's Case, 54 L. Q. Rev. 543 (1938); 中文案情参见江菁：《博纳姆案：案情、判决及评论》，载姜明安主编《行政法论丛》第 11 卷，法律出版社 2008 年版。

院的首席大法官柯克（Coke）爵士撰写了多数司法意见书，瓦尔默斯利（Walmesley）和佛斯特（Foster）发表了少数司法意见书。

柯克（Coke）大法官的判决法理可以总结为五个方面。第一，相关议会法案中的条款一和条款二是绝对的、完整的、各不相同的两个条款，它们彼此并列，一个条款的内容不能扩展至另一个条款中。也就是说，法律区分了非法行医和无照行医的两种处罚权力。第二，行为人的违法行为对他人的身体构成伤害，理应采取使其身体遭受痛苦的方式惩罚他，即监禁；而对其他违法行为则否。第三，无照行医满1个月后，才能予以惩罚；而不当行为可在任何时候予以惩罚。第四，一个人不能在一起涉及他本人的事务中同时充当当事人和法官，医师协会的检查员不能同时是法官、执法者和当事人。第五，根据议会法案的条款一，满1个月后才能对博纳姆进行惩罚；根据条款二，在任何时候都可以对他进行惩罚。那么，将两个条款合二为一必然会导致两个荒唐的结论。①柯克（Coke）大法官援引了Tregor案、Cessavit案、Annuity案、Strowd案等案例作为先例。在Tregor案中，法官赫尔（Herle）认为：“有一些制定法的制定是有悖于普遍的法律与正当性（common law and right）的，如果制定这些法律的人认识到这一点，也不会让它们付诸实施。”据此，柯克（Coke）大法官挑战了议会主权下任何法案都不可接受司法审查的传统观点，他论证道：“在很多情况下，普通法得审查议会的法案，有时可裁决其完全无效；因为当议会的一项法案违背普遍的正当性和理性（common right and reason），或者前后不一致，或者不可能实施的时候，普通法得审查它，并宣布该法案无效。”② 柯克（Coke）大法官在博纳姆医生案中的裁判法理在一个多世纪之后的新大陆殖民地的革命运动中产生了巨大的司法影响，它成为了北美地区推翻英国压迫性议会立法的法律武器。美国联邦最高法院在1803年的“马伯里诉麦迪逊案”中明确援引了博纳姆医生案并开创了司法审查制度之先河。1915年，纽约州律师协会（New York State Bar Association）在“美国最高法院宣布法律因超越或违反联邦宪法而无效的权利和义务之历史因素”的研究报告中指出：“简而言之，美国革命就是一场法律人的革命，这场革命将柯克爵士的理论付诸实施：减损普遍正当性或英国人权利的议会法案无效。”③ 美国著名法学家爱德华·考文（Edward Corwin）也指出，美国司法审查制度事实上来源于自亚里士多德以来西方文明中自然法的观念，来源于英国悠久的普通法传统。著名法学家庞德（Roscoe Pound）则

① 参见江菁：《博纳姆案：案情、判决及评论》，载姜明安主编《行政法论丛》第11卷，法律出版社2008年版。

② 参见江菁：《博纳姆案：案情、判决及评论》，载姜明安主编《行政法论丛》第11卷，法律出版社2008年版。

③ New York State Bar Association, Yearbook, 1915, p. 238.

指出："柯克以人权和理性作为约束议会的基本原则思想在美国得以实现。"虽然对于博纳姆医生案的解读学术界尚存在争议，但是很多法学家、法官、律师都将柯克（Coke）大法官视为司法审查的法律之父（legal father of judicial review）①

第二节　司法审查制度建立的法律背景

一、管辖权

管辖权（Jurisdiction）一词在拉丁语中是"jurisdictio"，在罗马法上，"jurisdictio"包含了"正当权力"和"具有强制约束力"两个方面的意思。这个词语未丢失它原初指代一个司法长官解决法律争议的有限含义，但也同时获得了一般意义上更宽泛的统治权的含义。②人们一般是在不同意义上使用"管辖权"这个词语，最常见就是司法管辖权，它是指法院对案件进行审理和裁判的权力或权限。在诉讼法中，管辖权被界定为"法院之间受理第一审民事案件的分工和权限"。按照《民事诉讼法》的规定，中国的管辖权可以分为法定管辖和裁定管辖，法定管辖又可分为级别管辖和地域管辖；裁定管辖又分为移送管辖和指定管辖。③其实，除了常见的司法含义外，管辖权还可以在最广义上指一种统治和管理的权限。管辖权在跨国的意义上可以指国家的统治权限，在国内法的意义上可以指立法机关、行政机关或者司法机关的治理权限。

司法管辖权的制度设计与一国的司法体系密切相关。基于制宪国父麦迪逊（James Madison）在《联邦论》第10篇中的关于复合共和制（Political Theory of a Compound Republic）④的立宪设计，美国司法系统体现了联邦制和复合制的两重特征，在学理上属于典型的联邦和州的司法二元制。目前，美国的司法分为联邦司法系统和各州司法系统两大类。联邦宪法之下，联邦的司法系统分为三个比较大的层

① McGovney, The British Origin of Judicial Review of Legislation, 93 U. Pa. L. Rev. 1 (1944); R. H. Helmholz, Bonham's Case, Judicial Review, and the Law of Nature, 1 J. Legal Analysis 325 (2009); Ian Williams, Dr. Bonham's Case and Void Statutes, 27 J. Legal Hist. 111 (2006); Raoul Berger, Doctor Bonham's Case: Statutory Construction or Constitutional Theory, 117 U. Pa. L. Rev. 521 (1968—1969).

② 参见孔元：《罗马法与主权政治的萌芽——以意大利法学家为中心的考察》，载《私法》2019年第2期。

③ 参见《中华人民共和国民事诉讼法》（2017修正）第四编"管辖"，第21~37条。

④ Vincent Ostrom, The Political Theory of a Compound Republic: Designing the American Experiment, Lexington Books, 2007. 中文参见［美］森特·奥斯特罗姆：《复合共和制的政治理论》，毛寿龙译，上海三联书店1999年版。

级：联邦最高法院（Supreme Court of the United States）、联邦上诉法院或者巡回上诉法院（Federal Courts of Appeals or Circuit Courts）、联邦地区法院（Federal District Courts）。在各州宪法之下，各州的司法系统大体也分为三级：州的初审法院（Court of First Instance）、州的地区法院（中级上诉法院、Intermediate Appellate Court）、州最高法院（州的终审法院、State Supreme Court）。（详见表 9-1）若一个法律问题属于州宪法和州法的规制范畴，则州的司法系统具有管辖权，只有某个问题牵涉或者属于联邦法律问题（Federal Law Issues），该案件才可能上诉到联邦最高法院。

表 9-1　**联邦司法系统**

类型	划　分
最高法院	联邦领土范围内的最高级别的终审法院，位于华盛顿哥伦比亚特区。
上诉法院	联邦管辖的全部领土被划分为 13 个审判区域，设有 13 个巡回上诉法院。(11 个巡回法院由数字命名，其余两个法院分别是哥伦比亚特区巡回上诉法院①和美国联邦巡回区上诉法院②)
地方法院	共 94 个联邦地区法院。分三类，第一类：89 个位于各州的联邦地区法院。第二类：1 个在首都哥伦比亚特区，1 个在波多黎各联邦地区法院。第三类：在关岛、维京群岛和北马里亚纳群岛各有 1 个联邦地区法院。

联邦最高法院和包含联邦上诉法院和地区法院在内的各个下级联邦法院属于宪法意义上的"第 3 条法院"（Article Ⅲ Courts/ Tribunals），它们是根据美国联邦宪法第 3 条第 1 款明文设立的法院，此类法院的法官如无不端行为，得终身任职，其薪俸在任职期间不能削减。宪法第 3 条所建立的司法机构在根本意义上确保了各级联邦法院的独立性。与第 3 条法院相关的另一种法院是宪法法理上所谓的第 1 条法院（Article I Courts/ Tribunals），它是指根据美国联邦宪法第 1 条第 8 款由美国国会设立或者国会授权行政机关而在各行政部门之内设立专门的法院。联邦最高法院的历任首席大法官详见表 9-2。

表 9-2　**联邦最高法院的历任首席大法官**

历史时期	首席大法官
建国时期——南北战前夕	杰伊→→ 拉特利奇 →→埃尔斯沃思 →→马歇尔→→托尼
南北战争——罗斯福新政	蔡斯 →→ 韦特 →→ 富勒 →→ 怀特 →→ 塔夫脱

---

① 拥有特别事项管辖权的联邦上诉法院，处理大量的行政上诉案件，1982 年设立。
② 美国哥伦比亚特区的终审法院，相当于华盛顿特区的最高法院，1970 年设立。

续表

历史时期	首席大法官
罗斯福新政——“二战”	休斯 →→ 斯通 →→ 文森
“二战”后早期——今天	沃伦 →→ 伯格 →→ 伦奎斯特 →→ 罗伯茨

制宪国父汉密尔顿（Hamilton）在《联邦论》第78~83篇分别探讨了司法部门的组成方式、权力范围、法官职务和薪水、案件类型和管辖权、司法权的划分、联邦法院与各邦法院的关系、陪审团审讯制等问题。汉密尔顿认为司法权能必须要在联邦和州之间、联邦的上级法院和下级法院之间进行划分。其核心的论述包括三点：第一，联邦下级法院可以减少联邦最高法院的负担，审理各自分工范围内的案件；第二，各邦（州）法院富有地方精神，不宜代替联邦地区法院，这样可以确保国家法律制度的协调；第三，建议整个联邦分为若干个司法地区，每个地区设立联邦法院。联邦的司法权如何在上级法院和下级法院之间分配——也就是联邦最高院和联邦各下级法院的管辖权如何分配？按照汉密尔顿（Hamilton）理论，首先，联邦最高法院的初审管辖权，只限于涉外案件和以邦（州）为涉事一方的案件；(2) 联邦下级法院负责初审，联邦最高法院负责上诉案件。这也就是说，在制宪国父的理论构造中，联邦最高法院同时拥有初审管辖权和上诉管辖权，但是该法院主要行使的应该是上诉管辖权，仅在法定的范围内行使有限的初审管辖权。表9-3为联邦宪法第3条的规范结构。

表9-3　**联邦宪法第3条的规范结构**

条款	主　题	内　容
第1款	联邦法院建制	联邦法院的建立、法官任期、薪水
第2款	司法权范围和管辖	第一项：案件和争议（司法权的范围） 第二项：初审管辖权和上诉管辖权 第三项：陪审团审判
第3款	叛国罪（Treason）①	第一项：叛国罪的定罪标准和程序 第二项：叛国罪惩罚的许可范围

① United States v. Burr, 25 F. Cas. 30 (C. C. D. Va. 1807); U. S. Department of Justice, The Mueller Report: Report On the Investigation into Russian Interference in the 2016 Presidential Election (by Robert S Mueller III) (2019); Trump v. Vance, No. 19-635, 2020 WL 3848062, 591 U. S. (2020); Trump Mazars USA, LLP Trump v. Deutsche Bank AG, No. 19-715, 2020 WL 3848061, 591 U. S. (2020).

根据美国1939年《行政管理部法》(*Administrative Office Act*) 设立的联邦法院行政管理部（Administrative Office of the United States Courts，简称AO)① 的定义，所谓管辖权是指一个司法机构能够审理和判决特定案件的法律权限。管辖权的基础可以是基于上下级法院的分工，也可以基于地域不同、案件所涉及的人或者事务之不同等而分为不同的类型。日常生活中，最为常见的司法管辖权的类型就是基于地域不同的管辖权，我们称之为地域管辖（Territorial Jurisdiction)，还有就是管辖权在上下级法院之间的分配的问题。美国的联邦宪法第3条在明确了法院的司法权的范围（也就是司法仅处理案件和争议问题）之后，对联邦最高法院的初审管辖权和上诉管辖权进行了明确的规定，如表9-4所示：

表9-4　**联邦最高法院的管辖权的划分（宪法第3条第2款第1项）**

类别	管辖事项	案件量
初审管辖权 (Original Jurisdiction)	涉及大使、公使及领事以及一州为一方当事人的一切案件，最高法院具有初审管辖权	较少，占案件量的10%左右
上诉管辖权 (Appellate Jurisdiction)	对上述所有其他案件，不论法律方面还是事实方面，最高法院具有上诉管辖权，但须依照国会所规定的例外和规章	较多，占案件量的80%以上

（图表来源：作者自制）

所谓的初审管辖权（Original Jurisdiction）是一个法院能够初次审理一个案件的权限（Power to hear a case for the first time)。通常来说，联邦最高法院仅仅在极少数的案件中行使初审管辖权，这些案件要么是一些涉及外交使节②的案件，要么是以州一方诉讼当事人的案件。联邦最高法院行使初审管辖权比较典型例子的如下：1793年联邦最高法院直接审理了“奇泽姆诉佐治亚州案”③，在本案中，佐治亚州拒绝出庭，因为它声称作为一个“具有主权的州”，在未经其同意下不得被起诉。联邦最高法院裁定：宪法第3条第2款废止了各州的主权豁免并给予联邦法院

① 联邦法院行政管理部的主任（Director）由联邦最高法院的首席大法官来提名和任命，该部门的工作职责是为法院提供行政、财政（例如发放法官工资)、信息化支持、监督司法行政人员等。

② 根据1815年维也纳会议通过的《关于外交人员等级的章程》，外交代表分为4类：特命全权大使（Ambassador Extraordinary and Plenipotentiary)、特命全权公使（Envoy Extraordinary and Minister Plenipotentiary)、常驻公使（Minister Resident）和代办（Chargé D'affaires)。根据1961《维也纳外交关系公约》(VCDR) 和1963年《维也纳领事关系公约》(VCCR)，外交官在他国享受外交豁免权（Diplomatic Immunity)。

③ Chisholm v. Georgia, 2 U.S. (2 Dall.) 419 (1793).

审理普通公民与州之间之争议的权力。① 1868年"得克萨斯州诉怀特案"是另一个涉及联邦最高法院初审管辖权的典型例子，此案的争议点是得克萨斯州的联盟国政府（南北战争中，南方多州组成美利坚联盟国，宣布脱离美利坚合众国②，此时的得克萨斯州处于联盟国的军事管制下。）在内战期间非法出售了由得克萨斯州自1850年起拥有的美国国债（联邦债券）是否合宪，联邦最高法院判决：州（States）无权单方面退出合众国，所以在1861年至1865年间由11个美国南方蓄奴州宣布从美利坚合众国分裂而出的政权——美利坚联盟国（Confederate States of America）仍然是合众国的一部分。联邦最高法院判决：州（States）无权单方面退出合众国，11个美国南方蓄奴州仍然是合众国的一部分。③基于初审管辖权审理的案件数量并不多，近年来每年大约在10例，占最高法院案件量的10%左右。④

所谓的上诉管辖权（Appellate Jurisdiction）是上级法院（通常是上诉法院及以上的法院）审查、改判、推翻或者维持（Review, Amend, Overrule or Affirm）下级法院或者原审法院判决的一种权限。上诉管辖权的行使可以使得上诉法院有三种不同的选择：（1）形成一个新的判决（Trial de Novo）；（2）遵抑（Deference）下级法院的事实认定；（3）形成上诉记录（Record on Appeal），也就是上诉法院保存初审时各诉讼程序的记录，包括诉状、书证、物证、询问证人记录、法庭裁定等。事实上绝大多数国家的最高法院在大多数情况下都行使的是上诉管辖权，且能够获最高法院审理的司法案件数量是极为有限的。若一个司法案件不经过下级法院那些优秀的法律人的大脑的处理，由最高法院来审理既不现实，实际上也有损司法权本身。

一般来说，上诉管辖权是联邦最高法院在处理绝大多数案件赖以行使自身审判权的常态和基础，我们熟知的1857年的斯科特诉桑福德案⑤、1896年的普莱西诉弗格森案⑥、1905年洛克纳诉纽约州案⑦、1954年布朗诉托皮卡教育局案⑧、1964

① 注意：本案判决之后，联邦宪法第十一修正案（1795年批准）移除了联邦最高法院对一州或外国公民向另一州所提起之诉讼的初审管辖权。

② 美利坚联盟国（the Confederate States of America, CSA），又被称为美利坚诸州同盟，是自1861年至1865年由11个美国南方蓄奴州宣布从美利坚合众国分裂而出的政权。

③ Texas v. White, 74 U.S. 700 (1868).

④ David M. O'Brien, Constitutional Law and Politics: Civil Rights and Civil Liberties (Volume 2, 10th ed.), New York & London: W. W. Norton & Company, 2017, p. 103.

⑤ Dred Scott v. Sandford, 60 U.S. (19 How.) 393 (1857). 本案主要涉及南方蓄奴州的奴隶制的合宪性争议。

⑥ Plessy v. Ferguson, 163 U.S. 537 (1896). 本案主要涉及黑人和白人车厢隔离法案的合宪性争议。

⑦ Lochner v. New York, 198 U.S. 45 (1905). 本案主要涉及限制劳工最低工作时间和私人企业契约自由冲突的宪法问题。

⑧ Brown v. Board of Education of Topeka, 347 U.S. 483 (1954). 本案主要涉及黑人和白人校区隔离法案的合宪性争议。

年纽约时报诉沙利文案①、1966 年米兰达诉亚利桑那州案②、1973 年罗伊诉韦德案③、1978 年加州大学董事会诉巴基案④、2000 年布什诉戈尔案⑤、2015 年同性婚判决⑥、2018 年蛋糕店案⑦等著名的判例都是通过上诉的方式才最终到达联邦最高法院的。基于上诉管辖权的案件是最高法院审理工作的常态，在近年来所有的上诉案件中，最高法院通过调卷令（Certiorari）⑧ 审理的案件大约占到了 99%。⑨联邦最高法院行使上诉管辖权的依据是宪法第 3 条。目前，联邦最高法院在处理何种案件上可以给予上诉许可的问题上，依据的是 1925 年《司法法》，在这部法案中，国会授予了最高法院通过调卷令来审理案件的权力。在具体的司法实践中，若 9 名大法官对于是否给予上诉许可存在不同意见，他（她）们则通过“四票规则”（Rule of Four）来决断——只要四位大法官同意，则案件就会进入法院的“待审案件表”（Docket）⑩。由于很多案件的当事人都希望自己的案件能够进入最高法院的“待审案件表”，最高法院为了减少“案件负担”（Caseload），同时又能履行其宪法上的司法职能必定“择案而审”。“择案而审”是一个非常复杂和秘密的过程，学术界的研究并不充分。要知道，每年大约有 7000 个案件希望获得最高法院的审

① New York Times Co. v. Sullivan, 376 U. S. 254 (1964). 本案主要涉及媒体的言论自由和政府官员名誉权的界限问题。

② Miranda v. Arizona, 384 U. S. 436 (1966). 本案主要涉及犯罪嫌疑人的沉默权和获得律师辩护权等宪法问题。

③ Roe v. Wade, 410 U. S. 113 (1973). 本案主要涉及得克萨斯州限制女性堕胎的刑事法律的合宪性争议。

④ Regents of the University of California v. Bakke, 438 U. S. 265 (1978). 本案主要涉及大学招生配额和“积极平权措施”（Affirmative Action）的合宪性问题。

⑤ Bush v. Gore, 531 U. S. 98 (2000). 本案主要涉及 2000 年总统大选中重新统计选票可能影响总统当选人的重大宪法争议。

⑥ Obergefell v. Hodges, 576 U. S. (2015). 奥贝格费尔诉霍奇斯案，本案主要涉及同性婚姻的合宪性争议。

⑦ Masterpiece Cakeshop v. Colorado Civil Rights Commission, 584 U. S. (2018). 本案主要涉及蛋糕店主宗教自由权、言论自由权和同性恋者平等保护权冲突的宪法争议。

⑧ “调卷令”是上诉法院签发给下级法院要求其将某一案件的诉讼记录移交给其审查的一种特别令状。联邦最高法院将调卷令用作其选择复审案件的工具。在各州的司法实践中则倾向于废除这一令状。参见《元照英美法词典》相关词条。

⑨ David M. O'Brien, Constitutional Law and Politics: Civil Rights and Civil Liberties (Volume 2, 10th ed.), New York & London: W. W. Norton & Company, 2017, p. 103.

⑩ 由法院书记官制作的记明某一开庭期内将要审理的案件的一览表，供法官和律师使用。参见《元照英美法词典》相关词条。目前，最高法院的待审案件都按照“年份+号码”（Term year-number）排列有序。

理，而最高法院往往只选取其中的100~150个案件进行审判。① 如何“择案而审”呢？通常来说，一个案件若能具有某种全国意义上的重要性或者潜质，最高法院往往会同意其上诉许可或者直接向下级法院发调卷令来行使其终审权力。

在比较宪法上，我们可以通过中国香港的普通法的实践来更好地说明初审管辖权和上诉管辖权的问题。与其他的普通法地区类似，香港的大部分案件都是在基层法院审理的，仅有很少部分案件是在香港终审法院初审的。由此一来，香港的终审法院就必须处理，什么样的案件才可以通过上诉程序进入它自己的待审案件表中。香港特别行政区的终审法院区分了民事事项上诉和刑事事项上诉，只有取得上诉的批准（称为“上诉许可”）（Leave to Appeal），一个下级法院的案件才能够进入终审法院的待审案件表中。对于民事上诉事项，香港终审法院认为：给予上诉许可是一项酌情决定（A Matter of Discretion），如上诉法庭或终审法院认为该上诉所涉及的问题具有重大广泛的或关乎公众的重要性（Great General or Public Importance），或因其他理由，以致应交由终审法院裁决，则上诉法庭或终审法院可行使酌情权决定是否受理该上诉。对于刑事上诉事项，终审法院只会在下述情况才考虑酌情给予上诉许可：（1）上诉法庭或原讼法庭（视属何情况而定）证明有关案件的决定是涉及具有重大而广泛的重要性的法律论点，（如较下级法院拒绝作出证明，终审法院本身仍可作出有关证明；或者（2）显示可合理地争辩曾有实质及严重的不公平情况。在Hksar v. Mui Po Chu中，终审法院作出了驳回上诉许可的决定，法院适用了《香港终审法院条例》第32条之规定②，判决理由是：没有证据证明有关案件的决定是涉及具有重大而广泛的重要性的法律论点或者显示可合理地争辩曾有实质及严重的不公平情况。③在Tang Siu Man v. Hksar中，终审法院正是依据两个环节（Limb）来决定给予上诉许可。其一，基于“实质及严重的不公平”一环，亦即案件本身显示曾有实质及严重的不公平的情况出现；其二，基于“法律论点”一环，也就是案件争议必须是涉及具有重大而广泛的重要性的法律论点。④在“曾亮新案”中（Hksar v. Zeng Liang Xin），终审法院判定除非满足两个条件之一，否则终审法院不得给予上诉许可。第一，上诉法庭……必须证明有关案件的决定是涉及具有重大而广泛的重要性的法律论点，或者，第二，案件显示曾有实质及严重的不

① https：//www. uscourts. gov/about-federal-courts/educational-resources/about-educational-outreach/activity-resources/supreme-1.

② Section 32 of the Hong Kong Court of Final Appeal Ordinance, Cap. 484.

③ Hksar v. Mui Po Chu，［1997］HKCFA 2；（1997—1998）1 HKCFAR 1；［1997］3 HKC 12；FAMC 2/1997（11 September 1997），Para. 3.

④ Tang Siu Man v. Hksar，［1997］HKCFA 4；（1997—1998）1 HKCFAR 4；［1997］HKLRD 1118；［1997］3 HKC 14；FAMC 3/1997（23 September 1997），Para. 11.

公平情况。①

二、法官的提名、同意和任命

在一般意义上，美国宪法的任命条款（Appointments Clause of the Constitution, Art. Ⅱ, §2, cl. 2.）主要适用于两种类型的官员：其一是“首要官员”（Principal Officers），这类官员由总统依参议院之建议与同意后任命；其二是“次级官员”（Inferior Officers），此种类型之政府官员可能经由国会授权由总统（President）、部门首长（the Heads of Departments）或司法机关（the Courts of Law）来任命。② 在美国宪法之下，司法权形成了联邦与州平行的两套体系，学术界一般称之为“司法联邦制”（Judicial Federalism）③，也有学者称之为“司法二元体系”（The Dual Court System）④。在各州司法系统的层面上，州宪和州法规定了州司法系统法官的提名和任命程序。在联邦层面上，联邦宪法是决定法官提名和任命的终极法律依据。一般说来，联邦司法系统法官的选任程序由三大主要程序构成：（1）由总统向参议院提名法官人选（Nomination）；（2）参议院决定是否同意候选法官（Confirmation）⑤；（3）总统任命法官（Appointment）。（详见表9-5）法官选任的

---

① Leave to appeal shall not be granted unless [1] it is certified by the Court of Appeal… that a point of great and general importance is involved in the decision, or [2] it is shown that substantial and grave injustice has been done. 曾亮新诉香港特别行政区， [1997] HKCFA 1;（1997-1998）1 HKCFAR 12; [1997] HKLRD 1204; [1997] 3 HKC 1; FAMC 1/1997（16 October 1997）判词第30、31段。

② U. S. CONST. art. II, §2, cl. 2. “... and [the President] shall nominate, and by and with the Advice and Consent of the Senate, shall appoint Ambassadors, other public Ministers and Consuls, Judges of the supreme Court, and all other Officers of the United States, whose Appointments are not herein otherwise provided for, and which shall be established by Law: but the Congress may by Law vest the Appointment of such inferior Officers, as they think proper, in the President alone, in the Courts of Law, or in the Heads of Departments.”

③ Sandra Day O'Connor, Our Judicial Federalism, 35 Case W. Res. L. Rev. 1 (1984); John C. Yoo, Judicial Review and Federalism, 22 Harv. J. L. & Pub. POL'y 197 (1998); Louise Weinberg, The New Judicial Federalism, 29 Stan. L. Rev. 1191 (1977); Neal Devins, The Judicial Safeguards of Federalism, 99 NW. U. L. REV. 131 (2004); John W. Winkle III, Dimensions of Judicial Federalism, The Annals of the American Academy of Political and Social Science, Vol. 416, 1974, pp. 67-76.

④ Roger J. Miner, The Tensions of a Dual Court System and Some Prescriptions for Relief, 51 Alb. L. Rev. 151 (1987).

⑤ 成立于1816年的参议院司法委员会（Senate Committee on the Judiciary）主要负责审核总统提名的联邦法官、司法部官员等，在参议员司法委员会针对提名人的听证会（Hearing）召开后，参议院成员对总统提名人进行投票。

三大主要程序是一个递进的宪法程序，如果先行程序未被启动，则后续程序就无法进行。就第一个程序（提名程序）而言，总统可以基于自己的判断和斟酌决定提名名单（Nomination List），提名名单的选择是一个宪法授权范围内的自由裁量过程，属于广义的“政治问题”。就第二个程序（参议员同意程序）而言，参议院司法委员会（Senate Committee on the Judiciary）会组织多场次的听证程序（Hearing）①，对候任法官的资格、履历、司法能力、司法理念等各个方面进行详细的问讯，被提名的法官必须一一如实回答。听证程序结束后，参议院的全体议员进行投票。参议院对候选法官的投票通常采取绝对多数投票制（Supermajority），即五分之三的多数票制。在例外的情况下，若参议员们发起了冗长辩论（Filibuster）使得表决程序无法推进，则参议院有权启动“核选项”（Nuclear Option）——采取相对多数投票制（Simplemajority），即一半以上的参议员投票赞成即可通过提名。在相当长的一段历史时期内，参议院都是采取的绝对多数投票制度（Supermajority）通过法官提名的，但是，近年来法官的提名程序越来越多地受到保守派和自由派政治理念差异的影响，参议院对候任法官的听证和投票程序也越来越政治化，所以部分法官是通过相对多数投票制（Simplemajority）才获得参议院通过的。例如，2018 年 10 月，由特朗普总统提名的第 114 任联邦最高法院的大法官布雷特·卡瓦诺（Brett Kavanaugh）就是在相对多数投票制下才勉强获得参议院通过的。就第三个程序（总统的任命程序）而言，它是由三个技术性的步骤组成的：（1）国务院需要根据参议院批准的任命，制作委任状，总统在制作好的委任状（Commission）上签字；（2）由国务院在委任状上加盖合众国的国玺或印章；（3）国务院将加盖美国国玺或印章的委任状送达被委任的法官。

表 9-5 **联邦司法系统法官的任命程序**

程序	主体	宪法依据
提名（Nomination）	总统	Article II，Section 2，Clause 2
同意（Confirmation）	参议院	Article II，Section 2，Clause 2
任命（Appointment）	总统	Article II，Section 2，Clause 2

（图表来源：作者自制）

① 听证制度来源于英格兰普通法上的自然公正原则（Natural Justice）所要求的“给予双方公平陈述和辩论的权利”。无论是在英国和美国为代表的普通法系国家，还是在德国和日本为代表的大陆法学国家，听证制度都广泛存在。听证最初适用于司法领域，谓之司法听证（Judicial Hearing），指法官判案时必须听取双方意见，不能偏听一面之词；后来逐渐为立法吸收，适用于立法领域，称立法听证（Legislative Hearing）。参见章剑生：《行政听证制度研究》，浙江大学出版社 2010 年版，第 56 页；姚宝华：《黄泽富、何伯琼、何熠诉四川省成都市金堂工商行政管理局行政处罚案》，载《人民司法·案例》2014 年第 6 期。

在普通法系国家或地区，治安法院（Magistrate's Court）是司法系统中一种较低层级的建制。治安法院源于古老的英格兰的普通法传统。在英国，治安法院的法官也被称为是太平绅士（Justices of the Peace）。治安法官属于较低层级的下级法院（Inferior Court）或存卷法院（Court of Record）的法官。治安法官的往往审理一些轻微的刑事案件和一般的民事案件。治安法院既可依简易程序审理（Triable Summarily），也可按正式起诉程序审理（Triable Either Way）来审理其拥有管辖权的案件。治安法院还有权主持刑事案件的预审程序以决定是否应将被告人交付刑事法院按正式起诉程序审理。此外，治安法院还对有关青少年犯罪、婚姻家庭案件、许可证案件有管辖权。美国继承了英格兰的治安法院的制度，在美国，治安法院泛指由治安法官主持的对轻微刑事案件和民事案件有管辖权的法院。

如上文所述，在司法联邦制之下，美国联邦法院系统的法官提名权归属于总统，总统可以按照宪法的任命条款提名从联邦地区法院到联邦最高法院的法官。总统手中的法官提名候选人名单至关重要，总统的提名权在本质上是一种具有极大自由裁量空间的政治权力。随着法官提名越来越受到政治进程的影响，联邦最高法院大法官的人选成为一个举国关注的重大话题。总统往往利用其在任时的职权进行法院填充（Court Packing），他们往往提名与自己治国理念一致的法学家成为联邦最高法院大法官，以期在联邦司法系统内减少司法程序对其执政的阻滞或者使得自己的政治影响力能够得到延续或者拓展。在“新政”（New Deal）早期，富兰克林·罗斯福（Franklin D. Roosevelt）的许多行政措施频频被联邦最高法院推翻，为了减少司法阻滞，罗斯福总统甚至想实施一场具有变革性的“法院填充方案”（Court Packing Plan）。虽然罗斯福总统的计划未能如愿以偿，但联邦最高法院深受其影响。

在新旧权力交接的时期，联邦最高法院大法官的提名还会成为总统候选人在大选辩论中的焦点之一。2016 年，联邦最高法院斯卡利亚大法官（Antonin Scalia）在任内逝世后，奥巴马总统就试图提名哥伦比亚特区上诉法院首席法官梅里克·加兰德（Merrick Garland）递补斯卡利亚大法官留下来的席位，但共和党占多数的参议院最终搁置了奥巴马总统的提名，直到 2017 年，被特朗普总统提名的保守派大法官尼尔·戈萨奇（Neil Gorsuch）才最终填补了空缺。2020 年 9 月，联邦最高法院金斯伯格（Ruth Bader Ginsburg）大法官不幸在任内逝世，此时又恰逢总统大选的关键时刻，埃米·科尼·巴雷特（Amy Vivian Coney Barrett）的提名再次成为美国国内政治争议的焦点。历史地来看，在任总统能否成功提名并任命联邦最高法院的大法官成为衡量一位政治家能否保留其政治遗产的重要风向标。总统提名联邦最高法院大法官主要考虑的因素诸多，目前来说，以下因素至关重要：（1）职业上的客观表现（包括其司法经验）；（2）政治上的可接受性；（3）司法理念（尤其是宪法解释的基本立场）；（4）个人魅力；（5）地域的、宗教的、种族的、性别的和其他社会政治背景。

三、普通法上的令状制度

在诺曼人征服之前，英国的法律主要是地方法院和领主法院所适用的各地习惯法，没有形成统一通行的法律。这时英国主要有三大传统习惯法，即西萨克森习惯法（West Saxons）、莫西亚习惯法（Mercians）和丹麦习惯法（Danes）。此外，还有无数地方习惯，享有特权的自治城市和行会的习惯，他们各自有相应的法律和法院。神职人员由宗教法院管辖，但主教却往往参与世俗法院的审判活动。英国的令状制度就孕育在这些习惯之中。威廉及其后继者成功地运用了这些习惯，建立了中央王室法院系统，使教俗法院分离，在令状制度的基础上于13世纪形成了全国统一适用的普通法。①令状制度产生初期，国王利用对诉讼程序的明确规定来扩张王室法院对特定案件的管辖，使当事人避免了因法律体系混乱而遭受领主贵族们武断甚至是非法的审判。国王通过颁布解决冲突的程序方面的命令来树立自己的法律权威。不过也应注意到，以令状界定王室司法管辖权的同时也就限制了这种司法管辖权；对程序的强调不仅使之成为王室权力的体现，而且也使之成为对王室权力的一种限制——是法律使国王成为国王的，因此国王也必须按照令状程序的规定行使手中的权力，不得武断地剥夺当事人在诉讼中享有的法律权利。②

普通法中的令状种类繁多、体系复杂。其中，司法机关享有六种“令状”（Writ）的签发权，这六种令状分别是“人身保护令状”（Writ of Habeas Corpus）、“执行令状”（Writ of Mandamus）、“调卷令状”（Writ of Certiorari）、“禁止令状”（Writ of Prohibition）、“权利开示令状”（Writ of Quo Warranto）、“发还审理令状”（Writ of Procedendo）。现结合学术界通说逐一介绍如下：

人身保护令状是普通法上的一种古老的令状。人身保护令状最早由1215年《自由大宪章》（*Magna Carta*）规定。1679年，英国正式通过的《人身保护令法案》较为详细地规定了法院签发保护令的程序。美国继承了英国普通法系的令状制度，美国联邦宪法第1条第9款第2项明确规定了人身保护令状，除非在叛乱或被外敌入侵下，不得被停止。

人身保护令状是在普通法系下由法官受理申请所签发的手令，命令将被拘押之人交送至法庭审查，以决定该人的拘押是否合法，为法律程序保障基本人权及个人自由的重要手段。任何人士如果被执法机关拘押，皆可以由自己或他人向法院声请，挑战执法机关拘押的合法性，并迅速获得法院审判。在某些地方，人身保护令状在国家紧急状况下可以被暂停。人身保护令状的主要功能是保证当事人不受非法

① 郑云瑞：《英国普通法的令状制度》，载《中外法学》1992年第6期。

② 项焱、张烁：《英国法治的基石——令状制度》，载《法学评论》2004年第1期。

拘禁或非法羁押，法院既可以审查逮捕或关押的合法性，又可以审查引渡程序的合法性。

在中国，香港地区按照基本法之规定，延续了普通法中的很多制度。香港高等法院可以根据香港法例第 4 章第 22A 条发出人身保护令状。内地部分借鉴了普通法上的人身保护令状制度。2015 年 12 月 27 日第十二届全国人民代表大会常务委员会第十八次会议通过并于 2016 年 3 月 1 日开始施行的《中华人民共和国反家庭暴力法》就引入了人身保护令状制度，该法第 23 条规定，当事人因遭受家庭暴力或者面临家庭暴力的现实危险，向人民法院申请人身安全保护令的，人民法院应当受理。当事人是无民事行为能力人、限制民事行为能力人，或者因受到强制、威吓等原因无法申请人身安全保护令的，其近亲属、公安机关、妇女联合会、居民委员会、村民委员会、救助管理机构可以代为申请。

执行令状（又称训令令状、强制令状、执行职务令状）是上级法院签发的，强制低等法院或任何政府官员正确履行强制性的或纯行政性义务的一种司法文书。借助这种司法文书，上级法院对私人、公司、市政当局或其官员、行政司法官员或下级法院发布的命令，要求履行属于其职责的特定行为，或要求恢复原告被非法剥夺的权利或特权。一般说来，执行令状只是在特殊情况下发布，以纠正下级法院滥用权力或拒绝履行职责，不同于在正常诉讼情况下对下级法院错判的改判。①

调卷令状是由上诉法院签发并在其自由裁量之下指令下级法院移送案卷记录以供审查的一种非常令状。调卷令状往往在下级法院超越管辖权、无管辖权或丧失管辖权时由上诉法院签发。联邦最高法院将调卷令状用作其选择复审案件的工具。

禁止令状是上级法院禁止下级法院审理其无权管辖或超越其管辖权的事项的令状。目前，禁审令状（Writ of Prohibition）大多被禁止令状（Order of Prohibition）取代，不仅可用于禁止下级法院或裁判庭审理超越其管辖权限的事项或实施有违自然正义规则的行为，也可用于对部长行政机关（Public Authority）在行使司法或准司法职能时的控制。在美国，禁止令也可以用于禁止非司法官员或机构、组织行使权力。普通法上的禁止令状（Writ of Prohibition）不同于衡平法上的禁制令状（Writs of Injunction）。禁制令状是法院签发的要求当事人做某事或某行为或者禁止其做某事或某行为的命令，它是一项衡平法上的救济措施。

权利开示令状（Writ of Quo Warranto）主要针对那些主张或盗用公职、特权及司法管辖权者，要求他们说明其权利依据，他们凭什么行使上述特权。早期美国各州为保护公共利益或特殊情况下的私人利益而通过的由宪法或法律规定的代表机构行使的一种特权。

---

① 参见《元照英美法大词典》“执行职务令状”词条。

发还审理令状（Writ of Procedendo）是下级法院将案件移送上级法院后，上级法院发现提取案件的理由不充分，又将案件发还下级法院审理的命令或令状。

第三节　“马伯里诉麦迪逊案”的案情和法律推理

宪法上的司法审查制度的建立最重要的案例就是“马伯里诉麦迪逊案”（Marbury v. Madison）①。该案是公元1803年由美国联邦最高法院首席大法官约翰·马歇尔（John Marshall，1755—1835）主审的一份著名案例。海内外学术界围绕着“马伯里诉麦迪逊案”和司法审查制度的研究可谓汗牛充栋。② 这一案件的审判成为了美国历史中极其重要的宪法判例。一个涉及具体争议的案件变成了普遍原则的象征，甚至成为美国法律传统的象征。③在美国宪法史的叙事与现代的逻辑互动中，该案作为美国乃至世界的法学经典案例成为各个时代所必须处理的对象。④

---

① Marbury v. Madison, 5 U.S.（1 Cranch）137（1803）.

② William E. Nelson, Marbury v. Madison: The Origins and Legacy of Judicial Review, Second Edition, Revised and Expanded, University Press of Kansas, 2018; Steven Arrigg Koh, Marbury Moments, 54 Colum. J. Transnat'l L. 116（2015）; Robert J. Reinstein & Mark C. Rahdert, Reconstructing Marbury, 57 Ark. L. Rev. 729（2005）; Louise Weinberg, Our Marbury, 89 Va. L. Rev. 1235（2003）; Michael Klarman, How Great Were the “Great” Marshall Court Decisions?, 87（6）Virginia Law Review 1111（2001）; Richard H. Fallon, Marbury and the Constitutional Mind: A Bicentennial Essay on the Wages of Doctrinal Tension, 91（1）California Law Review 1（2003）; Paul W. Kahn, The Reign of Law: Marburgv. Madison and the Constitution of America, Yale University Press, 1997; William W. Van Alstyne, Critical Guide to Marbury v. Madison, A , 1969 Duke L. J. 1（1969）；《马伯里诉麦迪逊》，载《中外法学》2000年第2期；潘华仿：《略论美国最高法院的宪法解释权》，载中国法律史学会主编：《法律史论丛》（一），中国社会科学出版社1981年版；徐炳：《美国司法审查制度的起源——马伯里诉麦迪逊案述评》，载《外国法译评》1995年第1期；朱苏力：《制度是如何形成的？——关于马伯里诉麦迪逊案的故事》，载《比较法研究》1998年第1期；强世功：《司法审查的迷雾——马伯里诉麦迪逊案的政治哲学意涵》，载《环球法律评论》2004年第4期；胡锦光：《在必然与巧合之间——马伯里诉麦迪逊案解读》，载《法学家》2006年第4期；刘晗：《宪制整体结构与行政权的司法审查：“马伯里诉麦迪逊案”再解读》，载《中外法学》2014年第3期；徐斌：《“马伯里诉麦迪逊案”的多重叙事与逻辑—— 基于知识社会学的考察》，载《华东政法大学学报》2015年第3期。

③ 强世功：《司法审查的迷雾——马伯里诉麦迪逊案的政治哲学意涵》，载《环球法律评论》2004年第4期。

④ 徐斌：《“马伯里诉麦迪逊案”的多重叙事与逻辑—— 基于知识社会学的考察》，载《华东政法大学学报》2015年第3期。

一、1800年总统大选

美国总统选举并非是“一人一票”的直接普遍选举。事实上，在宪法制定之初，围绕着总统选举的问题，制宪代表曾经提出了多种方案，这些方案包括：(1) 由国会选举产生总统；(2) 由各州州长选举产生总统；(3) 由全民普选产生总统；(4) 由选举团人选举产生总统。费城制宪会议的代表们首先否决了由全民普选产生总统的方案，制宪者们认为他们所要建立的新型国家并不是一种类似于古希腊的城邦国，“小国寡民”的城邦适于采取“一人一票”模式的直接民主政体，但是这种选举制度却不适合于一个人口和地理规模巨大的大型复合共和国①。更进一步而言，在大型共和国实行直接民主制既不现实又容易受到不同政治势力的操控。制宪者们认为由各州州长选举产生总统的模式容易导致联邦的分裂，由国会选举产生总统则忽略了人民的直接意志表达且不利于实现权力的制衡，所以，制宪会议最后采取的妥协的方案是采用“选举团人”的方式选举总统。按照制宪会议的方案和1787年《联邦宪法》第2条第3款之规定，总统选举乃是一种借助“选举人团”(Electoral College) 制度的间接选举。②在此模式下，(1) 每个州被认为是一个选举人团单位；(2) 各州的选举人数量等于各州在参众两院的议员人数总和；(3) 选举人在本州集合，以州为单位，投票选举总统和副总统；(4) 一般而言，本州的选举人票全部应该投给在该州获得相对多数普选票的总统候选人；也就是说，总统候选人在各州的选举人票遵从“赢者通吃”(Winner-Take-All) 的规则；(5) 凡是得到超过半数选举人票的候选人则当选合众国的总统；(6) 若所有候选人都未能

---

① 制宪代表们希望从邦联政府走向联邦政府，建立一个联邦共和国，或者说，建立一个复合共和国 (Compound Republic)、一个扩展了的共和国 (Extended Republic)。复合共和国的意思是，共和国里套着共和国，每个邦 (州) 都是一个共和国，整个联邦也是一个共和国 (大共和国)，这样就形成了复合结构的共和国。参见王建勋：《用野心对抗野心：〈联邦党人文集〉讲稿》，东方出版社2020年版，前言。

② 《联邦宪法》第2条第3款规定：“选举人在各自州内集会，投票选举两人，其中至少有一人不是选举人本州岛的居民。选举人须开列名单，写明所有被选人和每人所得票数；在该名单上签名作证，将封印后的名单送合众国政府所在地，交参议院议长收。参议院议长在参议院和众议院全体议员面前开拆所有证明书，然后计算票数。得票最多的人，如所得票数超过所选派选举人总结数的半数，即为总统。如获得此种过半数票的人不止一人，且得票相等，众议院应立即投票选举其中一人为总统。如无人获得过半数票，该院应以同样方式从名单上得票最多的五人中选举一人为总统。但选举总统时，以州为单位计票，每州代表有一票表决权；2/3的州各有一名或多名众议员出席，即构成选举总统的法定人数，选出总统需要所有州的过半数票。在每种情况下，总统选出后，得选举人票最多的人，即为副总统。但如果有两人或两人以上得票相等，参议院应投票选举其中一人为副总统。”中文翻译参见李道揆：《美国政府和政治》(下册)，商务印书馆1999年版，第775~799页。

获得半数以上选举人票，则众议院应该从得票前三名的候选人中选举出总统。

正如麦迪逊在《联邦论》第51篇中指出的那样："政府本身若不是对人性的最大耻辱，又是什么呢？如果人都是天使，就不需要任何政府了。如果是天使统治人，就不需要对政府有任何外来的或内在的控制了。"从各个角度上看，人类的任何制度设计都不是完美的。美国宪法制定者在设计1787年《联邦宪法》第2条第3款之时没有预料到政党对总统选举的重大影响。1796年9月16日，乔治·华盛顿（George Washington）发表了著名的《告别演说》①，之后，他回到了维农山庄（Mount Vernon）过上了退休生活。清代学者徐继畬（1795—1873）在《瀛寰志略》（1849年）中对乔治·华盛顿评价道："米利坚合众国以为国，幅员万里，不设王侯之号，不循世袭之规，公器付之公论，创古今未有之局，一何奇也！泰西古今人物，能不以华盛顿为称首哉！"在1796年的《告别演说》中，尽管乔治·华盛顿语重心长地警告国民："党派终将成为狡猾奸诈、野心勃勃、毫无原则的人颠覆人民权力的政治工具"，但是美国政坛逐渐形成了两大政党——一派是拥护汉密尔顿的联邦党（Federalist Party），另一派是拥护杰弗逊的民主共和党（Democratic-republican Party）（该党是1828年成立的美国民主党的前身）。②

政党政治的影响在1796年总统大选中初步显现出来，联邦党人主张加强联邦政府的权力，民主共和党人则主张维护各州的自主地位。联邦党人约翰·亚当斯（John Adams）根据《联邦宪法》第2条第3款之规定，在选举团人的得票数最多且超过半数而当选总统。同时，由于联邦党选举团人第二张票分散投给不同的候选人，这样就使得民主共和党候选人托马斯·杰弗逊（Thomas Jefferson）当选副总统。总统约翰·亚当斯和副总统托马斯·杰弗逊由于分属于不同的党派，在执政期间两人的理念上存在一定的差别，造成了很多政治上的冲突。

1800年10月31日至12月3日，美国举行了第四任总统选举。在这次选举中，时任副总统托马斯·杰弗逊击败了在任总统约翰·亚当斯。1800年总统选举再次暴露了《联邦宪法》第2条第3款的原初设计的缺陷和不足。按照原初的宪法设计，选举团人票不分选总统或副总统。在1800年的大选中，民主共和党的两名候选人杰弗逊（Thomas Jefferson）以及阿龙·伯尔（Aaron Burr）得票相等且均超过半数，依照《联邦宪法》第2条第3款之规定，应该由众议院投票从得票相等的两位候选人中选出总统。由于《联邦宪法》第2条第3款在设计之处并未预料到政党政治的巨大影响，结果导致了联邦党控制的众议院在经历了35轮投票之后仍然

① The Address of Gen. Washington to the People of America on His Declining the Presidency of the United States, https://avalon.law.yale.edu/18th_century/washing.asp.

② 参见任东来、陈伟、白雪峰：《美国宪政历程：影响美国的25个司法大案》，中国法制出版社2004年版，第24页。

没能够选出总统。在第36轮投票中，联邦党人亚历山大·汉密尔顿游说众议院，最终杰弗逊当选美国总统。因为亚历山大·汉密尔顿和阿龙·伯尔两人分属不同的党派，政治意见相左。汉密尔顿属于联邦党，担任华盛顿政府的第一任财政部长；阿龙·伯尔属于民主共和党，是杰弗逊政府的副总统。1804年7月11日，两人约定在新泽西州的威霍肯（Weehawken）举行一场决斗来了结他们之间长期的恩怨冲突。在这个著名的决斗中，阿龙·伯尔幸存下来，汉密尔顿则中枪身亡。决斗之后，阿龙·伯尔虽然被指控触犯新泽西州的刑法，但却还是被赦免。阿龙·伯尔的政治生命也因此终结。1807年阿龙·伯尔陷入一起叛国罪的司法诉讼中，这就是1807年“合众国诉伯尔案”，该案发生的背景是托马斯·杰弗逊连任美国第四任总统时，第三任副总统阿龙·伯尔失去了托马斯·杰弗逊的信任而卸任。约翰·马歇尔引导陪审团对此案作出了无罪判决，为叛国罪确立了严格的司法标准。①汉密尔顿（联邦党的主要创建人之一）逝世后，联邦党的政治势力也日渐式微。②为了避免出现1796年总统大选和1800年总统大选中的制度漏洞，更好地解决总统和副总统的选举程序问题，国会于1803年提出了联邦宪法第十二修正案（The Twelfth Amendment），该修正案于1804年获得批准，它坚持了《联邦宪法》第2条第3款关于选举团人制度的规定，并对《联邦宪法》第2条第3款规定的选举程序作出部分修正。联邦宪法第十二修正案旨在明确总统和副总统的选举规则，其解决方案是，每位选举团人（member of Electoral College）在投票时必须明确指示两个候选人中哪位是总统，哪位是副总统，避免出现总统候选人和副总统候选人得票相等难以抉择的情况再次发生。在美国建立之后的相当长一段时期内，新任总统和副总统的就职日期都是大选次年的3月4日，直到1933年宪法第二十条修正案生效后③，总统、副总统的就职日期才由原来3月4日被修改为1月20日，相应地，国会每年的开会起始日期被修改为每年的1月3日。

二、治安法官委任争议

“马伯里诉麦迪逊案”是一起与联邦治安法官任命有密切关联的司法案件。历史的巧合就在于这次法官任命争议正好发生在新旧总统权力交接的关键时刻。1800年总统大选以民主共和党人托马斯·杰弗逊胜利而告终，约翰·亚当斯则成为了美

---

① United States v. Burr, 25 F. Cas. 30 (C. C. D. Va. 1807); N. Isenberg, Fallen Founder: The Life of Aaron Burr 271-365 (2007); J. Smith, John Marshall: Definer of a Nation 348-374 (1996); M. Lomask, Aaron Burr: The Conspiracy and Years of Exile, 1805-1836, pp. 222-298 (1982).

② 联邦党在1812年英美战争中由于反对战争而失势；1824年，联邦党正式解散，退出历史舞台。

③ 联邦宪法第二十修正案于1932年3月2日提出，1933年1月23日批准生效。

国历史上首位未能成功连任的总统。按照当时的惯例，亚当斯总统的任期将于1801年3月3日届满；新当选总统托马斯·杰弗逊将于1801年3月4日正式执掌权力。

1800年12月15日，美国最高法院第三任首席大法官埃尔思沃思（Oliver Ellsworth）辞职。1801年1月20日，亚当斯总统任命国务卿约翰·马歇尔出任联邦最高法院第四任首席大法官。参议院批准后，马歇尔并未立即就任，而是根据亚当斯的要求，续任国务卿至换届为止。马歇尔于2月4日正式到职赴任，但他仍然代理国务卿职务，只是不领国务卿的薪俸。接着，趁新总统上台和新国会召开之前，国会中的联邦党人于1801年2月13日通过了《1801年司法法》（*The Judiciary Act of 1801*）①，该条例将最高法院大法官的法定人数从6名减为5名，以防止出现判决僵持的局面。但实际上，由于这项规定将从任何一位现职大法官退休或病故后才开始正式生效，所以其目的之一显然是想减少杰弗逊总统提名民主共和党人出任大法官的机会。同时，它还将根据《1789年司法法》（*The Judiciary Act of 1789*）规定的联邦巡回法院的个数由3个增至6个，由此增加了16个联邦巡回法官的职位。这样，即将下台的“跛鸭总统”亚当斯在卸任之前可以借机安排更多的联邦党人进入联邦司法部门。1801年2月27日，国会通过了《哥伦比亚特区组织法》（*The Organic Act for the District of Columbia*），正式建立首都华盛顿特区市。《哥伦比亚特区组织法》授权总统可以任命华盛顿特区及亚历山大郡的42名任期5年的治安法官（Justice of Peace）②，在这5年的法官任期之内，新任的总统不可解职这些法官。就在新旧总统权力交接的关键时刻，1801年3月2日，亚当斯总统提名了清一色的联邦党人出任治安法官，威廉·马伯里身列任命名单之中。第二天，即亚当斯总统卸任的当天（1801年3月3日）夜里，即将换届的参议院匆匆忙忙地批准了对42位治安法官的任命。这些法官被后世称为“午夜法官”（Midnight Judges）。③

1801年3月3日，在参议员通过了亚当斯总统提名的42位治安法官（华盛顿

① 《司法法》（《司法条例》）是美国国会通过、总统签署的国会立法。《司法法》在历史上有八个版本，1789年的《司法法》经历了多次修改。（Judiciary Act of 1801, 1802, 1866, 1867, 1869, 1891, 1925）

② 治安法官（Justice of the Peace，简称JP）也被翻译为太平绅士。这是一种源于英国，由政府委任民间人士担任维持社区安宁、防止非法刑罚及处理一些较简单的法律程序的职衔，多半是在适用英国法系的国家或是曾使用英国法系的地区。现时英国的英格兰与威尔士、澳大利亚、加拿大、新西兰、马来西亚、美国、新加坡、中国香港等地区皆有太平绅士制度，但各地区对治安法官的定义和要求有所不同。

③ 参见陈伟：《美国最高法院至高无上的权力是谁给的?》，载任东来、陈伟、白雪峰：《美国宪政历程：影响美国的25个司法大案》，中国法制出版社2004年版，第63~85页。

郡的 23 名治安法官以及亚历山大郡的 19 名治安法官）后，亚当斯总统迅速任命了这一批法官，他命令国务卿约翰·马歇尔（John Marshall，1755—1835）将总统签字且盖有合众国印章的委任状（Commission）发给所有被任命的治安法官。由于时间紧迫，加之当时的交通条件的限制，约翰·马歇尔仅仅送达了部分的委任状，有 17 份委任状未能发出。1801 年 3 月 4 日，托马斯·杰弗逊就任总统，并任命詹姆斯·麦迪逊为国务卿。杰弗逊总统进入白宫后，对亚当斯卸任前突击任命法官的做法十分不满。当杰弗逊总统知道还有 17 份治安法官的委任状仍然滞留在国务卿的办公桌上的时候，他断然责令新任的国务卿拒绝签发这些已经由前任总统签署并封印的委任状。麦迪逊作为杰弗逊总统的国务卿，执行了总统的命令，拒绝颁发这些委任状。新任国务卿的做法自然引起了这些想要当治安法官但是还没有接受任命状的人的不满。在被新任国务卿詹姆斯·麦迪逊扣留委任状的 17 名治安法官中，威廉·马伯里（William Marbury）就是其中之一。威廉·马伯里与另外三个同样处境的被任命为治安法官但是还没有获得任命状的人士一起向联邦最高法院提起了诉讼请求，这项诉讼请求的内容就是要求联邦最高法院签发执行令状（Writ of Mandamus）① 命令新任国务卿依照法律递交这些任命状。在威廉·马伯里看来，唯有通过司法诉讼的方式，他才能够如愿以偿地披上法袍正式成为治安法官。

围绕着法官提名和任命引发的争议，新任总统托马斯·杰弗逊上台后，针对上届国会通过的相关法案进行了大幅度的修改。1802 年 3 月 8 日，民主共和党人控制的新一届国会通过了《1802 年司法法》（*The Judiciary Act of 1802*），废除了《1801 年司法法》关于增设联邦巡回法院的规定。不过，新一届国会并没有废除任命 42 名治安法官的《哥伦比亚特区组织法》。此外，新一届国会还重新规定了联邦最高法院开庭的时间，将联邦最高法院一年两次开庭时间变更为一年一次开庭。这样一来，联邦最高法院从 1801 年 12 月到 1803 年 2 月就无法开庭，法院的休庭时间长达 14 个月之久。当最高法院再次开庭时，已经是 1803 年 2 月了。②

三、联邦最高法院审理

“马伯里诉麦迪逊案”由美国联邦最高法院审理，参与案件审理的法官有四人：约翰·马歇尔（John Marshall）大法官、威廉·帕特森（William Paterson）大法官、塞缪尔·蔡斯（Samuel Chase）大法官、布什罗德·华盛顿（Bushrod

① 在普通法中，执行令状（Writ of Mandamus）指有管辖权的法官对下级法院、政府官员、机构、法人或个人下达的要求其履行法定职责行为的命令。

② 参见陈伟：《美国最高法院至高无上的权力是谁给的?》，载任东来、陈伟、白雪峰：《美国宪政历程：影响美国的 25 个司法大案》，中国法制出版社 2004 年版，第 63~85 页。

Washington）大法官。①约翰·马歇尔是约翰·亚当斯总统提名的美国联邦最高法院的第四任首席大法官。马歇尔曾参加美国独立战争，年轻的马歇尔曾在华盛顿指挥的大陆军中担任军衔为上尉的副军法官（Deputy Judge Advocate），在战争期间，马歇尔目睹了大陆军中各邦民兵建制庞杂、各行其是、缺枪短粮、指挥混乱、溃不成军的困难局面，他深深地体会到建立一个强大而统一的联邦权威对于美国未来的强大和发展具有至关重要的意义。建国后，马歇尔施展了其政治才华，曾担任国会众议员（1799—1800）、国务卿（1800—1801）。在新旧总统权力交接的特殊时期，马歇尔在1801年2月4日至1801年3月3日期间身兼双职——他既是亚当斯政府中的国务卿，又是新任的合众国的首席大法官。“马伯里诉麦迪逊”是马歇尔大法官就任联邦最高法院的首席大法官所审理的最重要的案件，该案奠定了司法审查制度的基础，马歇尔大法官由此被认为是美国联邦司法史上最伟大的大法官。

“马伯里诉麦迪逊”的原告马伯里是一位出生于马里兰州的庄园主，后来在华盛顿特区成为了一名成功的商人并加入了联邦党。1801年3月3日夜间，即将离任的约翰·亚当斯总统在参议院同意后任命他为华盛顿特区的治安法官。不幸的是，马伯里的法官委任状却迟迟没有到达他的手中。马伯里的代理律师是美国著名的律师查尔斯·李（Charles Lee，1758—1815），他曾担任美国司法部部长（1795—1801）。

“马伯里诉麦迪逊”的被告麦迪逊是一位卓越的政治家，他因为在起草和推动《美国宪法》和《权利法案》中的关键作用被誉为“宪法之父”。麦迪逊在杰弗逊政府时期担任国务卿（1801—1809），之后当选第四任美国总统（1809—1817）。麦迪逊也是与约翰·杰伊和亚历山大·汉密尔顿并列的《联邦论》（*The Federalist Paper*）的作者之一。在政治观点上，麦迪逊是民主共和党的坚定拥护者，他主张宪法应该保护州权和人民的基本权利。麦迪逊的代理律师是列维·林肯（Levi Lincoln，1749—1820），该律师是一位民主共和党人，曾任美国众议员（1800—1801）、美国第四任司法部部长（1801—1805）和马萨诸塞州代理州长（1808—1809）。

马伯里认为新任国务卿麦迪逊扣留本属于他的法官委任状的做法是违法的，他本人的权利受到了侵犯。威廉·马伯里直接向联邦最高法院提起了一场司法诉讼，他在诉状中将国务卿麦迪逊列为被告。在诉讼中，威廉·马伯里认为其起诉的法律基础是《1789年司法法》（*The Judiciary Act of 1789*）②。该法案是于1789年由第一

① 联邦最高法院威廉·库欣（William Cushing）和阿尔弗雷德·穆尔（Alfred Moore）两位大法官没有参与本案的审理。

② Judiciary Act of 1789，ch. 20，1 Stat. 73（adopted on September 24，1789，in the first session of the First United States Congress）.

届国会通过的，依据该法案的第 13 条 d 款之规定：联邦最高法院在法律原则和惯例保证的案件中，有权向任何在合众国的权威下被任命的法庭或公职官员 (Persons Holding Office) 下达执行令状 (Writ of Mandamus)。

麦迪逊认为以总统为首的行政分支有权扣押上一届政府并未发出的法官委任状，马伯里的诉讼请求在本质上是一个政治问题，而非法律问题，因此，联邦最高法院无权审理该案件。

四、核心法律问题

1803 年 2 月 11 日，联邦最高法院公开开庭审理了马伯里诉麦迪逊案，原被告双方在法庭的主持下进行了激烈的法庭辩论。1803 年 2 月 24 日，联邦最高法院就马伯里诉麦迪逊案下达了判决书。约翰·马歇尔 (John Marshall) 大法官代表法院撰写了全院一致司法意见书。在新旧总统权力交接的特殊时期，旧总统所签发的法官的委任状没有送达到原告马伯里手中，马伯里的法官委任状目前被扣留在新总统的手中，原告马伯里是否可以请求法院提供司法救济命令新任国务卿交出委任状呢？面对这样一个争议较大的问题，约翰·马歇尔大法官从法律的角度提出了三个法律问题：

(1) 申请人马伯里是否有权取得他所要求的委任状 (Commission)？

(2) 如果申请人马伯里有权获得委任状，马伯里在正当法律权利遭到侵犯的时候，国家法律是否为其提供法律上的救济手段 (Legal Remedies)？

(3) 如果国家的法律确实应当向申请人马伯里提供法律上的救济手段，那么，能否由联邦最高法院向行政部门颁发强制令状 (Writ of Mandamus) 为马伯里提供这种法律上的救济？

对于第一个法律问题，马歇尔大法官首先分析了法官的提名和任命程序。就联邦司法提供的法官提名和任命程序而言，按照宪法之规定，总统享有联邦法官的提名权，国会（参议院）有权同意或者否决总统所提名的法官，若法官的提名经过国会（参议院）的确认，总统则有权为法官颁发委任状。一旦委任状送达被提名的人，此人就正式成为了法官。马歇尔大法官认为法官的提名 (Nomination)、任命 (Appointment) 和委任 (Commission) 是三个不同的法律程序，委任一个已经经过提名和参议员确认的法官似乎应该被视为一种宪法要求的义务。(To grant a commission to a person appointed might perhaps be deemed a duty enjoined by the Constitution.)①联邦最高法院的大法官认为，马伯里有权获得被扣押的委任状，因为他的任命程序已经完成。显然，马伯里是总统提名的治安法官，提名 (Nomination) 手续已经履行；1801 年 3 月 3 日，国会（参议员）已经通过了总统

① Marbury v. Madison, 5 U. S. (1 Cranch) 137, 156 (1803).

关于治安法官的提名，马伯里当天已经被总统任命为治安法官，任命（Appointment）已经完成。1801年3月3日，亚当斯总统在离开白宫办公室之前，已经签署了委任状，委任状也被盖上了合众国的印章，委任（Commission）已经完成。至于马伯里等人的委任状没有及时被颁发，现在却被新任总统扣留，马歇尔大法官认为这是一个送达的问题，委任状没有送达马伯里的手中，并不意味着马伯里没有被任命为法官。新任总统扣留了马伯里等人的委任状是没有法律根据的。马歇尔大法官指出：合众国总统通过签署马伯里先生的委任状，任命他为哥伦比亚特区华盛顿县的一名治安法官，国务卿盖在委任状上的合众国国玺是总统签名正式有效及委任业已完成的确证，因此，马伯里就已经被任命了。因为创设该法官职位的法律赋予该官员的任职期间是5年，在任职期间不受行政机关干预的权利，所以，这项任命是不可撤销的，而且赋予该官员各项法律上的权利，受到国家法律的保护。马歇尔大法官得出的结论是：马伯里被任命为法官已经履行了必要的法律手续，其有权得到委任状，而总统和国务卿不予颁发委任状是没有理由的。正如马歇尔大法官在判词中指出的那样："拒发他的委任状，在本法院看来不是法律所授权的行为，而是侵犯了所赋予的法律权利。"

当然关于马伯里是否有权获得委任状，一个可能的反驳就是："签字、盖章、送达，这份委任状就是你的；签字、盖章、未送达，这份委任状就不是你的。"①事实上，要解决委任状被扣押的法律问题，法院需要判定扣押委任状侵犯的是何种权利。从原告马伯里的角度来看，加盖国玺或者印章的委任状实际上是属于他的一项财产。如果不考虑时代倒错（Anachronism）的问题，联邦最高法院在1819年判决的达特茅斯学院诉伍德沃德案②或许可以提供一些借鉴。在该案中，达特茅斯学院董事会的校印（Corporate Seal）、账本（Book of Records）和文件（Documents）被伍德沃德非法转让给了州政府新设立的达特茅斯大学。联邦最高法院最终判定：（1）达特茅斯学院特许状可以被认定为受到联邦宪法所保护的契约；（2）新布什罕儿州议会通过的法律构成对宪法所保护的契约的损害。与达特茅斯学院诉伍德沃德案类似，马伯里的案件似乎也是一个动产侵占之诉（action of trover），该诉讼实质上成为对任何非法占有或使用他人动产行为的救济方式，请求损害赔偿的数额通常根据该动产的价值来确定。

在对于第一个问题得出肯定性答案之后，马歇尔大法官进而进入第二个法律问题。自古罗马法以来，"无救济就无权利"（Ubi Jus Ibi Remedium）就是一个公理。

① "Signed, Sealed and Delivered, It's Yours; Signed, Sealed, not Delivered, It's not Yours." Robert Aitken & Marilyn Aitken, Signed, Sealed, but Not Delivered: John Marshall v. Thomas Jefferson-The Marbury Case, 31 LITIG. 57 (2004).

② Trustees of Dartmouth College v. Woodward, 17 U.S. (4 Wheat.) 518 (1819).

正如著名的布莱克斯通勋爵在《英格兰普通法评论》中的论证，每一项权利都必须有救济，每一种损害都必须有补偿（every right when with-held must have a remedy, and every injury its proper redress）。①马歇尔大法官在判词中论证道：“公民权利的精髓在于一切人在受到侵害时有要求法律保护的权利，政府的首要责任之一就是提供这种保护。”②“美利坚合众国政府被宣称为法治政府，而非人治政府。如果它的法律对于侵犯所赋予的法律权利不提供救济，它当然就配不上这个高尚的称号。”“治安法官作为司法系统中的一员，并不像各部部长一样从属于总统的酌情权。所以总统于该案中的作为必须要经受司法审查。”马歇尔大法官认为，如果说国家是一个法治政府，如果说“无救济则无权利”这一法律公理是文明国家的一个通行准则的话，马伯里的正当法律权利遭到侵犯的时候，国家法律一定会为他提供救济。经过这样一番推理，马歇尔大法官对于第二个法律问题的回答也是肯定的，即马伯里在正当法律权利遭到侵犯的时候，国家法律必须为其提供法律上的救济手段（Legal Remedies）。

在解决了第二个法律问题之后，马歇尔大法官以令人惊奇的方式进入第三个法律问题。马歇尔大法官对于第三个问题的回答出乎人们的意料，法院最终给出了否定的回答。马歇尔认为虽然法院有权向行政官员发出执行令，但在马伯里案中，联邦最高法院仅具有“上诉管辖权”，而不具有“初审管辖权”，简单地说，马伯里告错了地方。马歇尔大法官的推理如下：

能否由联邦最高法院向行政部门颁发强制执行令状（Writ of Mandamus）为马伯里提供这种法律上的救济？对于这一问题的回答取决于两个关键问题：其一，所申请之令状的法律性质（The Nature of the Writ）；其二，联邦最高法院的权力范围（The Power of the Court）。就原告所申请的令状的性质而言，自英格兰普通法的历史形成以来，强制执行令状（Writ of Mandamus）已经存在了数百年之久。强制执行令状的目的在于纠正不公平，它通常存在于一个特定法律权利被侵犯，而侵权者又承担特定法律义务的案件中。从法律上看，权利受害人向法院请求强制执行令状必须满足两个条件：（1）侵权者的行为具有某种公共性质（Public Nature）；（2）侵权者所应当承担的法律义务必须是紧急的（Imperative），从而不允许侵权者酌情行事（Discretionary）。③在很多普通法国家或者地区，法院授予强制执行令是一种

① Marbury v. Madison, 5 U.S.（1 Cranch）137, pp.162-163（1803）; William Blackstone, Commentaries on the Laws of England 23.

② The very essence of civil liberty certainly consists in the right of every individual to claim the protection of the laws whenever he receives an injury.

③ Supreme Court Rules, Rule 20: Procedure on a Petition for an Extraordinary Writ. https://www.law.cornell.edu/rules/supct/rule_20.

衡平法上的救济（The grant of mandamus is an equitable remedy）。①一般来说，强制执行令状分为三类：替代性强制执行令状（Alternative Mandamus）、绝对性强制执行令状（Peremptory Mandamus）、延续性强制执行令状（Continuing Mandamus）。在美国《行政程序法》（*Administrative Procedure Act*）之下，行政机关的行为若超越法律的许可，侵犯到公民的权利，法院则有可能通过强制执行令状的方式为公民提供救济。

就联邦最高法院的权力范围而言，宪法明确在第3条中规定了司法权之归属、管辖权之分配、叛国罪的审判。然而，宪法并未明确规定联邦最高法院拥有司法审查的权力。面对国会立法和宪法的冲突，马歇尔大法官仔细对比了本案相关的两件重要的法律，一个是马伯里起诉的法律基础——《1789年司法法》，另外一个是本案判决的依据——1787年《美利坚合众国宪法》。

依据《1789年司法法》第13条② d款之规定：联邦最高法院在法律原则和惯例保证的案件中，有权向任何在合众国的权威下被任命的法庭或公职官员下达执行令状。③也就是说，按照该规定，马伯里是有权直接向联邦最高法院起诉并要求联邦最高法院颁发强制令状，使新任的国务卿交出被扣留的委任状，如此一来，马伯里就可以成为正式的法官了。

依据《美利坚合众国宪法》第3条第2款之规定，“在一切有关大使、公使、

---

① Gangadhar Narsingdas Agrawal v. Union of India, AIR 1967 Goa 142（147）; Regional Director v. AS Bhangoo,（1969）73 Cal. WN 267; Megh Nath v. Director, Technical Education, UT Chandigarh, 1990（1）RSJ 126.

② 《1789年司法法》第13条的全文翻译如下：最高法院应拥有民事性质之所有争议的单独管辖权，其中州为一方当事人，而州与其公民之间争议除外，州与其他州之公民或外国人也除外，后者的案件中则应拥有原始而非单独管辖权。而且也应单独拥有所有对使节或公使、或其仆人或家仆进行起诉之管辖权，法律法庭能够与国家法律一致拥有或执行；而使节或其他公使提出之所有诉讼之原始而非单独管辖权，或是诉讼中一方为领事或副领事。在所有控诉美国公民的诉讼中，最高法院实际上的纠纷审判应交由陪审团。在以下特别提供的案件中，最高法院也应拥有来自巡回法院与部分州法院的上诉管辖权，当进行海事诉讼时，应有权对地区法院发布禁制令，并且在经由法律使用原则所获准的案件中，向任何指定法庭或依美国授权拥有公职的人提出强制令。The Supreme Court shall also have appellate jurisdiction from the circuit courts and courts of the several states, in the cases herein after provided for; and shall have power to issue writs of prohibition to the district courts [...] and writs of mandamus [...] to any courts appointed, or persons holding office, under the authority of the United States.

③ 《1789年司法法》第13条d款的英文如下：The Supreme Court shall also have appellate jurisdiction from the circuit courts and courts of the several states, in the cases herein after provided for; and shall have power to issue writs of prohibition to the district courts [...] and writs of mandamus [...] to any courts appointed, or persons holding office, under the authority of the United States.

领事以及州为一方当事人的诉讼案件，联邦最高法院有初审管辖权（Original Jurisdiction）。在上述所有其他案件（All Other Cases）中，联邦最高法院有关于法律和事实的上诉管辖权，但是国会规定为例外及另有处理条例者，不在此限”。①也就是说，按照第3条第2款之规定，马伯里诉麦迪逊案当属于宪法明文规定的“所有其他案件”。联邦最高法院在这个案件当中竟然没有初审管辖权。宪法的用语是十分明确的，联邦最高法院仅仅对于那些“有关大使、公使、领事及州为一方当事人的诉讼案件”才享有初审管辖权。然而，在本案中，原告和被告的任何一方都不属于大使、公使、领事或者州，所以联邦最高法院在这个案件当中没有初审管辖权。

关于《美利坚合众国宪法》第3条第2款对初审管辖权的列举，宪法学家们提出两种解释方法：第一种解释是将宪法第3条第2款对初审管辖权的列举看做一个天花板条款（Ceiling Clause），在此种解释之下，联邦最高法院的初审管辖权被限定在了两类案件：（1）以外交官为一方的案件；（2）以州为诉讼一方的案件。天花板条款意味着，任何对宪法第3条第2款的解释都不得逾越这个界限。第二种解释是将宪法第3条第2款对初审管辖权的列举看做一个地板条款（Floor Clause），在此种解释之下，宪法的文本为联邦最高法院的初审管辖权提供了一个可以扩展的基础，国会可以在尊重宪法的前提下，对最高法院的初审管辖权进行一定的扩大。从两种解释进路的不同，我们可以看到如何准确地解释宪法的文字至关重要。在罗马法上，“明示其一，即排除其他”（expressio unius est exclusio alterius）是一个重要而古老的法律原则。②在普通法中，“明示其一，即排除其他”是指如果在法律、合同或遗嘱等文件中具体指定某一特定的人或物，那么就意味着排除其他未被指定的人或物。③如果将“明示其一，即排除其他”运用到对宪法第3条第2款的解释中，我们可以看到“有关大使、公使、领事及州为一方当事人的诉讼案件”是宪法对最高法院初审管辖权的明示列举，它意味着宪法已经排除了联邦最高法院对“所有其他案件”的初审管辖权。

约翰·马歇尔大法官比较了宪法的规定和《1789年司法法》之规定后认为，马伯里的法律请求属于宪法第3条第2款之规定的“其他案件”，即联邦最高法院

① 《美利坚合众国宪法》第3条第2款第2项的原文如下：In all cases affecting ambassadors, other public ministers and consuls, and those in which a state shall be party, the Supreme Court shall have original jurisdiction. In all the other cases before mentioned, the Supreme Court shall have appellate jurisdiction, both as to law and fact, with such exceptions, and under such regulations as the Congress shall make.

② John Mark Keyes, Expressio Unius: The Expression that Proves the Rule, 10 Statute L. Rev. 1 (1989); Clifton Williams, Expressio Unius Est Exclusio Alterius, 15 Marq. L. Rev. 191 (1931).

③ 参见《元照英美法词典》关于“expressio unius est exclusio alterius”的解释。

对这类案件只能享有上诉管辖权，没有初审管辖权。所以，马歇尔大法官对于第三个问题的回答是否定的——联邦最高法院无权以向行政部门颁发强制令状的方式为马伯里提供法律上的救济。针对这个问题，马歇尔解释说：《1789 年司法法》第 13 条是与宪法相互冲突的，因为它在规定最高法院有权向政府官员发出执行令时，实际上是扩大了宪法明文规定的最高法院司法管辖权限。如果最高法院执行《1789 年司法法》第 13 条，那就等于公开承认国会可以任意扩大宪法明确授予最高法院的权力。①

我们很难判断究竟是伟大的判决成就了伟大法官还是伟大的法官成就了伟大的判决，漫长的历史验证了马歇尔大法官的司法智慧。宪法并非是完美的，宪法并没有明确规定是否应该由联邦最高法院对国会立法进行合宪性审查。②马歇尔大法官并没有终止于表面上看似简单的法律条文的对比以及相关法律冲突的解决，他深入法律推理背后的更深次的法理问题。马歇尔大法官斩钉截铁地说道："阐明何为法律是司法部门的职权和责任。那些把规则应用到特殊案件中去的人，必然要阐述与解释那项规则。"(It is emphatically the province and duty of the Judicial Department to say what the law is. Those who apply the rule to particular cases must, of necessity, expound and interpret that rule.)③在对第三个法律问题得出否定性结论之后，马歇尔大法官接着提出了一个至关重要的宪法法理问题——一部和宪法相冲突的普通法律能否成为约束联邦最高法院的法律？换言之，一部违宪的国会立法能否成为国家的法律？④ 马歇尔大法官在判词中书写道："一个与宪法相抵触的法律是否可以成为国家法律，这是一个对合众国具有深远影响意义的问题。"⑤ 马歇尔大法官首先指出了这个问题的至关重要的价值，到底是普通法律《1789 年司法法》优先，还是最高法律《美利坚合众国宪法》优先，这是一个对合众国的生死存立具有深远影响意义的问题。马歇尔大法官继续在判决书当中推理："立法机关的权力是限定的，并且这些限定是不能被限制者随意所超越的。宪法是成文的，出于什么目的对这些权力加以限制，又是以何种方式对这些权力加以限制，宪法都有明确的规定，假若这些限制没有得到遵守，假若所禁止的行为和所允许的行为同样没有被遵守，政府的权力的限制就毫无意义了，有限政府和无限政府之间的区分就毫无必要

① 参见陈伟：《美国最高法院至高无上的权力是谁给的?》，载任东来、陈伟、白雪峰：《美国宪政历程：影响美国的 25 个司法大案》，中国法制出版社 2004 年版，第 63~85 页。

② 胡锦光：《在必然与巧合之间——马伯里诉麦迪逊案解读》，载《法学家》2006 年第 4 期。

③ Marbury v. Madison, 5 U.S. (1 Cranch) 137, 178 (1803).

④ Marbury v. Madison, 5 U.S. (1 Cranch) 137, 178-179 (1803).

⑤ Marbury v. Madison, 5 U.S. (1 Cranch) 137, 178-179 (1803).

了。”①“要么宪法要优先于任何与之相抵触的普通法律，要么立法机关可以以普通法律来改变宪法，这是一个显而易见的问题。”②马歇尔大法官说道：“在这两种选择之间没有中间道路。宪法要么是优先的至高无上的法律，不得以普通立法改变；要么与普通立法处于同等的地位，像其他法律一样，立法机关可以随意加以修改。”在宪法和普通法律冲突的时候，马歇尔大法官所谓的“在这两种选择之间没有中间道路”从逻辑上排除了第三种选择的可能性”。接着，马歇尔大法官从目的论（Teleology）方面进行了推理：“当然，所有制定成文宪法的人们都是要想制定国家的根本的和最高的法律，因此，一切这种政府的理论必定是：与宪法相抵触的立法机关的法案是无效的。”③

联邦最高法院虽然在此案中判决马伯里败诉，从表面上看，联邦党人马伯里输掉了这个案件，但是，马伯里所在的联邦党人却赢得了更大的政治胜利。其原因有三：第一，马歇尔大法官通过此案的判决使得联邦最高法院成为了宪法解释最高机关；第二，马歇尔大法官通过此案确立了宪法的至高无上性，凡是与宪法相抵触的普通法律都是无效的；第三，马歇尔大法官在马伯里诉麦迪逊案中树立了一个史无前例的宪法先例——联邦最高法院享有对立法的合宪性审查的权力。

通过“马伯里诉麦迪逊案”的审判和法律推理，我们可以看到，美国政府的权力分成了三个分支，宪法第1条、第2条、第3条分别规定了立法机关、行政机关、司法机关的职权，它们之间形成了一种相互制衡的关系，也就是说，没有任何一个权力是可以肆意侵犯或者超越另外两个权力的，同时，司法机关拥有审查立法机关和政府官员行为的合宪性审查权。作为一个非民选的机构，联邦最高法院为何能够推翻那些代表人民意志的立法者制定的法律呢？司法审查制度确实需要面对“反多数难题”（Countermajoritarian Difficulty）④。纵观海内外关于司法审查制度的研究，它存在的合理性理由不外乎以下几个方面：第一，司法审查制度可以处理政府以及政府内部之间的权力冲突关系；第二，司法审查制度可以保护公民的基本权利；第三，司法审查制度可以保护民主程序的完整和有效运行。民主的程序是可能存在某种程度的缺陷的，这就是所谓的“多数人暴政”（Tyranny of the Majority）的问题，司法审查制度的建立可以弥补这种缺陷和不足。

---

① Marbury v. Madison, 5 U.S. (1 Cranch) 137, 178-179 (1803).

② Marbury v. Madison, 5 U.S. (1 Cranch) 137, 178-179 (1803).

③ Marbury v. Madison, 5 U.S. (1 Cranch) 137, 178-179 (1803).

④ Eric Ghosh, Deliberative Democracy and the Countermajoritarian Difficulty: Considering Constitutional Juries, Oxford Journal of Legal Studies, Vol. 30, No. 2 (2010), pp. 327-359.

第四节　“马伯里诉麦迪逊案”之前——司法审查的法律先例

汉密尔顿在《联邦论》第78篇中论述道：“解释法律的权力，是法院的适当而又特有的领域……确定宪法的含义，确定议会追随宪法的任何立法的含义，都属于法官。倘若二者之间不巧发生不可调和的分歧，自然应该以握有最高责任者为优先；换句话说，宪法高于议会立法，人民的意志，高于议员的意志。”①在宪法的讨论、制定和批准过程中，制宪者们已经意识到他们所要制定的乃是一部具有最高法律效力的成文宪法。与英格兰古老的不成文宪法不同，美国所开创的成文宪法正是建立在这一理念基础之上——宪法高于议会立法，人民的意志，高于议员的意志。

“马伯里诉麦迪逊案”是一起涉及普通法上的强制执行令状的司法争议。事实上，在1803年之前，普通法就存在大量的关于强制执行令状的司法判例。在1795年的合众国诉劳伦斯案②中，法国船长巴雷（Barre）主动遗弃了山鹑号（Le Perdrix）并成为纽约州的居民。法国副领事（Vice Consul）根据《法国和美国领事公约》第9条之规定，③向纽约地区法院的劳伦斯法官（Judge Lawrence）申请逮捕船长巴雷（Barre）。劳伦斯法官认定，除非证据确凿，且前述领事公约第9条的明确授权，纽约地区法院无权向船长巴雷（Barre）发布逮捕令（Warrant）。由于劳伦斯法官拒绝了法国方面的请求，法国外交部门遂向美国政府提出申请，美国行政部门答应了法国的请求。之后，合众国的总检察长布拉德福德（Bradford）以合众国的名义起诉劳伦斯法官（Judge Lawrence），向联邦最高法院申请强制执行令状（Writ of Mandamus），以便美国法院可以向船长巴雷（Barre）发布逮捕令。联邦最高法院受理了此案，约翰·杰伊（John Jay）首席大法官认为，最高法院可以在法律原则和惯例保障的案件中发布强制执行令状（The Supreme Court may, it is true, issue writs of mandamus, in cases warranted by the principles and usages of law）④，但是就本案而言，劳伦斯法官严格行使其司法职权，认为尚没有充分和确凿的证据向船长巴雷（Barre）发布逮捕令（Warrant），联邦最高法院无权强迫劳伦斯法官去决定本属于其司法职权范围内的判断（This Court has no power to compel him to decide according to the dictates of any judgment but his own）。⑤

---

① 参见［美］汉密尔顿、杰伊、麦迪逊：《联邦论》，尹宣译，译林出版社2015年版，第537页。

② United States v. Lawrence, 3 U.S. (3 Dall.) 42 (1795).

③ Consular Convention between the United States and France.

④ United States v. Lawrence, 3 U.S. 42, 47, 1 L. Ed. 502 (1795).

⑤ United States v. Lawrence, 3 U.S. 42, 53, 1 L. Ed. 502 (1795).

在1795年的合众国诉彼得斯案①中，法国的小型护卫舰卡修斯号（Cassius）成为法国和美国间外交争端的对象。詹姆斯·亚德（James Yard）向宾夕法尼亚地区法院（District Court of Pennsylvania）申请扣押停留在费城港（Port of Philadelphia）的小型护卫舰卡修斯号（Cassius）并逮捕船长萨缪尔·戴维斯（Samuel Davis）。联邦最高法院判定，地区法院对于外国武装民船私掠（Privateer）②美国船只的案件没有管辖权，联邦最高法院可以通过向诉彼得斯法官颁发禁止令状（Writ of Prohibition）的方式阻止他所在的宾夕法尼亚地区法院不正当地行使此种管辖权。③

在合众国诉霍普金斯案（United States v. Hopkins）中，霍普金斯是一名弗吉尼亚州的放贷员，合众国政府向法院申请强制执行令，要求霍普金斯允许某人认购合众国贷款。在法庭辩论后，联邦最高法院拒绝发放强制执行令状，因为申请人未能充分证实其权利。在1067年的国王诉巴克（King v. Barker）案中，法院认为，若无其他充分、明确且合法的救济，颁发强制执行令状就是法的一般原则所要求的。④在“国王诉米德赫斯特自治市”中，威廉·布莱克斯通勋爵认为，法院可以颁布强制执行令状向市镇农役保有地产的取得人展示转让契据。⑤在“国王诉海伊案”中，法院同意签发执行令状，确保了人们可以合法地管理其财产。⑥

人们通常认为“马伯里诉麦迪逊案”是美国联邦层面上的司法审查第一案，事实上，在该案之前，美国各州就已经在其司法判例中对司法审查制度进行了探索。霍姆斯诉沃尔顿案（Holmes v. Walton）是州法院审理的第一起宣告立法机关的法案违宪的案例。1778年10月8日，新泽西州的立法机关通过了一项旨在惩治通敌罪的扣押法案（Seizure Laws），根据该法案，在新泽西州任何与英国从事贸易的商品或者货物都将被扣押。1778年的扣押法案授权治安法官（Justice of the

---

① United States v. Peters, 3 U.S. (3 Dall.) 121 (1795). 本案不同于1809年的“合众国诉彼得斯案”United States v Peters, 9 U.S. 115 (1809)，在1809年的案件中，联邦最高法院判定，州的立法机关不得以立法形式废止司法判决，亦不得决定合众国法院的司法管辖权。

② 私掠（Privateer）是指由国家颁发私掠许可证，授权个人攻击或劫掠他国船只的行为。

③ United States v. Peters, 3 U.S. 121, 125, 1 L. Ed. 535 (1795).

④ 3 Burrow, 1067, King v. Barker, and al; Supreme Court of the United States, Reports of Cases Argued and Adjudged in the Supreme Court of the United States, John Conrad and Company, 1804, p. 152.

⑤ Rex. v. Borough of Midhurst, 1. Wills. 283; Supreme Court of the United States, Reports of Cases Argued and Adjudged in the Supreme Court of the United States, John Conrad and Company, 1804, p. 152.

⑥ Rex v. Dr. Hay, 1. W. Bl, Rep. 640; Supreme Court of the United States, Reports of Cases Argued and Adjudged in the Supreme Court of the United States, John Conrad and Company, 1804, p. 152.

Peace）可以在6人组成陪审团的基础上对通敌行为进行审判①，另外，该法案还规定了没收财产的制裁后果。② 1778年，民兵少校沃尔顿（Elisha Walton）根据1778年的扣押法案将约翰·霍姆斯（John Holmes）和所罗门·凯查姆（Solomon Ketcham）的货物扣押。1779年5月24日，蒙茅斯县（Monmouth County）的治安法院组成了6人陪审团审理此案，陪审团认定约翰·霍姆斯和所罗门·凯查姆的罪行不成立。之后，该案被上诉至新泽西最高法院（Supreme Court of New Jersey）。1780年9月7日，新泽西最高法院首席大法官大卫·布瑞利（David Brearley）认定，新泽西州立法机关制定的法案由于抵触《新泽西宪法》（*Constitution of New Jersey*）而无效。

由于陪审团在早期北美殖民地时期的司法体系中占据着极为重要的地位，所以陪审团的人数和组成方式就成为本案的一个焦点。按照1776年7月2日通过的《新泽西宪法》第22条和第23条之规定，英格兰普通法之下的陪审团审判制度在新泽西独立后仍然构成其法律体系的当然组成部分，陪审团审判是一项极其重要的基本权利（Inestimable Right）。大卫·布瑞利大法官认为，《新泽西宪法》要求12人组成的陪审团审判，而在霍姆斯诉沃尔顿案中，治安法院仅仅使用了6人组成的陪审团进行审判，新泽西州立法机关的方案与宪法抵触，应该被判定为无效。

1780年的霍姆斯诉沃尔顿案（Holmes v. Walton）开启了全美范围内第一起确认司法审查制度的先河。司法审查的重要性在诸如弗吉尼亚、纽约市、罗德岛州、北卡罗来纳州的司法判例中得到印证。1782年弗吉尼亚上诉法院（Virginia Court of Appeals）审理的州诉卡顿案（Commonwealth v. Caton）③ 是另一起涉及司法审查制度的早期案例。该案的案情如下：1776年，弗吉尼亚的立法机关制定了《叛国法》（*Virginia Treason Act*），该法案规定将行使赦免权的主体由行政部门转到立法部门。包括约翰·卡顿（John Caton）在内的三人因为触犯该法案被判有罪，1782年州众议院将他们赦免，但参议院不予支持。被告卡顿声称众议院投票表决的赦免有效，《叛国法》规定的两院一致同意才能赦免的要求是违宪的。被告的理由在于：1776年《弗吉尼亚宪法》（*Virginia Constitution of 1776*）明确规定，州长拥有赦免权，在特殊案件中，州众议院（Virginia House of Delegates）可以起诉某类罪犯并单独享有对该类罪犯的赦免权。1782年11月2日，弗吉尼亚上诉法院的法官在判决书中发布了8项不同意见（Separate Opinions），约翰·卡顿等三人败诉。尽管法院在

---

① 根据一项新泽西州立法机关在1775年2月11日通过的法案，在小额民事诉讼（Small Claims）中，6人组成的陪审团是被允许的。

② Acts of the Council and General Assembly of the State of New-Jersey（October 8, 1778），https://catalog.hathitrust.org/Record/010476368.

③ Commonwealth v. Caton, 8 Va.（4 Call）5（1782）.

此案中并没有推翻《叛国法》的合宪性，但法官还是利用这个机会肯定了司法部门有权宣布违宪法案是无效的。乔治·韦思法官（George Wythe）说道："只要那些手持金钱和利剑的人，对他们每个人都可以实施的权力争执不已，那么手中既没有钱也没有剑的法庭，就可以受理并宣告他们之间的公正法律。……如果……立法机关……试图超越人民为其设置的界限，我，作为这个国家公正正义的掌管人，就将在这个法庭上，在我的法官席上直面立法机构，并指着宪法对立法机构说，这里是你的权力边界；在那里你可以行动，但不要走得太远。"①

1784年，纽约市法官詹姆士·杜安（James Duane）在拉特格斯诉沃丁顿案（Rutgers v. Waddington）中判定，州立法机关的立法不得抵触联邦宪法以及联邦国会批准的国际条约。1786年，罗德岛州最高法院（Rhode Island Supreme Court）在特雷韦特诉文登案（Trevett v. Weeden）判定，罗德岛州立法机关授权纸币具备法定支付能力（Legal Tender）的法案因违反了罗德岛州宪法而无效。1787年，北卡罗来纳州最高法院在巴雅德诉辛莱顿（Bayard v. Singleton）案中明确指出："立法行为不能撤销或改变宪法"，"违反宪法的法律是无效的"。②

一、杰伊法院（Jay Court）

众所周知，美国政治家、革命家、外交家和法学家约翰·杰伊（John Jay，1745年12月12日—1829年5月17日）不仅是《联邦论》的作者之一，也是联邦最高法院第一位就职的首席大法官。在杰伊法院时期（1789年10月19日—1795年7月29日），美国联邦最高法院的院址还在费城（Philadelphia）的旧市政厅③，在5年多的时间内，联邦最高法院的案件非常少。Van Staphorst v. Maryland（1791年）成为第一个进入联邦最高法院待审案件表（Docket）的司法案件但是在最高法院进行听审之前，Van Staphorst与马里兰州就独立战争之间的债务纠纷达成解决方案，因此该案被联邦最高法院撤销。此外，杰伊法院还审理了7宗较为重大的司法案件。这7宗案件分别是West v. Barnes（涉及纠错令状）、Georgia v. Brailsford（三关联案件，分别涉及州成为案件当事人、州政府的对外债权）④、Hayburn's Case（涉及案件可司法性和权力分立）⑤、Chisholm v. Georgia（涉及一州

① Commonwealth v. Caton, 8 Va.（4 Call）5（1782）；朱仁华：《美国违宪审查的历史探渊》，载《环球法律评论》2007年第5期。

② Lindley S. Butler and Alan D. Watson, eds., The North Carolina Experience: An Interpretive and Documentary History（1984）.

③ Jay Court，Rutledge Court，Ellsworth Court三代首席大法官时期，最高法院都位于费城。

④ Georgia v. Brailsford, 2 U.S. 402（1792）；Georgia v. Brailsford, 3 U.S. 1（1794）；Georgia v. Brailsford, 2 U.S. 415（1793）.

⑤ Hayburn's Case, 2 U.S. 409（1792）.

公民与另一州的诉讼及第十一宪法修正案)①、United States v. Todd（涉及老兵的津贴）②。

由于Van Staphorst v. Maryland（1791）的撤案，West v. Barnes（1791年）③成为联邦最高法院听审并且裁判的第一宗司法案件，该案的口头辩论环节在1791年8月2日进行，法院于次日对它作出了首个裁判。该案发生于罗德岛州（Rhode Island）的首府普罗维登斯（Providence），该州的将军West通过抵押按揭的方式购买了不动产，他坚持以纸币而非金银货币的方式进行清偿，而该不动产所有权的继承人Barnes却要求以金银货币的方式清偿。两人就债务履行发生纠纷诉至联邦巡回法院，巡回法院判决West败诉，West不服下级法院的判决进而向联邦最高法院申请纠错令状（Writ of Error）④，首席大法官约翰·杰伊主审了联邦最高法院历史上的第一宗案件。⑤联邦最高法院的大法官们作出顺次司法意见书（Seriatim Opinion）⑥并最终判定：从下级法院上诉到联邦最高法院的纠错令状（Writ of Error）只能由法院的书记官办公室（Clerk's Office）签发。⑦另外一起由杰伊法院（Jay Court）审理的早期案件是"奇泽姆诉佐治亚州案"（Chisholm v. Georgia）⑧，该案之所以值得一提是因为它涉及一个重要的法律争点——一州的公民是否可以对另外一州的政府在联邦最高法院提起司法诉讼？这一司法案件虽然被后来的联邦宪法第十一修正案所推翻，但在历史上却有着重要的司法意义。1792年在南卡罗来纳州，罗伯特·法夸尔（Robert Farquhar）的遗嘱执行人亚历山大·奇泽姆（Alexander Chisholm）试图在最高法院起诉佐治亚州，以求取在美国独立战争期间，法夸尔对佐治亚州之补给物资的赔偿。被告佐治亚州拒绝出庭，声称作为一个

① Chisholm v. Georgia, 2 U.S. 419 (1793).

② United States v. Todd (1794).

③ West v. Barnes, 2 U.S. (2 Dall.) 401 (1791).

④ 纠错令状（Writ of Error）是一种由具有上诉管辖权的法院签发给存卷法院（Court of Record）的法官，命令其将被指控有误的包含有判决结果的案卷提交给上诉法院进行审查或命令其自行审查的令状。审查的结果可能是撤销原判、改判或维持原判。但是，审查只限于案卷中明显的错误。根据这种令状提起的诉讼是一个新诉的开始，而不是原诉的继续。当事人不能同时寻求上诉救济和纠错令救济，至少直至其上诉请求被驳回后才能获得纠错令救济。并且，纠错令在原判决被撤销前不能阻止判决的执行。（参见《元照英美法词典》）

⑤ James R. Perry's The Documentary History of the Supreme Court of the United States, 1789—1800, Volume 6, West v. Barnes, pp. 3-27.

⑥ 在联邦最高法院司法实践的早期，法院并未发展出今天的多数司法意见书、少数司法意见书的模式，而是由大法官顺次发表意见，并以资历递增排列。

⑦ Writs of error to remove causes to this court from inferior courts, can regularly issue only from the clerk's office of the court.

⑧ Chisholm v. Georgia, 2 U.S. (2 Dall.) 419 (1793).

“具有主权的州”，在未经其同意下不得被另一州的公民在联邦最高法院起诉。联邦最高法院首席大法官约翰·杰伊和其他三位大法官约翰·布莱尔、詹姆斯·威尔逊和威廉·库欣发表的司法意见书认为，《联邦宪法》第3条第2款废止了各州的主权豁免并赋予了联邦最高法院审理一个州的公民与另外一个州政府之间争议的权力，因此，佐治亚州拒绝应诉并声称其享有主权豁免的理由不能得到支持。在该案中，当时年仅42岁的大法官詹姆斯·爱尔德尔（James Iredell，1751—1799）发表了一份不同意见书支持了佐治亚州政府主权豁免的理由。

1793年2月18日，联邦最高法院对“奇泽姆案”进行了宣判，从司法上澄清了联邦法院对于“一州与他州公民之间诉讼”的管辖权含义，进而允许一州的公民将另外一州的政府告上联邦法院。然而，一年后，国会正式提出了旨在解决“一州与他州公民之间诉讼”的问题的宪法修正案——这就是后来的联邦宪法第十一修正案。第十一修正案规定：

> 合众国的司法权，不得被解释为可以扩展到受理由他州公民或任何外国公民或臣民对合众一州提出的或起诉的任何普通法或衡平法的诉讼。①

1795年2月7日联邦宪法第十一修正案获得了法定数量州的批准而开始生效，该修正案禁止了一州公民在联邦法院起诉另一州政府的司法案件。宪法第十一修正案从宪法上推翻了两年前杰伊法院在“奇泽姆案”中判决，这也成为联邦历史上首次以宪法修正案的形式推翻联邦最高法院判决的法律事件。后世学者评价道：詹姆斯·爱尔德尔（James Iredell，1751—1799）在“奇泽姆案”中的不同司法意见书从法理上奠定了联邦宪法第十一修正案的基础——州的主权豁免理论（State Sovereign Immunity）。根据州的主权豁免原则，在联邦制的架构下，各州不得在未经过其事先同意的条件下成为另一州公民在联邦法院起诉的对象。如果说，在“奇泽姆案”中，杰伊法院是通过“diversity jurisdiction”，也就是“对不同州（国）籍当事人之间诉讼的管辖权”的解释来理解宪法第3条第2款赋予联邦最高法院管辖权的，那么，宪法第十一修正案则是基于“州权豁免”限制了联邦法院的“diversity jurisdiction”。

二、拉特利奇法院（Rutledge Court）

约翰·拉特利奇（John Rutledge，1739年9月17日—1800年7月23日）是联邦最高法院第二任首席大法官，其任期也是最短的，仅仅持续了138天（1795年8

① 中文翻译参见任东来、陈伟、白雪峰：《美国宪政历程：影响美国的25个司法大案》，中国法制出版社2004年版。

月12日—1795年12月28日)。拉特利奇法院(Rutledge Court)仅仅审理了United States v. Peters(涉及联邦地区法院的司法管辖权)、Talbot v. Janson(涉及海事和公民权)① 两个案件。“合众国诉皮特斯案”(United States v. Peters, 1795)②是一个较为关键的案例。本案的基本案情如下:法国的一艘普通商业船舶获得了法国政府颁发的私掠许可证,政府事实上授权商业船只在公海领域从事私掠他国船只的行为。在16—19世纪,尤其是在战时,民用船舶常常被国家特许参加战斗来充实国家的海上武装力量,因而获得私掠许可证的船只的私掠行为通常被认为是合法的。费城的公民在宾夕法尼亚州的联邦地区法院(District Court of the United States for the District of Pennsylvania)提起了针对法国私掠船只的侵权诉讼,该案最终上诉至联邦最高法院。拉特利奇法院判定:联邦地区法院对于战时在公海上自敌人手中夺取的捕获物(Prize)、外国私掠船只(Privateer)没有管辖权。联邦最高法院有权向地区法院通过发布禁止令状(Writ of Prohibition)的方式阻止法官审理他没有管辖权的案件。而在之前的“合众国诉劳伦案”③ 中,杰伊法院判定:联邦最高法院一般无权要求一个联邦地区法院的法官审理一个他所认为没有管辖权的案件。拉特利奇法院审理的“合众国诉皮特斯案”与杰伊法院审理的“合众国诉劳伦案”事实上都在处理一个联邦司法权在早期建构中非常棘手的宪法问题——联邦最高法院在多大程度上可以纠正联邦地区法院的管辖权错误。

三、埃尔斯沃思法院(Ellsworth Court)

在奥利弗·埃尔斯沃思(Oliver Ellsworth, 1745年4月29日—1807年11月26日)时期,联邦最高法院在其4年多的时间内审理了4宗较为著名的案件,它们分别是Hylton v. United States(涉及运输中的税收)④、Hollingsworth v. Virginia(涉及宪法第十一修正案的生效问题)⑤、Calder v. Bull(涉及追溯既往的法律的效力)⑥、New York v. Connecticut(涉及州与州之间诉讼的初审管辖权)⑦。

埃尔斯沃思法院(Ellsworth Court)在联邦最高法院的管辖权问题上解决了两个比较重大的宪法争议——首先,宪法第十一修正案通过后,“奇泽姆案”中的“diversity jurisdiction”(“对不同州籍当事人之间诉讼的管辖权”)的效力问题;其次,联邦最高法院是否对两个不同的州之间的纠纷享有初审管辖权的问题。埃尔

① Talbot v. Janson, 3 U.S. 133 (1795).
② United States v. Peters, 3 U.S. (3 Dall.) 121 (1795).
③ United States v. Lawrence, 3 U.S. (3 Dall.) 42 (1795).
④ Hylton v. United States, 3 U.S. 171 (1796).
⑤ Hollingsworth v. Virginia, 3 U.S. 378 (1798).
⑥ Calder v. Bull, 3 U.S. 386 (1798).
⑦ New York v. Connecticut, 4 U.S. 1 (1799).

斯沃思法院（Ellsworth Court）在1798年“Hollingsworth v. Virginia案”① 中处理了宪法第十一修正案的问题，联邦最高法院判定由于第十一修正案的通过，任何与“奇泽姆案”同类性质且尚未判决的案件应均予驳回。另外，埃尔斯沃思法院（Ellsworth Court）在“纽约诉康涅狄格案”中判决：联邦最高法院对州与州之间的诉讼具有初审管辖权。②

联邦宪法第十一修正案虽然解决了“一州与他州公民之间诉讼”在宪法上的管辖权问题，却没有直接明确地回答联邦最高法院是否能够通过行使初审管辖权审理“一州公民与本州岛政府之间诉讼”的问题，这个问题直至1890年才由富勒法院（Fuller Court）在“Hans v. Louisiana案”③ 中予以澄清。联邦最高法院裁定：基于“州权豁免”原则，联邦法院对于“一州公民与本州政府之间诉讼”不享有初审管辖权。一个世纪之后，在伦奎斯特法院（Rehnquist Court）时期，法院在1999年的“Alden v. Maine案”④ 中重申了“州权豁免”原则，大法官安东尼·肯尼迪（Anthony Kennedy）在司法意见书中撰写道：“州权豁免并不只来源于第十一修正案，而是包含在宪法原本的意图之中。”肯尼迪大法官通过掷地有声的判词表明了州权豁免理论是美国联邦宪法在设计之初时就拥有的原意。

1798年的考尔德诉布尔案（Calder v. Bull）是埃尔斯沃思法院时期处理关于“追溯既往之法律”（ex post facto law）的第一份重要的宪法判例，该案涉及的问题包括：什么是追溯既往的法律，追溯既往之法律的效力问题，联邦最高法院对“州法是否符合州宪”这一问题的判断权限、禁止追溯既往法律的适用范围。

考尔德诉布尔案涉及的是一位生活在康涅狄格州名叫莫里森（Normand Morrison）的医生的遗嘱认证问题。在案中，布尔及其妻子（Mr. and Mrs. Bull）声称他们对孙子莫里森（Normand Morrison）的房产具有继承权。由于考尔德的妻子（Mrs. Calder）属于莫里森（Normand Morrison）的子女，考尔德及其妻子（Mr. and Mrs. Calder）也认为他们对房产具有继承权。⑤由此，考尔德和布尔就莫里森（Normand Morrison）的遗嘱效力发生了一系列的争议。

1793年3月21日康涅狄格州（Connecticut）哈特福县（Hartford County）的遗嘱检验法院（Court of Probate）⑥ 作出了一项判决，该判决否认了对莫里森（Normand Morrison）的遗嘱认证，布尔及其妻子因此也就不能继承他们孙子的遗

---

① Hollingsworth v. Virginia, 3 U.S. (3 Dall.) 378 (1798).

② New York v. Connecticut, 4 U.S. (4 Dall.) 1 (1799).

③ Hans v. Louisiana, 134 U.S. 1 (1890).

④ Alden v. Maine, 527 U.S. 706 (1999).

⑤ Calder v. Bull, 3 U.S. (3 Dall.) 386, 387 (1798).

⑥ 遗嘱检验法院（Court of Probate）是继承英格兰法律的一项制度设计，在美国州法上，这类法院对于一些民事和刑事案件享有有限的管辖权，在一些州则对遗嘱检验、遗产管理权的授予、对遗产管理和处置的监督、离婚、监护、收养、未成年人的事务管理等具有管辖权。

产。当布尔及其妻子准备对该案件提起上诉的时候，已经是 18 个月之后的事，他们发现其上诉的时间已经超过了康州法律关于诉讼时效（Statute of Limitation）的规定。于是，布尔及其妻子展开了对康涅狄格州（Connecticut）立法机关的游说活动。

1795 年 5 月的第二个星期二，康涅狄格州（Connecticut）的立法机构通过了一项法案（决议），这项法案（决议）事实上否认了 1793 年 3 月 21 日康州哈特福县（Hartford County）的遗嘱检验法院（Court of Probate）的判决的效力，根据康州的新的立法，法院需要对莫里森（Normand Morrison）在 1779 年 8 月 21 日的遗嘱重新进行听证。很快，法院启动了重新听证程序。经过新的听证和审判，哈特福县（Hartford County）的遗嘱检验法院（Court of Probate）肯定和确认了莫里森（Normand Morrison）的遗嘱的效力并记录在案（record the will），根据新的判决，布尔及其妻子可以继承他们孙子的遗产。之后，案件被上诉至哈特福县（Hartford County）高等法院，高等法院维持了原判。此案进一步被上诉到康涅狄格州最高法院（Connecticut Supreme Court of Errors），康州最高法院仍然维持了原判决。

考尔德及其妻子（Mr. and Mrs. Calder）不服康州最高法院的判决，将案件上诉至联邦最高法院，联邦最高法院需要处理的核心问题就是康州立法机关通过的法案（决议）是否违背《联邦宪法》第 1 条第 10 款关于“禁止溯及既往法律”的规定。

《联邦宪法》第 1 条第 9 款规定：公权剥夺令或溯及既往之法律不得通过之。① 此条款确立了联邦的立法机构禁止颁发溯及既往的法律。《联邦宪法》第 1 条第 10 款规定，“任何州不得：加入任何条约、盟约或邦联；颁发捕获敌船许可状；铸造货币；发行信用票据；使用金银币以外之物，以作偿还债务之法定货币；通过公权剥夺令，溯及既往之法律，损害契约义务之法律，或授予贵族爵位”。②这一条款禁止了各州通过溯及既往的法律。禁止“事后法”或者禁止追溯既往的法律成为一条联邦宪法的原则，该原则也得到了各州宪法广泛的确认和支持，例如，在马萨诸塞州、宾夕法尼亚州、特拉华州、马里兰州、北卡和南卡州的宪法都禁止本州岛的立法机关颁布追溯既往的法律。无论从《联邦宪法》第 1 条第 9 款、第 10 款的规定

---

① US Constitution, Art 1, Section 9: No bill of attainder or ex post facto Law shall be passed.

② US Constitution, Art 1, Section 10: No state shall enter into any treaty, alliance, or confederation; grant letters of marque and reprisal; coin money; emit bills of credit; make anything but gold and silver coin a tender in payment of debts; pass any bill of attainder, ex post facto law, or law impairing the obligation of contracts, or grant any title of nobility. 美国的州法也禁止“事后法”的适用，例如，《马萨诸塞州人权宣言》Article 24 of the Massachusetts Declaration of Rights States: “Laws made to punish for actions done before the existence of such laws, and which have not been declared crimes by preceding laws, are unjust, oppressive, and inconsistent with the fundamental principles of a free government.” 州法禁止“事后法”的相关判例：Commonwealth v. Bargeron, 402 Mass. 589, 590 (1988); Commonwealth v. Bruno, 432 Mass. 489, (2000); Doe v. Sex Offenders Registry Board , 460 Mass. 336 (2011); Thompson v. Commonwealth, Ky., 862 S.W.2d 871 (1993); Clair v. Commonwealth, 140 S.W.3d 510, 574-75 (Ky. 2004).

来看，还是从各州宪法的规定来观察，对溯及既往之法律的禁止都是一项联邦和各州共同遵守的宪法原则。①

在1789年“考尔德诉布尔案”的审理中，联邦最高法院大法官塞缪尔·蔡斯（Samuel Chase，1741—1811）撰写了多数司法意见书，其他法官发表了协同意见或者部分反对意见。联邦最高法院的推理如下：

第一，何谓追溯既往的法律？

塞缪尔·蔡斯（Samuel Chase）大法官认为应该适用文义解释来确定“追溯既往之法律”的含义。②所谓追溯既往之法律是指一种“以更严厉的方式来改变对犯罪发生时已有法律所设惩罚”的法律。塞缪尔·蔡斯（Samuel Chase）大法官在判词中进一步列举了溯及既往的法律的具体情形，如下所示：③

情形1：若一项法律使得之前非罪的行为入罪化；

情形2：若一项法律使得之前轻罪的行为重罪化；

情形3：若一项法律改变了之前行为的罪行并施以更重的处罚；

情形4：若一项法律改变了证据规则使得追诉之前行为的证据要求降低。

塞缪尔·蔡斯（Samuel Chase）大法官还列举英国布莱克斯通勋爵（Sir William Blackstone，1723—1780）、雷蒙德勋爵（Lord Raymond，1673—1733）对“溯及既往之法律”的理解来强化其判词的说理。20世纪著名宪法学家、斯坦福大学冈瑟（Gerald Gunther）教授总结大法官对“溯及既往之法律”的理解，可以被概括为如下：若一项法律对于法律颁布之前的行为，创设（create）、加重刑罚（aggregate）、增加更重刑法（encrease the punishment）或者为了追诉之目的而改变证据规则（change the rules of evidence，for the purpose of conviction）就属于“溯及既往之法律”。④

---

① Calder v. Bull, 3 U.S.（3 Dall.）386, 389（1798）.

② David P, Currie, The Constitution in the Supreme Court: The First Hundred Years, 1789—1888, University of Chicago Press. 1992, p.41.

③ Calder v. Bull, 3 U.S.（3 Dall.）386, 391（1798）. It is a law of "ex post facto" if: 1st. Every law that makes an action done before the passing of the law, and which was innocent when done, criminal; and punishes such action. 2nd. Every law that aggravates a crime, makes it greater than it was, when committed. 3rd. Every law that changes the punishment, and inflicts a greater punishment, than the law annexed to the crime, when committed. 4th. Every law that alters the legal rules of evidence, and receives less, or different, testimony, than the law required at the time of the commission of the offence, in order to convict the offender.

④ Gerald Gunther, Constitutional Law, The Foundation Press, Inc.（11th ed. 1985）, p.443.（create, or aggravate, the crime; or encrease the punishment, or change the rules of evidence, for the purpose of conviction.）

第二，禁止“追溯既往之法律”这一规则的适用范围。

塞缪尔·蔡斯（Samuel Chase）大法官在明确了什么是“追溯既往之法律”之后，继续探讨这一规则的适用范围和例外的情况。任何一个事后法都必定会溯及既往，但是并非所有溯及既往的法律都被认为是事后法，只有前者是宪法所禁止的。(Every ex post facto law must necessarily be retrospective; but every retrospective law is not an ex post facto law: The former, only, are prohibited.)① 法律体系中也存在一些可以被正当化的、为了共同体利益而溯及既往的法律，例如，大赦令（Statutes of Oblivion）或者特赦（Pardon），这些法律当然对过去发生的行为具有溯及力。②塞缪尔·蔡斯（Samuel Chase）大法官明确宣示，在“使得非法的行为合法化”和“使得非罪的行为犯罪化”之间有着巨大的区别。③我们必须承认，一个行为刚开始是非法的，但是随着某种发展和变化，后来却变得合法了。

塞缪尔·蔡斯（Samuel Chase）大法官区分了两种情况，一种情况是：一种事实影响到另一种事实或者与之相关，则是否另一种事后的事实就可以借着法律的运行而使得前一种事实变得合法或者不合法？另一种情况是：行为已经发生后，一项法律通过，该法律适用于之前的行为。进一步的考察告诉我们：第一种情况下两种事实（行为）都是由私人完成的，而在第二种情况下，前一种行为是由私人发出的，但是法律通过这个行为却是由立法机关发出的。④ 塞缪尔·蔡斯大法官认为，“禁止溯及既往之法律”并不意味着立法机关不能够在一种事实或者某一类行为发生之后就不能再订立新的法律，若“禁止溯及既往之法律”（prohibition of ex post facto law）被理解为立法机关不能再继续订立新的法律，则立法机关（无论是联邦还是州）的权力和功能会被极大地限制，其后果是不可想象的。

立宪先贤在制定“禁止溯及既往之法律”这一条规则的时候并不是要禁止立法机关制定剥夺或者影响公民私人财产权利的法律。换言之，宪法之父的原意是禁

① Calder v. Bull, 3 U.S. (3 Dall.) 386, 391 (1798).

② There are cases in which laws may justly, and for the benefit of the community, and also of individuals, relate to a time antecedent to their commencement; as statutes of oblivion, or of pardon. They are certainly retrospective, and literally both concerning, and after, the facts committed.

③ There is a great and apparent difference between making an Unlawful act Lawful; and the making an innocent action criminal, and punishing it as a Crime.

④ Calder v. Bull, 3 U.S. (3 Dall.) 386, 393 (1798). There appears to me a manifest distinction between the case where one fact relates to, and affects, another fact, as where an after fact, by operation of law, makes a former fact, either lawful or unlawful; and the case where a law made after a fact done, is to operate on, and to affect, such fact. In the first case both the acts are done by private persons. In the second case the first act is done by a private person, and the second act is done by the legislature to affect the first act.

止立法机关在刑事领域制定“追溯既往之法律”，宪法规范的原始含义并不是禁止一切“追溯既往之法律”。在民事领域内，事后法是不被禁止的。例如，联邦1791年宪法第五修正案就规定：“非有公正赔偿，不得将私产收为公用。”①由此看来，宪法上禁止“追溯既往之法律”这一规则的适用范围通常来讲是针对刑事领域的，该规则不适用于民事领域。

第三，康涅狄格州1795年的立法（决议）并未违反“禁止溯及既往之法律”这一规则。

塞缪尔·蔡斯（Samuel Chase）大法官认为财产权的内涵、模式、取得方式、剥夺、转让、继承等问题应该是由基本的民事法律来规定的，一项完整的、排他性的财产权必定包括对该权利的处分。在本案中，考尔德及其妻子并不根据康州的法律而成为财产权人。虽然考尔德及其妻子根据之前的法律获得了一项财产权，但是因为康州1795年的法律已经否认了莫里森作为他们孙子的遗嘱的效力。若莫里森的遗嘱是有效的，那么莫里森的子女当然就没有继承权了。若莫里森的遗嘱已经被否认了，那么显然莫里森的子女就具有无可争辩的继承权。

第四，康涅狄格州1795年的立法（决议）是否违反康涅狄格州宪法?

塞缪尔·蔡斯（Samuel Chase）大法官认为：判断康涅狄格州1795年的立法（决议）是否违反康涅狄格州宪法的权力应该归属于康州的法院。（The Courts of Connecticut are the proper tribunals to decide, whether laws, contrary to the constitution thereof, are void.）② 在联邦主义之下，联邦最高法院管辖权的行使必须依据联邦宪法，在属于州管辖的范围内，联邦最高法院无权去决定康州的法律是否符合康州的宪法。塞缪尔·蔡斯（Samuel Chase）大法官进一步设想：假若联邦最高法院拥有管辖权，那么最高法院也不必然认为康涅狄格州1795年的立法（决议）已经违反康涅狄格州宪法。

第五，最高法院大法官的其他意见——自然法是否能够直接进行司法适用?

在考尔德诉布尔案（Calder v. Bull）的判词中，Paterson大法官、Iredell大法官和Cushing大法官都分别发表了司法意见。Paterson大法官认为康州的宪法是由惯例所构成的（The Constitution of Connecticut is made up of usages），康州的立法机关在历史上就拥有赋予重新审判的权力（power of granting new trials）。Paterson大法官赞同塞缪尔·蔡斯（Samuel Chase）大法官的观点，即“溯及既往之法律”在制宪者的构造中具有特殊的含义，它主要适用于刑事法律。在“自然法”是否能够由司法机构进行直接适用的问题上，Iredell大法官与塞缪尔·蔡斯（Samuel Chase）大法官持相反的意见，Iredell大法官认为法院不能简单根据“自然正义原

① Amendment V (1791) of US Constitution.

② Calder v. Bull, 3 U.S. (3 Dall.) 386, 393 (1798).

则”就推翻一个实定法，因为“自然正义原则”（the ideas of natural justice are regulated by no fixed standard）并没有一个固定的标准，更进一步来说，Iredell 大法官认为最高法院的大法官尽管需要具有超群的智慧，但是这并非要求法官本身是哲学家从而能够在司法中对哲学问题给出精准的判断。①针对本案的争议，Cushing 大法官最后发表了赞同意见，认为联邦最高法院无权决定康州的法律是否违反康州宪法，康州有权根据其古老而一致的宪法实践来订立新的法律（通过新的决议）。②

1798 年的考尔德诉布尔案（Calder v. Bull）成为了埃尔斯沃思法院（Ellsworth Court）时期的一个非常重要的宪法判例，这个宪法判例澄清了“禁止追溯既往之法律”这一宪法规则的具体含义和适用范围。考尔德诉布尔案（Calder v. Bull）成为之后联邦最高法院在“溯及既往之法律”方面的权威先例，例如，在 1988 年的 Bowen v. Georgetown University Hospital 案③、2003 年的 Smith v. Doe 案④中，联邦最高法院都援引了考尔德诉布尔案（Calder v. Bull）。⑤ 法律人需要注意的是法律的推理和论证必须受制于它的适用语境和规范领域，“考尔德诉布尔案”不能被理解为推翻了刑事领域“禁止追溯既往之法律”这一宪法原则。为了说明这一点，最为典型的例子就是 2003 年联邦最高法院所审理的“Stogner v. California 案”⑥。在此案中，联邦最高法院需要审查的对象是加利福尼亚州一项在追诉时效（Statute of Limitations）方面溯及既往的刑事立法，这项立法的目的是惩罚未成年性侵的犯罪嫌疑人。初看，加州的这项立法似乎是保护了未成年人的基本权利，但是由于在“追诉时效”方面的适用范围过于宽大，联邦最高法院最终认定：加州的此项立法属于“追溯既往之法律”（ex post facto law），违反宪法，因而无效。

---

① James E. Fleming, Fidelity to Natural Law and Natural Rights in Constitutional Interpretation, 69 Fordham L. Rev. 2285 (2001); Calvin R. Massey, The Natural Law Component of the Ninth Amendment, 61 University of Cincinnati Law Review 49 (1992); Edward B. Foley, The Bicentennial of Calder v. Bull: In Defense of a Democratic Middle Ground, 59 Ohio State Law Journal 1603 (1998).

② Cushing, Justice: The case appears to me to be clear of all difficulty, taken either way. If the act is a judicial act, it is not touched by the Federal Constitution: and, if it is a legislative act, it is maintained and justified by the ancient and uniform practice of the state of Connecticut. Calder v. Bull, 3 U. S. (3 Dall.) 386, 400-01 (1798).

③ Bowen v. Georgetown University Hospital, 488 U. S. 204 (1988).

④ Smith v. Doe, 538 U. S. 84 (2003).

⑤ 除了联邦法院之外，州法院也曾援引考尔德诉布尔案。“The constitutional prohibition against ex post facto laws applies only to penal legislation that imposes or increases criminal punishment for conduct predating its enactment. [...] The Ex Post Facto Clause is not applicable in a civil context.” Saxon v. Commissioner, T. C. Memo. 2006-52 (2006).

⑥ Stogner v. California, 539 U. S. 607 (2003).

第五节 司法审查制度的反思

一、司法审查的限制

著名宪法学家马丁·洛克林指出，由于公法所调整的对象具有根本的政治性，要求它须采用一种与私法截然不同的独特方法。①司法审查的限制（Limitations on the Exercise of Judicial Review）是一个中外法学界和实务界较少进行系统研究的领域。在某种程度上，“马伯里诉麦迪逊案”（1803年）似乎成为了司法审查和违宪审查的代名词。②“马伯里诉麦迪逊案”（1803年）也缔造了一个由司法机关来对法律的合宪性进行终局裁决的伟大制度，自1803年以来，司法审查成为法院守护宪法的利器，且这种制度开启了一场史无前例的“全球旅行”。理论和制度的“旅行”实际上就是一种法律的移植和继受（Legal Transplantation），这种法律移植在很大程度上影响了人类两百年来对法律的认知范式和实践模式。同时，人们较少深刻体认到由“马伯里诉麦迪逊案”所缔造的司法审查的“神话”其实是一项极其复杂的系统工程。政治权力配置的历史传统、宪法制度设定的法律架构、普通法数百年的司法精神和积淀、法律实施的社会基础，乃至社会学、人类学意义上共同体的文化基因都深深影响到司法审查制度的成败。汉密尔顿在《联邦论》第78篇中深刻指出：“法官既不能影响剑和钱袋，也不能指挥社会的武力财富，也不能对任何事情作出主动决定。可以真实地说：司法部门既无兵力又无意志，它只能判断；最终还要依靠行政部门伸手协助，才能使法庭的判断生效。”司法部门（法院）既不掌握枪杆子（Force），也不掌握钱袋子（Purse），在所有的政府权力部门中，司法是最弱的。③著名宪法学家毕克尔（Alexander Bickel，1924—1974）更进一步指出，司法也是所有权力分支中最不危险的部门（the Least Dangerous Branch）。一个非民选的部门为何能够以一纸判决推翻那些民选的部门的意志呢？从法学的角度来看，我们毋宁说司法审查是受到诸多的限制的。在考尔德诉布尔案中，塞缪尔·蔡斯大法官斩钉截铁地说道：我将不会判定任何法律是无效的，除非它是一个非常明确的个案（I will not decide any law to be void，but in a very clear case）。④通观主要的

① Martin Loughlin，Public Law and Political Theory，Clarendon Press，Oxford，1992，p. 3.

② 刘晗：《宪制整体结构与行政权的司法审查——“马伯里诉麦迪逊案”再解读》，载《中外法学》2014年第3期。

③ 参见［美］汉密尔顿、杰伊、麦迪逊：《联邦论》，尹宣译，译林出版社2015年版，第535页。

④ Calder v. Bull，3 U.S.（3 Dall.）386，395（1798）.

理论和学说，结合司法审查的个案，我们可以看到司法审查的限制包括以下几个方面：第一，司法审查受制于宪法解释（Constitutional Interpretation）。第二，司法审查必须满足严格的必要性（Strict Necessity）。第三，在司法审查之前，法院需要“回避宪法问题判断”（Constitutional Avoidance），也就是说，违宪审查机关尽可能不对宪法问题作出判断，只是在迫不得已的情况下，必须对宪法问题作出判断时才对宪法问题进行审查判断。① 哈佛大学法学院阿德里安·沃缪勒教授（Adrian Vermeule）将回避宪法判断的方法根据发展的阶段分为古典回避（Classical Avoidance）和现代回避（Moden Avoidance）两种类型。② 古典回避是指当法律存在两种可能的解释，其中一种解释是违宪的，另一种解释是合宪的，法院的义务是采纳后者，挽救法律。1800 年的莫斯曼诉希金森案（Mossman v. Higginson）③ 以及 1833 年的伦道夫单方诉讼案（Ex parte Randolph）④ 是法院适用古典回避理论的典型判例。现代回避是指对法律进行解释时，如果可接受的解释方案会出现严重的是否合宪的问题，法院换一种解释，以回避宪法问题，除非这种解释明显违背国会意图。1909 年的合众国总检察长诉特拉华和哈德逊铁路公司案（United States Ex Rel. Attorney General v. Delaware & Hudson Co.）⑤、1936 年的艾西万德诉田纳西流域管理局案（Ashwander v. Tennessee Valley Authority）⑥均是法院适用宪法回避理论的典型判例。布兰达斯大法官（Louis Brandeis，1856—1941）在艾西万德诉田纳西流域管理局案中提出了后世被称为是“艾西万德规则”（Ashwander Rule）的司法节制标准：（1）在友好的、不存在对立（a friendly，non-adversary）的司法诉讼中，法院不会讨论立法的合宪性，因为只有把它作为最后的手段，并且是对个人之间真实、急切且关键的争议的解决非常必要，判决合宪性问题才是正当的；（2）法院不会在决定合宪性这一必要性出现之前就去预见法律的合宪性问题；（3）法院不会去建立一项含义比由案件中的精确事实所要求的更为宽泛的宪法规则；（4）法

① The Court will not pass upon a constitutional question although properly presented by the record, if there is also present some other ground upon which the case may be disposed of. See Ashwander v. Tennessee Valley Auth., 297 U.S. 288, 347 (1936) (Brandeis, J., concurring).

② Adrian Vermeule, Saving Constructions, 85 GEO. L.J. 1945, 1948 (1997).

③ The parties to an equity suit must be so described on the record as to show that the court has jurisdiction. It is not enough that an alien is a party; the other party must be a citizen. A writ of error may be amended by filling the blank left for the return day, there being enough on the writ to amend by. Mossman v. Higginson, 4 U.S. (4 Dall.) 12 (1800).

④ Ex parte Randolph, 20 F. Cas. 242, 254 (C.C.D. Va. 1833) (No. 11, 558).

⑤ United States Ex Rel. Attorney General v. Delaware & Hudson Co., 213 U.S. 366, 29 S. Ct. 527, 53 L. Ed. 836, 1909 U.S. Lexis 1882.

⑥ Ashwander v. Tennessee Valley Authority, 297 U.S. 288 (1936).

院不会去探讨宪法问题，尽管案卷记录业已清楚地提出了这一问题，如果基于其他的理由案件也能得到解决的话；（5）法院不会因一方的诉请而去判断一项法律的有效性，如果这一方不能证明其因此项法律的执行而受到伤害（Injured）；（6）法院不会应已经利用这部法律给自己带来利益之人的请求而将这一法律的合宪性列入议程；（7）当国会一个法案的有效性受到质疑，而且即使其合宪性受到极大的怀疑时，法院首先考虑的是是否存在这样一种对这项法律的解释方法——通过解释这种质疑或怀疑能够避免，这是一项最基本的原则（Cardinal Principle）。① 第四，在司法审查中，法院不应轻易推翻国会的立法，司法对立法机关的决议一般采取合宪性推定（Presumption of Constitutionality）的态度。合宪性推定原则是指在发生具体宪法案件时，在审判逻辑上首先推定该公权力行为合乎宪法，除非有明显的事实可以认定其违宪。②在著名的 1938 年合众国诉卡洛林产品公司案（United States v. Carolene Products Co.）判决书的第四脚注中，哈伦·菲斯克·斯通（Harlan Fiske Stone，1872—1946）指出，对于影响商业交易的立法规制并不被推定为违反宪法，除非有明显的事实表明其违宪，或者有一般性的认识可以排除建立在立法者知识与经验的合理性基础上的推定。③

司法审查的启动需要宪法和法理上的深思熟虑，草率、贸然或者极为频繁的司法审查违背了审慎和谦抑的司法品质本身，从而可能会构成对司法权威本身的伤害。在“马伯里诉麦迪逊案”判词下达的一周后，联邦最高法院下达了“斯图尔特诉莱尔德案”④ 的判词。在这个案件中，原告斯图尔特同样聘请了“马伯里诉麦迪逊案”中马伯里的原告律师查尔斯·李（Charles Lee），这一次，由威廉·帕特森（William Paterson，1745 年 12 月 24 日—1806 年 9 月 9 日）代表法院撰写了一份一致司法意见书。判决的结果大异于“马伯里诉麦迪逊案”，⑤联邦最高法院

---

① 参见刘练军：《司法消极主义方法》，载《时代法学》2009 年第 2 期；郑贤君：《美国宪法回避理论探源：一个方法论启示》，载《清华法学》2016 年第 5 期；李松锋：《宪法回避理论及其适用界限》，载《清华法学》2017 年第 2 期。

② 王书成：《论合宪性推定之政治逻辑》，载《华东政法大学学报》2009 年第 1 期；王书成：《合宪性推定的正当性》，载《法学研究》2010 年第 2 期；韩大元：《论合宪性推定原则》，载《山西大学学报（哲学社会科学版）》2004 年第 3 期；韩大元：《论宪法解释程序中的合宪性推定原则》，载《政法论坛》2003 年第 2 期。

③ There may be narrower scope for operation of the presumption of constitutionality when legislation appears on its face to be within a specific prohibition of the Constitution, such as those of the first ten amendments, which are deemed equally specific when held to be embraced within the Fourteenth. . . . United States v. Carolene Products Company, 304 U. S. 144 (1938), footnote 4.

④ Stuart v. Laird, 5 U. S. (1 Cranch) 299 (1803).

⑤ Paul Brest, Sanford Levinson, Jack M. Balkin, Akhil Reed Amar, Reva B. Siegel: Processes of Constitutional Decisionmaking: Cases and Materials (5th ed.), Aspen Pub, 2006, p. 123.

转而支持了国会立法的合宪性。

“斯图尔特诉莱尔德案”的案情涉及的是《1801 年司法法》（*Judiciary Act of 1801*）所创设的联邦巡回法官职位的合法性和有效性问题。“跛脚鸭”（Lame Duck）① 的联邦党人政府（John Adams）在其任期将满时，推出所谓子夜法例（Midnight Regulations）——《1801 年司法法》，该法案不仅创设了联邦治安法官，还创设了非常独特的巡回法官（Circuit Judges）。也就是，《1801 年司法法》创设了更多的巡回法官来审理巡回法院的案件。随着新旧总统权力交接的完成，杰弗逊（Thomas Jefferson）成为新的总统后在国会力推并通过了《1802 年撤销法》（*Repeal Act of March 1802*）。《1802 年撤销法》的关键点在于：（1）废止了部分由《1801 年司法法》所创设的巡回法院；（2）重新引入了“巡回骑乘”（Circuit Ride）的制度，按照该制度，联邦最高法院的大法官需要到全国各地的巡回法院负责部分案件的审理。

“斯图尔特诉莱尔德案”是经过联邦中部巡回区弗吉尼亚地方法院（Court of the United States for the middle circuit, in the Virginia district）初审而上诉到联邦最高法院的一起涉及斯图尔特与莱尔德之间民事合同争议的案件。莱尔德（Laird）在联邦中部巡回区弗吉尼亚地方法院起诉斯图尔特，并称：斯图尔特因违约而没有履行合同，弗吉尼亚的巡回法院恰好是《1801 年司法法》新创设的，并且正好审理此案判决斯图尔特败诉。正当莱尔德准备通过司法途径敦促斯图尔特履行判决之时，《1802 年撤销法》废止了这家弗吉尼亚的巡回法院。由此，斯图尔特辩称道：《1802 年撤销法》废止了之前审理案件的巡回法院且引入“巡回骑乘”（Circuit Ride）的制度的做法抵触了宪法，这部 1802 年法案将“未曾在任上行为不端的法官”撤职，故 1802 年法案本身应该被宣布为无效。斯图尔特借由一桩民事合同争议，聘请了律师查尔斯·李（Charles Lee）撰写诉状，将案件上诉到了联邦最高法院。

曾经代表新泽西州签署美国联邦宪法、现任美国联邦最高法院的大法官威廉·帕特森（William Paterson）撰写了一致司法意见书，马歇尔大法官（法院院长）因为之前在弗吉尼亚的巡回法院“巡回骑乘”（Circuit Ride）参与审理过斯图尔特与莱尔德的纠纷，故在本次终审案件中选择了司法回避（Recusal）。联邦最高法院判决：国会拥有在适当时机建立下级审判机构的宪法权力，且国会有权将案件管辖权从一个法院转至另一个法院。（Congress has the “constitutional authority to establish from time to time such inferior tribunals as they may think proper, and to transfer a cause from one such tribunal to another.”）②法院继续针对“巡回骑乘”（Circuit Ride）的合宪性进行判决，认为该制度是从合众国司法组织和司法制度建立之初就存在的制

---

① “跛脚鸭”一语（Lame Duck）出自 18 世纪的伦敦证券交易所，指那些拖欠债务的经纪。跛脚鸭（“瘸鸭”）在此处是指一个因任期将要届满而失去政治影响力的公职人员。

② Stuart v. Laird, 5 U. S.（1 Cranch）299（1803）.

度，这种司法实践是合理且对当下有益的。最终联邦最高法院判决《1802年撤销法》是合宪的，斯图尔特挑战1802年法案合宪性的理由不能得到最高法院的支持。①耶鲁大学著名宪法学和政治学家布鲁斯·阿克曼（Bruce Ackerman）则评价道："斯图尔特诉莱尔德案"可以被视为由联邦党人掌控的联邦最高法院对杰弗逊政治体系（Jeffersonian Political Regime）的一次接纳。②

二、可司法性问题

有学者提出了"强司法审查"和"弱司法审查"的两种模式。弱司法审查制度是一种流行于英联邦国家内部的制度形式，它在实践中形成了三种主要模式。一是加拿大的"但书条款"模式。根据《加拿大权利与自由宪章》第33条，对于宪章规定的部分基本权利，中央或省议会可以在立法中设立一个但书条款（Notwithstanding Clause），声明该法虽然违反了相关权利条款，但仍然有效，可以在至少5年之内不受司法审查。二是新西兰的"解释一致"模式。根据《新西兰权利法案法》第6条，法院在解释议会立法的时候，应当优先选择与权利条款相一致的解释方案。三是英国的"不一致宣告"模式。根据英国《人权法》第3条和第4条，法院应当尽可能按照与权利条款相一致的方式解释议会立法，否则法院有权发出议会立法与《人权法》不一致的宣告，但宣告不能影响议会立法的效力。③加拿大著名宪法学家霍格（Peter Wardell Hogg，1939—2020）等人的说法，指出弱司法审查制度通过为议会保留"说最后一句话"的权力而回避了"反多数难题"。④

根据《布莱克法律词典》对词条"justiciability"的解释，可司法性是指"适合由法院作出裁决的特性或状态"。⑤从词源学的角度看justiciable是一个中世纪晚

---

① Stuart v. Laird, 5 U. S. (1 Cranch) 299 (1803).

② Bruce Ackerman, The Failure of the Founding Fathers: Jefferson, Marshall, and the Rise of Presidential Democracy, Cambridge: The Belknap Press of Harvard University, 2005.

③ 朱学磊：《弱司法审查是中国实施宪法的蹊径吗——"合宪性审查工作体系化"的提出》，载《政治与法律》2019年第4期。

④ 朱学磊：《弱司法审查是中国实施宪法的蹊径吗——"合宪性审查工作体系化"的提出》，载《政治与法律》2019年第4期；王锴：《强形式司法审查抑或弱形式司法审查？——一场有关司法审查性质的论战》，载《清华法治论衡》2013年第2期；程雪阳：《司法审查的第三条道路——弱司法审查的兴起、发展及其中国意义》，载《甘肃行政学院学报》2011年第5期；黄卉：《合宪性解释及其理论检讨》，载《中国法学》2014年第1期；张鹏：《加拿大司法审查对话体制的比较优势与运行困境》，载《国外社会科学》2018年第1期；李蕊佚：《司法审查制度的优化：民主对话理论》，载《法学评论》2013年第1期。

⑤ The quality or state of being appropriate or suitable for adjudication by a court. Bryan A. Garner, ed., Black's Law Dictionary 882 (8th ed.), Thomson West, 2004.

期的英语词语，它来源于中世纪的法语 justicier，意思是“带上法庭”，即“去法庭起诉某人”，其英语翻译是“bring to trial”。能够进入法院进行诉讼的案件必须是在宪法和法律意义上具备“可司法性”（justiciability）的案件。至于何谓“可司法性”的案件或争议，一般理解应当具备以下几个条件：（1）必须是宪法规定的“案件或者争议”（cases or controversies）；（2）原告必须具备诉讼资格（standing）；（3）案件必须是“成熟的”（ripe）；（4）案件不能是“已经失去实际意义的”（moot）；（5）案件不能构成“政治问题”（political questions）。①

在宪法上，学者们根据案件的可司法性理论还发展出“咨询意见之禁止”的原则，这一原则包含了三种不同的现象：第一，法院的裁决必须是终决意义上的，另外两个部门中的任何一个都不能推翻司法裁决；第二，在于防止原告对与其无关的问题提起诉讼；第三，只有在“案件或争议”的背景下，其他两个部门才能请求司法部门对法律问题给出意见。②

三、政治问题不审查

耶鲁大学宪法学家毕克尔（Alexander Bickel，1924—1974）是一位研究司法机构的权威学者。1962 年，毕克尔出版了著名的《最不危险分支》一书并提出了司法审查的合法性危机：“问题的根源在于，司法审查是我们民主体制中的一种反多数力量。”在毕克尔看来，民主体制是美国的立国之本，而民主的含义就是人民选举代表来行使统治权力，所以，联邦法院否定联邦和州立法机关制定的法律就是否定多数人民的意志。由此推论，司法审查与美国的民主体制从本质上是相悖的，这是一个无法否认、无法克服的现实。③毕克尔所提出这一问题也被称为司法的反多数难题（Counter-majoritarian Difficulty）。为了应对这种难题，学术界逐渐产生了以盖伊（Gangi）为代表的鼓吹“从法院手中拯救宪法”以及以图施奈特（Tushnet）

---

① 李树忠：《宪法案例教程》，知识产权出版社 2007 年版，第 20 页。同时也有学者认为可诉性要件包括禁止咨询意见（forbidden ad visory opinion）、政治问题理论（political question doctrine）、起诉资格（standing）、成熟（ripeness）和过时（mootness）等方面。参见陈承堂：《可诉性理论适用的中国困境及其消解—— 以美国的相关经验为借鉴》，载《政治与法律》2013 年第 10 期。

② 陈承堂：《可诉性理论适用的中国困境及其消解—— 以美国的相关经验为借鉴》，载《政治与法律》2013 年第 10 期。

③ 何海波：《多数主义的法院：美国联邦最高法院司法审查的性质》，载《清华法学》2009 年第 6 期。另参见范进学：《美国宪法解释：“麦迪逊两难”之消解》，载《法律科学》2006 年第 6 期；周永坤：《违宪审查的民主正当性问题》，载《法制与社会发展》2007 年第 4 期。

主张“从法院手中拿掉宪法”两种不同的学术应对。① 从毕克尔的“司法谦抑主义”看来，司法缺乏可资判断的标准予以解决的问题，司法缺乏足够能力予以解决的问题，司法裁判可能不为政府部门遵从的问题，司法并非民意机构以致缺乏民意基础提供解决途径的问题。②法院作为解释和适用法律的专门部门，肩负着保卫和守护宪法精神和原则的崇高使命，为了能够更好地实现司法的目标和功能，法院对“政治问题”采取不审查的原则。

1946 年联邦最高法院审理的科尔格罗诉格林案（Colegrove v. Green）的核心问题就是伊利诺伊州的选区划分造成的立法机构的席位分配方案是否违反联邦宪法之规定。在法院的复数意见书中，费利克斯·弗兰克福特大法官（Felix Frankfurter，1882—1965）认为联邦司法机构在宪法原则之下无权处理立法机构的席位分配，议席分配问题属于典型的“政治问题”，应该由民主政治过程本身来决断，对于这些政治问题，司法机关无权置喙。③ 虽然布莱克大法官（Hugo Black）发表了少数司法意见书，但法院最终以 4∶3 多数判决意见认定伊利诺伊州的选区划分造成的立法机构的席位分配方案并不违反联邦宪法。

1962 年，在沃伦法院（Warren Court）时期，联邦最高法院审理了贝克诉卡尔案（Baker v. Carr）④，重新审视了选取划分的公平性问题。在该案中，生活的田纳西州的共和党人贝克（Charles W. Baker）等人向法院挑战了田纳西州大选议席分配的方案，他们声称田纳西州 1901 年的立法对该州 95 个郡县的大选议席的分配是专断而任意的，并且明显无视该州几十年来的经济发展和人口变迁，致使原告“选举权受到贬抑”，从而不能实现联邦宪法第十四修正案所规定的法律的平等保护。卡尔（Joe C. Carr）是田纳西州经法定程序选举产生的州政务卿，他负责为郡县选举委员会制作空白表格、套封及选举信息，确认选举结果，并负责掌管选举记录。与卡尔一起被起诉的还有该州的司法总长、州选举协调官，以及州选举委员会等，他们也都分别承担一部分选举工作。在诉讼中，卡尔（Joe C. Carr）等代表田纳西州的答辩人认为，按照 1946 年科尔格罗诉格林案（Colegrove v. Green）所树立的先例，法院不应该处理到议席分配这样的“政治问题”。面对这个宪法难题，布伦南大法官（William Joseph Brennan Jr.，1906—1997）执笔了法院的多数司法

① 何海波：《多数主义的法院：美国联邦最高法院司法审查的性质》，载《清华法学》2009 年第 6 期。“反多数难题”的说法建立在一正一反两个假设之上：第一，存在一个确定的多数意志，民选机构代表这个多数意志。司法机构如果推翻民选机构的决定，就践踏了这个多数意志。第二，司法机构不是民选的，因此不对多数负责，不考虑多数意志。而且，司法机构的决定具有普遍和终局的效力，因此错误的判决必将产生难以挽回的严重后果。

② Alexander M. Bickel：The Least Dangerous Branch，Yale University Press，1986，p. 184.

③ Colegrove v. Green，328 U. S. 549（1946）.

④ Baker v. Carr，369 U. S. 186（1962）.

意见书。布伦南大法官首先处理了法院的管辖权问题，而后在判词中发展出了影响到20世纪后半期宪法理论的“政治问题不审查原则”。①在管辖权问题上，布伦南大法官认为《联邦宪法》第3条第2款授予了法院管辖权基础，田纳西州1901年立法是否违反了宪法第十四修正案的问题落入了最高法院司法管辖权的领域，符合此条件的争议，除非“确属细枝末节”（frivolous）、“稀松平常”（very plain）、“完全没有价值”（absolutely devoid of merit），否则均应受理。在“政治问题”的判断方面，布伦南大法官指出，要求保护政治权利的案件并不等同于“政治问题”案件。布伦南大法官认为所谓不具有可诉性的政治问题案件，应当主要限于《联邦宪法》第4条所规定的“保证条款”，即“合众国保证本联邦各州实行共和政体”。布伦南法官并没有止步于此，而是在判决当中列举了传统的属于政治问题范畴的事项，其中包括：（1）对外关系；（2）与敌对国的敌对时间；（3）立法的实效，例如，宪法修正案议案的效力和普遍立法的程序等；（4）对印第安部落的法律地位的确定；（5）共和政体的形式等。根据布伦南大法官“政治问题”案件的“六项基本原则”，只有符合以下六项要件之一的争议才能被认定为不属于法院管辖的“政治问题”：②

1. 宪法明确将该问题赋予与法院有同等政治地位的政府的另一分支机构进行处理；

2. 缺乏司法上可发现的和可以掌握的解决争端的标准（discoverable and manageable standards）；

---

① Kim Isaac Eisler, A Justice for All: William J. Brennan, Jr., and the decisions that transformed America, 11, 168 (1993).

② It is apparent that several formulations which vary slightly according to the settings in which the questions arise may describe a political question, although each has one or more elements which identify it as essentially a function of the separation of powers. Prominent on the surface of any case held to involve a political question is found (1) a textually demonstrable constitutional commitment of the issue to a coordinate political department; (2) or a lack of judicially discoverable and manageable standards for resolving it; (3) or the impossibility of deciding without an initial policy determination of a kind clearly for nonjudicial discretion; (4) or the impossibility of a court's undertaking independent resolution without expressing lack of the respect due coordinate branches of government; (5) or an unusual need for unquestioning adherence to a political decision already made; (6) or the potentiality of embarrassment from multifarious pronouncements by various departments on one question. Baker v. Carr, 369 U.S. 186, 217, 82 S. Ct. 691, 710, 7 L. Ed. 2d 663 (1962). 标准的中文翻译参见程洁：《从贝克诉卡尔案看美国政治问题的法治化》，载《面向21世纪的司法制度》，知识产权出版社2001年版，第315~323页；王玄玮：《违宪审查与政治问题关于“政治问题不审查”原则的初步比较》，载《云南大学学报（法学版）》2009年第6期。

3. 必须先经过“非司法的裁量”（nonjudicial discretion）的政策决定，法院才能做判断的问题；

4. 如果法院独立加以判断，会造成对其他同等机关（due coordinate branch of government）不尊重的问题；

5. 非常需要且有必要毫无异议地恪守（unquestioning adherence）已经作出的政治决定的问题；

6. 对于同一个问题，法院和其他政府部门会作出不同的决定，有引发难堪之虞的问题。

布伦南大法官认为贝克诉卡尔案中所涉及的议席分配问题涉及“一人一票”以及各选区间选票价值的相对平等，不属于“政治问题”。最终，法院以6∶2多数判决意见支持了贝克（Charles W. Baker）等人的诉讼请求，判决田纳西州的1901年立法违反了宪法第十四修正案之下的平等保护条款。贝克诉卡尔案成为“政治问题不审查”适用的一个极为重要的先例，法院在之后的韦斯伯里诉桑德斯案①、雷诺兹诉西姆斯案②中也延续了布伦南大法官在贝克诉卡尔案中的法理。也正是在这些宪法判例的推动下，美国确立了“一人一票原则”（one man, one vote）的选举制。

美国宪法上的“政治问题不审查理论”（Doctrine of Political Question）在英国被称为“国家行为”（State Action），欧陆多称为“统治行为”或“政府行为”（Acte de Gouvernement）或“不受法院审查之高权行为”。其基本的含义是指如果某一行为被列入“政治问题”的范畴，则行使违宪审查权的司法机关对此将无管辖权，而应由相关职能部门（如国会、政府等）自行处理。③在德国，政治问题被称为“不受法院审查的公权力行为”（Gerichtsfreie Hoheitsakte），其内容大致包括：（1）国会之决议；（2）外交上的行为；（3）统帅权之行为；（4）政策之决定、预算之编制；（5）战争行为；（6）总统之大赦、特赦、减刑、复权或授予荣誉之权。以上行为具有高度的政治性，且并不直接涉及人民的基本权利，司法机关一旦针对此种争议予以审查，很有可能使自己陷入政治风暴。④例如，1973年“两德基础关系条约”案中，德国联邦宪法法院判定，法院在解释联邦与其他国家政治关系的宪法条文时，应当为其他宪法机关在宪法所保障的范围内，留出政治自由运作的空

① Wesberry v. Sanders, 376 U.S. 1 (1964).

② Reynolds v. Sims, 377 U.S. 533 (1964).

③ 王书成：《论合宪性推定之政治逻辑》，载《华东政法大学学报》2009年第1期。

④ 王玄玮：《违宪审查与政治问题关于“政治问题不审查”原则的初步比较》，载《云南大学学报（法学版）》2009年第6期。

间。因此，虽然政治权力（包括外交事务）仍然受基本法的约束，但在条约生效后，法院可以例外地不对条约做合宪性审查，由使该条约生效的宪法机关对后果自负责任。同样的，日本法院也发展出所谓的“统治行为”理论，在此理论之下，日本司法机关不会去审查那些具有高度政治意义的国家行为。在日本著名的砂川判决①中，砂川是东京都附近的一个军事基地，“二战”中为美军占领，自《日美安全保障条约》签订后一直由美军使用。由于日本政府的征地政策，当地民众提起司法诉讼，诉称《日美安全保障条约》违反日本国宪法。日本最高法院于 1959 年 12 月作出终审判决，认定《日美安全保障条约》具有高度的政治性，属于宪法上的“统治行为”，不宜由司法机关进行审查。②

在中国，法院往往将政治问题排除出司法审查的范围。2003 年，最高人民法院副院长江必新大法官在“全国法院行政审判工作座谈会”上说道：“对于具有高度政治性或政策性、不能或难以进行合法性判断、由行政机关处理更为妥当的行政争议，可以不予受理”。③根据中国现行《行政诉讼法》之规定，人民法院不受理公民、法人或者其他组织对下列事项提起的诉讼：（1）国防、外交等国家行为；（2）行政法规、规章或者行政机关制定、发布的具有普遍约束力的决定、命令；（3）行政机关对行政机关工作人员的奖惩、任免等决定；（4）法律规定由行政机关最终裁决的行政行为。④ 在这些行政诉讼受案条件的排除范围中，国防、外交等国家行为通常就被认为是一种“政治问题”，中国法院对这些问题往往不予审查。

---

① “砂川判决”被视为对其宪法第 9 条的首次实质司法解读，也深刻影响了之后日本宪法的司法解读。所谓“砂川判决”，是指针对东京地方裁判所 1959 年 5 月 30 日作出的一审判决（为避免混淆，通常将该一审案件依其主审法官的姓氏，表称为“伊达判决”）的上告审。李立丰：《司法权的“自制”与行政权的“暴走”——以日本宪法解释中的“统治行为论”为视角》，载《山东警察学院学报》2017 年第 6 期。

② 李立丰：《司法权的“自制”与行政权的“暴走”——以日本宪法解释中的“统治行为论”为视角》，载《山东警察学院学报》2017 年第 6 期。

③ 江必新：《在全国法院行政审判工作座谈会上的讲话》，载最高人民法院行政审判庭编：《行政执法与行政审判》第 4 集，法律出版社 2003 年版，第 11~12 页。

④ 《中华人民共和国行政诉讼法》（1989 年制定，2014 年、2017 年修正）第 13 条。

第十章　宪法实施与宪法监督

第一节　宪法实施的概念与维度

一、宪法实施的概念分析

宪法的生命在于实施，宪法的权威也在于实施。宪法的实施不仅维系着宪法自身的权威而且维系着一个国家法律体系的权威。依法治国首先是要坚持依宪治国，依法执政首先要坚持依宪执政。①宪法实施是一个国家宪法权威得以实现、法律的治理功能得以体现的重要环节。关于“实施”一词，它一般是指将某事付诸实际的行为或者实践。从词源学上考证，可以将“实施”一词继续分解为“实”和“施”。“实”在繁体中文中写为“實”。借用东汉许慎在《说文解字》中的说法，“实”在“六书”的构词法中用的是会意，属于“合体造字法”。这个字从宀，从贯。宀，房屋；贯，货物，以货物充于屋下。其本意为财物粮食充足，富有。《说文》中对这个词解释为：实，富也。《尔雅》则解释：实，满也，塞也。“施”字在《说文解字》中被解释为旗貌。在《广雅》中“施”字被假借为“吔”，意思为给予，引申为施舍。从词源学上考证，将一种充盈的状态付诸实践应该符合“实施”一词的本来含义。“实施”一词在西方的语言学中是“implementation”，也有用“operation of law”“enforcement of law”“application of law”来对译的。本文采用可以追溯其古代西方语言的“implementation”来发掘其原始含义。“Implementation”源于15世纪时期的拉丁语动词“implore”，其意义是“to fill”（去完成），在拉丁语中为“implementem”（名词），意指“a filling up”，即法律规定的完成。在1860年的苏格兰，“implement”作为一个专业的法律名词指的就是fulfillment（完成），而这个名词即后来的现代英语名词“implementation”，相应的，“implement”这个词被当做了动词“实施、履行、执行”。在德语中，法律之实施被称为“Durchführung des Gesetzes”，宪法的实施被称为Durchführung der Verfassung。同时，与拉丁语一脉相承的德语词语“Implementierung”更能够凸显日耳曼语系

① 习近平：《习近平谈治国理政》（第3卷），外文出版社2020年版，第285页。

在“实施”一词上同根同源——完成法律的规定。从中西的词源略微的考证即可判断，“实施”一词的属性在形式语言学上渐渐被固定并形成了通识。与此同时，这个词在千百年的语言流转和沉淀中已经使其基本含义得以固定，这个基本含义也就是该词的语言内核——连接应然（Das Sein）与实然（Das Sollen）。从法学的角度来看，实施指涉的是“法之应然”与“法之实然”相互连接。

“宪法实施”（Constitutional Implementation/Durchführung der Verfassung）首先被当做一个“语词”，其次被当做一个“概念”进入了法律理论和实践中。宪法实施就是宪法规范（Constitutional Norms/Verfassungsnormen）与宪法现实（Constitutional Reality/ Verfassungswirklichkeit）的一种连接。宪法实施的概念外延包括三个方面：（1）一种行为（Action/Aktion）；（2）一种状态（State/ Zustand）；（3）一种结果（Result/ Ergebnis）。兹简要分述之。

（一）作为“实践行为”的宪法实施

宪法实施在实践理性的指引下应该被当做一次次的宪法行动、宪法行为。超越了纯粹理性的宪法应该是以行为来证明其存在的，即所谓的“我行为故我在”。当人民制定了宪法之后，宪法的生命便不在于其逻辑的完美而在于其实践的步伐。宪法每被付诸一次，人民的意志便彰显在这些具体化的行为中，也正是通过付诸实践的行为，宪法的存在才会被人民感知和认识。法律意义上的行为有其构成要件，这个构成要件包括主观要件和客观要件，它是行为意思（Handlungswille）、法效意思（Rechtsbindungswille）、效果意思（Geschäftswille）以及外部表示行为（Erklärungshandlung）的有机统一。宪法实施也需要通过这些主客观的构成要件对涉及宪法实践的行为进行法律上而非政治上的评价。作为实践行为的宪法实施不仅止步于一种意愿还必须向外部表示行为推进。

（二）作为“实践状态”的宪法实施

宪法实施非一朝一夕之功，非“毕其功于一役”。一次宪法上的行为，无论制宪、修宪、违宪、违宪之制裁都不足以彰显宪法的持续性。故宪法应该是“日日实践”，正是通过这每日的实践才能达到宪法生命的“苟日新、日日新、常日新”。将宪法实施作为一种状态也绝非完美无缺，其潜在的威胁在于通过“状态”的说辞，让宪法实施流于一种“若即若离”的空洞化言说。在实践中，常常的隐患在于“实施状态”替代了“实施的单一化行动”。事实上，作为“实践状态”的宪法实施其要义在于每一次单独的宪法行为必须“以线串珠”连贯起来，这样才能达到《说文解字》中所讲到的“实，富也”。

(三) 作为“实践结果”的宪法实施

宪法实施在很多时候还被当做一种“行为” “状态”之后客观外化的“结果”，此即所谓以其结果观其形的认识论进路。宪法实施结果化之后表现为一种宪法规范（Constitutional Norms/ Verfassungsnormen）充盈于宪法现实（Constitutional Reality/ Verfassungswirklichkeit）中，用中国法律学人常常讲到的话来说就是：违宪的行为得以被制裁，或者违宪的行为还没有得到制裁。在成熟的法治国家，合宪性状态是其常态，而违宪性状态是其异态。

宪法实施是现代国家法律实施的最高形态，它体现着一个国家宪法的权威。如果说宪法所规范的文本、宪法所建构起来的法律秩序没有办法直接地转化为人们在社会生活中的行为准则，没有体现宪法作为根本大法的应有权威，那么，任何一个国家都不可能建构一个现代国家法律体系，从而无法实现治国治理体系和治理能力现代化。宪法实施是法治权威的最终体现。宪法实施就是要求在法治国家、法治政府和法治社会的一体化建设中实现科学立法、严格执法、公正司法、全民守法，促进国家治理体系和治理能力现代化。宪法的实施是衡量一个国家法治建设水平的最高体现，任何一个现代国家在实现法治的道路上都离不开宪法实施。宪法实施是公民的基本权利得以实现的根本保障。宪法洋溢着权利的精神，宪法是写满人民权利的宣言书，因此，宪法实施就是要兑现庄严的承诺，让人民群众过上好日子。

二、宪法实施的不同维度

现代国家建构的历史表明，宪法实施是在不同的维度上展开的。从推进宪法实施的整个进程来看，宪法实施的维度主要有二：宪法适用和宪法遵守。

宪法实施的第一个维度是宪法适用（Constitutional Application）。所谓宪法适用是指特定的国家机关依据宪法和法律在具体个案意义上运用宪法处理违宪案件的专门活动。宪法适用涉及国家法律体系的统一性和协调性，任何国家机关都肩负着维护国家法治统一的宪法义务。对于立法而言，立法机关必须严格依据立法法制定法律，确保立法机关制定的法律不与宪法相抵触。对于行政而言，行政机关必须严格依据行政合法性原则和行政合理性原则做到“无法律则无行政”，因此，任何行政机关只能依法行政，否则其行政行为就不具有合法性和正当性。就司法而言，司法机关必须根据宪法所赋予的权力按照宪法的原则和精神解释法律，努力让人民群众在每一个司法案件中都能感受到公平正义。

宪法实施的第二个维度是宪法遵守（Constitutional Compliance）。所谓宪法遵守是指一切国家机关、社会组织和公民个人按照宪法之规定开展活动。宪法遵守既包括法律主体享有宪法赋予的基本权利，也包括法律主体履行宪法所规定的各项基本义务。[①]《中华人民共和国宪法》序言第13自然段明确规定："本宪法以法律的形式确认了中国各族人民奋斗的成果，规定了国家的根本制度和根本任务，是国家的根本法，具有最高的法律效力。全国各族人民、一切国家机关和武装力量、各政党和各社会团体、各企业事业组织，都必须以宪法为根本的活动准则，并且负有维护宪法尊严、保证宪法实施的职责。"《美利坚合众国宪法》第6条第2款规定："本宪法与依据本宪法所制定之合众国法律，及以合众国之权力所缔结或将缔结之条约，均为全国之最高法律，纵与任何州之宪法或法律有所抵触，各州法院之法官，均应遵守而受其约束。"《俄罗斯联邦宪法》第15条第1款规定："俄罗斯联邦宪法在俄罗斯全境具有最高法律效力、直接作用并适用。俄罗斯联邦所通过的法律和其他法律文件不得同俄罗斯联邦宪法相抵触。"宪法遵守建立在宪法权威与宪法的最高性之上，它确定了国家权力的边界、保障着公民的基本权利。任何国家机关、社会团体和公民都肩负遵守宪法的义务。

宪法的生命在于实施。国家在法治建设中将宪法规范作用于社会生活，社会生活反过来又体现宪法规范的要求，由此，宪法实施就成为一个连接宪法规范与宪法现实的桥梁。宪法适用与宪法遵守形塑了宪法的生命力，它们是现代国家宪法生命力最直接、最生动、最具体的体现。宪法规范不应该仅仅停留在文本中，它应该植根于人民对法治的崇高信仰和不懈探索，宪法是"活"的法治最佳的体现，宪法的规范能力和治理效能必须要通过宪法实施得以体现。

第二节　宪法实施的意义

全面贯彻实施宪法是全面依法治国、建设社会主义法治国家的首要任务和基础性工作。[②]作为一个国家法律实施的最高形态，作为一个国家宪法秩序得以有效实现的体现，宪法实施的功能其实已经蕴含在它的概念和维度之中。回望人类现代立宪史，人们至少从三个角度来分析宪法实施的意义：（1）现代国家构建的合法性；（2）现代政治和法律制度的有效性；（3）公民基本权利保障的现实性。

国家是一个政治和法律的共同体，一个国家法律体系的正当性源于宪法，而宪法的正当性源于人民。宪法实施致力于落实人民的主体地位，它是人民的意志的最终体现。宪法实施关系到现代国家在政治上和法理上的正当性。在古代社会，国家的正当性主要是从传统的神权思想出发来进行论证的，在近现代社会，国家的正当性论证已经实现了从天赋君权向人民主权的转变。立宪主义的产生和发展使得人类

---

① 参见朱福惠：《宪法学原理》，中信出版社2005年版，第18章。

② 习近平：《习近平谈治国理政》（第3卷），外文出版社2020年版，第279页。

社会彻底告别了将国家正当性建立在彼岸世界基础之上的历史。现代宪法的出现就是要把国家权力的正当性从彼岸世界打回人间。马克斯·韦伯（Max Weber，1864—1920）曾言："我们这个时代，因为它所独有的理性化和理智化，最主要的是因为世界已经被祛魅，它的命运便是，那些终极的、最高贵的价值，已从公共生活中销声匿迹，它们或者遁入神秘生活的超验领域，或者走进了个人之间的私人交往的友爱之中。"①在世界的祛魅（Entzauberung der Welt）之后，现代国家的正当性主要是通过诉诸人类理性来加以证明的。马克思（Karl Marx，1818—1883）在《〈黑格尔法哲学批判〉导言》一文中指出："批判的武器当然不能代替武器的批判，物质力量只能用物质力量来摧毁；但是理论一经掌握群众，也会变成物质力量。理论只要说服人［ad hominem］，就能掌握群众，而理论只要彻底，就能说服人［ad hominem］。所谓彻底，就是抓住事物的根本，而人的根本就是人本身。"②马克思所开创的辩证唯物主义和历史唯物主义告诉我们国家的正当性必须从"人本身"加以理解。以宪法为依托的现代国家的正当性确立了人民主权这一划时代的根本原则，这就意味着人民才是国家权力的最终来源。宪法凝结了人民的意志并规定"国家的一切权力属于人民"，因此，宪法实施落实人民意志的根本途径。就中国而言，宪法实施从根本上说就是要坚持中国特色社会主义政治发展道路，坚持党的领导、人民当家作主、依法治国有机统一，以保证人民当家作主。人民当家作主是宪法对现代国家合法性的确认，宪法实施最大的意义就是落实人民的意志，保障人民的根本利益得以有效的实现。

宪法实施意在确保国家的基本的政治和法律制度得以有效的运行。宪法建构起了一个国家的根本制度，宪法所建构的根本制度需要在一个制度框架内有效供给国家治理体系和治理能力现代化。麦迪逊（James Madison）在《联邦论》第51篇指出，设计人管理人的政府时，最大难处就在于：你必须使治人者先具备控制被统治者的能力，然后，使治人者有责任控制他们自己。③我国政治学者指出：任何政治体系的稳定与有效运行需要两大基本要件：一是政治体系是否能够为经济与社会发展创造条件；二是政治体系的特性与作为是否能够得到绝大多数民众的认同，从而被人们视为应该接受并自觉服从的权力与制度。我们通常把前者称为政治的有效

---

① ［德］马克斯·韦伯：《学术与政治》，生活·读书·新知三联书店2005年版，第48页。

② ［德］卡尔·马克思：《〈黑格尔法哲学批判〉导言》，载《马克思恩格斯文集》（第一卷），人民出版社2009年版，第11页。

③ ［美］汉密尔顿、杰伊、麦迪逊：《联邦论》，尹宣译，译林出版社2015年版，第354页。

性；将后者称为政治的合法性。①美国政治学家弗朗西斯·福山（Francis Fukuyama）也指出：若政府被认为是正当的，它实际上必须提供更好的治理效果，亦必对变迁社会中公共需求灵活应变。②国家根本政治制度的有效性需要通过宪法实施来落实和体现。宪法实施一方面将宪法文本转化为宪法实践，另一方面它又通过一系列的机制确保了国家根本政治制度运行的有效性。宪法所建构起来的国家基本的政治和法律制度要具有生命力，那么它必须能够提供基本的秩序、正义，确保人民群众能够在国家治理的伟大进程中有归属感和获得感。

宪法实施确保了公民的基本权利得以有效的实现。现代法治理念必然包含基本权利保障，国家治理和基本权利保障都依赖于法治，国家治理根本上是基本权利与法治共生关系的延续。③现代宪法不仅强调国家权力的制约，而且将公民基本权利的保障作为宪法目标。以中国宪法为例，1982 年《宪法》为了突出公民基本权利保障的重要性将“公民的基本权利和义务”置于“国家机构”之前，同时，中国宪法通过宪法修正案的方式不断地拓展了基本权利的内涵和外延。2004 年宪法修正案将“国家尊重和保障人权”载入宪法之中，赋予公民合法的财产权，承诺国家将建立与生产力发展水平相适应的社会保障制度。自党的十九大以来，国家坚持在发展中保障和改善民生，保证全体人民在共建共享发展中有更多获得感，不断促进人的全面发展、全体人民共同富裕。推进民生建设，从宪法层面而言就是要落实公民的基本的政治经济文化的权利。保障公民的权利是宪法实施作用于社会生活的直接体现，它将宪法与每一个公民的生活紧密联系在一起。

第三节　宪法实施的条件

宪法实施是一个历史的过程，它往往是在一定的条件成熟之后，在法治实践的基础上才能够实现的。统观理论界对宪法实施制度的研究，宪法实施的条件主要体现在政治、经济和文化三个方面。

就宪法实施的政治条件而言，宪法实施是一个国家民主政治发展到一定阶段的产物。从历史上看，如果一个国家没有民主政治制度的出现、成长和成熟，那么宪

① 林尚立：《在有效性中累计合法性：中国政治发展的路径选择》，载《复旦学报（社会科学版）》2009 年第 2 期；林尚立：《建构民主——中国的理论、战略和议程》，复旦大学出版社 2012 年版，第 153 页，同时参见该书第七章《在有效性中累积合法性》中的相关论述。

② Francis Fukuyama, Political Order and Political Decay: From the Industrial Revolution to the Globalization of Democracy, Profile Books, 2014, p. 6. Fukuyama provides: Government actually had to deliver better results if it was to be regarded as legitimate, and needed to be more flexible and responsive to changing public demands.

③ 李龙主编：《国家治理与人权保障》，武汉大学出版社 2017 年版，第 164~167 页。

法实施是不可能被提上国家治理的议事日程的。人类早期的宪法实践与近代资产阶级革命息息相关。法国大革命为欧洲近代立宪主义的发展扫除了政治上的障碍，美国独立战争之后，人类历史上第一部成文宪法才得以制定。无论是欧洲还是北美的宪法实施制度的建立都是在特定历史条件下资产阶级民主革命胜利之后的产物。离开民主的觉醒、民主的成长、民主的成熟，宪法实施就犹如“无源之水”“无本之木”。宪法形塑了最根本的政治和法律制度，这种根本制度的定型和发展往往更需要民主政治制度的支撑。在民主政治制度之下，不同的阶级逐渐产生了民主的诉求，宪法的实施就会成为国家最为重要的政治议程。民主政治制度越是定型和成熟，那么宪法实施的需求和迫切性就越高。中国特色社会主义民主政治制度是中国共产党在长期的革命、建设和改革的历史进程中形成的，它将人民民主专政与中国国情密切结合起来，为中国宪法的实施提供了政治条件，具有鲜明的中国特色。

就宪法实施的经济条件而言，现代社会的市场经济全面战胜人类历史上形形色色的自然计划经济之后，市场经济慢慢地发展唤醒了社会成员追求个人利益、维护公民权利的强烈的渴望。同时，在现代经济条件下，一个国家在市场经济发展中所积累的物质条件为国家权力的有效运行和公民基本权利的保障提供了可能。我们很难想象在一个以物易物的原始的经济形态下能够形成一个现代的宪法实施的体系，同样的，在一个一切经济活动服从计划和指令的经济形态中，宪法秩序所要求的国家权力的限制、公民权利的保障亦难以落实。健全的市场交易秩序、发达的市场经济本身也是在一个漫长的历史进程中实现的，与之相伴的是国家宪法秩序的成长。从这个意义上说，较为完善的市场经济为一个国家的宪法实施提供了最基本的物质条件。20 世纪 70 年代末 80 年代初开启的改革开放深刻改变了中国人民的社会生活，在这个波澜壮阔的历史进程中，中国特色社会主义的物质文明和精神文明得到了极大的发展。随着改革开放的进一步深化，我国已经形成了经济建设、政治建设、文化建设、社会建设、生态文明建设五位一体总体布局。民主法治建设是中国特色社会主义政治文明的重要内容，在社会主义市场经济日益发展的今天，宪法实施具备了充分的经济基础和物质条件。

就宪法实施的文化条件而言，宪法实施是宪法和法治文化的生长、公民意识不断进步的产物。我国学术界普遍认为，宪法文化是宪法实施的思想基础和观念前提。宪法文化是宪法制度赖以存在的环境和基础，离开人民对宪法的崇高信仰，宪法实施也就无从谈起。如果说写在法典中的法律条文主要为人们提供了行为的外部指南，那么植根于人民心中的文化观念则是为法治的发展提供了内部的源泉。一个国家和社会对法治的信仰决定了公民的意识的觉醒和社会自主意识的成长。宪法实施的生命最不竭的动力来自人们对法治的信仰，因此，加大全民普法力度，建设社会主义法治文化是推动宪法实施不可或缺的重要内容。

第四节 宪法监督的模式

宪法监督是指宪法授权或宪法惯例认可的机关，以一定方式进行合宪性审查，取缔违宪事件，追究违宪责任，从而保证宪法实施的一种宪法制度。① 宪法监督主要是合宪性审查、宪法解释、法规备案审查和宪法诉讼等方式实现的。合宪性审查也被称为是违宪审查或者宪法审查，它被认为是宪法监督的核心。②宪法监督制度的建立包括三个基本要素：一是对一个行为或者文件等是否违宪进行审查；二是得出是否违宪的结论；三是对违宪行为或者文件等予以纠正、撤销，并追究相关违宪主体的责任。③

所有的立法、行政、监察和司法机关都肩负着担保障宪法实施的宪法义务，但是根据实施主体不同，宪法实施通常可以被划分为立法实施、行政实施和司法实施三大路径。我国学术界关于中国宪法监督体制的健全与完善方面的主要观点包括以下几种：其一，在全国人民代表大会内部设立宪法委员会作为宪法监督机关；其二，设立德国式的宪法法院或法国式的宪法委员会；其三，由检察机关行使宪法监督权；其四，设立一个中共中央宪法监督委员会，隶属于中共中央。④中国学术界关于宪法监督模式的探讨是基于中国特殊的国情而进行的有益的学术探讨。从比较宪法的角度来看，全世界的宪法监督模式的主要类型大致可以分为以下几种：(1) 普通法院主导的宪法监督模式（典型代表是英美法系国家）；(2) 宪法法院主导的宪法监督模式（典型代表是德国、奥地利）；(3) 专门委员会主导的宪法监督模式（典型代表是法国）；(4) 超国家司法机构（典型代表是欧盟）；(5) 立法机关主导的宪法监督模式（典型代表是中国）。（详见表 10-1)

表 10-1 **宪法监督制度的模式**

模式	典型代表	审查主体
普通法院主导的模式	美国	美国联邦最高法院（US Supreme Court)
宪法法院主导的模式	德国	德国联邦宪法法院（Bundesverfassungsgericht)

① 刘茂林：《中国宪法导论》，北京大学出版社 2007 年版，第 70 页。

② 参见蔡定剑：《宪法实施的概念与宪法施行之道》，载《中国法学》2004 年第 1 期；胡锦光：《合宪性审查》，江苏人民出版社 2018 年版。

③ 刘松山：《备案审查、合宪性审查和宪法监督需要研究解决的若干重要问题》，载《中国法律评论》2018 年第 4 期。

④ 参见刘志刚：《我国宪法监督体制的回顾与前瞻》，载《法治现代化研究》2018 年第 3 期；刘松山：《健全宪法监督制度之若干设想》，载《法学》2015 年第 4 期。

续表

模式	典型代表	审 查 主 体
专门委员会主导的模式	法国	法国宪法委员会（Conseil Constitutionnel）
超国家司法机构	欧盟	欧洲联盟法院（Court of Justice of the EU）
立法机关主导的模式	中国	全国人民代表大会常务委员会

（图表来源：作者自制）

一、普通法院主导模式

普通法院主导的宪法监督模式是指由普通法院作为宪法解释机关，通过审理具体诉讼案件的司法程序来审查有关立法、行政是否合宪，引发对宪法条文和宪法精神的阐释。①普通法院主导的宪法监督模式最典型的是美国。美国联邦最高法院在著名的马伯里诉麦迪逊一案中确立了由普通法院对法律的合宪性进行司法审查的宪法监督模式。所谓司法审查是指法院通过司法程序来审查和裁决立法和行政机关制定的法律、法规和命令，以及政府和官员的行为是否违反宪法的一种权力功能。

19 世纪 30 年代，托克维尔对当时的美国给出了一个极为贴切的评论，时至今日依然有效。“美国发生的所有政治问题，或迟或早，终将转化为司法问题。”从那时到现在，这些政治问题都会不可避免地诉至美国联邦最高法院。②纽约大学著名法学家伯纳德·施瓦茨（Bernard Schwartz）也指出：“美国对人类进步所作的真正贡献不在于它在技术、经济或文化方面的成就，而在于发展了这样的思想：法律是制约权力的手段。”③九命大法官常被人们称为是在宪法问题上一言九鼎的“九位老人”（Nine Old Men）。

二、宪法法院主导模式

宪法法院主导的宪法监督模式是指国家通过建立高于普通法院的宪法法院，并将之作为宪法解释机关，通过审理具体诉讼案件的司法程序来确保宪法得以实施的一种模式。奥地利宪法法院开创了世界宪法法院制度的先河。奥地利宪法法院最早是 1920 年在宪法学家凯尔森的倡导和主持下设立的，凯尔森本人即为宪法法院的法官之一，并一直任职至 1929 年。“二战”后制定的《德国基本法》，将解释宪

① 陈国飞：《美国宪法解释机制的运行模式》，载《人民法院报》2015 年 12 月 4 日。

② ［美］杰弗里·图宾：《誓言：白宫与最高法院》，于霄译，译林出版社 2019 年版，中文版序言。

③ ［美］伯纳德·施瓦茨：《美国法律史》，王军等译，中国政法大学出版社 1997 年版，第 2 页。

法、监督宪法实施的职能赋予了联邦宪法法院。在实践中，宪法法院的宪法解释与宪法审查职能是重合的，即在宪法审查的过程中对宪法进行解释，并据此审查立法、行政和司法机关的行为是否合宪。因而在制度上，德国宪法学一般使用宪法法院制度（Verfassungsgerichtsbarkeit）这一术语指代该国的宪法解释机制。作为审判机构，宪法法院严格遵守依法裁判之原则（《德国基本法》第101条），不同判决法庭的权限以及人员组成由法律或联邦宪法法院的内部规章事先规定。法律规定了三种不同的判决法庭：全体会议（Plenum）、审判庭（Senate）以及分庭（Kammern）。全体会议仅在“一个审判庭希望改变另一审判庭在某一判决中所采取之司法立场”时才组建（《德国基本法》第16条）。判决须获得2/3以上的法官同意才可通过。在实践中，全体会议很少作出判决（从1949年至2002年末，全体会议仅作出4个判决）。审判庭有两个，是宪法裁判的一般法庭形式。审判庭间的职责划分由法律及内部规章进行规定。在实践中，每个审判庭都是正式的裁判机构，每年作出数量有限的判决（如在2002年，审判庭共作出54个判决）。每个审判庭包括8名法官。在每次庭审中，其中的6名法官必须出席庭审。分庭创设于1956年（当时被称为委员会）。依法律之规定，审判庭每年均设有数个分庭（在实践中，每个审判庭一般由三个分庭所组成，每三年变更一次）。每个分庭对法官所提出的某法律规定是否合宪的审查请求或者个人认为其基本权利受侵犯而提起的诉讼作出是否受理之裁决。分庭考量的重点在于“请求或诉讼的理由是否充分”。①

三、专门委员会主导模式

所谓专门委员会主导的宪法监督模式是指国家通过建立一个不同于司法系统的专门委员会确保宪法的最高权威得以维护的一种模式。法国是典型的专门委员会主导的宪法模式。法国宪法委员会（Conseil Constitutionnel）的主要职责就是“各组织法在公布前，议会两院的规章在施行前，都必须提交宪法委员会，宪法委员会应就其是否符合宪法作出裁决”。法国的宪法委员会的设立最早可以追溯到1946年。1946年9月29日通过的第四共和国宪法第11条规定，宪法委员会审查国民议会通过的法律是否含有宪法之修改，“法律经宪法委员会认为含有宪法之修改者，移送国民议会重加讨论”。1958年9月第五共和国宪法颁布，其中把宪法委员会并列于总统、政府、议会及司法专章规定。宪法委员会由9人组成，此外，历届前任总统为宪法委员会终身当然成员。它的职权广泛，如监督总统选举的合法性和监督公民投票的合法性等。并且，各项组织法、议会两院的内部规章在执行之前，各项法律在颁布之前，都应提交宪法委员会审查。被宣布为违反宪法的条款不得公布，也

① 施鹏鹏：走进德国宪法法院，载中国法院网：https://www.chinacourt.org/article/detail/2005/04/id/157801.shtml，2021年1月18日最后访问。

不得执行。对宪法委员会的裁决不得上告。宪法委员会的裁决对于政府各部、一切行政机关和司法机关具有强制力。① 法国《宪法委员会机构设置法》第二章规定：当宪法委员会宣布一项受审查的法律包含了违反宪法的规定，并且该规定与法律是一个不可分开的整体，那么，该法律不得予以公布；当宪法委员会宣布一项受审查的法律包含了违反宪法的规定但并未同时发现违反宪法的规定与该法律是一个不可分开的整体，则共和国总统或者是公布该法律但不公布违反宪法的规定，或者是要求议会对该法予以进一步审议；当宪法委员会宣布一项议会受审查的法律包含了违反宪法的规定，则该规定不得由制定它的议会加以适用。

法国委员会拥有两个主要权力范围：第一个范围是选举，包括总统选举和国会的监管，并确保公民投票的合法性（第58条、第59条、第60条）。它们发布官方结果，确保适当的管理和公正，保证竞选活动开支限制被遵循。委员会在这些事务中是最高权力机构。如果选举被不当管理，或如果候选人使用非法方法，或如果他为竞选活动花费超过法定限制，委员会能宣布选举作废。第二个范围是宪法、程序、立法和条约的基本含义的解释。委员会能宣称法律的意向违背法国宪法或它从宪法或《人权宣言》推断出的宪法价值的原则。它也可以宣称法律违背法国签署的条约，如《欧洲人权公约》。他们对一部法律违背宪法或条约意向的宣称使它作废。委员会也可以就法规中某些条款的解释采用保留意见。委员会的决定对所有机构有约束力。

四、超国家司法机关主导模式

欧盟法院的佐审官米格尔·波亚雷斯·马杜罗（Miguel Poiares Maduro）② 认为，欧盟/欧共体法自1963年的Van Gend en Loos案以来就构成了一个不同于传统国际公法的新的法律秩序，欧盟/欧共体条约事实上形成了一种超国家性质的“基本宪章”（Basic Constitutional Charter）。③ 在著名的“卡迪诉欧盟委员会案”（Kadi v. Commission）中，沙特阿拉伯公民卡迪（Yassin Abdullah Kadi）和设于瑞典的巴拉卡特国际基金（Al Barakaat International Foundation）的资金和财产遭到冻结，由于欧盟在执行反恐怖主义制裁措施时没有给予卡迪申辩的机会，而是直接限制了其财产权的行使，卡迪认为：（1）欧盟的资产冻结的行为在欧盟/欧共体法上没有法律

① 莫纪宏：《宪法审判制度概要》，中国人民公安大学出版社1998年版，第162页。

② 葡萄牙法学家和政治家米格尔·波亚雷斯·马杜罗（Miguel Poiares Maduro）自2003年10月7日到2009年10月6日担任欧盟法院的佐审官（Advocates-General）。Miguel Poiares Maduro, A Constituição Plural-Constitucionalismo e União Europeia, Principia, Lisbon, 2006.

③ Opinion of Mr Advocate General Poiares Maduro delivered on 16 January 2008, European Court Reports 2008 I-06351, ECLI identifier: ECLI: EU: C: 2008: 11.

依据；(2) 该行为违反了欧盟针对个人和实体进行制裁的相关权限；(3) 该行为侵犯了其财产权、公平听证权和司法救济权等基本权利。2001 年，卡迪诉请欧盟法院推翻欧盟第 881/2002 号规章①的法律效力。在本案中，欧盟法院一方面需要处理欧盟宪制法律秩序下的司法审查权限问题，另一方面还需要处理关于欧盟/欧共体法和联合国安理会决议的效力冲突这一棘手的问题。欧盟法院的初审法庭（Court of First Instance）认为它无权通过推翻欧盟规章的效力来间接否定联合国安理会决议（UN Security Council Resolution）的效力，遂判决卡迪败诉。卡迪不服向欧盟法院提起上诉，欧盟法院认为，虽然欧盟成员国在执行安理会 1267 系列决议时可以根据《欧盟运行条约》（TFEU）第 297 条和第 307 条享有一定的自由裁量空间，但上述条款决不意味着允许成员国减损已构成欧盟法基础的自由、民主、尊重人权和基本自由等根本性原则。②欧盟法院最终判定，欧盟执行安理会的制裁条例虽然具有法律依据，但是却侵犯了有关当事人受欧盟法保护的财产权、申辩权、有效司法救济权等基本人权，从而宣布推翻此项条例的法律效力。③根据《罗马条约》第 173 条的规定，法院应对理事会、委员会的除建议和意见外的各项立法性文件的合法性进行审查。根据《里斯本条约》第 275 条第 2 款规定，法院可以对理事会通过的旨在对自然人和法人采取限制性措施的决定进行合法性审查。④欧盟法院认为：(1) 欧盟/欧共体的司法机关有权审查欧盟/欧共体相关立法行为和行政措施的合法性（lawfulness）；(2) 欧盟/欧共体的司法机关的审查权限来源于欧盟/欧共体条约所构筑的特殊的自成一体的法律秩序（sui generis legal order）；(3) 法院虽然无权直接审查联合国安理会决议的合法性及其该决议是否与欧盟的宪制法律秩序冲突，但是它却可以审查欧盟/欧共体的行为是否抵触这种宪制法律秩序。⑤最终，欧盟法院决定给予欧盟/欧共体三个月的时间来调整制裁条例的相关规定，

---

① Council Regulation (EC) No. 881/2002 of 27 May 2002 imposing certain specific restrictive measures directed against certain persons and entities associated with Usama bin Laden, the Al-Qaida network and the Taliban, and repealing Council Regulation (EC) No. 467/2001 prohibiting the export of certain goods and services to Afghanistan, strengthening the flight ban and extending the freeze of funds and other financial resources in respect of the Taliban of Afghanistan.

② Kadi and Al Barakaat International Foundation v. Council and Commission (2008) C-402/05; ECLI: EU: C: 2008: 461, para. 326.

③ 顾婷：《欧盟对外制裁制度的法律解析——从〈罗马条约〉到〈里斯本条约〉》，载《欧洲研究》2013 年第 3 期。

④ 顾婷：《欧盟对外制裁制度的法律解析——从〈罗马条约〉到〈里斯本条约〉》，载《欧洲研究》2013 年第 3 期。

⑤ Kadi and Al Barakaat International Foundation v. Council and Commission (2008) C-402/05; ECLI: EU: C: 2008: 461, paras. 287-326.

确保上诉人的基本权利得到保障。

五、立法机关主导模式

在全世界范围内的宪法实施体制当中，中国实行的是立法机构主导的宪法监督制度，基于这种判断，我国事实上在全国人民代表大会内部形成了“全国人民代表大会—全国人民代表大会常务委员会—专门委员会—法规审查备案室”的四级监督结构。①中国宪法的监督主体是最高立法机构——全国人民代表大会及其常务委员会。全国人民代表大会是国家的最高国家权力机关，全国人民代表大会常务委员会是最高国家权力机关的常设机关，二者都是宪法监督的主体。这两个机构依据宪法的授权共同行使监督宪法的职权。2018 年的 3 月 11 日，十三届全国人民代表大会一次会议通过了第五次宪法修正案，将全国人民代表大会法律委员会更名为全国人民代表大会宪法和法律委员会，其职权之一就是加强宪法实施，确保宪法监督。全国人民代表大会宪法和法律委员会的职权体现在以下几个方面：第一，推动宪法实施，这是宪法和法律委员会最重要的、最首要的职权之一。第二，开展宪法解释工作。宪法解释也是宪法实施的一个具体化路径，它在我们国家法制建构的过程当中的作用越来越凸显。第三，推进合宪性审查。合宪性审查也是在法制中国的大背景之下提出的，是为了确保整个法律体系受到宪法的控制，使得法律体系内部冲突的现象予以消糜，同时确保国家实行良法善治。

宪法实施当中的监督机制建构的宪法法理依据在中国体现为两个方面。第一个方面是宪法序言的规定。现行宪法的序言第 13 自然段规定：“本宪法以法律的形式确认了中国各族人民奋斗的成果，规定了国家的根本制度和根本任务，是国家的根本法，具有最高的法律效力。全国各族人民、一切国家机关和武装力量、各政党和各社会团体、各企业事业组织，都必须以宪法为根本的活动准则，并且负有维护宪法尊严、保证宪法实施的职责。”宪法序言实际上肯定了两点，第一点是宪法具有最高的法律效力；第二点是所有的国家机关、所有的政党、社会团体和所有的企事业组织和公民都负有维护宪法尊严，保证宪法实施的职责。第二个方面是宪法正文的规定。现行宪法的第 5 条明确规定：“中华人民共和国实行依法治国，建设社会主义法治国家。国家维护社会主义法制的统一和尊严。一切法律、行政法规和地方性法规都不得同宪法相抵触。一切国家机关和武装力量、各政党和各社会团体、各企业事业组织都必须遵守宪法和法律。一切违反宪法和法律的行为，必须予以追究。任何组织或者个人都不得有超越宪法和法律的特权。”该条就以法律正文的形式规定了中国的宪法实施的总依据，这是中国建构宪法监督制度的规范依据。

① 朱福惠、刘木林：《论我国人民法院的宪法解释和违宪审查提请权——以立法法第九十条的规定为视角》，载《法学评论》2013 年第 3 期。

宪法监督制度的基本目标在中国体现在三个方面。首先，宪法监督制度意在实行依法治国，建设社会主义的法治国家。在法治中国的新的时代，国家建立宪法监督制度可以助力我们更好地推动宪法实施。其次，宪法监督制度的目的在于维护法治的统一和尊严，树立宪法至上的一种权威，这是从宪法体系内部法秩序构建的角度来看待宪法监督制度的目标，它要维护整个法律体系的统一性。法律体系内部之间的各个法律文本是不相冲突的，而且确保这些法律体系所构建的像金字塔一样的结构，宪法是置于这个法律金字塔的顶端的。最后，宪法监督制度构建目标是尊重和保障公民的基本权利。人权保障是宪法的终极目标之一，中国宪法监督制度构建的一个基本目标也体现在我们国家宪法第33条所规定的“国家尊重和保障人权”。

第五节 中国的宪法监督制度

一、历史沿革

经过反复的讨论，第一届全国人民代表大会第一次会议正式通过了中华人民共和国的第一部宪法，即1954年《宪法》。1954年《宪法》第27条将监督宪法实施规定为全国人民代表大会的一项职权。在改革开放的时代背景下，1982年《宪法》的颁布实施开启了中国法治建设新的旅程。现行宪法明确规定了全国人民代表大会和全国人民代表大会常务委员会行使法定的监督宪法实施的职权。

2000年3月15日，第九届全国人民代表大会第三次会议审议通过《立法法》，自2000年7月1日起施行。《立法法》的通过是中国在宪法监督制度建构中的重要里程碑，它主要解决了立法权限的分配和法律规范冲突的解决问题。2001年，国务院通过了《行政法规制定程序条例》① 和《规章制定程序条例》②。2003年当“非典”肆虐之时，时年27岁的湖北籍大学毕业生孙志刚因收容遣送制度在广州被毒打致死。③ “孙志刚案”引发了社会上对收容遣送制度合宪性的广泛讨论，2003年5月14日，华中科技大学法学院俞江等三位青年法学博士以公民的名义，上书全国人民代表大会常务委员会法制工作委员会，建议全国人民代表大会常务委员会对国务院1982年制定的《城市流浪乞讨人员收容遣送办法》启动违宪审查程

---

① 《国务院关于修改〈行政法规制定程序条例〉的决定》（国令第694号），自2018年5月1日起施行。

② 《国务院关于修改〈规章制定程序条例〉的决定》（国令第695号），自2018年5月1日起施行。

③ 根据官方的调查结果，孙志刚是在医院中被护工和同房病人殴打致死，乔某琴等10多名涉案人士被依法提起公诉。广州市中级人民法一审判决主犯乔某琴死刑、剥夺政治权利终身，广东省高级人民法院二审维持了原判决，最高人民法院核准了乔某琴死刑。

序。2003年6月20日国务院颁布施行了《城市生活无着的流浪乞讨人员救助管理办法》，取代了《城市流浪乞讨人员收容遣送办法》。2004年5月，全国人民代表大会常务委员会法律工作委员会设立法规审查备案室，该机构由中央编制办批准，隶属全国人民代表大会常务委员会法制工作委员会，是与国家室、行政法室、刑法室、民法室等并列的局级单位。全国人民代表大会法工委法规审查备案室拥有对国务院制定的行政法规的审查权限。2005年，全国人民代表大会常务委员会修订了《行政法规、地方性法规、自治条例和单行条例、经济特区法规备案审查工作程序》完善了法规备案审查制度，同年，全国人民代表大会常务委员会通过了《司法解释备案审查工作程序》，将最高人民法院、最高人民检察院的司法解释纳入了宪法监督的范围。2015年3月15日，第十二届全国人民代表大会第三次会议通过了《关于修改〈中华人民共和国立法法〉的决定》，赋予了设区的市一定的立法权限，完善了我国立法权限分配体制。根据《深化党和国家机构改革方案》，2018年宪法修正案将原全国人大法律委员会更名为宪法和法律委员会，赋予了宪法和法律委员会推进合宪性审查的法定职责。

二、宪法的援引和适用

2001年的“齐玉苓案”开启了宪法是否可以被司法适用的学术探讨。1990年，就读于山东省滕州市第八中学的应届生齐玉苓（本名齐玉玲），原顺利考取山东省济宁商业学校，但被同班同学陈某琪（本名陈恒燕）顶替，陈某琪父亲陈某政在地方具有政治势力，买通学校行政人员，使其女儿冒名顶替齐玉苓成为该校学生长达8年的时间。1998年齐玉苓不堪身份地位的损失以及家人遭到陈某政的暴力威胁，愤而向山东省枣庄市中级人民法院提出民事诉讼。1999年齐玉苓不服一审判决后，再向山东省高级人民法院提出上诉。山东省高级人民法院经过最高人民法院的批复后，引用1982年《宪法》第46条，于2001年进行终审判决被告陈某琪停止对齐玉苓的姓名权侵犯，以及被告人和单位需赔偿齐玉苓共计人民币10万元。2008年，最高人民法院审判委员会通过《最高人民法院关于废止2007年底以前发布的有关司法解释（第七批）的决定》，废止《最高人民法院关于以侵犯姓名权的手段侵犯宪法保护的公民受教育的基本权利是否应承担民事责任的批复》（法释〔2001〕25号）。在“河南洛阳种子案”中，主审法官直接判决《河南省种子条例》与作为上位法的《种子法》相抵触而无效，其中法理虽十分清楚，但被认为是一种司法越权的行为。学术界认为较为妥当的做法是，依托《立法法》规定的立法监督制度，将法律依据争议通过法定程序转接到立法监督机关。①

宪法在我国国家生活中重要的问题上，规定了什么样的事是合法的，或者是必

① 秦小建：《中国宪法司法适用的空间与路径》，载《财经法学》2019年第6期。

须执行的，又规定了什么样的事是非法的，必须禁止的。①1955年针对新疆省高级人民法院〔55〕刑二字第336号报告，最高人民法院作出了《关于在刑事判决中不宜援引宪法作论罪科刑的依据的复函》并明确指明：在刑事判决中，宪法不宜引为论罪科刑的依据。②

1986年发布的《最高人民法院关于人民法院制作法律文书应如何引用法律规范性文件的批复》规定：法律、行政法规、地方性法规、自治条例和单行条例可以引用，而国务院各部委发布的命令、指示和规章，各县、市人大通过和发布的决定、决议，地方各级人民政府发布的决定、命令和规章以及最高人民法院的意见和批复等规范性文件不得引用。1986年司法批复并未提及人民法院是否可以在司法判决中援引宪法作出规范。③1988年作出的《最高人民法院关于雇工合同"工伤概不负责"是否有效的批复》也没有明确提是否可以援引宪法的问题。④

在"韶关市人民政府与王某斌房屋买卖合同纠纷案"中，法律争议点在于双方于1989年11月15日签订的房屋买卖合同是否因为违反《城市私有房屋管理条例》第13条及其他相关行政法规的规定而无效。1983年国务院颁布实施的《城市私有房屋管理条例》（以下简称《条例》）对购房主体作了特殊限制，同时授权城市私有房屋所在地人民政府房地产管理机关作为城市私有房屋的管理主体对城市私有房屋进行管理。因此，在适用当时生效的《民法通则》《合同法》判断诉争合同效力问题时，应考虑是否符合作为特别规定的《条例》的规定。针对韶关市人民政府认为1983年国务院颁布实施的《条例》对于购房主体的限制，违反了《民法通则》的基本原则，不符合《立法法》的规定，不应适用的意见。北京市第二中级人民法院认为，《条例》属于行政法规，对于内容的合宪性与合法性的审查不属于法院行使的《中华人民共和国宪法》所赋予的审判权的范围。故对韶关市人民政府的上述意见正确与否，北京市第二中级人民法院不予表态，但也无法支持。⑤

2001年"齐玉苓案批复"认为，宪法中基本权利的有关规定可以作为司法裁判的依据。最高人民法院在批复中指出，以侵犯姓名权的手段，侵犯其他公民依据

① 最高人民法院研字第11298号对新疆省高级人民法院作出复函（1955年7月30日）(现已失效)。

② 最高人民法院研字第11298号对新疆省高级人民法院作出复函（1955年7月30日）(现已失效)。

③ 最高人民法院法［研］复〔1986〕31号对江苏省高级人民法院作出的批复（1986年10月28日）(现已失效)。

④ 最高人民法院〔88〕民他字第1号对天津市高级人民法院作出批复（1988年10月14日）(现已失效)。

⑤ 韶关市人民政府与王某斌房屋买卖合同纠纷二审民事判决书，北京市第二中级人民法院〔2015〕二中民再终字第03089号。

宪法规定所享有的受教育的基本权利，并造成了具体的损害后果的，应承担相应的民事责任。所以，采用冒领录取通知书等手段，冒用他人姓名上学的，在侵犯他人姓名权的同时还构成了对他人受教育权的侵犯，并且应当承担侵权赔偿责任。①

2009 年发布的《最高人民法院关于裁判文书引用法律、法规等规范性法律文件的规定》第 2 条规定："并列引用多个规范性法律文件的，引用顺序如下：法律及法律解释、行政法规、地方性法规、自治条例或者单行条例、司法解释。同时引用两部以上法律的，应当先引用基本法律，后引用其他法律。引用包括实体法和程序法的，先引用实体法，后引用程序法。"② 2009 年司法解释相关规定没有明确宪法是否可以作为审判的援引依据。2016 年最高人民法院印发的《人民法院民事裁判文书制作规范》规定不得引用宪法作为裁判依据，但是可以在说理部分对宪法的原则和精神进行阐释。③这也就是说，裁判文书不得引用宪法和各级人民法院关于审判工作的指导性文件、会议纪要、各审判业务庭的答复意见以及人民法院与有关部门联合下发的文件作为裁判依据，但其体现的原则和精神可以在说理部分予以阐述。以上提及的文件与宪法的援引情况详见表 10-2。

表 10-2

年份	文件名称	内　容
1955	《最高人民法院关于在刑事判决中不宜援引宪法作论罪科刑的依据的复函》	在刑事判决中，宪法不宜引为论罪科刑的依据
1986	《最高人民法院关于人民法院制作法律文书应如何引用法律规范性文件的批复》	未列明宪法
1988	《最高人民法院关于雇工合同"工伤概不负责"是否有效的批复》	宪法关于公民享有劳动权的规定可以作为确认该类协议无效的依据
2001	"齐玉苓案批复"	宪法关于公民享有受教育权的规定可以作为被告承担民事责任的依据
2009	《最高人民法院关于裁判文书引用法律、法规等规范性法律文件的规定》	未列明宪法
2016	《人民法院民事裁判文书制作规范》	裁判文书不得引用宪法作为裁判依据，但其体现的原则和精神可以在说理部分予以阐述

① 最高人民法院关于以侵犯姓名权的手段侵犯宪法保护的公民受教育的基本权利是否应承担民事责任的批复，〔2001〕25 号；齐玉苓诉陈某琪等以侵犯姓名权的手段侵犯宪法保护的公民受教育的基本权利纠纷案，载《最高人民法院公报》2001 年第 5 期。

② 最高人民法院法释〔2009〕14 号（2009 年 10 月 26 日）。

③ 最高人民法院法〔2016〕221 号（2016 年 6 月 28 日）。

三、宪法监督的对象

中国的宪法监督对象主要表现在以下几个方面：第一，宪法监督可以给予全国人民代表大会及其常务委员会制定的法律，也就是说，法律成为宪法监督的对象。对法律的合宪性的控制是宪法监督极其重要的内容，全国人民代表大会及其常务委员会制定的法律也成为宪法监督的对象。第二，全国人民代表大会及其常务委员会作出的决议。作为最高立法机关，全国人民代表大会及其常务委员会不仅可以制定法律，同时还可以决议案的形式来作出立法性质的文件，这些决议也是宪法监督的对象。第三，行政法规。行政法规是由最高国家的行政机关制定的规范性的法律文件。2004 年 5 月全国人民代表大会常务委员会法律工作委员会设立法规审查备案室将行政法规纳入宪法监督的对象。第四，地方性法规、自治条例、单行条例以及经济特区法规均是宪法监督的对象。《行政法规、地方性法规、自治条例和单行条例、经济特区法规备案审查工作程序》是一个重要的规范依据。第五，司法解释。司法解释是由国家的最高司法机关来制定的对全国范围内的审判工作具有指导功能和约束功能的规范性文件。《司法解释备案审查工作程序》将最高人民法院、最高人民检察院的司法解释纳入宪法监督的范围。

四、宪法监督的程序

根据我国现行宪法实施的体制，我们国家宪法监督的程序在启动方面分为两种：一种是主动启动，第二种是经请求启动。

（一）主动启动①

主动启动是指全国人民代表大会及其常务委员会可以依职权主动启动宪法监督的程序。对法律法规的备案审查就是主动启动的表现形式之一。所谓的经请求启动宪法监督程序是指有关国家机关、社会团体可以提请全国人民代表大会及其常务委员会启动宪法监督程序。在此模式之下，全国人民代表大会及其常务委员会并没有依职权积极主动地实施宪法监督，而是经有关国家机关或社会团体在具体的法治实施的过程当中遇到个殊化的情况来请求全国人民代表大会及其常务委员会来启动该程序。主动启动分为两种情形。第一种情形我们称之为批准审查，第二种情形我们称之为备案审查。依据现行宪法第 116 条的规定，自治区的自治条例、单行条例报全国人民代表大会及其常务委员会批准后生效。由此可知，全国人民代表大会常务委员会对报批准的自治条例、单行条例的合宪性进行审查是一种批准审查。在实务中，这项工作实际上是由全国人民代表大会常务委员会的法制工作委员会来进行

① 参见胡锦光：《论合宪性审查的“过滤”机制》，载《中国法律评论》2018 年第 1 期。

的。依据现行宪法第116条的规定，自治条例、单行条例报省自治区人民代表大会常务委员会批准后生效。这些自治条例、单行条例作为地方立法，报地方的国家权力机关批准之后就生效了。生效之后还要将这些地方性法规报全国人民代表大会常务委员会备案，这个备案行为我们称之为备案审查，它实际上也属于主动启动。为什么说它是主动的，因为全国人民代表大会常务委员会依据其法定职权，有权要求所有的地方性法规、自治条例、单行条例，即使在地方的权力机关批准生效之后，仍然要报全国人民代表大会常务委员会备案。我们可以从两个方面去理解备案制度。备案可以是一个形式的备案审查，也可以是一个实体的备案审查。形式的备案审查意味着只要其法律文件齐备，程序是完整的，就属于形式上的备案审查。当全国人民代表大会常务委员会在备案工作当中，发现该地方性法规与上位法相抵触，或者与宪法相抵触，全国人民代表大会常务委员会就可以依据职权主动行使实质审查权。

（二）经请求启动①

经请求启动的宪法监督程序分为两种情形，这两种情形实际上是依据主体来进行分类的。第一种情形是中央或者地方国家机关请求启动的宪法监督程序，第二种情形是其他社会团体、企事业组织甚至是公民请求启动的宪法监督程序。

就经请求启动的第一种情形而言，它是由中央和地方国家机关请求来开启的。依据我们现行的宪法实施体制和学界的通说，国务院、中央军委、最高人民法院、最高人民检察院、各省自治区的人民代表大会常务委员会若在法治实施的过程当中，认为行政法规、地方性法规、自治条例、单行条例、经济特区法规乃至于司法解释同宪法相抵触，这些机关可以书面的形式向全国人民代表大会常务委员会提出请求，即请求全国人民代表大会常务委员会对该法律文件进行合宪性的审查。

就经请求启动的第二种情形而言，它是指除中央或国家机关以外的其他社会团体、企事业组织或公民如果认为行政法规、地方性法规、自治条例、单行条例同宪法或者法律相抵触，可以书面的形式向全国人民代表大会常务委员会提出书面审查的建议。经请求启动的第二种情形是由全国人民代表大会常务委员会的工作机构，一般来说是由全国人民代表大会常务委员会的法制工作委员会来进行研究，然后报送有关各专门委员会进行审查提出建议。

（三）审查时机和方式

根据审查时机和方式的不同，中国宪法监督制度包括事前审查、抽象审查、具体案件审查三种类型。事前审查是指在法律文件生效之前进行的一种所谓的预防性审查。法律文件在未生效之前由宪法监督的主体对该法律的合宪性进行审查，而避

① 参见胡锦光：《论合宪性审查的“过滤”机制》，载《中国法律评论》2018年第1期。

免它在生效之后导致违宪情形的发生。抽象审查是在法律文件生效后，而在具体案件发生之前进行的审查。这种审查，它是对生效之后的法律文件不借助于具体的司法个案，而对该文件的合宪性进行实质性审查的一种方式。具体案件审查，顾名思义，就是在法律文件生效后，发生了具体的案件，在案件的审理流程当中由有权机关逐级报送而进行的审查。抽象审查和具体案件的审查的区分在于它们是否借助于具体的个案，抽象审查是不借助于具体的案件的宪法审查模式。如果发生了具体的案件，对发生案件裁判所赖以依据的法律文件进行审查就是具体案件审查。

中国的宪法监督制度的特点至少体现在以下四个方面：第一，中国实施的是最高国家权力机关主导的宪法监督体制。第二，中国的宪法监督制度比较注重和强调事前审查。其优点在于这种审查模式可以预防法律文件的违宪情况的发生。第三，中国采取了制定机关自我纠正与撤销并重相结合的这种方式来实现宪法监督。第四，中国宪法监督主体和对法律文件的合宪性审查主体具有同一性，均为国家的最高立法机关。

党内法规审查是中国特色社会主义民主法治建设的一大特色和创举，为了确保党内法规的一致性和体系性，中国共产党制定了《中国共产党党内法规制定条例》《中国共产党党内法规和规范性文件备案规定》。目前，党内法规和规范性文件的审查内容均包含有“是否同宪法和法律不一致”。①

第六节　紧急状态下的宪法实施

1922年，德国法学家卡尔·施密特（Carl Schmitt）在其名著《政治神学：主权学说四论》中就提出了“主权就是决定非常状态”（Sovereign is he who decides on the exception②）这一著名的论断。③这种理论判断实际上建立在施密特的决断主义宪法学的基础之上。如果要在一个给定的政治共同体中找到一个人或者机构，来决定法的中止并启动非常和例外时期的程序，那么这个人或者机构毫无疑问就是主权者了。紧急状态（State of Emergency）时期的权威是一种在拉丁语中所谓的“无

① 参见李玮：《论党内法规的合宪性审查》，载《苏州大学学报（哲学社会科学版）》2019年第4期。

② Souverän ist, wer über den Ausnahmezustand entscheidet.

③ Carl Schmitt, Politische Theologie. Vier Kapitel zur Lehre von der Souveränität, (1922), 6. Aufl. 1993, S. 67. Matthias Schaffrick & Niels Werber, Szenarien der Ausnahme in der Populärkultur, Z Literaturwiss Linguistik 46, pp. 311-320 (2016); Carl Schmitt, Political Theology. Four Chapters on the Concept of Sovereignty (1922), trans. by G. Schwab, Chicago: University of Chicago Press, 2005, p. 5.

之则不然”（sine qua non）的权力，这种紧急权力通常被视为国家的行政权的必要内容，交由行政机关来掌握。统观世界各国的宪制，紧急权力对于宪法的存立必不可少，是宪法本身能够永续存在的不可缺少的条件（conditio sine qua non）。例如，在2019—2020年新冠肺炎疫情肆虐之际，世界卫生组织（WHO）先后宣布新冠肺炎（COVID-19）成为一种“国际关注的突发公共卫生事件”（Public Health Emergency of International Concern）① 以及“国际大流行疫情”（Global Pandemic）②，这是国际组织对紧急突发公共卫生事件的判断。在欧盟国家中，意大利政府最先于2020年2月23日启动了《意大利宪法》第77条之程序，通过行政命令（Executive Decree）宣布意大利进入紧急状态。③ 2020年3月13日，美国总统在《联邦宪法》第2条授权之下，依据《国家紧急状态法》（*National Emergencies Act*）第201条和第301条宣布美国全境进入紧急状态。④西班牙政府根据《西班牙宪法》、《紧急状态组织法》（*Organic Law of States of Alarm*）、《例外和非常时期法案》（*Exceptions and Situations Act*）宣布西班牙全国进入紧急状态（state of alarm）以遏制新冠病毒的蔓延。⑤一般来说，平常时期有平常时期之法（Laws in Peacetime），紧急时期有紧急时期之法，就算是战争状态亦得有格老秀斯（Hugo Grotius，1583—1645）所谓之“战时法”（Laws in Wartime/Jus in Bello），各类法律体系随着时间轴的推移，不同的法政光谱纷呈，成为人类行为的指南针。

如果说平时状态（T1）的法律规则是A，紧急状态或者战时状态（T2）的法律规则是B，那么，我们可以看到适用于平时状态T1之下的规则A，必定在非常状态T2之中受到极大的克减（Derogation）。规则A虽然对非常时期的生活秩序设定了公法和私法上“不可抗力”（Force Majeure）的例外，但非常状态T2所应该遵守的规则B却不能借助抽象的“不可抗力”自然自发地形成。因此，世界各国大多建立了紧急状态下的法治，来确保宪法制度可以应对突发之意外。

---

① “Statement on the second meeting of the International Health Regulations（2005）Emergency Committee regarding the outbreak of novel coronavirus（2019-nCoV）”. World Health Organisation, 31 January 2020.

② “WHO Director-General's opening remarks at the media briefing on COVID-19-11 March 2020”. WHO, 11 March 2020.

③ Misure urgenti in materia di contenimento e gestione dell'emergenza epidemiologica da COVID-19.（20G00020）（GU n.45 del 23-2-2020）.

④ National Emergencies Act（50 U.S.C. 1601 et seq.）

⑤ Eal Decreto 463/2020, de 14 de marzo, por el que se declara el estado de alarma para la gestión de la situación de crisis sanitaria ocasionada por el COVID-19.

一、紧急状态的构成要件

什么是紧急状态？紧急状态，在法律上指的是一种特别的、迫在眉睫的危险，或者危险局势产生，而这种危险影响到全体公民，并且对整个社会正常生活秩序构成威胁的一种状态。

紧急状态有哪些类型？通常认为可以按照紧急状态的急迫程度和社会危害程度对紧急状态进行分类。在学理上，一般分为一般紧急状态和严重紧急状态。一般紧急状态包括因为自然灾害危险、传染疾病、严重的社会经济危机造成的紧急状态，还包括因为大规模的破坏宪法或者法治秩序的暴力行为和公共秩序危机造成的紧急状态。严重紧急状态特指的是由于战争、暴动和武装反叛所引发的法律秩序濒临倾塌的一种最为严重的状态。也有学者认为紧急状况（situations of emergency）的下位概念包括：狭义的紧急状态、预防状态（state of prevention）、警报状态（state of alarm）、公共大灾难状态（state of public catastrophe）、围困状态（state of siege）和战争状态（state of war）等。①

如何识别和判断紧急状态呢？一般认为紧急状态的构成要件如下：第一，紧急状态下必须存在对人民的生命财产构成严重威胁的情况；第二，紧急状态下的威胁必须是现实的，或者是迫在眉睫的；第三，若不进入紧急状态，则前述的威胁就会阻碍国家权力特别是行政权的正常行使；第四，前述的威胁必须影响到人民的正常生活秩序；第五，只能通过特殊的行政措施才能恢复秩序、消除威胁。

二、紧急状态的应对：宣布与终止

紧急状态的应对是各国宪法秩序的一个难题，目前主流的解释理论有三种。②第一种理论是立法应对模式，这种理论主要是以宪法学家 David Dyzenhaus 为代表的学者主张，他认为行政权力或者公共权威只能按照正常状态的法律行事，法治国家不允许存在特殊时期的例外。只有立法者才能够决定宣布进入紧急状态，在立法没有决定之前，国家仍然按照正常时期的法律来应对突发事件。③第二种理论是以著名宪法学家阿克曼（Ackerman）为代表的学者所主张的“包容模式”（Accommodation），也就是说，紧急状态下允许和包容公共当局采取异于往常的措

① 王祯军：《论紧急状态启动的宪法规制》，载《河北法学》2014 年第 10 期。

② Antonios Kouroutakis Inaction as a State Response to the Coronavirus Outbreak IACL-AIDC Blog, 24 March 2020.

③ David Dyzenhaus, The Constitution of Law: Legality in a Time of Emergency, Cambridge University Press, Oct 5, 2006.

施，某些法律必须被克减。第三种理论是所谓的“非常法律措施模式”（Extra-legal Measures），该种理论以奥伦·格罗斯（Oren Gross）等学者为代表，其核心主张是行政和公共当局在紧急状态下的法外措施是一种必需，可以被正当化。①

从世界的通例来看，紧急状态宣布与终止通常需要经过一定的法律程序，也就是说，紧急状态并非随着紧急事项的产生就自动进入，还需要经过法律的确认。但是，各国宪法通常根据本国的政治体制以及国家机关的性质和权限确定宣布紧急状态的主体和程序，规定不一，主要可以分为以下三种类型：议会宣布型、行政首脑宣布型和共同宣布型。②首先，紧急状态由议会宣布的国家实践较为广泛，希腊、阿尔巴尼亚、克罗地亚、保加利亚、匈牙利、立陶宛、马其顿王国和斯洛文尼亚等国家都采取了这种议会宣布的模式。其次，紧急状态的宣布权由总统等国家元首来掌握的情况也较为常见。在美国，总统决定和宣布紧急状态，只需要通知并报告国会即可。同样，采取总统制的俄罗斯也是由总统宣布国家进入紧急状态。最后，所谓的共同宣布型是指紧急状态的宣布权限由两个或者两个以上的国家机构共同分享。如在英国，首相通过内阁同意，提请女王宣布紧急状态之后，然后需要经过下议院的确认。在日本，紧急状态是由内阁决定，首相宣布，然后需要交国会去确认。

中国对紧急状态的宣布程序较为复杂。首先，中国宪法和法律规定了非常法律状态的三种类型，紧急状态、战争和动员，全国人民代表大会和国务院在紧急状态的宣布与废止方面都有一定的权限，这些权限的划分如下：第一，全国人民代表大会决定战争和和平问题，全国人民代表大会常务委员会决定全国或者部分地区的动员，决定全国或者部分省、自治区、直辖市进入紧急状态；第二，国家主席根据全国人民代表大会及常务委员会的决议宣布进入紧急状态，宣布战争状态、发布动员令；第三，国务院有权决定部分省、自治区、直辖市范围内的部分地区进入紧急状态。中国目前的国家紧急状态的立法包括《中华人民共和国戒严法》《中华人民共和国传染病防治法》《中华人民共和国国家安全法》《中华人民共和国防洪法》《中华人民共和国突发事件应对法》。

一般来说，突发公共事件是指突然发生，造成或者可能造成重大人员伤亡、财产损失、生态环境破坏和严重社会危害，危及公共安全的紧急事件。③根据突发公共事件的发生过程、性质和机理，突发公共事件主要分为以下四类：（1）自然灾

① Oren Gross, Chaos and Rules: Should Responses to Violent Crises always be Constitutional? Yale Law Journal, 2003, 112 (5), pp. 1011-1034.

② 王祯军：《论紧急状态启动的宪法规制》，载《河北法学》2014年第10期。

③ 《国家突发公共事件总体应急预案》（2006年1月8日）。

害；(2) 事故灾难；(3) 公共卫生事件；(4) 社会安全事件。突发公共事件按照其性质、严重程度、可控性和影响范围等因素，一般分为四级：Ⅰ级（特别重大）、Ⅱ级（重大）、Ⅲ级（较大）和Ⅳ级（一般）。突发事件发生后，国务院设立全国突发事件应急处理指挥部，由国务院有关部门和军队有关部门组成，国务院主管领导人担任总指挥，负责对全国突发事件应急处理的统一领导、统一指挥。① 突发事件发生后，省、自治区、直辖市人民政府成立地方突发事件应急处理指挥部，省、自治区、直辖市人民政府主要领导人担任总指挥，负责领导、指挥本行政区域内突发事件应急处理工作。②

近年来，在紧急状态立法方面，值得理论界深入研究的是突发公共卫生事件的法律应对问题。中国于1989年制定了《中华人民共和国传染病防治法》③，该法经过多次修订，是预防、控制和消除传染病的发生与流行的基本法律。按照《中华人民共和国传染病防治法》之规定，传染病分为甲类、乙类和丙类。法律授权行政部门（国务院）可以根据传染病暴发、流行情况和危害程度来决定乙类、丙类的种类，同时，法律也授权行政部门可以将乙类传染病适用甲类管理。④ 2003年"非典"之后，中国颁布了《突发公共卫生事件应急条例》⑤，所谓突发公共卫生事件是指突然发生，造成或者可能造成社会公众健康严重损害的重大传染病疫情、群体性不明原因疾病、重大食物和职业中毒以及其他严重影响公众健康的事件。⑥ 2019年岁末和2020年年初，《中华人民共和国传染病防治法》和《突发公共卫生事件的应急条例》成为中国应对"新冠肺炎"的主要法律依据。

---

① 《突发公共卫生事件应急条例》(2011年修订) 第3条。

② 《突发公共卫生事件应急条例》(2011年修订) 第4条。

③ 《中华人民共和国传染病防治法》(1989年2月21日第七届全国人民代表大会常务委员会第六次会议通过，2004年8月28日第十届全国人民代表大会常务委员会第十一次会议修订，根据2013年6月29日第十二届全国人民代表大会常务委员会第三次会议《关于修改〈中华人民共和国文物保护法〉等十二部法律的决定》修正)。

④ 《中华人民共和国传染病防治法》第4条规定：对乙类传染病中传染性非典型肺炎、炭疽中的肺炭疽和人感染高致病性禽流感，采取本法所称甲类传染病的预防、控制措施。其他乙类传染病和突发原因不明的传染病需要采取本法所称甲类传染病的预防、控制措施的，由国务院卫生行政部门及时报经国务院批准后予以公布、实施。

⑤ 《突发公共卫生事件应急条例》(2003年5月9日中华人民共和国国务院令第376号公布，根据2011年1月8日国务院令第588号《国务院关于废止和修改部分行政法规的决定》修订)。

⑥ 《突发公共卫生事件应急条例》(2011年修订) 第2条。

三、紧急状态下基本权利的克减

一般而言，一旦启动紧急状态，国家就进入一种不同于正常状态之下的法律秩序当中。宪法通常授权了行政机关在紧急状态之下，对法律的秩序进行重新的安排，行政机构因此拥有了一种特别的权力，例如，行政机构可以采取措施来限定社会成员的人身权、财产权，此时，公民的基本权利受到了克减（Derogation）。宪法一方面授权行政机构在紧急状态之下对公民的基本权利进行克减，另一方面也对公民基本权利的克减做了限制性的规定。其中的机理就在于：在紧急状态之下，既要防止公共权力的不作为（Inaction），也要防止公共权力的过度作为（Overreaction）。由于基本权利的克减本身也需要遵守一定的法律规则，一般来说，以下的公民基本权利即使在紧急状态下也不得克减：第一，不得克减公民的生命权；第二，不得克减禁止酷刑的权利；第三，不得克减禁止奴役的权利；第四，不得使公民由于无法履行某种约定义务而受到监禁；第五，不得采取事后法；第六，不得在任何地方否认公民在法律面前的人格；第七，不得克减公民所享有的思想、良心和宗教自由。

基本权利的克减也适用于国际人权法领域，国际人权公约（例如“人权两公约”）规定了克减条款。例如，在2019—2020年新冠肺炎（COVID-19）的应对中，拉脱维亚常驻联合国使节团于2020年3月19日正式以书面形式通知和报告联合国，该国将根据《公民权利和政治权利国际公约》第4条的规定，对公约所规定权利在拉脱维亚领土范围内进行克减。①欧洲人权法院在它处理的第一个人权案件“Lawless v. Ireland（1957—1961）”中，处理的核心问题之一就是紧急状态下法律应当如何认定基本权利的克减及其克减的限度问题。

现代政府必须采取尽可能的措施来预防或者应对国家发生的重大危机。在重大危机时期，宪法的运行发生了体系性的改变，集中而高效的行政权力获得了广泛的自由裁量权限来处理时刻发展变化着的危机。②危机治理并不能依赖先前确定的规则（Ex Ante Rules），而必须仰赖危机发生之后的事后规则（Ex Post Rules）。立法机关在危机治理中的规范制定能力在很大程度上让位于行政应急机关的当机立断的权宜性的规则。③ 江必新大法官认为，虽然不同的宪法体系对行政权力的规范样态是不同的，但是它们都分享一个共同的原则，即紧急状态下的行政法学应急权力的

---

① UN Doc. C. N. 105. 2020. TREATIES-IV. 4.

② Arthur Selwyn Miller, Democratic Dictatorship: The Emergent Constitution of Control, Greenwood Press, 1981; Michael J. Phillips, Democratic Dictatorship: The Emergent Constitution of Control, Arthur Selwyn Miller, 20 Am. Bus. L. J. 293 (1982).

③ Carl Schmitt, Political Theology 1-15 (George Schwab trans., Chi. Univ. Press 2005) (1922). Adrian Vermeule, Our Schmittian Administrative Law, 122 Harv. L. Rev. 1095, 1101 (2009).

行使也必须受制于法治原则。①从法社会学角度来考察这个过程，我国也有学者从法社会学的角度分析，借助“危险、风险、预料外、完全不确定性”的概念框架来分析新冠疫情（COVID-19）对国家日常化制度运作以及问责方式的深刻影响。在传染病疫情引发的紧急状态下，行政权力势必大幅度增强，公民自由和基本权利受到以公益为名的严格限制。因此，这是一种极端的监控手段，其运用必须非常慎重，除了充分满足法律规定的要件外，还要受到民主程序的制约。②

① Bixin Jiang, Emergent Situation and Rule of Administrative Law, 2 Frontiers L. China 167 (2007).

② 季卫东：《疫情监控：一个比较法社会学的分析》，载《中外法学》2020 年第 3 期。

附录：比较公法研究中的案例引证方法

法学的学习和研究必须建立在大量的案例分析的基础之上。法律案例的标识和引证存在于任何一个国家或者司法管辖区中，它对于法学理论和实务工作具有巨大的帮助。一方面，法律案例的标识和引证可以使得法律职业共同体中的人们以及更广泛的民众更好地在第一时间搜寻到所需要的法院判例，人民对于司法判决和政府公共法律文件具有知情权，任何人都有权查询政府的法律文件和司法判例。另一方面，法律案例的标识和引证是司法机关进行判例的存档、报告的重要技术性依托，法院不仅可以通过这种标准化和系统化的案例引证便利司法审判工作，更是主动实现其司法公开和透明的最佳途径之一。

在比较公法的研究中，对典型国家或者司法管辖区的判决先例的研究越来越重要。法律人需要深入了解这些判决先例，并且在精读第一手的法律文献的基础上进行分析和思考。西文法律文献通常采取了非常专业的“法律引注”（Legal Citation）技术进行标识。如果不懂得法律引注的格式和内涵，案例研究效果则会大打折扣。从全世界范围来看，虽然不同的司法管辖区下不同的法院所发布的判决书的引证格式大有不同，但基本上包含以下信息：审判法院、案件名称、刊载来源、卷号、案件报告的时间信息等。①

一、德国公法案例的索引

《德国联邦法律公报》（*Bundesgesetzblatt*，简称 BGBl）是联邦德国时期由政府建立的刊登联邦法律的一种具有宪法地位的出版物，类似于很多国家或者地区的政府公布的“宪报”。德国联邦法律公报的前身是存在于 1871—1945 年的帝国法律公报（Reichsgesetzblattes）。1949 年，《德国联邦法律公报》刊登的第一个法律文件就是《德国基本法》②，自那时起，它就连续刊载了所有的联邦法律法规。根据《德国基本法》第 82（1）条之规定，任何联邦法律（Bundesgesetz）只要未刊登于《德国联邦法律公报》就不发生法律效力。如果要查找德国的联邦法律，无疑，《德国联邦法律公报》（BGBl）是最为权威的资料来源。在电子化时代，《德国联

① Bryan A. Garner, Black's Law Dictionary, 9th Abridged. St. Paul, Minnesota: West. 2012, p. 221.

② BGBl. 1949, S. 1.

邦法律公报》引入了法律数据库系统，并可供所有人通过网站搜索而找到相关的联邦法律。①

德国虽然属于传统的大陆法系国家，但是司法判例，尤其是宪法判例在法学的研究和实务中发挥着越来越重要的作用。德国的司法判例可以通过各个法院的案例汇编和报告进行查找。基于司法的中立性考虑，德国联邦层面最重要的法院都不设在首都柏林，这些法院包括联邦宪法法院、联邦最高法院、联邦最高行政法院、联邦最高劳工法院、联邦最高财政法院和联邦最高社会法院，如表1所示。

表1　**德国重要的联邦法院组织**

法院名称	简称	法院全称	法院位置
联邦宪法法院	BVerfG	Bundesverfassungsgericht	巴登-符腾堡州卡尔斯鲁尔
联邦最高法院	BGH	Bundesgerichtshof	卡尔斯鲁厄市（主要办公地）、莱比锡（设有办公室）
联邦最高行政法院	BVerwG	Bundesverwaltungsericht	萨克森州莱比锡
联邦最高劳工法院	BAG	Bundesarbeitsgericht	图林根州埃尔福特市
联邦最高财政法院	BFH	Bundesfinanzhof	巴伐利亚州慕尼黑
联邦最高社会法院	BSG	Bundessozialgericht	黑森州卡塞尔市

（图表来源：作者自制）

德国联邦宪法法院的案例识别和引证格式分为完全引证和简化引证两种方式。所谓完全引证就是将判案法院、审判法庭、审判日期、案件编号等详细罗列的一种引证方式。所谓简化引证就是将判案法庭、审判日期、案件编号等信息以缩写和简称的方式罗列的一种引证方式。

例如，1958年德国联邦宪法法院在著名的“吕特案”（Lüth-Urteil）中明晰了“基本权利的双重属性”，这是一起涉及基本法上的言论自由和民法上公序良俗原则相冲突的宪法纠纷，也是基本法发展史上具有里程碑意义的一个宪法判例，该案的引证格式如下：

> 完全引证：Lüth-Urteil，BVerfGE 7，198（205），Beschluss des Ersten Senats vom 15. Januar 1958- 1 BvR 400/51 -，Rn.（75）
>
> 简化引证：BVerfGE 7，198（205）

① 载《德国联邦法律公报》网站：https：//www. bgbl. de/.

以上德国联邦宪法法院判例的完全引证和简化引证的含义如表2所示：

表2　　德国联邦宪法法院的判例引证格式举例

案件名称	法院	卷	起始页码	具体引用页码	审判庭、判决日期等详细信息	案件编号	判决书段落
Lüth-Urteil（吕特判决）	BVerfG（德国联邦宪法法院）	7	198	205	Beschluss des Ersten Senats vom 15. Januar 1958	1 BvR 400/51	Rn.（75）（第75段）

根据欧洲案例标识（ECLI）的要求①，德国联邦宪法法院在公布该判决书的同时必须按照欧盟法的要求公布该判决书的索引方式，著名的“吕特案”（Lüth-Urteil）的识别和索引如下：

ECLI：DE：BVerfG：1951：rs19580115. 1bvr040051

以上的案例识别和法律引证的含义如表3所示：

表3　　欧洲案例标识在德国联邦宪法法院的适用

欧洲案例标识	国家代码	法院表示	判决年份	具体序列号
ECLI	DE（代表德国）	BVerfG（代表德国联邦宪法法院）	1951（代表判决的年份）	rs19580115. 1bvr040051（代表该判决的具体序列号）

二、美国公法案例的索引

英美法系国家在法学领域使用比较独特的引证规范或者体系。②如世界上最著名的引证研究工具《科学引证索引》（SCI），它的创始人加菲尔德，就是阅读到一种早在1873年出版的法律引证工具书《谢泼德引证》（*Shepard's Citation*）而获

① 关于欧洲案例标识系统（ECLI）详见本附录“欧盟公法案例的索引”。

② Legal citation methods constitute a superb system of bibliographic references that maximize the information given while minimizing the space required. See：Byron D Cooper, Anglo-american Legal Citation：historical development and library implications, Law Libr. J. 75（1982）：3.

得引文研究灵感的。① 目前在美国的法律引证中，影响力最大的是《蓝皮书：统一注释体例》（*The Bluebook：A Uniform System of Citation*），这是一种随着时间推移而不断完善的寻求法律引证和注释一体化、标准化的体系。美国法律注释和引证的统一化运动可以溯源于20世纪前期，1926年《哈佛法律评论》与《耶鲁法律杂志》最早发布了第一版《统一注释体例》之后，《哥伦比亚法律评论》和《宾夕法尼亚法律评论》加入了统一注释体例中。随着越来越多的大学和法律评论加入这种标准化的注释体系中，《统一注释体例》逐渐获得理论界和实务界的广泛接受。②自20世纪70年代以来，由于《统一注释体例》固定采取蓝色作为封面，故该体系得名为"蓝皮书"，蓝皮书每隔几年就会有新的版本，随着体系变得越来越精细，当然引证的细节也日趋复杂，蓝皮书也曾遭到诸如著名法学家理查德·波斯纳（Richard Posner）等人的批判。③

由于美国实行联邦主义，其司法体系也表现出二元主义的特征。在联邦法律之下，州法与州法之间不同。联邦的司法系统和州的司法系统的案例汇编和报告的方式各不相同。在联邦层面，联邦司法系统采用了所谓的全国报告体系（National Reporter System），在州的层面，各州分别建立自己的报告体系，甚至各州都发展出具有各自特色的"蓝皮书"。④

美国联邦最高法院的判例的引证方式最常见的有四种，分别是《美国判例汇编》（*United States Reports*，缩略语U.S.）、《最高法院判例汇编》（Supreme Court Reporter，缩略语S.Ct）、《美国最高法院判例汇编（律师版）》（*United States Supreme Court Reports*，*Lawyer's Edition*，缩略语L.Ed）、《Lexis-Nexis数据库案例汇编》（U.S. LEXIS）⑤。案例的引证可以采取"平行引证"（Parallel Citation）的方式，也可以采取"单一引证"（Single Citation）的模式。美国联邦巡回上诉法院的引证通常是以F.、F.2d、F.3d来代表某个巡回上诉法院所审判的案件；联邦地区法院的引证则是以F. Supp.或者F. Supp.2d来进行标识。

在联邦层面上，联邦最高法院的判例影响力最为巨大，也被认为是最为重要的。最初，在每一任法院判例报道员〔Reporter〕任职期间会发布一系列判例集，人们在引用的时候通常直接使用该报道员的名字称之，他们包括：达拉斯

① 成凡：《从引证看法学——法学引证研究的三个基本方面》，载《法商研究》2005年第1期。

② 早期的《统一注释体例》颜色并不统一，例如第一版的封面为绿色，早期还曾采用白色、棕色封面，之后逐渐变成蓝色封面。

③ Richard A. Posner, Goodbye to the Bluebook, 53 Chi. L. Rev. 1343 (1986).

④ Stephen Elias & Susan Levinkind, Legal Research: How To Find And Understand The Law, Berkeley: Nolo Press, 2004.

⑤ LEXIS收录了《谢泼德引证》（Shepardps Citations）。

（Dallas，1790—1800）、克兰奇（Cranch，1801—1815）、惠顿（Wheaton，1816—1827）、彼得斯（Peters，1828—1843）、霍华德（Howard，1843—1860）、布莱克（Black，1861—1862）、华莱士（Wallace，1863—1874）。从 1874 年起，当美国联邦最高法院的判例集数量达到 90 卷的时候，人们在引用时开始省却判例报道员的名字，而直接引作《美国最高法院判例汇编》。在“惠顿诉皮特斯案”① 中，联邦最高法院裁定其判例汇编属于公有领域，报道员不享有其知识产权。

例如，沃伦法院（Waron Court）在 1954 年的著名案例“布朗诉托皮卡教育委员会案”确立了“隔离即不平等”（Separate But Not Equal）的宪法先例，成为“二战”之后美国联邦最高法院历史上最为重要的宪法案件之一，该案平行引证和单一引证的示例如下：

> 平行引证：Brown v. Board of Education of Topeka，347 U. S. 483，484（1954）；74 S. Ct. 686，687（1954）；98 L. Ed. 873，874（1954）；1954 U. S. LEXIS 2094.
>
> 单一引证：Brown v. Board of Education of Topeka，347 U. S. 483，484（1954）.

以上的案例识别和法律引证的含义如表 4 所示：

表 4　**美国联邦最高法院的判例引证格式举例**

案件双方	卷号	来源	起始页码	引证页码	判决年份
Brown v. Board of Education of Topeka（案件名称）	347（表示该判例出现的卷号）	U. S.《美国判例汇编》	483（表示该判例出现的起始页码）	500（表示所引用的页码）	1954（代表判决的年份）

万律出版集团（West Publishing）对于法院判例的汇编发挥了重要的作用，万律出版集团将那些除了联邦以外的美国各州的法律案例按照大的地理区域来进行汇编。全美各地区的案例按照太平洋地区（Pacific）、西北地区（North Western）、西

① Wheaton v. Peters，33 U. S.（8 Pet.）591（1834）. 联邦最高法院在此案中判定，一旦《美国联邦最高法院判例报告》出版，任何人（即使是报告员）不得独占该报告的知识产权，因为版权的功能“首先是强化公共利益，然后才是奖励作者”。

南地区（South Western）、东北地区（North Eastern）、南部地区（Southern）、东南地区（South Eastern）、大西洋地区（Atlantic）、纽约州（New York Supplement）分别进行汇编。①

以卡多佐大法官（Benjamin Cardozo）在1928年著名的“帕斯格拉芙诉长岛火车站案”的引证为例，此案是由纽约上诉法院（New York Court of Appeals）审理的在美国侵权法历史上最重要的、最具有传奇色彩的经典案例之一，卡多佐大法官对此案的判决一举树立了“注意义务边界”这一先例②，其平行引证格式如下：

> Palsgraf v. Long Island Railroad Co., 248 N. Y. 339, 240, 162 N. E. 99, 100 (1928).

以上的案例识别和法律引证的含义如表5所示：

表5　**美国州法院的判例引证格式举例**

案件双方	卷号	来源	起始页码	引证页码	判决年份
Palsgraf v. Long Island Railroad Co.（案件名称）	248 or 162（表示该判例出现的卷号）	N. Y. or N. E.（表示New York Reports）（N. E. 表示North Eastern Reporter）	339 or 99（表示该判例出现的起始页码）	240 or 100（表示所引用的页码）	1928（代表判决的年份）

① 万律出版集团的法律案例汇编影响力较大、通行性亦较高，但它却并非属于正式的官方汇编（Official Reports）。万律出版集团对于各州的地理大区的划分，并不依据联邦巡回法院的司法管辖区进行，两者差别迥异。

② 卡多佐大法官（Justice Benjamin N. Cardozo）说：“一个正常的小心谨慎的人，所感知的危险的范围，决定了他应当承担责任的范围。假如一个人在拥挤的人群中不小心碰了他旁边的人，使得该人携带的炸弹落地爆炸，炸伤了周围的人，承担责任的应该是携带炸弹的人，而不是碰掉炸弹的人，因为后者在做这样一个不经意的举动时，根本就无法预料到有如此巨大的危险存在。”（The orbit of the danger as disclosed to the eye of reasonable vigilance would be the orbit of the duty. One who jostles one's neighbor in a crowd does not invade the rights of others standing at the outer fringe when the unintended contact casts a bomb upon the ground. The wrongdoer as to them is the man who carries the bomb, not the one who explodes it without suspicion of the danger.）

三、欧盟公法案例的索引

从1952年的欧洲煤钢共同体法院（Court of Justice of the European Coal and Steel）到2009年再次改名的欧洲联盟法院（Court of Justice of the European Union），欧盟/欧共体所有的司法判决都必须按照欧盟法/共同体法的要求进行报告和出版，并刊登在欧盟的官方公报上（Official Journal of the European Union），该公报的C序列（C Series）专门刊载所有的司法判例。欧盟法/共同体法上的案例标识和法律引证分为传统模式和现代模式两个系统。

（一）传统标识系统（Traditional Identifier）

在传统模式下，“欧洲法院报告”（European Court Reports，ECR）、“欧洲法院报告—专业案例”（European Court Reports—Staff Cases）、“共同市场法律报告”（Common Market Law Reports）这三种体例的案例报告和识别方式是最常见的。ECR的案例报告通常是以《欧洲法院和一般法庭案例汇编》（*Reports of Cases before the Court of Justice and the General Court*）纸质出版物的形式对全社会公开发行，该纸质的案例报告工作自1954年开始，一直持续到2011年。

ECR的欧盟法的案例报告区分了以西文字母C、T和F分别代表欧洲法院C（ECJ）、一般法庭（General Court）和公务员法庭（Civil Service Tribunal），之后是案例的号码（Number of Case），然后是年份（最后两位阿拉伯数字），最终以案件的双方名称结尾。以著名的“Van Gend en Loos案”为例，它的案例识别和法律引证如下：

> Case 26/62, Van Gend en Loos v. Nederlandse Administratie der Belastingen [1963] E. C. R. 1; [1963] C. M. L. R. 105.

以上的案例识别和法律引证的含义如表6所示：

表6　**传统的欧盟法案例识别和法律引证举例**

要素	法院类别（D/T/F）	案件编号	案件年份	案件双方	案件索引（可取其一）	
举例	C	26	62	Van Gend en Loos v. Nederlandse Administratie der Belastingen	[1963] E. C. R. 1	[1963] C. M. L. R. 105

（二）现代标识系统（ECLI Identifier）

为了在电子化时代更加迅捷和方便地进行法律案例的识别和引证，欧盟在进入21世纪之后，开始尝试一种更加高效和一体化的案例识别系统，这就是今天欧盟法律实务界和理论界最为常见也是最为频繁使用的现代模式——欧洲案例标识（European Case Law Identifier，简称ECLI）。这种现代的法律案例识别和引证系统克服了传统模式之下的繁冗，更加便利于电子化发布和网络索引。如果说传统标识模式是纸质出版物时代的产物，那么现代标识模式则是电子信息化、大数据时代下的必然。

> 从2008年起，欧盟就成立了欧盟理事会法律数据处理工作小组（EU Council Working Party on Legal Data Processing e-Law）尝试进行一场史无前例的法律案例的标识的统一化运动。2010年12月22日，欧盟理事会（Council of Ministers）通过了一项旨在建立现代模式的"欧盟的法律文献标识统一化决议"并在欧盟的官方公报（Official Journal）公布。①2016年5月4日，欧盟发布了基于大数据的"欧洲案例标识搜索引擎"（ECLI Search Engine），使得欧盟的法律案例标识成为全世界范围内的典范。欧洲案例标识（ECLI）建立后，大多数欧盟成员国都在本国的法院判例中施行了新的案例引证体系，甚至本不属于欧盟的欧洲人权法院（European Court of Human Rights）也采用了全新的引证体系。按照欧盟法院的理解，欧洲案例标识系统建立的价值在于：（1）增强法院判决书的可接近性（accessibility）；（2）提供更高层面的语言中立性（linguistic neutrality）；（3）便利网站的自动融合（automatic insertion）。②

欧洲案例标识（ECLI）由五个要素组成：欧洲案例标识（ECLI）、国家代码（country code）、法院标识（court identifier）、判决年份（year of decision）、具体序列号（specific identifier）。欧洲案例标识系统是基于国际图书馆协会联合会的书目记录功能要件（Functional Requirements for Bibliographic Records，以下简称FRBR）而建立的，是以现代的"图书馆学"的分类基础为标准而量身定制的，所有的法院判决可以通过"欧洲电子正义门户"（European e-Justice portal）进行检索，③如

① Council conclusions inviting the introduction of the European Case Law Identifier（ECLI）and a minimum set of uniform metadata for case law，2011/C 127/01.

② Court of Justice of European Union：Method of citing the case-law，https：//curia. europa. eu/jcms/jcms/P_126035/en/.

③ 欧洲电子正义门户网址：https：//e-justice. europa. eu/home. do.

图 1 所示。

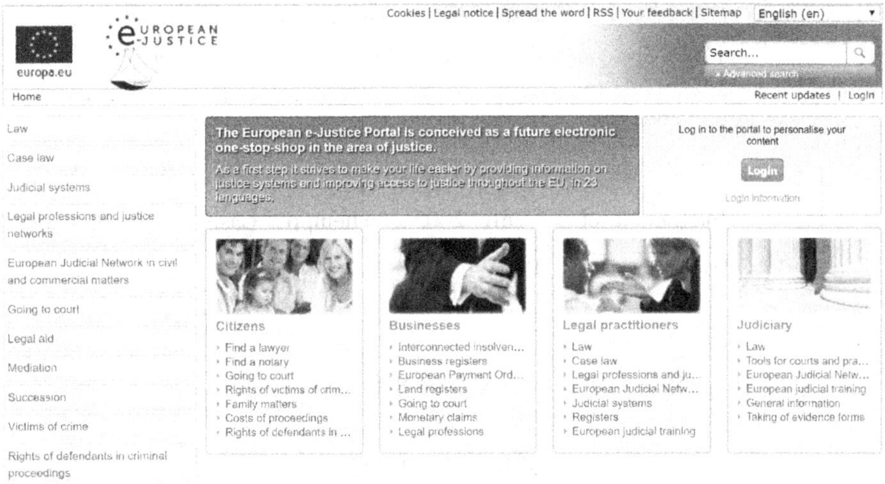

图 1　欧洲电子正义门户（European e-Justice portal）

欧洲案例识别系统（ECLI）同样适用于 2010 年之前的欧洲法院的判例，这使得欧盟理事会 2010 年的案例引证一体化决议对于欧盟机构本身具有溯及既往的法律效力。以著名的 1963 年“Van Gend en Loos 案”为例，在新的案例识别系统之下，它的引证如下：

ECLI：EU：C：1963：1

以上的案例识别和法律引证的含义如表 7 所示：

表 7　**现代的欧盟法案例识别和法律引证举例**

要素	欧洲案例标识	国家代码	法院表示	判决年份	具体序列号
举例	ECLI	EU（EU 代表欧盟）	C（C 代表 Court of Justice）	1963（1963 代表判决的年份）	1（1 代表该案是所在年份序列号的第一个判例）

欧洲案例识别（ECLI）极大地简化和统一了欧盟法院判例的引证系统，同时“字母+数字”组合的方式虽然便利了电子化的加载和索引，又可能给法官、律师、

检察官、法学学者以及一般的大众阅读者带来理解的不便，因为并非每一个人都像智能机器人一样仅仅识别二进制字符就可以进行交流，人类的大脑对符号的识别是借助有意义的语言来完成的。基于这个理由，欧盟法院在案例引用中仍然会添加案件名称信息。例如，欧盟法院在 2005 年的“Schempp 案”的引证就可以按照下述方式进行：

> Judgement of 12 July 2005, Schempp, Case C-403/03, ECLI: EU: C: 2005: 446, paragraph 19.

以上的案例识别和法律引证的含义如表 8 所示：

表 8　　欧盟法案例的平行法律引证举例

判决时间	案件名称	传统案件号	欧洲案例标识	国家代码	法院表示	判决年份	具体序列号	引证段落
Judgement of 12 July 2005	Schempp	Case C-403/03	ECLI	EU（代表欧盟）	C（代表欧盟法院）	2005（代表判决的年份）	446（代表该判决在该法院的具体序列号）	Paragraph 19（代表引用的具体段落）

如前所述，欧洲案例识别系统（ECLI）同样应当适用于欧盟的各个成员国的国内法院的案例标识和引证。德国是欧盟国家中较早贯彻和实施这一引证系统的国家。以德国联邦宪法法院（Bundesverfassungsgerichts）新近的判决为例，该法院在 2020 年 2 月 26 日下达了关于“辅助自杀行为”（安乐死）合宪性争议的判决书，该判决书在传统的德国法律判例引证中如下：

> BVerfG, Urteil des Zweiten Senats vom 26. Februar 2020-2 BvR 2347/15 -, Rn.（1-343）.

以上的案例识别和法律引证的含义如表 9 所示：

表 9　欧盟成员国判例的法律引证举例

法院	法庭	判决时间	索引号码	判决书段落
BVerfG（德国联邦宪法法院）	Urteil des Zweiten Senats（第二庭判决）	26 Februar 2020（2020 年 2 月 26 日）	2 BvR 2347/15	Rn.（1-343）（第 1~343 段）

根据欧洲案例标识（ECLI）的要求，德国联邦宪法法院在公布该判决书的同时必须按照欧盟法的要求公布该判决书的索引方式，该判例的识别和索引如下：

ECLI：DE：BVerfG：2020：rs20200226. 2bvr234715

以上的案例识别和法律引证的含义如表 10 所示：

表 10　欧盟成员国判例的平行法律引证举例

欧洲案例标识	国家代码	法院表示	判决年份	具体序列号
ECLI	DE（代表德国）	BVerfG（代表德国联邦宪法法院）	2020（代表判决的年份）	rs20200226. 2bvr234715（代表该判决在当年的具体序列号）

四、中国公法案例的引证

在中国，无论政府部门颁布法律也好，还是司法机关公布判决书也好，法律文书的引证事实上都遵循一定的格式。在比较宪法的学习和研究中，通过“案例”实现不同管辖区的法律对话可谓是一种有益的尝试。虽然中国的宪法解释权被授予全国人民代表大会常务委员会，中国除了港澳台地区之外，并不存在类似于美国联邦最高法院、德国联邦宪法法院一样的“宪法判例”，但是中国的宪法实践却是广泛存在的。一方面，中国的司法机关在行政、民事、刑事的审判中几乎无时无刻不在宪法所划定的法律框架下展开司法活动，因而很多的司法判决都体现了宪法的原则和精神；另一方面，很多没有进入司法流程的法律争议确确实实客观存在着，中国在这一方面积累了大量的“宪法事例”。在案例的引证方面，中国的司法文书通常以某某字号的形式发布。中国的司法判决文书由标题、正文、落款三部分组成，标题包括法院名称、文书名称和案号，正文包括首部、事实、理由、裁判依据、裁判主文、尾部，落款包括署名和日期。在法律引证时，案例的标题由法院名称、文书名称和案号构成。①例如，深圳贤成大厦案是一起具有广泛影响力的行政案件，也被称为是中华人民共和国成立以来最大的一起行政案件。该案件的一审是在广东省高级人民法院作出的，终审则在最高人民法院进行，由著名的公法学家、时任最高人民法院副院长的罗豪才大法官担任审判长来进行裁判的。该案初审和终审的法律引证如下：

> 泰国贤成两合公司等诉深圳市工商行政管理局等注册登记纠纷案，〔1995〕粤高法行初字第1号
>
> 深圳市工商行政管理局等与泰国贤成两合公司等行政纠纷上诉案，〔1997〕行终字第18号

此案的案例识别和法律引证的含义如表11所示：

表11　**中国司法判例的法律引证格式举例**

案件名称	判决年份	审判法院	审判庭	审级	案件序列号
泰国贤成两合公司等诉深圳市工商行政管理局等注册登记纠纷案（案件双方）	1995	粤高法（表示广东省高级人民法院）	行（表示该判决书由行政审判庭作出）	初（表示该案为一审判决）	第1号（代表当年该审判庭作出的第1份判决）

中国法学会法学期刊研究会推荐的《法学引注手册》被认为是中文法学领域一个比较全面和完善的引注体例。按照《法学引注手册》的相关规定，“援引案例，优先考虑援引裁判文书。引用案例包括案例名称和案例来源；必要时，可以加上裁判时间”。援引法律案例的基本格式为是“案件名+案件文号”。在“案件名”方面，民事和行政案件的名称，格式为：“×××（原告）诉×××（被告）×××（案由）案”。刑事案件的名称，格式为：“×××（被告人）×××（指控罪

① 参见最高人民法院：《关于印发〈人民法院民事裁判文书制作规范〉〈民事诉讼文书样式〉的通知》，法〔2016〕221号。

名）案”。必要时，可以加上审级说明，例如“×××上诉（再审）案件”。①在“案件文号”方面，裁判文书一般注明审判法院、文书名称和案号。审判法院用全名，案号中的年份加圆括号“（ ）”。②

① 参见法学引注手册编写组：《法学引注手册》，北京大学出版社2020年版。

② 参见法学引注手册编写组：《法学引注手册》，北京大学出版社2020年版。

主要参考书目

一、中文类①

（一）译著类

1. ［古希腊］柏拉图：《理想国》，郭斌和、张竹明译，商务印书馆 1986 年版。

2. ［古希腊］西塞罗：《国家篇·法律篇》，苏力、沈叔平译，商务印书馆 1999 年版。

3. ［古希腊］亚里士多德：《政治学》，吴寿彭译，商务印书馆 2009 年版。

4. ［澳］本·索尔、代维·金利、杰奎琳·莫布雷：《〈经济社会文化权利国际公约〉评注、案例与资料》（上册、下册），孙世彦译，法律出版社 2019 年版。

5. ［波］Janusz Symonides：《人权的概念与标准》，杨雅婷译，台湾韦伯文化国际出版有限公司 2009 年版。

6. ［德］马克思：《哥达纲领批判》，中共中央马克思恩格斯列宁斯大林著作编译局译，人民出版社 1997 年版。

7. ［德］马克思：《资本论》（全三卷），郭大力、王亚南译，生活·读书·新知三联书店 2009 年版。

8. ［德］马克思、恩格斯：《马克思恩格斯选集》（第 1~4 卷），中共中央马克思恩格斯列宁斯大林著作编译局译，人民出版社 2013 年版。

9. ［德］威廉·冯·洪堡：《论国家的作用》，林荣远、冯兴元译，中国社会科学出版社 1998 年版。

10. ［德］哈特穆特·毛雷尔：《行政法学总论》，高家伟译，法律出版社 2000 年版。

11. ［德］奥拓·迈耶：《德国行政法》，刘飞译，商务印书馆 2002 年版。

12. ［德］汉斯·J. 沃尔夫、奥托·巴霍夫、罗尔夫·施托贝尔：《行政法》

① 本部分参考文献按照类别和初始汉字所对应的汉语拼音首字母排序，同一类别的，按照年代顺序排序。

(第 1 卷)，高家伟译，商务印书馆 2002 年版。

13. [德] 哈贝马斯：《在事实与规范之间：关于法律和民主法治国的商谈理论》，童世骏译，生活·读书·新知三联书店 2003 年版。

14. [德] 拉伦茨：《法学方法论》，陈爱娥译，商务印书馆 2003 年版。

15. [德] 康德：《永久和平论》，何兆武译，上海人民出版社 2005 年版。

16. [德] 卡尔·施密特：《宪法学说》，刘锋译，上海人民出版社 2005 年版。

17. [德] Christian Starck：《法学、宪法法院审判权与基本权利》，杨子慧、林三钦等译，台湾元照出版有限公司 2006 年版。

18. [德] 沃尔夫、奥托·巴霍夫、罗尔夫·施托贝尔：《行政法》(第 3 卷)，高家伟译，商务印书馆 2007 年版。

19. [德] 汉斯·J. 沃尔夫、奥托·巴霍夫、罗尔夫·施托贝尔：《行政法》(第 2、3 卷)，高家伟译，商务印书馆 2007 年版。

20. [德] 康拉德·黑塞：《联邦德国宪法纲要》，李辉译，商务印书馆 2007 年版。

21. [德] 克劳斯·施莱希、斯特凡·科里奥特：《德国联邦宪法法院：地位、程序与裁判》，刘飞译，法律出版社 2007 年版。

22. [德] 伯阳：《德国公法导论》，北京大学出版社 2008 年版。

23. [德] 卡尔·施密特：《宪法的守护者》，李君韬、苏慧婕译，商务印书馆 2008 年版。

24. [德] 黑格尔：《法哲学原理》，范扬、张企泰译，商务印书馆 2009 年版。

25. [德] 格林：《现代宪法的诞生、运作和前景》，刘刚译，法律出版社 2010 年版。

26. [德] 格奥尔格·耶利内克：《宪法修改与宪法变迁论》，柳建龙译，法律出版社 2012 年版。

27. [德] 格奥尔格·哈贝马斯：《关于欧洲宪法的思考》，伍慧萍、朱苗苗译，上海人民出版社 2013 年版。

28. [德] 格奥尔格·耶利内克：《〈人权与公民权利宣言〉：现代宪法史论》，李锦辉译，商务印书馆 2013 年版。

29. [德] 卡尔·罗文斯坦：《现代宪法论》，王锴、姚凤梅译，清华大学出版社 2017 年版。

30. [法] 卢梭：《爱弥儿》，李平沤译，商务印书馆 1978 年版。

31. [法] 孟德斯鸠：《论法的精神》，张雁深译，商务印书馆 1982 年版。

32. [法] 托克维尔：《论美国的民主》，商务印书馆 1998 年版。

33. [法] 卢梭：《社会契约论》，何兆武译，商务印书馆 2014 年版。

34. [法] 莱昂·狄骥：《公法的变迁》，商务印书馆 2013 年版。

35. ［荷］亨克·范·马尔赛文、格尔·范·德·唐：《成文宪法——通过计算机进行的比较研究》，陈云生译，北京大学出版社 2007 年版。

36. ［美］托马斯·潘恩：《潘恩选集》，马清槐等译，商务印书馆 1981 年版。

37. ［美］罗斯科·庞德：《通过法律的社会控制法律的任务》，沈宗灵等译，商务印书馆 1984 年版。

38. ［美］麦克尼尔：《新社会契约论》，雷喜宁、潘勤译，中国政法大学出版社 1994 年版。

39. ［美］刘易斯·亨金：《权利的时代》，信春鹰、吴玉章、李林译，知识出版社 1997 年版。

40. ［美］孟罗·斯密：《欧陆法律发达史》，姚梅镇译，中国政法大学出版社 1998 年版。

41. ［美］卡多佐：《司法过程的性质》，苏力译，商务印书馆 1998 年版。

42. ［美］弗莱纳·格斯特：《人权是什么?》，谢鹏程译，中国社会科学出版社 2000 年版。

43. ［美］杰克·唐纳利：《普遍人权的理论与实践》，王浦劬等译，中国社会科学出版社 2001 年版。

44. ［美］罗斯科·庞德：《法理学》（第 1 卷）邓正来译，中国政法大学出版社 2004 年版。

45. ［美］史蒂芬·霍尔姆斯，凯斯·桑斯坦：《权利的成本——为什么自由依赖于税收》，毕竟悦译，北京大学出版社 2004 年版。

46. ［美］约瑟夫·韦勒：《欧洲宪政》，程卫东等译，中国社会科学出版社 2004 年版。

47. ［美］理查德·罗蒂：《哲学和自然之镜》，李幼蒸译，商务印书馆 2006 年版。

48. ［美］斯坦利·I. 库特勒：《最高法院与宪法——美国宪法史上重要判例选读》，朱曾汶、林铮译，商务印书馆 2006 年版。

49. ［美］詹姆斯·M. 布坎南：《宪法秩序的经济学与伦理学》，朱泱等译，商务印书馆 2008 年版。

50. ［美］道格拉斯·C. 诺斯：《制度、制度变迁与经济绩效》，杭行译，生活·读书·新知三联书店 2008 年版。

51. ［美］汉密尔顿、杰伊、麦迪逊：《联邦党人文集》，程逢如、在汉、舒逊译，商务印书馆 2009 年版。

52. ［美］托马斯·伯根索尔、黛娜·谢尔顿、戴维·斯图尔特：《国际人权法精要》（第 4 版），黎作恒译，法律出版社 2010 年版。

53. ［美］科斯塔斯·杜兹纳：《人权与帝国》，辛亨复译，江苏人民出版社

2010 年版。

54. ［美］汉密尔顿、麦迪逊、杰伊：《联邦论》，尹宣译，译林出版社 2010 年版。

55. ［美］曼弗雷德·诺瓦克：《国际人权制度导论》，柳华文译，北京大学出版社 2010 年版。

56. ［美］林·亨特：《人权的发明：一部历史》，沈占春译，商务印书馆 2011 年版。

57. ［美］劳伦斯·却伯：《看不见的宪法》，田雷译，法律出版社 2011 年版。

58. ［美］安靖如：《人权与中国思想——一种跨文化的探索》，黄金荣、黄斌译，中国人民大学出版社 2012 年版。

59. ［美］狄百瑞：《亚洲价值与人权——儒家社群主义的视角》，尹钛译，社会科学文献出版社 2012 年版。

60. ［美］托马斯·潘恩：《人的权利》，戴炳然译，复旦大学出版社 2013 年版。

61. ［挪］A. 艾德等主编：《经济、社会和文化权利》，黄列译，中国科学出版社 2003 年版。

62. ［瑞典］博·罗思坦：《正义的制度：全民福利国家的道德和政治逻辑》，靳继东、丁浩译，中国人民大学出版社 2017 年版。

63. ［日］田口精一：《宪法》，川田利幸编，法学书院 1972 年版。

64. ［日］谷口安平：《程序的正义与诉讼》，王亚新、刘荣军译，中国政法大学出版社 1996 年版。

65. ［日］大贺须明：《生存权论》，林浩译，法律出版社 2001 年版。

66. ［日］美浓部达吉：《公法与私法》，黄冯明译，中国政法大学出版社 2003 年版。

67. ［日］大沼保昭：《人权、国家与文明：从普遍主义的人权观到文明相容的人权观》，王志安译，生活·读书·新知三联书店 2003 年版。

68. ［日］芦部信喜：《宪法》（第 6 版），高桥和之增订，林来梵、凌维慈、龙绚丽译，清华大学出版社 2018 年版。

69. ［日］芦部信喜：《制宪权》，王贵松译，中国政法大学出版社 2012 年版。

70. ［日］盐野宏：《行政法总论》，杨建顺译，北京大学出版社 2008 年版。

71. ［英］约翰·洛克：《政府论》（下篇），叶启芳、瞿菊农译，商务印书馆 1964 年版。

72. ［英］托马斯·莫尔：《乌托邦》，戴镏龄译，商务印书馆 1982 年版。

73. ［英］亚当·斯密：《国民财富的性质和原因的研究》，郭大力、王亚南译，商务印书馆 1983 年版。

74. ［英］霍布斯：《利维坦》，黎思复、黎廷弼译，商务印书馆 1985 年版。

75. ［英］A. J. M. 米尔恩：《人的权利与人的多样性——人权哲学》，夏勇、张志铭译，中国大百科全书出版社 1995 年版。

76. ［英］弗兰西斯·斯奈德：《欧洲联盟法概论》，宋英编译，北京大学出版社 1996 年版。

77. ［英］伊恩·布朗利：《国际公法原理》，曾令良、余敏友等译，法律出版社 2003 年版。

78. ［英］苏珊·马克斯：《宪政之谜：国际法、民主和意识形态批判》，方志燕译，上海译文出版社 2005 年版。

79. ［英］诺曼·巴里：《福利》，储建国译，吉林人民出版社 2005 年版。

80. ［英］克莱尔·奥维、罗宾·怀特：《欧洲人权法原则与判例》（第 3 版），何志鹏、孙璐译，北京大学出版社 2006 年版。

81. ［英］K. C. 惠尔：《现代宪法》，翟小波译，法律出版社 2006 年版。

82. ［英］内维尔·哈里斯等：《社会保障法》，李西霞等译，北京大学出版社 2006 年版。

83. ［英］梅特兰等：《欧陆法律史概览：事件，渊源，人物及运动》，屈文生等译，上海人民出版社 2008 年版。

84. ［英］沃尔特·白芝浩：《英国宪法》，夏彦才译，商务印书馆 2010 年版。

85. ［英］杰克·戈德史密斯、埃里克·波斯纳：《国际法的局限性》，龚宇译，法律出版社 2010 年版。

86. ［英］莫里斯·罗奇：《重新思考公民身份：现代社会中的福利、意识形态和变迁》，郭忠华等译，吉林出版集团有限责任公司 2010 年版。

87. ［英］约瑟夫·拉兹：《实践理性与规范》，朱学平译，中国法制出版社 2011 年版。

88. ［英］马尔科姆·N. 肖：《国际法》（第 6 版），白桂梅、高健军、朱利江等译，北京大学出版社 2011 年版。

89. ［英］安德鲁·克拉帕姆：《非国家行为人的人权义务》，陈辉萍等译，法律出版社 2013 年版。

90. ［意］彼德罗·彭凡得：《罗马法教科书》，黄风译，中国政法大学出版社 1992 年版。

91. ［意］安东尼奥·卡塞斯：《国际法》，蔡从燕等译，法律出版社 2009 年版。

92. ［印］塞夫：《德国行政法——普通法的分析》，周伟译，山东人民出版社 2006 年版。

93. ［印］阿马蒂亚·森：《以自由看待发展》，任赜、于真译，中国人民大学出版社 2012 年版。

（二）教材类

1. 韩大元：《比较宪法学》，高等教育出版社 2003 年版。
2. 韩大元：《宪法学基础理论》，中国政法大学出版社 2008 年版。
3. 韩大元、林来梵、郑贤君：《宪法学专题研究》（第 2 版），中国人民大学出版社 2008 年版。
4. 韩大元：《外国宪法》（第 4 版），中国人民大学出版社 2013 年版。
5. 胡锦光：《外国宪法》，法律出版社 2011 年版。
6. 高祥、朱明哲：《比较法学原理》，中国政法大学出版社 2019 年版。
7. 李步云：《宪法比较研究》，法律出版社 1998 年版。
8. 林来梵：《宪法学讲义》（第 3 版），清华大学出版社 2018 年版。
9. 米健：《比较法学导论》，商务印书馆 2018 年版。
10. 童之伟、殷啸虎：《宪法学》（第 2 版），上海人民出版社 2010 年版。
11. 秦前红：《比较宪法学》，武汉大学出版社 2007 年版。
12. 沈宗灵：《比较宪法》，北京大学出版社 2000 年版。
13. 王广辉：《比较宪法学》，武汉大学出版社 2010 年版。
14. 王广辉：《人权法学》，清华大学出版社 2015 年版。
15. 翁岳生：《行政法》（上、下册），中国法制出版社 2009 年版。
16. 徐显明：《国际人权法》，法律出版社 2004 年版。
17. 徐显明：《人权法原理》，中国政法大学出版社 2008 年版。
18. 薛小建：《外国宪法》，北京大学出版社 2007 年版。
19. 张光博：《比较宪法纲要》，辽宁大学出版社 1990 年版。
20. 张文显：《法理学》（第 4 版），高等教育出版社 2012 年版。
21. 张千帆：《宪法学导论：原理与应用》（第 3 版），法律出版社 2014 年版。
22. 赵树民：《比较宪法学新论》，中国社会科学出版社 2000 年版。
23. 郑贤君：《基本权利研究》，中国民主法制出版社 2007 年版。
24. 周伟：《宪法基本权利司法救济研究》，中国人民公安大学出版社 2003 年版。
25. 周叶中：《宪法》（第 5 版），高等教育出版社 2020 年版。
26. 朱福惠：《宪法学原理》（第 2 版），厦门大学出版社 2015 年版。

（三）专著类

1. 蔡定剑：《宪法精解》，法律出版社 2006 年版。
2. 曹剑光：《公共服务的制度基础——走向公共服务法治化的思考》，社会科学出版社 2010 年版。

3. 陈致中：《国际法案例选》，法律出版社 1986 年版。

4. 陈红霞：《社会福利思想》，社会科学文献出版社 2002 年版。

5. 陈慈阳：《人权保障与权力制衡》，台湾唐山出版社 2002 年版。

6. 陈慈阳：《宪法学》，台湾元照出版有限公司 2005 年版。

7. 陈新民：《宪法基本权利之基本理论》，台湾元照出版有限公司 2002 年版。

8. 陈新民：《行政法学总论》（修订八版），台湾三民书局 2005 年版。

9. 陈新民：《法治国公法学原理与实践》，中国政法大学出版社 2007 年版。

10. 陈新民：《公法学札记》，法律出版社 2010 年版。

11. 陈新民：《德国公法学基础理论》（上、下卷），法律出版社 2010 年版。

12. 陈云生：《宪法监督司法化》，北京大学出版社 2004 年版。

13. 陈训敬：《社会法学》，厦门大学出版社 2009 年版。

14. 陈晓枫：《中国法制史新编》，武汉大学出版社 2011 年版。

15. 邓大松：《美国社会保障制度研究》，武汉大学出版社 1999 年版。

16. 邓大松、向运华：《社会保障问题研究》，人民出版社 2009 年版。

17. 董茂云：《比较法律文化：法典化与判例法》，中国人民公安大学出版社 2000 年版。

18. 董保华：《社会法原论》，中国政法大学出版社 2001 年版。

19. 董保城：《法治与权利救济》，台湾元照出版有限公司 2006 年版。

20. 付瑶：《契约自由的宪法保护：以美国宪法史上的“洛克纳时代”（1897—1937）为中心》，中国政法大学出版社 2012 年版。

21. 付子堂、张永和：《〈国家人权行动计划（2012—2015 年）〉解读》，法律出版社 2012 年版。

22. 高秦伟：《行政法规范解释论》，中国人民大学出版社 2008 年版。

23. 葛明珍：《〈经济、社会和文化权利国际公约〉及其实施》，社会科学出版社 2003 年版。

24. 葛克昌：《税法基本问题——财政宪法篇》，台湾元照出版有限公司 2005 年版。

25. 谷春德：《中国特色人权理论与实践研究》，中国人民大学出版社 2013 年版。

26. 郭道晖：《社会权力与公民社会》，译林出版社 2009 年版。

27. 郭三转：《国家人权机构有效性研究》，法律出版社 2013 年版。

28. 郭曰君等：《国际人权救济机制和援助制度研究——以〈经济、社会和文化权利国际公约任择议定书为中心〉》，中国政法大学出版社 2015 年版。

29. 龚向和：《受教育权论》，中国人民公安大学出版社 2004 年版。

30. 龚向和：《作为人权的社会权》，人民出版社 2007 年版。
31. 龚向和：《社会权的可诉性及其程度研究》，法律出版社 2012 年版。
32. 龚向和：《从民生改善到经济发展：社会权法律保障新视角研究》，法律出版社 2013 年版。
33. 龚祥瑞：《比较宪法与行政法》，法律出版社 2012 年版。
34. 韩德培、李龙：《人权的理论与实践》，武汉大学出版社 1995 年版。
35. 韩大元：《亚洲立宪主义研究》，中国人民公安大学出版社 2008 年版。
36. 韩大元：《比较宪法：宪法文本与宪法解释》，中国人民大学出版社 2008 年版。
37. 韩大元、王建学：《基本权利与宪法判例》，中国人民大学出版社 2013 年版。
38. 韩剑锋：《裕民、齐民、新民——孙中山民生主义思想研究》，上海三联书店 2013 年版。
39. 何志鹏：《人权全球化基本理论研究》，科学出版社 2008 年版。
40. 何志鹏：《权利基本理论：反思与构建》，北京大学出版社 2012 年版。
41. 何志鹏：《国际法哲学导论》，社会科学文献出版社 2013 年版。
42. 何华辉：《比较宪法学》，武汉大学出版社 2013 年版。
43. 何平：《公民社会救助权研究》，北京大学出版社 2015 年版。
44. 胡敏洁：《福利权研究》，法律出版社 2008 年版。
45. 胡建淼：《世界宪法法院制度研究》，中国法制出版社 2013 年版。
46. 胡适：《人权论集》，中国长安出版社 2013 年版。
47. 黄俊杰：《财政宪法》，台湾元照出版有限公司 2005 年版。
48. 黄金荣：《司法保障人权的限度——经济和社会权利可诉性问题研究》，社会科学文献出版社 2009 年版。
49. 黄金荣：《〈经济、社会、文化权利国际公约〉国内实施读本》，北京大学出版社 2011 年版。
50. 黄炎东：《宪法、人权与国家发展》，台湾五南图书出版股份有限公司 2010 年版。
51. 贾干初：《孙中山民生社会主义思想研究》，中国书籍出版社 2012 年版。
52. 姜世林：《世界宪法全书》，青岛出版社 1994 年版。
53. 姜明安：《行政法与行政诉讼法》（第 3 版），北京大学出版社、高等教育出版社 2008 年版。
54. 江国华：《立法：理想与变革》，山东人民出版社 2007 年版。
55. 江国华：《宪法哲学导论》，商务印书馆 2007 年版。
56. 蒋银华：《国家义务论：以人权保障为视角》，中国政法大学出版社 2012

年版。

57. 李浩培：《条约法概论》，法律出版社 1987 年版。

58. 李龙、万鄂湘：《人权理论与国际人权》，武汉大学出版社 1997 年版。

59. 李龙：《良法论》，武汉大学出版社 2005 年版。

60. 李步云：《宪法比较研究》，法律出版社 1998 年版。

61. 李步云、龚向和：《人权法的若干理论问题》，湖南人民出版社 2007 年版。

62. 李震山：《人性尊严与人权保障》，台湾元照出版有限公司 2001 年版。

63. 李震山：《行政法导论》（修订八版），台湾三民书局股份有限公司 2009 年版。

64. 李惠宗：《宪法要义》，台湾元照出版有限公司 2006 年版。

65. 李海星：《人权哲学导论》，社会科学文献出版社 2012 年版。

66. 梁西：《国际组织法》，武汉大学出版社 2001 年版。

67. 梁西：《梁著国际组织法》，杨泽伟修订，武汉大学出版社 2011 年版。

68. 梁西：《国际法》（第 3 版），武汉大学出版社 2011 年版。

69. 梁文永：《人权与税权的制度博弈》，中国社会出版社 2008 年版。

70. 林纪东：《比较宪法》，台湾五南图书出版股份有限公司 1980 年版。

71. 林纪东：《中华民国宪法逐条释义（四）》（第 5 版），台湾三民书局 1990 年版。

72. 林来梵：《从宪法规范到规范宪法：规范宪法学的一种前言》，法律出版社 2001 年版。

73. 林家有：《孙中山研究》（第五辑），广东人民出版社 2016 年版。

74. 刘复之：《人权大辞典》，武汉大学出版社 1993 年版。

75. 刘海年：《〈经济、社会和文化权利国际公约〉研究》，中国法制出版社 2000 年版。

76. 刘国：《宪法解释方法的变革——宪法解释的法理分析》，中国政法大学出版社 2008 年版。

77. 刘飞：《德国公法权利救济制度》，北京大学出版社 2009 年版。

78. 刘茂林等：《中国宪法权利体系的完善：以国际人权公约为参照》，北京大学出版社 2013 年版。

79. 刘志强：《人权史稿——兼论罗隆基人权思想》，中国民主法制出版社 2014 年版。

80. 刘志刚：《人权的立法保障》，复旦大学出版社 2015 年版。

81. 柳华文：《论国家在〈经济、社会和文化权利国际公约〉下义务的不对称性》，北京大学出版社 2005 年版。

82. 柳华文：《经济、社会和文化权利可诉性研究》，中国社会科学出版社

2008 年版。

83. 陆平辉：《宪法权利诉讼研究》，知识产权出版社 2008 年版。

84. 吕良彪：《和光同尘——法治时代的权利博弈》，中国方正出版社 2009 年版。

85. 吕耀军：《全球化背景下伊斯兰人权思潮及现状研究》，中国社会科学出版社 2012 年版。

86. 罗隆基：《人权・法治・民主》，刘志强编，法律出版社 2013 年版。

87. 毛俊响：《国际人权条约中的权利限制条款研究》，法律出版社 2011 年版。

88. 闵凡祥：《国家与社会——英国社会福利观念的变迁与撒切尔政府社会福利改革研究》（第 1 版），重庆出版社 2009 年版。

89. 莫纪宏：《人权保障法与中国》，法律出版社 2008 年版。

90. 钱福臣：《宪政哲学问题要论》，法律出版社 2006 年版。

91. 钱宁：《社会正义、公民权利和集体主义：论社会福利的政治与道德基础》，中国社会科学出版社 2007 年版。

92. 秦前红：《宪法变迁论》，武汉大学出版社 2002 年版。

93. 秦前红：《宪法原则论》，武汉大学出版社 2012 年版。

94. 秦前红：《监察改革中的法治工程》，译林出版社 2020 年版。

95. 秦奥蕾：《基本权利体系研究》，山东人民出版社 2009 年版。

96. 秦奥蕾：《基本权利场域：理论、规范、生活》，知识产权出版社 2016 年版。

97. 丘宏达：《现代国际法》，台湾三民书局 2010 年版。

98. 萨孟武：《宪法新论》，中国方正出版社 2006 年版。

99. 萨孟武：《政治学与比较宪法》，商务印书馆 2013 年版。

100. 沈宗灵：《比较宪法：对八国宪法的比较研究》，北京大学出版社 2006 年版。

101. 沈宗灵：《比较法研究》，北京大学出版社 1998 年版。

102. 苏力：《制度是如何形成的》，北京大学出版社 2007 年版。

103. 孙中山：《国父全集》，中央文物供应社 1981 年版。

104. 孙谦、韩大元：《世界各国宪法》，中国检察出版社 2012 年版。

105. 孙平华：《〈世界人权宣言〉研究》，北京大学出版社 2012 年版。

106. 宋艳慧：《公法视野下的社会保障权研究》，中国民主法制出版社 2014 年版。

107. 童之伟：《国家结构形式论》（第二版），北京大学出版社 2015 年版。

108. 涂云新：《经济、社会、文化权利论纲》，中国法制出版社 2020 年版。

109. 万鄂湘：《欧洲人权法院判例评述》，湖北人民出版社 1999 年版。

110. 万鄂湘：《国际法与国内法关系研究》，北京大学出版社 2011 年版。

111. 王铁崖：《国际法》，法律出版社 1995 年版。

112. 王太铨：《欧洲共同体法总论》，台湾三民书局 1997 年版。

113. 王建学：《1789 年人权和公民权宣言的思想渊源之争》，法律出版社 2013 年版。

114. 王磊：《宪法的司法化》，中国政法大学出版社 2000 年版。

115. 王磊：《选择宪法》，北京大学出版社 2003 年版。

116. 王世杰、钱端升：《比较宪法》，商务印书馆 2010 年版。

117. 王名扬：《美国行政法》（下），中国法制出版社 2005 年版。

118. 王惠玲：《成文宪法的比较研究：以 107 部宪法文本研究对象》，对外经济贸易大学出版社 2010 年版。

119. 王卓祺：《东亚国家和地区福利制度：全球化、文化与政府角色》，社会科学出版社 2011 年版。

120. 王希：《原则与妥协：美国宪法的精神与实践》（第 3 版），北京大学出版社 2014 年版。

121. 王人博：《法的中国性》，广西师范大学出版社 2014 年版。

122. 王人博：《1840 年以来的中国》，九州出版社 2020 年版。

123. 汪习根：《法治社会的基本人权：发展权法律制度研究》，中国人民公安大学出版社 2000 年版。

124. 汪习根：《发展、人权与法治研究——发展困境与社会管理创新》，武汉大学出版社 2012 年版。

125. 汪进元：《基本权利的保护范围：构成、限制及其合宪性》，法律出版社 2013 年版。

126. 翁岳生：《行政法》（上、下册），中国法制出版社 2009 年版。

127. 吴庚：《宪法的解释与适用》，台湾三民书局 2004 年版。

128. 吴庚：《行政法之理论与实用》，中国人民大学出版社 2005 年版。

129. 吴家清、杜承铭：《比较与调适：我国加入〈公民权利与政治权利国际公约〉的宪法调整问题研究》，法律出版社 2006 年版。

130. 吴双全：《少数人权利的国际保护》，中国社会科学出版社 2011 年版。

131. 夏勇：《人权概念起源——权利的历史哲学》（修订版），中国政法大学出版社 2001 年版。

132. 夏勇：《走向权利的时代：中国公民权利发展研究》，社会科学文献出版社 2007 年版。

133. 夏正林：《社会权规范研究》，山东人民出版社 2007 年版。

134. 谢瑞智：《宪法大辞典》，台湾千华出版社 1993 年版。

135. 谢鹏程：《公民的基本权利》，中国社会科学出版社 1999 年版。

136. 谢荣堂：《社会法治国基础问题与权利救济》，台湾元照出版有限公司 2008 年版。

137. 熊万鹏：《人权的哲学基础》，商务印书馆 2013 年版。

138. 徐显明：《法理学教程》，中国政法大学出版社 1994 年版。

139. 徐显明：《人权研究》（第 10 卷），山东人民出版社 2011 年版。

140. 徐为民：《权利轨迹——大转折时代的政治经济学》，复旦大学出版社 2006 年版。

141. 许崇德：《中华人民共和国宪法史（上、下册）》，福建人民出版社 2005 年版。

142. 许崇德、韩大元：《中国宪法年刊（2008）》，法律出版社 2009 年版。

143. 许宗力：《法与国家权力》，台湾元照出版有限公司 2007 年版。

144. 许育典：《宪法》，台湾元照出版有限公司 2009 年版。

145. 薛小建等：《社会保障救济模式的国际经验与中国道路》，中国政法大学出版社 2014 年版。

146. 阎天：《美国劳动法学的诞生》，中国民主法制出版社 2018 年版。

147. 杨宏山：《府际关系论》，中国社会科学出版社 2005 年版。

148. 杨小君：《国家赔偿法律问题研究》，北京大学出版社 2005 年版。

149. 杨建顺：《比较行政法——给付行政的法原理及实证性研究》，中国人民大学出版社 2008 年版。

150. 杨松才、泰莉、龚向和、陈佑武：《〈经济、社会和文化权利国际公约〉若干问题研究》，湖南人民出版社 2009 年版。

151. 杨松才、李步云：《〈经济、社会和文化权利国际公约〉若干问题研究》，湖南人民出版社 2009 年版。

152. 杨春福等：《经济、社会和文化权利的法理学研究》，法律出版社 2014 年版。

153. 俞可平：《权利政治与公益政治》，社会科学出版社 2003 年版。

154. 喻少如：《行政给付制度研究》，人民出版社 2011 年版。

155. 袁钢：《权利回归：国家人权机构研究》，中国法制出版社 2011 年版。

156. 袁楚风：《人权保障与经济发展——规范性与功利性的双重视角》，中国社会科学出版社 2018 年版。

157. 叶必丰：《行政行为原理》，商务印书馆 2014 年版。

158. 曾令良等：《国际人权条约的实施与中国的实践》，武汉大学出版社 2015 年版。

159. 曾令良：《欧洲联盟法总论——以〈欧洲宪法条约〉为新视角》，武汉大学出版社 2007 年版。

160. 翟小波：《论我国宪法的实施制度》，中国法制出版社 2009 年版。

161. 张文显：《法哲学范畴研究》（修订版），中国政法大学出版社 2001 年版。

162. 张知本：《宪法论》，殷啸虎、李莉校，中国方正出版社 2004 年版。

163. 张千帆：《美国联邦宪法》，北京大学出版社 2011 年版。

164. 张千帆、朱应平、魏晓阳：《比较宪法：案例与评析》，中国人民大学出版社 2011 年版。

165. 张翔：《基本权利的规范建构》（增订版），法律出版社 2018 年版。

166. 张翔：《德国宪法案例选释（第 1 辑）：基本权利总论》，法律出版社 2012 年版。

167. 张翔：《宪法释义学：原理 · 技术 · 实践》，法律出版社 2013 年版。

168. 张翔：《德国宪法案例选释（第 2 辑）：言论自由》，法律出版社 2016 年版。

169. 张万洪：《我们时代的人权：多学科的视野》，中国法制出版社 2010 年版。

170. 张志宏：《德性与权利——先秦儒家人权思想研究》，人民出版社 2012 年版。

171. 张永和：《中国人权评论》，法律出版社 2012 年版。

172. 张乃根：《西方法哲学史纲》（第 4 版），中国政法大学出版社 2018 年版。

173. 张乃根：《国际法原理》（第 2 版），复旦大学出版社 2012 年版。

174. 张震：《1982 年宪法与人权保障》，法律出版社 2012 年版。

175. 张震：《社会权层面的住宅权宪法保障研究》，中国人民大学出版社 2016 年版。

176. 赵晓力：《宪法与公民》，上海人民出版社 2004 年版。

177. 赵海峰：《〈欧盟宪法条约〉与欧洲法的新发展》，哈尔滨工业大学出版社 2008 年版。

178. 赵汀阳：《每个人的政治》，社会科学文献出版社 2010 年版。

179. 钟秉正：《社会法与基本权保障》，台湾元照出版有限公司 2010 年版。

180. 周勇：《少数人权利的法理》，社会科学文献出版社 2002 年版。

181. 周伟：《宪法基本权利司法救济研究》，中国人民公安大学出版社 2003 年版。

182. 周伟：《法庭上的宪法》，山东人民出版社 2011 年版。

183. 周雪光：《中国国家治理的制度逻辑——一个组织学研究》，生活 · 读书 · 新知三联书店 2017 年版。

184. 周叶中：《代议制度比较研究》（修订版），商务印书馆 2014 年版。

185. 周叶中：《宪政中国研究》（上、下），武汉大学出版社 2006 年版。

186. 周叶中、李炳辉：《宪法政治：中国政治发展的必由之路》，中国法制出版社 2012 年版。

187. 周鲠生：《国际法》（全二册），武汉大学出版社 2010 年版。

188. 朱应平：《宪法中非权利条款人权保障功能研究》，法律出版社 2009 年版。

189. 薛波：《元照英美法词典》，法律出版社 2005 年版。

二、英文类

1. A. Halpin, Rights and Law Analysis and Theory: Analysis and Theory, Hart Publishing, 1997.

2. Peter Wardell Hogg, Constitutional Law of Canada, 5th ed., Toronto: Carswell, 2007.

3. A. Pollis & P. Schwab, Human Rights: New Perspective, New Realities, Lynne Rienner Publishers, 2000.

4. A. Eide, C. Krause & A. Rosas, Economic, Social and Cultural Rights: A Textbook, 2nd Ed, The Hague: Kluwer Law International, 2001.

5. Alan M. Dershowitz, Rights from Wrongs: A Secular Theory of the Origins of Rights, Basic Books, 2005.

6. Amrei Müller, The Relationship between Economic, Social and Cultural Rights and International Humanitarian Law: An Analysis of Health Related Issues in Non-international Armed Conflicts, Martinus Nijhoff, 2013.

7. A. Cassese, International Law, 2nd Ed, Oxford University Press, 2005.

8. A. Edward & F. Marta; Achieving Economic and Social Rights: The Challenge of Assessing Compliance, London: Overseas Development Institute, 2008.

9. A. Bradley & K. Ewing, Constitutional and Administrative Law, 15th, Longman, 2010.

10. Aoife Nolan, Children's Socio-Economic Rights, Democracy and the Courts, Hart Publishing, 2010.

11. Aoife Nolan, Rory O'Connell & Colin Harvey, Human Rights and Public Finance: Budgets and the Promotion of Economic and Social Rights, Hart Publishing, 2013.

12. Alicia Ely Yamin & Siri Gloppen, Litigating Health Rights: Can Courts Bring More Justice to Health? Human Rights Program at Harvard Law School, 2011.

13. Andrew Le Sueur, Maurice Sunkin & Jo Murkens, Public Law: Text, Cases,

and Materials, Oxford University Press, 2013.

14. Alison Brysk, The Future of Human Rights, Polity, 2018.

15. Brian Inglis, Poverty and The Industrial Revolution, Hodder & Stoughton, 1971.

16. Barry E. Carter & Allen S. Weiner, International Law, 6th, Aspen Publishers, 2011.

17. Ben Saul, David Kinley & Jaqueline Mowbray, The International Covenant on Economic, Social and Cultural Rights: Commentary, Cases, and Materials, Oxford University Press, 2014.

18. C. Sampford & D. Galligan, Law, Rights and the Welfare State, London: Croom Helm, 1986.

19. Christof Heyns and Frans Viljioen, United Nations Human Rights Treaties on the Domestic Level, The Hague: Kluwer Law International, 2002.

20. Christof Heyns, The Impact of the United Nations Human Rights Treaties on the Domestic Level, Springer, 2002.

21. C. Gearty, Can Human Rights Survive? Cambridge: Cambridge University Press, 2006.

22. Cass Sunstein, The Second Bill of Rights: FDR's Unfinished Revolution—And Why We Need It More Than Ever, 1st Ed., Basic Books, 2006.

23. Cass R. Sunstein, David Schkade, Lisa M. Ellman, Andres Sawicki, Are Judges Political?: An Empirical Analysis of the Federal Judiciary, Brookings Institution Press, 2006.

24. Christopher N May, Allan Ides, Constitutional Law: National Power and Federalism, 4th ed., New York: Aspen Publishers, 2007.

25. C. N. May & A. Ides, Constitutional Law: National Power and Federalism, 4th ed., NewYork: Aspen Publishers, 2007.

26. Christopher Mbazira, Litigating Socio-Economic Rights in South Africa: A Choice Between Corrective and Distributive Justice, The Pretoria University Law Press, 2009.

27. Charles R. Beitz & Robert E. Goodin, Global Basic Rights, Oxford University Press, 2011.

28. Colin Turpin & Adam Tomkins, British Government and the Constitution: Text and Materials (Law in Context), 7th ed., Cambridge University Press, 2011.

29. Chris Taylor, Constitutional and Administrative Law, 3rd, Pearson, 2012.

30. Conor Gearty & Costas Douzinas, The Cambridge Companion to Human Rights Law, Cambridge University Press, 2012.

31. Christina Binder/Jane A. Hofbauer/Flávia Piovesan/Anna-Zoe Steiner/Elisabeth

Steiner, Social Rights in the Case Law of Regional Human Rights Monitoring Institutions, Intersentia N. V. , 2016.

32. D. Hodgson, The Human Right to Education, England: Ashgate Publishing, 1998.

33. Daniel A. Bell, East Meets West: Human Rights and Democracy in East Asia, New Jersey: Princeton University Press, 2000.

34. David Novak, Covenantal Rights: A Study in Jewish Political Theory, Princeton University Press, 2000.

35. D. Bilchitz, Poverty and Fundamental Rights: The Justification and Enforcement of Socio-Economic Rights, Oxford University Press, 2007.

36. David N. Weisstub & Guillermo Díaz Pintos, Autonomy and Human Rights in Health Care: An International Perspective, Springer, 2008.

37. D. J. Harris, Cases and Materials on International Law, 7th, Sweet & Maxwell, 2010.

38. E. De Wet, The Constitutional Enforceability of Economic and Social Rights: The Meaning of the German Constitutional Model for South Africa, Butterworth-Heinemann, 1996.

39. E. Benvenisti & G. Nolte, The Welfare State, Globalization, and International Law, Springer, 2003.

40. Ernst-Ulrich Petersmann, Constitutional Functions and Constitutional Problems of International Economic Law: International and Domestic Foreign Trade Law and Foreign Trade Policy in the United States, the European Community and Switzerland, 2004.

41. E. P. Hennock, The Origin of the Welfare State in England and Germany, 1850—1914: Social Policies Compared, Cambridge University Press, 2007.

42. E. Palmer, Judicial Review, Socio-Economic Rights and the Human Rights Act, Hart Publishing Limited, 2009.

43. Erwin Chemerinsky, Constitutional Law: Principles and Policies, 4th, Aspen Publishers, 2011.

44. Evelyne Schmid, Taking Economic, Social and Cultural Rights Seriously in International Criminal Law, Cambridge University Press, 2015.

45. Eibe Riedel, Gilles Giacca & Christophe Golay, Economic, Social, and Cultural Rights in International Law: Contemporary Issues and Challenges, Oxford University Press, 2016.

46. F. Bastiat, The Law, in Essays on Political Economy, NewYork: Irvington-on-Hudson, 2009.

47. Geoffrey R. Stone, Louis M. Seidman, Cass R. Sunstein, Mark V. Tushnet & Pamela S. Karlan, Constitutional Law, 7th, Aspen Publishers, 2013.

48. H. Corder, A Charter For Social Justice: A Contribution to the South African Bill of Rights Debate, Cape Town: University of Cape Town, 1992.

49. H. Shue, Basic Rights: Subsistence, Affluence and U. S. Foreign Policy, 2nd ed, Princeton University Press, 1996.

50. H. J. Steiner & P. Alston, International Human Rights in Context: Law, Politics, Morals, Oxford & New York: Oxford University Press, 2008.

51. Herry J. Steiner & Philip Alston, International Human Rights in Context: Law, Politics, Morals, Oxford and New York: Oxford University Press.

52. H. P. Lee, Judiciaries in Comparative Perspective, Cambridge University Press, 2011.

53. Hans F. Zacher, Social Policy in the Federal Republic of Germany: The Constitution of the Social, ed. by Lutz Leisering, Springer, 2013.

54. I. Berlin, Liberty, (Henry Hardy ed.), Oxford University Press, 2002.

55. I. Brownlie, Principles of Public International Law, 6th ed., Oxford University Press, 2003.

56. Ian Brownlie, Principles of Public International Law, 7th ed., Oxford University Press, 2008.

57. Ilias Bantekas & Lutz Oette, International Human Rights Law and Practice, Cambridge University Press, 2nd ed., 2016.

58. Joseph Raz, The Morality of Freedom, Oxford University Press, 1986.

59. J. Dreze & A. Sen, Hunger and Public Action, Oxford University Press, 1989.

60. Jennifer M. Green, Beth Stephens, Judith Chomsky, Paul Hoffman & Michael Ratner, International Human Rights Litigation in U. S. Courts, Martinus Nijhoff, 2nd ed., 2008.

61. Joseph Francis Menez, Summaries of Leading Cases of the Constitution. Savage, MD: Littlefield, Adams, 1990.

62. Jennifer M. Green & Jack Tobin, Guide to Human Rights Research, Harvard Human Rights Program, Harvard Law School, 1994.

63. J. P. Sterba, From Liberty to Welfare in Ethics: The Big Questions, Malden, MA: Blackwell, 1998.

64. Janusz Symonides, Human Rights: Concept and Standards, Ashgate, 2000.

65. J. Donnelly, Universal Human Rights in Theory and Practice, 3rd ed., Cornell University Press, 2013.

66. James W. Nickel, Making Sense of Human Rights, 2nd ed., Blackwell Publishing, 2007.

67. J. W. Nickel, Making Sense of Human Rights, 2nd ed., Blackwell Publishing, 2007.

68. Jan Klabbers, Anne Peters & Geir Ulfstein, The Constitutionalization of International Law, Oxford University Press, 2009.

69. Jonathan D. Varat, William Cohen & Vikram David Amar, Constitutional Law, Cases and Materials, 13th, Foundation Press, 2009.

70. James Crawford & Martti Koskenniemi, The Cambridge Companion to International Law, Cambridge University Press, 2012.

71. J. King, Judging Social Rights, Cambridge University Press, 2012.

72. Jacco Bomhoff, Balancing Constitutional Rights: The Origins and Meanings of Postwar Legal Discourse, Cambridge University Press, 2013.

73. Jack Donnelly, Universal Human Rights in Theory and Practice, 3rd ed., Cornell University Press, 2013.

74. Jerome A. Barron & C. Thomas Dienes, Constitutional Law in a Nutshell, 8th, West Publisher, 2013.

75. K. Isaac Eisler, A Justice for All: William J. Brennan, Jr., and the Decisions that Transformed America, New York: Simon & Schuster, 1993.

76. Kuhn, Thomas S, The Structure of Scientific Revolutions, 3rd ed., Chicago and London: Univ. of Chicago Press, 1996.

77. K. Arambulo, Strengthening the Supervision of the International Covenant on Economic Social and Cultural Rights: Theoretical and Procedural Aspects, Intersentia, 1999.

78. Kathleen M. Sullivan & Gerald Gunther, Constitutional Law, 17th, Foundation Press, 2010.

79. Kathleen M. Sullivan & Noah Feldman, Constitutional Law, 18th, Foundation Press, 2013.

80. Lori F. Damrosch, Louis Henkin, Sean D. Murphy & Hans Smit, International Law, Cases and Materials, 5th, West Publisher, 2009.

81. Laurence H. Tribe, Constitutional Choices, Harvard University Press, 1985.

82. Laurence H. Tribe, The Invisible Constitution, Oxford University Press, 2008.

83. Laurence H. Tribe, American Constitutional Law, 3rd, Foundation Press, 2000.

84. M. Cranston, Human Rights: Real and Supposed, in Political Theory and the Rights of Man, D. D. Raphael ed., Bloomington: Indiana University Press, 1967.

85. Malcolm N. Shaw, International Law, 8th ed., Cambridge University Press, 2017.

86. Malcolm David Evans, International Law, Oxford University Press, 2006.

87. Malcolm Langford (ed.), Social Rights Jurisprudence: Emerging Trends in International and Comparative Law, Cambridge University Press, 2008.

88. Malcolm Langford, Bruce Porter, Rebecca Brown & Julieta Rossi, The Optional Protocol to the International Covenant on Economic, Social and Cultural Rights: A Commentary, Pretoria University Law Press, 2016.

89. Malcolm Nathan Shaw, International law, 6th ed., Cambridge University Press, 2008.

90. M. Tushnet, Weak Courts, Strong Rights: Judicial Review and Social Welfare Rights in Comparative Constitutional Law, Princeton University Press, 2009.

91. M. Langford, Perspectives on a New Complaint and Inquiry Procedure: the Optional Protocol to the International Covenant on Economic, Social and Cultural Rights, Universitetforl, 2009.

92. Mark Elliott & Robert Thomas, Public Law, Oxford University Press, 2011.

93. M. Langford, Global Justice, State Duties: The Extraterritorial Scope of Economic, Social, and Cultural Rights in International Law, Cambridge University Press, 2013.

94. Michel Rosenfeld & András Sajó, The Oxford Handbook of Comparative Constitutional Law, Oxford University Press, 2013.

95. Michael Stolleis, Origins of the German Welfare State: Social Policy in Germany to 1945, Springer, 2013.

96. Mark v. Tushnet, Advanced Introduction to Comparative Constitutional Law, Edward Elgar Publishing Ltd., 2014.

97. Manisuli Ssenyonjo, Economic, Social and Cultural Rights in International Law, 2nd ed., Hart Publishing, 2016.

98. Nsongurua Udombana & Violeta Beširević, Re-thinking Socio-Economic Rights in an Insecure World, Central European University Press, 2006.

99. Nigel Foster, Blackstone's EU Treaties & Legislation 2012—2013 Blackstone's Statute Series, Oxford University Press, 2012.

100. Olivier De Schutter, International Human Rights Law, Cambridge University Press, 2010.

101. Paul Sieghart, The International Law of Human Rights, Oxford University Press, 1984.

102. Philip Bobbitt, Constitutional Fate: Theory of the Constitution, Oxford University Press, 1982.

103. P. Hunt, Reclaiming Social Rights: International and Comparative Perspectives, Dartmouth, 1996.

104. Peter Dwyer, Welfare Rights And Responsibilities: Contesting Social Citizenship, Policy Press, 2000.

105. Paul Craig & Gráinne de Búrca , EU Law: Text, Cases, and Materials, Oxford University Press, 2011.

106. Philip Alston & Ryan Goodman, International Human Rights, 2nd Revised ed. , Oxford University Press, 2012.

107. Ralph C Chandler, The Constitutional Law Dictionary. Santa Barbara, CA: ABC-Clio, Inc. , 1987.

108. Robert Fairchild Cushman & Susan P. Koniak. Leading Constitutional Decisions. Englewood Cliffs, NJ: Prentice-Hall, Inc. , 1992.

109. R. Jennings & A. Watts (ed.), Oppenheim's International Law, 9th ed. , Harlow, 1992.

110. Robert Alexy, A Theory of Constitutional Rights, trans. By Julian Rivers, Oxford and New York: Oxford University Press, 2002.

111. Ruth Benedict, The Chrysanthemum and the Sword: Patterns of Japanese Culture, Mariner Books, 2006.

112. Robert A. Carp, Ronald Stidham , Kenneth L. Manning, Judicial Process in America, CQ Press, 8th ed. , 2010.

113. Richard Rawlings, Peter Leyland & Alison Young, Sovereignty and the Law: Domestic, European and International Perspectives, Oxford University Press, 2013.

114. Rosalind Dixon & Tom Ginsburg, Comparative Constitutional Law in Asia, Edward Elgar Publishing Ltd. , 2014.

115. R Beddard & DM Hill eds. , Economic, Social And Cultural Rights: Progress And Achievement, Springer, 2016.

116. Rory O'Connell, Aoife Nolan, Colin Harvey, Mira Dutschke & Eoin Rooney, Applying an International Human Rights Framework to State Budget Allocations: Rights and Resources, Routledge, 2016.

117. Richard H. Fallon Jr. , The Dynamic Constitution: An Introduction to American Constitutional Law and Practice, 2nd.

118. Richard H. Fallon Jr. , Law and Legitimacy in the Supreme Court, Belknap Press: An Imprint of Harvard University Press, 2018, Cambridge University Press, 2013.

119. S. Liebenberg, The Constitution of South Africa from a Gender Perspective, Cape Town: David Philip, 1995.

120. S. Holmes & C. R. Sunstein, The Cost of Rights: Why Liberty Depends on Taxes, NewYork: W. W. Norton & Co. , 1999.

121. Sotirios A. Barber, Welfare and the Constitution, Princeton University Press, 2005.

122. S. Leckie& A. Gallagher, Economic, Social, and Cultural Rights: A Legal Resource Guide, Philadelphia: University of Pennsylvania Press, 2006.

123. S. Liebenberg, Socio-Economic Rights: Adjudication Under a Transformative Constitution, Juta, 2010.

124. Stephan W. Schill, International Investment Law and Comparative Public Law, Oxford University Press, 2010.

125. T. Kuhn, The Structure of Scientific Revolutions, 3rd ed. , Chicago and London: University of Chicago Press, 1996.

126. Thomas Buergenthal & Sean D. Murphy, Public International Law in a Nutshell, 4th, West Group, 2006.

127. Tom Ginsburg & Rosalind Dixon, Comparative Constitutional Law, Edward Elgar Publishing Ltd. , 2012.

128. Thomas Murray, Contesting Economic and Social Rights in Ireland: Constitution, State and Society, 1848-2016, Cambridge University Press, 2016.

129. Vicki C. Jackson & Mark V. Tushnet, Comparative Constitutional Law, Foundation Press, 1999.

130. Wei-Tung Pan, The Chinese Constitution: A Study of Forty Years of Constitution Making in China, Hyperion Pr. , 1985.

131. Wim Van Oorschot, Femke Roosma, Bart Meuleman & Tim Reeskens, The Social Legitimacy of Targeted Welfare: Attitudes to Welfare Deservingness, Edward Elgar, 2017.

132. Y. P. Ghai, Economic, Social & Cultural Rights in Practice: The Role of Judges in Implementing Economic, Social & Cultural Rights, 2004.

133. Zhang Qian-Fan, The Constitution of China: A Contextual Analysis (Constitutional Systems of the World), Hart Publishing, 2012.

三、德文类

1. Achterberg, Norbert: Rechtsnorm und Rechtsverhältnis in demokratischer Sicht, in: W. Krawietz/E. Topitsch/P. Koller (Hrsg.), Ideologiekritik und Demokratietheorie

bei Hans Kelsen, Rechtstheorie, Beiheft 4, 1982.

2. Alexy, Robert: Theorie der Juristischen Argumentation (1972), 2. Auflage, Frankfurt am Main, 1991.

3. Agamben, Giorgio: Ausnahmezustand, übersetzt von Ulrich Müller-Schöll, Frankfurt am Main, 2004.

4. Andreas Voßkuhl, Grundgesetz für die Bundesrepublik Deutschland, München : C. H. Beck, 2018.

5. Bodo Pieroth & Bernhard Schlink, Grundrechte. Staatsrecht II, Müller (C. F. Jur.), Heidelberg; Auflage: 25, 2009.

6. Bernd Rüthers, Christian Fischer & Axel Birk, Rechtstheorie: Begriff, Geltung und Anwendung des Rechts, 5. Auflage, C. H. Beck, 2010.

7. Carl Schmitt, Verfassungslehre, Duncker & Humblot, 1993.

8. Christiaan F. Ruter, Dick W. de Mildt, Justiz Und NS-Verbrechen: Sammlung Deutscher Strafurteile Wegen Nationalsozialistischer Totungsverbrechen 1945-1999 (German Edition), Amsterdam University Press, 2008.

9. Carl Sartorius, Verfassungs- und Verwaltungsgesetze Gebundene Ausgabe 2012: Rechtsstand: 1. Februar 2012, Beck Juristischer Verlag; Auflage: 1. Auflage., 2012.

10. Christoph Gröpl, Kay Windthorst & Christian von Coelln, Studienkommentar zum Grundgesetz, 2. Auflage. Verlag C. H. Beck München, 2015.

11. Dieter Grimm, Paul Kirchhof & Michael Eichberger, Entscheidungen des Bundesverfassungsgerichts Studienauswahl-Band 1, UTB, Stuttgart, 8. Aufl., 2007.

12. Dieter Grimm, Paul Kirchhof & Michael Eichberger, Entscheidungen des Bundesverfassungsgerichts: Studienauswahl-Band 2, UTB, Stuttgart, 8. Aufl., 2007.

13. Eberhard Grabitz, Freiheit und Verfassungsrecht: krit. Unters. zur Dogmatik u. Theorie d. Freiheitsrechte, Mohr Siebeck, 1976.

14. G. Jellinek, System der Subjektiven öffentlichen Rechte, 2nd edn. Tübingen, 1905.

15. Gabriel Nogueira Dias, Rechtspositivismus und Rechtstheorie: Das Verhältnis beider im Werke Hans Kelsens, Tübingen, 2005.

16. Gerhard Igl & Felix Welti, Sozialrecht: 8, Auflage. Werner Verlag, Neuwied 2007.

17. Hans F. Zacher, Einführung in das Sozialrecht der Bundesrepublik Deutschland. C. F. Müller Juristischer Verlag, Heidelberg, 1983.

18. Hans Peter Bull & Veith Mehde, Allgemeines Verwaltungsrecht mit Verwaltungslehre, C. F. Müller; Auflage: 8, neu bearbeitete Auflage 2009.

19. Josef Isensee, Das Grundrecht auf Sicherheit (Schriftenreihe der Juristischen Gesellschaft Zu Berlin), De Gruyter, 2012.

20. Jürgen Schwabe: Die Sogenannte Drittwirkung der Grundrechte, Zur Einwirkung der Grundrechte auf den Privatrechtsverkehr, Goldmann, München 1971.

21. Jürgen Schwabe, Entscheidungen des Bundesverfassungsgerichts: Studienauswahl (Band 1-109), Selbstverlag: 8, Aufl., 2004.

22. Karl Josef Partsch, Die Rechte und Freiheiten der Europaischen Menschenrechtskonvention, Duncker & Humblot, 1966.

23. Kurt Eichenberger, Leistungsstaat und Demokratie, Helbing & Lichtenhahn, 1969.

24. Karl S. Althaler, Vom Wohlfahrtsstaat zum Leistungsstaat? Sonderzahl-Verlag-Ges., 1996.

25. Klaus Schlaich, Das Bundesverfassungsgericht. Stellung, Verfahren, Entscheidungen, 5. Auflage. C. H. Beck, 2001.

26. Ludwig C. R Hannemann, Die Justiz der Kriegsmarine 1939-1945: Im Spiegel ihrer Rechtsprechung (Zeitgeschichte) (German Edition), S. Roderer (1993).

27. Michael Stolleis, Geschichte des Sozialrechts in Deutschland. Ein Grundriss. Lucius & Lucius. Stuttgart. 2003.

28. Otto Majewski, Auslegung der Grundrechte Durch Einfaches Gesetzesrecht?: Zur Problematik der sogenannten Gesetzmässigkeit der Verfassung, Duncker & Humblot, 1971.

29. Peter Lerche, Übermaß und Verfassungsrecht, Köln, Berlin, München: Heymann, Bonn 1961.

30. Paul Kirchhof & Charlotte Kreuter-Kirchhof, Staats- und Verwaltungsrecht Bundesrepublik Deutschland: Mit Europarecht, C. F. Müller; Auflage: 58., 2018.

31. Paul Kirchhof & Charlotte Kreuter-Kirchhof, Staats- und Verwaltungsrecht Baden-Württemberg, C. F. Müller; Auflage: 41., 2019.

32. Recht der Verwaltungsorganisation und des Verwaltungshandelns, in: Wolfgang Hoffmann-Riem / Hans Joachim Koch (Hrsg.), Hamburgisches Staats- und Verwaltungsrecht, 2. Auflage 1998.

33. Raimund Waltermann, Sozialrecht.. 1. Auf., C. F. Müller, Heidelberg 2000.

34. Reinhold Zippelius, Thomas Würtenberger & Theodor Maunz, Deutsches Staatsrecht: Ein Studienbuch, C. H. Beck; 32. Auflage, C. H. Beck, 2008.

35. Rene Kreisl, Das Grundrecht auf Religionsfreiheit und die Grenzen des Strafrechts (German Edition), GRIN Verlag (November 26, 2010).

36. Rüdiger Lautmann, Justiz-die stille Gewalt: Teilnehmende Beobachtung und entscheidungssoziologische Analyse (German Edition), VS Verlag für Sozialwissenschaften; 2011 edition (August 19, 2011).

37. Stanley L. Paulson & Michael Stolleis, Keslen—Staatsrechtslehrer und Rechtstheoretiker des 20. Jahrhunderts, Tübingen, 2005.

38. Stefan Berger , Grundrecht auf den Tod? (German Edition), RIN Verlag (December 11, 2011).

39. Stefan Muckel & Markus Ogorek, Sozialrecht. 4. Auflage. C. H. Beck, München 2011.

40. Stefan Korioth & Klaus Schlaich, Das Bundesverfassungsgericht, 9. Auflage. C. H. Beck, 2012.

41. Thomas Henne, Arne Riedlinger (Hrsg.): Das Lüth-Urteil aus (rechts-) historischer Sicht. Die Konflikte um Veit Harlan und die Grundrechtsjudikatur des Bundesverfassungsgerichts. Berliner Wissenschafts-Verlag, Berlin 2005.

42. Vereinigung der Deutschen Staatsrechtslehrer, Wolfgang Martens, Otto Bachof, Grundrechte im leistungsstaat [von] Wolfgang Martens und Peter Häberle, De Gruyter, 1972.

43. Wolfgang Martens, Peter Häberle, Otto Bachof, Winfried Brohm, Grundrechte im Leistungsstaat. Die Dogmatik des Verwaltungsrechts vor den Gegenwartsaufgaben der Verwaltung, Walter de Gruyter, 1972.

44. Wolfgang Fikentscher, Methoden des Rechts: In vergleichender Darstellung, Bd. I., Tübingen, 1975.

45. Werner Krawietz & Helmut Schelsky, Rechtssystem und gesellschaftliche Basis bei Hans Kelsen, 2. Auflage, Duncker & Humblot GmbH, 1984.

46. Winfried Ridder, Verfassung ohne Schutz: Die Niederlagen der Geheimdienste im Kampf gegen den Terrorismus, Deutscher Taschenbuch Verlag (1. April 2013).

四、其他类

1. 中国人大网：https://www.npc.gov.cn/

2. 中国法学会：https://www.chinalaw.org.cn/

3. 中国裁判文书网：https://wenshu.court.gov.cn/

4. 北大法宝法律数据库：https://www.pkulaw.cn/

5. 香港法律信息中心：https://www.hklii.org/chi/

6. 明德公法网：https://www.calaw.cn/

7. 法治政府网：https://law.china.cn/

8. 北大公法网：https：//www. publiclaw. cn/

9. 斯坦福大学法学院中国指导性案例项目：https：//cgc. law. stanford. edu/

10. Chicago-Kent College of Law Oyez Project：https：//www. oyez. org/

后记·公法作为一种志业

1

法治是人类文明进步的重要标志。韩非子有言："国无常强，无常弱；奉法者强则国强，奉法者弱则国弱。"身在古老的中华大地，国人在"西法东渐"以来吸收和借鉴人类法治文明的优秀成果的努力已逾百年。正如孔子所言，"不愤不启，不悱不发"，在心求通而未得之时，在口欲言而未能之际，对关乎政治共同体命运的正义制度的探寻可以化为人们改造世界的强大武器。

人类社会的历史在很大程度上是一部人类探索如何更好地统治和治理自己的历史，政治共同体该如何治理的问题使得人们无数次在战争中祈求和平、在和平中省思战争、在竞争中寻求共存、在共存中开展竞争。古希腊学习古埃及，古罗马继承古希腊，阿拉伯学习古罗马，古印度佛教东传中国，中世纪的欧洲模仿阿拉伯，而文艺复兴时期的欧洲则仿效拜占庭帝国，启蒙运动在文艺复兴的基础上发展了古希腊和古罗马的智慧，不同文明之间的相互交流和学习始终是推动人类向前发展的重要动力。今天的人类社会存在于一个由过去、当下和未来浇灌的时间长河中。一方面，它永远无法走出传统法治文明早已经安放好的精神家园，另一方面，它必须在当下的法治实践中建构和完善法治国家的理想愿景。直到现实世界成熟了，认识世界才刚刚启程。基于人类关于正义和法律的思考方面悠久的历史积淀，我们可以看到公法的首要性（primacy）不仅是由其"最高的"（supreme）位置决定的，也是由其"基础的"（fundamental）位置决定的。以公法为志业，深刻探究公法的历史结构并且以比较视角观察和审视法律秩序本身不仅指向过去和当下，它更指向了人类如何才可以建设一个更加合于公平和正义的未来。

2

发端于古希伯来和古希腊的两大文明对近现代法律文化的影响既古老又新鲜，既陌生又熟悉。离开美索不达米亚的亚伯拉罕（Abraham）走上了一条不同于任何人的追求永恒律法精神的道路，摩西在西奈山上受领妥拉（Torah）使得人们在前行的道路上有了法的指引。莱因哈特·本迪克斯（Reinhard Bendix，1916—1991）在评价犹太人对世界法治文明的贡献时说道："在上帝的凝视下，努力免于巫术和神秘迷信、献身于法律的研究、谨慎选择作出正确的事情，以此期盼未来能够更好，先知们设立了这样一个将人的日常生活置于服从上帝指示的道德法则下的宗教。透过这样的教义，古犹太教促成了道德理性主义的西方文明的诞生。"①构成人类文明的大部分东西已经在埃及和美索不达米亚平原存在了好几千年，按照伯特兰·罗素（Bertrand Russell，1872—1970）的见解，只有等到古希腊文明的兴起之时，它才提供了令人们感到惊异和难以解说的突出贡献。② 在古老的比雷埃夫斯港（Port of Piraeus）边，苏格拉底、格劳孔、克法洛斯、玻勒马霍斯、色拉叙马霍斯等 11 人的一系列对话深深影响了人类社会关于正义问题的探讨。苏格拉底的学生柏拉图在《理想国》中以对话录的形式记录了 11 人在克罗法斯家中这一系列伟大且影响深远的对话。苏格拉底以"何为正义"为题旨通过言辞辩论分别反驳了"诚实正义说"、"欠债还钱正义说"（克法洛斯所主张的观点）、"助友害敌正义说"（玻勒马霍斯所主张的观点）、"强者利益正义说"（色拉叙马霍斯所主张的观点）等不同的理论和观点。苏格拉底展示了极大的理论勇气，他说："如果正义遭人诽谤，而我在一息尚存有口能辩的时候却弃甲而逃，不据理力争，这将是对神灵的一种亵渎。所以我只有尽我所能来捍卫正义才是最高的选择。"③古希腊时候的城邦（Polis）虽不同于我们今天所使用的诸如"国家""城市"等词语，但它无疑属于一种广义上的政治、法律和道德伦理的共同体。《理想国》作为一个极具开创意义的复合文本展示了三种不同意象类型的法政共同体，首先是克罗法斯家中那个作为言谈共同体的城邦（City in Speech），其次是位于雅典这一地理位置所在的现实世界中的城邦（City in Life），最后是通过对正义问题的追问和反思所构建起来的理想世界中的城邦（City in Ideal）。贯穿于这些不同维度城邦中的话题涵盖了宙斯与泰勒斯捉弄之下的"诸神之争"（Battle of Gods）、以柏拉图和荷马为代表的"哲学和诗艺之争"（Quarrel between philosophy and poetry），它包含了古希腊哲人对正义问题的公共辩论精神和深刻哲理思考。柏拉图选择并拿起了隐喻（metaphor）这一修辞、叙事和论理的强大武器，以现象世界和理念世界的二分论证了灵魂不朽，同时将诗艺驱逐出了理想国，他告诫人们永远坚持向上的路、追求

① Reinhard Bendix, Max Weber: An Intellectual Portrait, University of California Press, 1977, p. 256.

② Bertrand Russell, A History of Western Philosophy, Simon and Schuster, 1972, p. 1.

③ Plato, Republic, 368C. 中文译本参见［古希腊］柏拉图：《理想国》，郭斌和、张竹明译，商务印书馆 2019 年版，第 57 页。（其他翻译版本可参见［古希腊］柏拉图：《理想国》，谢祖钧译，中央编译出版社 2013 年版。）

正义和智慧。德国古典哲学家黑格尔也不得不感叹："满足我们精神生活，使精神生活有价值、有光辉的东西，我们知道都是从希腊直接或间接而来的——间接地绕道通过罗马。"①

3

启蒙运动开启了近代政治文明和法律文明的序幕。当神圣谢幕时，政治共同体的统治和治理技艺并非是起初那种"刑不可知，则威不可测"的充斥玄学的遥不可及之事务。理查德·罗蒂（Richard Rorty，1931—2007）曾深刻指出，大多数当代知识分子都生存在一个自觉的不具有始源（archai）、目的（telos）、神学（theology）、目的论（teleology）或本体论（ontology）的文化中。②在《论犹太人问题》中，马克思指出："我们不把世俗问题化为神学问题。我们要把神学问题化为世俗问题。相当长的时期以来，人们一直用迷信来说明历史，而我们现在是用历史来说明迷信。在我们看来，政治解放对宗教的关系问题已经成了政治解放对人的解放的关系问题。"③马克斯·韦伯（Max Weber，1864—1920）也曾预言："我们这个时代，因为它所独有的理性化和理智化，最主要的是因为世界已经被祛魅，它的命运便是，那些终极的、最高贵的价值，已从公共生活中销声匿迹，它们或者遁入神秘生活的超验领域，或者走进了个人之间的私人交往的友爱之中。"④在世界的祛魅（Entzauberung der Welt）之后，若要在正义之思的进程中获得新知，诉诸人类理性的巨大潜力和力量就成为人们寻求意义的不二法门。介入比较公法的议题不是源于对某种神秘不可测事物的信仰冲动，而是渊源于一种对人世间正义学问的爱与热忱。与任何作为职业化的法律一样，公法是一种积习千年的社会实践，它本身没有空间的外形，仅存在于连绵的时间之中。虽然近代公法的建制是相当晚近之事，但是公法作为一门学问却是古老的，也是常新的。在不断反复编制的信念和欲望之网中（a network of beliefs and desires that is continually in process of being rewoven），人类活动已经塑造了各种不同的政治形态、形成了不同的法政学说。以比较的方法来观测和研究公法法律制度和现象获得了人类社会对协同性（solidarity）渴求的印证。无论是古代亚里士多德的《雅典宪制》还是近代中国公法学人王世杰、钱端

① ［德］黑格尔：《哲学史讲演录》（第1卷），贺麟、王太庆译，商务印书馆1997年版，第112页。

② Richard Rorty, Deconstruction and Circumvention, Critical Inquiry, Vol. 11, No. 1 (Sep., 1984), p. 1-15.

③ 《马克思恩格斯文集》（第1卷），人民出版社2009年版，第27页。

④ ［德］马克斯·韦伯：《学术与政治》，生活·读书·新知三联书店2005年版，第48页。

升合著的《比较宪法》抑或是新近出版的《牛津比较宪法手册》《剑桥比较宪法辞典》，比较公法的研究和运用始终占据着法律人心智旅程中极为重要的一席之地。如果说要以认识论的角度来探寻比较公法的叙事方法，那么前人的足迹足以让人们在浩瀚的书海中汲取这门关于政治共同体建造和前进的知识，我们只是选择现代化的语言词汇将这个叙事继续向前推进。如果要从中国的视角来对比较公法的研究贡献智识的话，抛弃"学术民族主义"的偏执，历史和现实都告诉我们在这片广袤国土上占全世界近五分之一人口的法律实践和思考本身就是人类法律文明的一部分，中国人的法理思考终将汇入世界历史的大河之中，中国人的法律信念（opinio juris）也必将形塑人类未来的法律文明。在最一般的意义上，公法研究有其开放体系和封闭体系的两种叙事方式。公法是一种职业，它俨然成为了法学院校无数法律人研究或者执业的必要组成部门，从专业、职业或者作为一门学科建制的主体性构建的视角来看，以精巧的逻辑构造、高超的法学技艺来建设一个自足的体系确是当务之急。公法也是一种志业，它成为了人们在转型或者变革社会中思考法律体系正当性和有效性的依托，迄今为止，所有关于人类正义事业推动的制度性构建力量都来源于公法制度。从正义和政治共同体的美德视角来看，在分享所有其他法律部门共性基础之上的开放体系构建也应当成为比较公法研究之道的一个长远方向。今天的公法学人和实践者在很大意义上仍然挣扎在这样两种体系之中。其实，黑格尔早在两百年前就感慨道："现实上很高的利益和为了这些利益而作的斗争……使得人们没有自由的心情去理会那较高的内心生活和较纯洁的精神活动，以致许多较优秀的人才都为这种环境所束缚，并且部分地被牺牲在里面。"

4

在人生旅途中，我开启智识的时候恰好处在人类迅速步入信息科技革命的年代。这是一个制度变革的时代，也是一个信息和知识急剧增长的时代。在中学时候，我平生有幸第一次约略了解了诸如"苏格拉底的审判"（Trial of Socrates）、"合众国诉微软案"（United States v. Microsoft Corporation）① 这些法律事件，及至大学学习甚至全身心投入法学的科研教学之后，我每度一日便愈加深刻感受到"原理+案例"式的研究式学习是法学进阶的极好方法，亦是法学研究的关键途径。本书是我首次尝试以"原理+案例"式的方法来研究一般性比较公法问题的一种智识上的努力。事实上，比较公法的研究所涉及的理论广度、深度和难度是超乎寻常的。无论从何种角度评判，比较公法议题本身就足以说明其理论和实务上的极端重要性（The subject speaks its own importance）。海内外比较公法的研究著述已经累积

① United States v. Microsoft Corporation, 253 F. 3d 34 (2001).

了相当可观的成果，但系统而经典的论著尚屈指可数，本书并非要在浩瀚的书林中徒增一部，而是试图选取那些具有基础作用和指引作用的总括性宪法理论问题进行一番较为系统的梳理和反思，目的在于接续前辈和先贤们关于正义和公法问题的学思旅程，以绵薄之力推动新观点的艰难启程。“法者，天下之公器也。”对于这些贯穿于人类社会生活，尤其是横亘在政治共同体中的公法问题的研究更属于天下之公器。介入议题本身在一个高度专业化分工的年代不仅要求识字读书获得一般化背景知识，更要求一个人具备能够承载议题本身言语分量的个殊化知识。无论是在黑格尔意义上所谓的“密涅瓦的猫头鹰”（die Eule der Minerva）①，还是建基于马克思所宣示的“批判的武器”（die Waffe der Kritik）②，公法所体现出的正义是任何一个政治共同体的至上追求和目的，对它的研究实际上并非是试图追求卓越的任何个体所做的孤立的思考，它毋宁是在生生不息的社会实践中人们追求和探寻正义原则过程中集体反思的一种产物。苏格拉底坦言：“我唯一知道的就是我一无所知（I know that I know nothing）。”正如“德尔斐神谕”（Oracle of Delphi）上镌刻的“认识你自己”“凡事勿过度”“承诺带来痛苦”三句铭文所展示的意义，承认自己知道的界限乃是获得真知的前提，承认人类的无知正是要把人类置于不断的思考之中。③以写作为生命是艰难而幸福的，我要深深感激师母刘新英老师、胡荣编辑的辛苦付出，由于自身学术功底和积累的局限性，我深感本书从内容到形式的诸多方面“稗贩、破碎、笼统、肤浅、错误诸弊，皆不能免”，因此，本着谦卑和敬畏之心，笔者祈求理论界和实务界乃至社会共同体中所有寻求正义的人士不吝赐教和指正。

涂云新

庚子年雨夜于沪上江湾

---

① “When philosophy paints its grey in grey, a shape of life has grown old, and it cannot be rejuvenated, but only recognized, by the grey in grey of philosophy; the owl of Minerva begins its flight only with the onset of dusk.” See G. W. F. Hegel, Elements of the Philosophy of Right, Allen W. Wood ed. & H. B. Nisbet trans., Cambridge University Press, 2003, p. 23.

② “批判的武器当然不能代替武器的批判，物质力量只能用物质力量来摧毁；但是理论一经掌握群众，也会变成物质力量。理论只要说服人［ad hominem］，就能掌握群众；而理论只要彻底，就能说服人［ad hominem］。所谓彻底，就是抓住事物的根本。而人的根本就是人本身。德国理论的彻底性的明证，亦即它的实践能力的明证，就在于德国理论是从坚决积极废除宗教出发的。对宗教的批判最后归结为人是人的最高本质这样一个学说……”参见《马克思恩格斯文集》（第1卷），人民出版社2009年版，第11页。

③ 参见［古希腊］柏拉图：《苏格拉底的申辩》，吴飞译/疏，华夏出版社2007年版，第79页。